天皇制の隠語

絓 秀実

航思社

天皇制の隠語《ジャーゴン》

目次

第I部 天皇制の隠語《ジャーゴン》

第II部 市民社会の変奏《ヴァリアント》

第III部　文学の争異《ディフェラン》

第Ⅳ部 感覚の政治学《ポリティクス》

第Ⅰ部

天皇制の隠語《ジャーゴン》

天皇制の隠語《ジャーゴン》

日本資本主義論争と文学

1章　日本資本主義論争の「現在」

はじめに

今日では顧みられることが少ないとはいえ、主に一九二〇年代後期から三〇年代に、「日本資本主義論争」と呼ばれる議論があったことについては、漠然と記憶されているだろう。その規模と影響力の広さにかんがみて、これは、近代日本の思想史上でも最大級の論争であった。そして、そこで議論された――「日本」というに限らぬ――資本主義への問いは、今なお、われわれの思考を、ある面で規定しているように思う。

一九世紀の非西欧世界のなかで、日本のみがなぜ資本主義化しえたのかという問いが、その論争の背景にあった。日本資本主義論争は、狭義には、当時の左派内部における日本革命の戦略論争だが、そのレベルをこえて広く注目された。資本主義化を可能にした明治維新とは何だったのかというのは、今なお、アカデミズムから大衆文学、テレビドラマ、ゲームまでを覆う、国民的な問いであり続けている。

言うまでもなく、これは西欧における封建制から資本制への「移行」を、どう捉えるかという一般的な問題とかかわって（モーリス・ドップとポール・スウィージーのいわゆる「移行論争」など）、今なお議論が行なわれており（ロバート・ブレナーの提起に始まる「ブレナー論争」）、それは実は、陰に陽に思想や文学の領域にも深くかかわっているはずである。高名なところでは、司馬遼太郎の「国民的」な人気が、その多くの作品の題材を幕末・維新期に仰いでいることに負っているのは言うまでもない。その他、自由民権運動に豪農ブルジョワ層の積極的な役割を見る色川大吉の『明治精神史』（一九六四年）があり、日本の近代化の契機をウジ社会からイエ社会への転換に求めた村上泰亮、佐藤誠三郎、公文俊平による『文明としてのイエ社会』（一九七九年）もあった。

グローバルスタンダードに照らしての日本資本主義の「特殊性」についても今なお議論はある。それが一八世紀東アジア農業の「勤勉革命」を背景としているとする見方は、二〇世紀後半以降の東アジア諸国（とりわけ中国）における資本主義の爆発的な勃興を目の当たりにすることで、ジョヴァンニ・アリギ『長い20世紀』、『北京のアダム・スミス』などを生み出した。フェルナン・ブローデルのアナール派史学を拡張したものと言える。

　勤勉革命説を最初に提起した速水融によれば、近世江戸期において、農地の拡大とともに、家畜使役を排した家族単位の小規模重労働型の、相互に「平等」な独立自営農民層が登場した。これは、産業革命に直結するところの、イギリスを近代化モデルとするヨーロッパ型とは異なるが、ともに「勤勉」を道徳的な価値とするエートスにほかならなかったという。農民は土地に緊縛されていたわけではなく、すでに、多くは都市へと流入してもいた。この勤勉革命は、近世江戸期における貨幣経済の浸透に促されたものであるとはいえ、それ自体としては資本主義化のベクトルを持たなかったが、明治維新政府に主導された資本主義化政策を可能にする下地を形成していた（速水『近世日本の経済社会』二〇〇三年、など）。この説は広く受容され、東アジア全域に勤勉革命の存在が見出されている。

「二一世紀の『共産党宣言』」とさえ評されて世界的なベストセラーとなったマイケル・ハート／アントニオ・ネグリの『〈帝国〉』が、アリギを含む世界システム論を、現代資本主義の革命的な変貌を捉えていないと批判したのに対して、アリギが、ハート／ネグリの東アジアへの視点を欠いていることを突いたことで、論争がなされたことは記憶に新しい（アトゥツェルト／ミュラー編『新世界秩序批判』など参照）。この論争を経て、『コモンウェルス』では、ハート／ネグリは、大筋、アリギの批判を受け入れているように見える。

　一八世紀の勤勉革命が今日の東アジア資本主義の勃興をもたらしたとして、では、なぜ冷戦体制の崩壊以降に急速に旧共産圏諸国の資本主義化が進んだのか、また、なぜ日本だけがいち早く資本主義化を果たしえたのか等々、という問題には、他の概念を導入することが必要となる。アダム・スミスに逆らって、イギリスにおける資本制への移行が封建制の「失敗」によるものであったとしたブレナー（『所有と進歩』）を逆手に取って、『北京のアダム・スミス』のアリギは、中国での資本主義への「移行」の遅れは、その封建制の「成功」にあったと見なしている。しかし、問題は残る。アリギが『長い20世紀』で主題化していた日本は、では、なぜいち早く資本主義化に成功したのか。マイケル・ハートが、アリギのアドヴァンテージを認めながらも、『長い20世紀』から『北京のアダム・スミス』へのアリギにおける――日本から中国への――論点の移行を、ご都合主義と見なしているのも、理由のないことではない。

本稿の文脈に即して仮説を記せば、それは日本においては「天皇制」問題であり、東アジア総体にとっては主に社会主義革命ということになろう。事実、日本資本主義論争の真の論点は、日本資本主義における天皇制をめぐるものであった。ポスト冷戦（いわゆるマルクス主義の無効化）の時代において、「近代」民主主義を反省的に把握しようとする際に頻繁に参照されるトクヴィルの『旧体制と大革命』によれば、フランス革命の理想として掲げられた「平等」は、大革命以前の絶対主義王政によって、すでに実現されていた。封建的身分制のなかで固定されていたブルジョワや農民は、絶対主義王政のもとでの実質的な「平等」を享受したことによって、その直接の桎梏だった貴族階級に敵対する革命に決起したというのである。それが「自由」という理想であり、絶対王政の打倒としてあらわれる。

近年の東アジア資本主義論においても農業問題は枢要だが、そこでも、日本資本主義論争での関連した一大主題であった「天皇制」は、取り上げられることが少ない。そこでの主要な関心事は、国家資本主義化した共産党一党独裁下の中国であり、そのことは逆に、東アジアで抜群に早く資本主義化した天皇制国家について論じることを括弧に入れているように見える。

トクヴィルのひそみに倣えば、徳川期の身分制を強行的に解体する平等化の装置が、かつて「絶対主義」とも形容された天皇制だったと言えよう。しかも、その「平等化」の強行は、同時に資本主義市場経済に適応しうる「自由」をもたらした。身分制が解体されなければ、自由もない。マルクスの用語を用いれば、不変資本（固定資本＋流動資本）の増大と可変資本（労働力）の相対的な縮小を基本とする産業資本主義のベクトルは、可変資本の拡大によって生産性を高めようとする勤勉革命のベクトルとは逆である。貨幣経済の浸透と勤勉革命によって、ある種の「平等」はすでに実現されていたとして、しかし、資本主義へと舵を切るための実質化には、身分制の解体による「自由」が不可欠であった。そのことによって、日本の明治維新、そして、毛沢東の中国革命（文化大革命を含む）やホー・チ・ミンのヴェトナム革命は、同様の絶対主義を一〇〇年（以上）遅れて強行することで、いわゆる資本の原始的蓄積を可能にし、近代資本主義への道を拓くことが可能になった。現在の中国やヴェトナムに「自由」が欠けているとしても、その革命には「自由」が含まれていたからこそ、資本主義化が可能であった。

天皇制について言えば、旧帝国憲法成立を主導して絶対主義的天皇制の確立者とも見なされていた伊藤博文に対する法政治学者（伊藤之雄『伊藤博文』二〇〇九年、瀧井一博『ドイツ国家学と明治国制』一九九八年、など）の、近年における高い評価も、このような文脈に沿ったものだろう。

あるいはそれ以前、明治維新直後の「五箇条の御誓文」（一八六八年）に始まり、「廃藩置県」（一八七一年）、「学制」（一八七二年）等々「自由」化を含んだ平等化の強行も、その政策遂行へゲモニーが大久保利通であろうが西郷隆盛であろうが、絶対主義的に擬制されつつあった天皇の名でなされることで可能であった。明治維新以前の天皇は、政治的に絶対主義的な政治的権力でなかったことはもちろんだが、普遍的な文化的権威であったかもきわめて疑わしい。

もちろん、明治期天皇制をポジティヴに把握する見方は、資本主義を永遠化するポスト冷戦イデオロギーに、大なり小なり規定されているがゆえに、現在、リアリティーを保持しているとも言える。そのような史観においては、戦前にはリアルに抑圧的な絶対主義に見えた天皇制が、近代化のための歴史的必然として肯定されるばかりでなく、「戦後」民主主義下＝大衆社会化した天皇制の問題は、もはや論じるに足りないものとして括弧に入れられるわけである。論じられるとすれば、細部に着目しての「研究」となる。しかし、トクヴィルが『アメリカのデモクラシー』で、平等化の果てに出現した大衆社会を見出したように（それは、アメリカのみならず、一九世紀末のフランスにも見出された）、日本資本主義論争が日本資本主義の「封建的」あるいは「半封建的」性格を論じていた一九三〇年代にも、すでに――「絶対主義的」天皇制の下――大衆社会は出現していたのである。

日本資本主義論争は、いまだ天皇制が焦眉の問題であり、資本主義が社会主義・共産主義によって超克されることが信じられていた時代における論争であった。本稿では、この論争が今なおわれわれの歴史認識を規定していることについて、主に、小林秀雄、中村光夫、柄谷行人らの有力な文学史観を参照しながら論じる。近代文学への歴史的視点が日本資本主義論争に規定されてきたということは、これまで、ほとんど論じられることがなかったが、論点を先取りして言えば、それは小林秀雄という、今なお神話化されている文学者において、まず、なされたのである。現代にいたる小林の神話化の一端は、その日本資本主義論争の受容の解明によって理由が明らかにされるはずである。煩をいとわずに資本主義論争の経緯を略述し、併せて私見をも挿入して、その現代にいたるまでの波及力を、まず記しておく。

日本資本主義論争概要

明治維新をマルクス主義の立場で最初に解明しようとしたのは、一九二〇年前後における堺利彦であったと言われる。堺は、マルクス主義の公式に即して、「明治維新革命は資本家革命」であると捉えた(岡本宏「山川均――大正期マルクス主義国家論の受容と適用」、小松・田中編『日本の国家思想』下、一九八〇年)。この説は、堺の友人であり、日本資本主義論争における一方の旗頭・山川均に受け継がれるわけだが、論争の前史については、ここでは措こう。

一九三〇年代の日本資本主義論争は、後発資本主義たる日本の性格をめぐって、当時非合法であった共産党系の「講座派」と呼ばれる理論家たちと、創設期共産党から分岐した「労農派」理論家たちとのあいだで交わされたものと、一応は概括できる。論争のもう一つの前史として、日本のアジア侵略を――侵略主義的な欧米帝国主義に比して相対的に正当性を持つ――「プチ・帝国主義」と合理化した高橋亀吉への、野呂栄太郎、猪俣津南雄らの批判があったことにかんがみれば（一九二五年頃）、日本資本主義論争は、日中戦争へと向かっていった日本帝国主義への応接というアクチュアリティーを潜在させていたのである。

講座派の主な論客としては、後に共産党の中央委員長として非合法指導につき、官憲に事実上虐殺（一九三四年）される野呂栄太郎をはじめ、山田盛太郎、平野義太郎、服部之総らがいる。彼らは野呂を中心に一九三二年から一九三三年にかけて岩波書店から刊行された『日本資本主義発達史講座』（全七巻）にちなんで、そう呼ばれた。『講座』は初刷りが一万二〇〇〇部、その反響の大きさがうかがえる。労農派は、第一次共産党（一九二二年）の解党の後、共産党を離れて雑誌「労農」（一九二七年創刊）に拠った山川均、猪俣津南雄や、櫛田民蔵、向坂逸郎らを言う。[*1]

講座派は、明治維新によってなされた資本主義化を、欧米資本主義に比して、近代化されぬ農村を維持し基盤としたところの、不徹底で「半封建的」なものと見なした。つまり、「軍事的・半農奴的」な資本主義・帝国主義であり、絶対主義的な「天皇制」の確立である。これに対して労農派は、明治維新を基本的には欧米と変わらぬブルジョワ革命であると主張した。つまり、「天皇制」という特異な問題構成は、基本的に存在しないとした。この論争が、別名、「封建論争」と言われるゆえんである。

＊1　両者の論争を追う資料集として、現在、比較的入手しやすいものに、社会評論社版「思想の海へ」シリーズに収められた、青木孝平編・解説『天皇制国家の透視――日本資本主義論争Ⅰ』、河西勝編・解説『世界農業問題の構造化――日本資本主義論争Ⅱ』（ともに一九九〇年）がある。

それは近代日本の総体を問うものであったがゆえに論点は多岐にわたり、その波及力は、単に日本や左派のレベルにとどまらなかった。ハーバート・ノーマンの『日本における近代国家の成立』（原著一九四〇年）は、日本資本主義論争のなかから生まれた。ノーマンは、地租改正（一八七三年）に始まる日本の土地改革（日本的な原始的蓄積過程）がイギリスのエンクロージャーと違って、日本資本主義の正常な発展を阻害した要因と大書している。ノーマンの立場は、おおむね講座派的なものと言ってよい。ノーマンは戦後、GHQの外交官として日本の「民主化政策」に携わったが、戦後民主化政策でも最大の「功績」が、農地改革（一九四七年）であったことは言うまでもない。GHQの政策自体――とりわけ初期は――講座派的な歴史観にのっとったものと言える。

あるいは、本稿で後に文学に焦点化して論述するように、波及力は経済学や歴史学の分野に収まらなかった。もちろん、治安維持法下の時代にあっては、天皇制を公然と論じることが不可能だったから、論争は、封建制、絶対主義、農業問題として、間接的に――奴隷の言葉で？――なされたのである。端的に言って、「封建制」とは天皇制を指す隠語《ジャーゴン》だったと言える。

戦前のこの論争は、講座派学者グループへの検挙・弾圧で知られるコム・アカデミー事件（一九三六年）や、合法政治家・運動家や労農派理論家にまで弾圧が及んだ人民戦線事件（一九三七～三八年）などの戦時下左派に対する弾圧によって一端は途絶したが、問題は未決のまま戦後へと持ち越されていく。いや、客観的に回顧してみれば、論争中断後の一九三〇年代後半以降も、講座派理論は、大河内一男（『戦時社会政策論』一九四〇年、『スミスとリスト』一九四三年）や高島善哉（『経済社会学の根本問題』一九四一年）などの「生産力理論」として、影響力をふるっていたのである。大河内一男が三木清とともに、近衛体制下の「昭和研究会」の主要な政策イデオローグであったことは、有名である。この生産力理論が戦後の経済復興＝民主化政策へとそのまま持ち込まれたことは、今日、「一九四〇年代論」として知られている。

戦後のある時期にいたるまで、講座派理論が圧倒していたと言って過言ではないだろう。敗戦後の論壇ジャーナリズムの寵児として活躍した丸山眞男や大塚久雄は、戦前において、日本資本主義論争から学び、講座派の影響下で思想形成を行なった人々であった。大塚の『欧州経済史序説』（一九三八年）や、戦時下に書かれ戦後に刊行された丸山の『日本政治思想史研究』（一九五二年）は、その初期の記念碑である。

彼らは山田盛太郎の『日本資本主義分析』（一九三四年）に代表される講座派本流が、『資本論』を直接に日本に適用しての「分析」であったのに対して、マックス・ウェーバー（主に『プロテスタンティズムの倫理と資本主義の精神』）やアダム・スミスといったファクターを導入することで、理論の豊富化を図った。『国富論』のスミスもまた、『道徳感情論』とあわせて、「資本主義の精神」の理念型を表現していると見なされた。端的に言って、彼らは日本資本主義の「半封建的」性格を、西欧型「近代市民社会」の不成立と見なし、その尺度をもって戦後社会をも裁断した。「市民社会派」と呼称された彼らの裁断のスタイルは、一九六〇年代にいたるまで、有効に機能していた。このような、特にウェーバーの受容が、特殊に日本的なものであることは、シュヴェントカーの『マックス・ウェーバーの日本』（原著一九九八年）において、つとに指摘されているところであり、近年では、日本的「ウェーバーとマルクス」問題に対する批判的総括もなされている。ちなみに言えば、「ウェーバーとマルクス」問題が再審に付されることはあっても、「スミスとマルクス」問題が改めて検討されることは、今なお少ないように見受けられる。ミシェル・フーコーが「市民社会」論の最重要な著作とし、スミスとともにスコットランド啓蒙に属しヘーゲル、マルクスも参照した、アダム・ファーガソンの『市民社会史』は、大河内、高島と並び称せられた市民社会派・大道安次郎によって一九四八年に訳出されている。

講座派理論は、「市民社会」主義として、マルクス主義派をこえ、ある意味では現在にいたるまで、広く影響を及ぼしてきたと言えるだろう。一九八九／九一年の冷戦体制崩壊によるマルクス主義の失墜以降、ハンナ・アーレント（『人間の条件』）やハーバーマス（『公共性の構造転換』）の「公共性（公共圏）」概念が論議の的となっていった。そのことと相即して、日本では丸山眞男が再評価されていった。従来の市民社会派としてというよりは、「公共性」の思想家として、である。丸山学派のなかからは、丸山は「市民社会」という言葉をほとんど使っていないと主張する者まであらわれた。「市民社会」と「公共性」の差異と同一性については検討が必要だが、ここで指摘しておきたいのは、日本における市民社会から公共性への主題転換が、間違いなく旧講座派の近傍で生起し、市民社会派と見なされていた丸山眞男を通じて行なわれているということである。

講座派理論は、言うまでもなく、ソヴィエト共産党（コミンテルン）の国際的権威をバックに主張されていた。戦前の講座派理論は、コミンテルンに発する二七テーゼ（一九二七年）、三二テーゼ（一九三二年）に言われている天皇制打倒＝二段階革命論を担保とするものであった。つまり、日本資本主義が「半封建的」な性格を持つとすれば、そこにおける革命は、当面は社会主義革命ではなく、ブルジョワ民主主義革命が論理的に先行しなければならないからである。そして、戦後に合法化された日本共産党も、ソ連共産党の指導下に、戦前の二段階革命戦略を維持した（している）。アメリカ占領軍による農地解放等の民主化政策や天皇の「人間宣言」によっても、日本の半封建的な性格は十分に払拭されていないと見なしたからである。戦後憲法においても、天皇制は「国民の象徴」として存続していった。丸山眞男の高名な「八・一五革命」説も、それが「永久革命」――永久的な民主主義革命――であると言われることにおいて、共産党＝講座派のパラダイムのなかにある。

戦後共産党のなかでは、戦前の講座派理論の総括をめぐって、さまざま理論的分岐が生じた。共産党の理論は経済学、政治学、歴史学、哲学、自然科学など多くの分野の知識人界に巨大な影響力を誇っていたから、論争は党内論争のレベルをこえていた。そのなかで文学は、戦後すぐに平野謙、荒正人ら雑誌「近代文学」の同人たちによる共産党批判（いわゆる「政治と文学」論争、主体性論争）があったこともあり、共産党の知的ヘゲモニーは弱かったが、それも相対的なものであった。決定的なことは、一九五六年のスターリン批判によってソ連共産党の権威が揺らぎ始めるとともに、講座派的なパラダイムもまた疑問に付されていくことである。当時の日本は、経済白書で「もはや戦後ではない」（一九五六年）と言われたごとく、すでに敗戦からの経済復興が成し遂げられつつあり、「半封建」という性格づけにもリアリティーが失われつつあった。

日本資本主義論争における労農派系の代表的な理論家の一人であった土屋喬雄は、同論争時に書かれた論文を集めた編著書『日本資本主義史論集』（一九三七年）を、一九八一年に復刻するに際に付した「序文」で、戦前の論争時から一九五〇年代まで「若い学徒の圧倒的多数」に「支持」されていた講座派が、一九六〇年代にいたって「支持者は急速に激減した」と記している。だが、その理由として土屋があげているところの、明治維新を「封建的絶対主義の確立」ではなく「未完成のブルジョア革命」と規定したソ連邦科学アカデミー東洋学研究所編『日本近代史』上下巻の邦訳刊行（一九六〇年）という契機は、根拠薄弱であると思う。スターリン批判で、すでにソ連共産党の権威は揺らいでいた。

問題は、講座派理論がリアリティーを失いつつあった当時の時代状況にある。もちろん一九六〇年代においても、丸山学派から、藤田省三『天皇制国家の支配原理』（一九六六年）や松本三之介『天皇制国家と政治思想』（一九六九年）といった有力な政治思想史研究は盛んに刊行されていた。一九六八年が「明治百年」であることをもって、天皇制も含むさまざまな議論もなされた。六〇年安保直後の山口二矢による社会党委員長・浅沼稲次郎刺殺事件、「風流夢譚」事件（一九六一年）、「セヴンティーン」事件（同年）等々は、天皇制＝「半封建的」という規定を、暗に想起させていたと言えよう。[*2] しかし、その時すでに丸山学派のなかから時代転換に呼応する動きが出てきていた。それは、丸山の「市民社会」主義的側面をグラムシ主義的に拡大することでなされたと言えるだろう。ちなみに言えば、前出、イエ社会論や勤勉革命論の登場も、戦後の日本資本主義が半封建的性格を払拭したかに見えた、高度経済成長期以後の時代において可能であったことは、速水融自身が認めているところである(速水前掲書)。

大衆天皇制論とグラムシ主義

戦前イタリア共産党の指導者であったグラムシは、レーニン＝ロシア革命を「『資本論』に反する革命」とした。マルクスは資本主義の成熟した西欧にのみ革命が可能であると見なしていた(この点については、晩年マルクスの「ヴェラ・ザスーリッチへの手紙」に徴して異論がありうるが、ここでは問わない)。「東方的」ロシアの後進性に比して、成熟した西欧「市民社会」内における「陣地戦」＝ヘゲモニー闘争に革命の可能性を見出すグラムシの思想が、スターリン批判を契機

＊2　一九六〇年一〇月一二日、東京・日比谷公会堂において、演説中の社会党委員長・浅沼稲次郎を右翼少年・山口二矢が襲撃・刺殺した(浅沼稲次郎刺殺事件)。一九六〇年一二月号の雑誌「中央公論」に掲載された深沢七郎の短編小説「風流夢譚」の内容が皇室への不敬に当たるとして右翼団体の抗議が続き、そのなかで、右翼少年による中央公論社社長宅での殺傷事件が起きた(「風流夢譚」事件)。文藝春秋発行の雑誌「文學界」一九六一年二月号に発表された大江健三郎の中編小説「政治少年死す──セヴンティーン第二部」が、山口二矢を戯画化して描いているとして、右翼団体からの抗議が盛んに行なわれた(「セヴンティーン」事件)。中央公論社、文藝春秋はそれぞれ謝罪文を発表した。「風流夢譚」、「セヴンティーン第二部」は、ともに、その後いかなる書籍にも収録されていない。これら一連の事件が、その後のジャーナリズムにおける天皇表現の「自粛」をもたらしていることについては、周知のとおりである。

に、日本共産党内に「構造改革論」として導入され、共産党外の講座派系理論家にも迎えられていったのは、この頃である。グラムシ主義の導入は、日本が「半封建」というリアリティーを失い始めた時代における、講座派の「市民社会」主義的な転回であった。あるいは、すでに日本において形成されていた市民社会派は、マルクス主義派であるか否かを問わず、グラムシ主義を受容するに十分な素地を持っていたと言えるだろう。

市民社会派＝構造改革派のなかから、「半封建」や「絶対主義」に代わる新しい天皇制論が登場した。当時、「大衆社会論」を掲げて颯爽とデビューした、丸山眞男門下の松下圭一による「大衆天皇制論」（一九五九年）が、それである。*3

松下は、当時普及し始めたテレビや週刊誌等マスコミを通じて華々しくイヴェント化された皇太子・正田美智子の結婚（一九五九年四月一〇日）をもって、絶対主義天皇制から大衆天皇制への転換がなされたと主張する。それは、戦後の資本主義復興・民主化の帰趨として現出したところの、上から国民を支配する旧来の天皇制ではない、マスコミを介して「独占資本」に情報＝シンボル操作された大衆に下から支えられている、新たな「愛される」天皇制であるという。

松下は絶対主義天皇制から大衆天皇制への転換に正負両面を見る。天皇制の絶対主義的な性格は失われたが、代わって大衆化＝情報化社会に特有の、つまり西欧的に成熟した市民社会に特有の問題を孕むことになる。大衆天皇制への応接は、機動戦的な――その機動戦が議会主義的なものであっても――「天皇制打倒」＝民主主義革命というよりは、ファシズム化の危機を孕んだ情報資本主義への、陣地戦による民主主義の実質化となるだろう。

　このようにグラムシのタームを用いて松下の大衆天皇制論をまとめてみれば明らかなように、それは、日本における「近代市民社会」の爛熟（すぐに後述するように、それは「崩壊」とも言われるのだが）を見ることで、そこにおける「市民」によるヘゲモニー闘争を喚起するものだった。その後の松下が、その大衆社会論の戦略に沿って「シビルミニマム」を唱え、旧社民連や菅直人のブレーンとなっていくのも、決して理由のないことではない。松下的に見れば、一九六〇年代以降の東京・美濃部（亮吉）都政など革新自治体の族生や、二〇〇九年の民主党政権の実現は、その理論的「勝利」だったのである。それは、世界に冠たるグラムシ主義の成功例だったことになる。グラムシ主義が政権獲得にまでいたったのは、日本しかあるまい。「市民」や若年層に影響力を持つ一部イデオローグが、民主党政権の誕生に「革命だ！」と叫んだのも故なしとしない。もちろん、その現在的な帰結は、誰もが知る惨憺たるものである。

　松下の論理は、当初から矛盾をはらんでいた。松下は大衆社会の成立に「市民社会の崩壊」（「大衆国家の成立とその問題性」一九五六年）を見ながらも、同時に、「市民」的主体の成熟に、政治的な可能性を見出そうとしているからである。この矛盾は、実は現在の——たとえば3・11以降の——「市民運動」（いわゆる「新しい社会運動」）の評価にまでかかわる問題だと言えよう。それはともかく、この松下「大衆天皇制論」は、後に述べる「一九六八年」の津村喬などを媒介と

＊3　「大衆天皇制論」は続編とあわせて二本あり、今日では松下圭一論文のアンソロジー『戦後政治の歴史と思想』（一九九四年）に収録されている。

しながら、左派による天皇制批判のひそかな、しかし有力な参照先となっていくのである。

新左翼と労農派

これまで左派思想界のヘゲモニーを掌握していたかに見えた旧講座派が徐々に失墜を開始し、代わって労農派的なものが浮上してくるのも、この頃からだった。スターリン批判を契機に登場したブント（共産主義者同盟）や黒田寛一などの新左翼は、その理論的な支柱の一つに、トロツキーや初期マルクスと並んで、宇野弘蔵の経済理論を——批判的にではあれ——採用した。宇野は、戦前の日本資本主義論争にもコミットした、労農派の近傍にある独自のマルクス経済学者だが、スターリン批判以前にすでにスターリンの誤りを指摘したことでも知られており、スターリン批判以降に名声を高めていた。宇野は、戦後に独自の『資本論』読解をおおやけにしたことを皮切りに、一つの「学派」を形成するまでに影響力を増していた。

宇野派のなかから登場した岩田弘の世界資本主義論（『世界資本主義』一九六四年）が、ウォーラーステインの世界システム論に先駆け、相似的なことは知られている。そして、ウォーラーステインの協働者だったアリギが勤勉革命論を摂取して『長い20世紀』や『北京のアダム・スミス』にいたったことは、それが労農派理論と親近性のあることを証している。「勤勉革命」説は、日本資本主義の「半封建」説を、一応は斥けるものだからだ。[*4]

ちなみに言っておけば、反スターリン主義を標榜する新左翼の参照先の一つが初期マルクスだったことは、六〇年代の知的文脈に講座派理論が延命する余地を残した。講座派の「半封建」

論は、日本が西欧資本主義から「疎外」されているということを含意するからである。六〇年代後期に隆盛をきわめた平田清明（『市民社会と社会主義』一九六九年）らの市民社会派マルクス主義は、構造改革派＝グラムシ派から迎えられたが、そのことをこえて、新左翼総体へも一定の影響力をふるったのである。市民社会派マルクス主義は、マルクスの「疎外」概念を重要視したが、そのことは、別途に当時主張され始めたブント系・廣松渉の疎外論批判（『マルクス主義の成立過程』一九六八年）と対質することになった。しかし、『ドイツ・イデオロギー』のテクスト・クリティークを通じて、その唯物史観の誕生と疎外論批判の意義を展開した廣松理論が、果たして市民社会派マルクス主義を端的に斥けるものだったかどうかについては、疑わしい。『ドイツ・イデオロギー』においてその輪郭をあらわしたマルクス／エンゲルスの唯物史観は、「市民社会」を「全歴史の真の汽罐室」と捉えるものであったし、それは市民社会派マルクス主義の担保でもあったからである。

新左翼がスターリン批判を契機に日本共産党と決別するに際して、相対的に、労農派的なものに傾斜していったことには、日本資本主義論争の反復という側面がある。戦前の日本資本主義論争において、労農派は合法社会民主主義政党・労組を背景にしていたわけだが、その——講座派

＊4　勤勉革命論は、必ずしも、全面的に「半封建」論を斥けるものとは言えない。速水融（前掲書）は、近世日本の勤勉革命においては「市民社会」が析出されないことを強調している。このことは、「半封建」＝天皇制の課題が、勤勉革命論においても未解決の問題を含んでいることを証している。

＝二段階革命論に対する――一段階革命論は、講座派からすれば、社会民主主義的であると同時に、「極左日和見主義」的なもの、つまり、当時の言葉で言えば「トロツキズム」的なものとも見なされたのである（小山弘健『日本資本主義論争史』上、一九五三年）。

社民勢力＝労農派は、当面の革命を社会主義革命だとして極左主義を装いながら、眼前の天皇制を問わないことで、日和見主義的なわけである。レーニンとともにロシア革命を指導したトロツキーが、スターリンとの政争に敗北していく時期は、日本資本主義論争が開始・展開される時期と、ほぼ重なっている。二七テーゼの一九二七年には、トロツキーは政府・党の全職を解任され、一九二九年には国外追放されている。実際、戦前のトロツキー紹介・翻訳は労農派によってなされているのである。トロツキーの自伝『わが生涯』は、初期プロレタリア文学の有力な文芸評論家で、労農派に転じた青野季吉によって、最初は『自己暴露』と題し（後に改題）、一九三一年に訳されている。また、『裏切られた革命』は、やはり、第一次共産党から労農派に転じた荒畑寒村によって、『裏切られたる革命』として一九三七年に翻訳刊行されている。しかし、トロツキズムの運動と思想が戦前から戦後のスターリン批判の時期までにおいて具体化することは、皆無とは言えぬにしろ、ほとんどなかった。日本の左派思想界は、ソ連共産党の圧倒的な影響下にあった。一九五六年以降の日本における新左翼は、トロツキーの再評価として開始されたにしても、戦前の労農派との直接の継承関係は、ほぼ皆無と言ってよかった。

それゆえ、スターリン批判以降に登場した新左翼とその同調者たちにとっても、それが講座派批判であり、労農派の再評価であることは、自身において、ほとんど意識されていなかった。一九六〇年安保におけるブントの最有力なシンパサイザーであった吉本隆明の「丸山真男論」（一九六三年）は、確かに、講座派的なものに対する批判の嚆矢と読むことができるが、当時における吉本が、しきりに「天皇制（封建制）」、「日本の封建制」等々の言葉を駆使していることからも知られるように（「転向論」等）、それはむしろ、講座派的なパラダイムを共有していたと言える。松下圭一の「大衆天皇制論」では、「戦中派」のジャーナリストとして名高かった村上兵衛が、大衆社会化現象としての皇太子成婚イヴェントに嫌悪感を隠さなかったことが紹介されているが、吉本ら新左翼の年長シンパサイザーの心性もまた、「戦中派」のそれであったと言える。

新たに登場した若い六〇年安保世代＝新左翼における、トロツキー再評価として表現された労農派の意図せざる復権は、天皇制を問わないことでもあった。このことについては、当事者からの証言もある（石井暎禧・市田良彦『聞書き〈ブント〉一代』二〇一〇年）。これに対して、吉本たち前世代は、「天皇制」として表現されてきた日本の――大衆のメンタリティーとしての――「封建制」を、マイナスとしてではなく、むしろプラスとして評価するという転倒を試みることで、講座派・市民社会派を批判しつつも、講座派パラダイムを維持していたのである。

このことは、丸山眞男「門下」の橋川文三（『日本浪曼派批判序説』一九六〇年）、吉本とともに初期「試行」同人であった谷川雁（『原点が存在する』一九五八年）、同じく初期「試行」同人の村上一郎（『日本のロゴス』一九六三年）、「あんにゃ」の詩人・黒田喜夫（『死にいたる飢餓』一九六五年）などについても、基本的にはそう言える。本稿では詳論できないが（本書所収「暴力の『起源』――村上一郎と市民社会派マルクス主義」で論じた）、晩年は「右派」に転じたとさえ見なされる村上一郎は、市民社会派マルクス主義の鼻祖の一人・高島善哉の門下であり、一九六〇年代後期に最後の市民社会派マルクス主義としてジャーナリズムを席捲していた平田清明とは、同門の友人である。吉本はじめ彼らは、スターリン批判への対応として、グラムシ主義とは正反対の応接をもってしたのである。これに対して、当該たる六〇年安保世代の「天皇制（封建制）」についての主題化は、ほとんど認められない。[*5]

このことは、六〇年安保の後、公然と労農派マルクス主義——主に山川均の反前衛主義——の復権を掲げて社会党内から登場した新左翼の一派・社青同解放派の、かつての一指導者の最近の回想録で、戦前労農派における天皇制論の不在が改めて悔やまれていることを見ても知られよう（樋口圭之介『六〇年代社青同（解放派）私史』二〇一一年）。これは、単に、社青同解放派について言えることではない。六〇年安保以後の世代の新左翼全般について、言えることである。彼らがいかに吉本や谷川らを御輿にかついだことがあったとて、天皇制についての問いは皆無に近かった。それが、新左翼が日本共産党に対置した「インターナショナリズム」の内実であった。繰り返して言えば、それは「半封建」という日本のリアリティーが喪失していたからである。日本の「一九六八年」においては、「風流夢譚」や「政治少年死す——セヴンティーン第二部」が、アンダーグラウンドなパンフとして出版されたが、それらは「反権力」的な象徴として流布していたのであって、天皇制問題がそれ自体として論じられることは少なかったのである。

日本共産党＝講座派理論に規定されていた戦後思想は、陰に陽に「ナショナリズム」の相貌をまとっていたと言える。それは、ブルジョワ民主主義革命を経て社会主義革命へといたるという二段階革命論が、その当初の第一段階（民主主義革命）においては、国民的な統一戦線を要請するからでもあった（日本共産党のいわゆる「反米愛国」路線）。丸山眞男が一貫して「ナショナリスト」であったことも、その証左である。「半封建的」と規定された日本の社会を西欧的な真の「市民社会」へと改鋳することは、すなわち、真のナショナリズムを要請することになる。この

＊5　かろうじて例外と見なせるのは、後に中核派の指導者となる本多延嘉が「反スターリン主義」の立場から、戦後にまで継続されている日本資本主義論争への批判を試みた「天皇制ボナパルティズム論」（一九六〇年、『本多延嘉著作選2』所収）であろう。天皇制をボナパルティズムと規定するか否かという問題は、すでに日本資本主義論争において（あるいは、それ以前から福本和夫によって）、盛んに議論されていた。ただし、当時においては、ボナパルティズムは絶対主義と近似的な概念として捉えられていた。山田盛太郎や平野義太郎は「ナポレオン的観念」という言葉を用いて、ボナパルティズムによって絶対主義的天皇制概念を補強しようとした。向坂逸郎はマルクスの『ルイ・ボナパルトのブリュメール十八日』に照らして、それが日本の階級構成に適合しないと論じた。しかし、天皇制をボナパルティズムと見なす視点が、階級社会から大衆社会へと「下部構造」が変化していった時、ある程度有効なことは間違いない。第二帝政期のパリが一種の大衆社会であったことは、今日ではよく知られている。「風流夢譚」事件が生起した情勢への批判を直接には企図している本多の天皇制ボナパルティズム論が、無自覚ながら、当時の「大衆天皇制」の時代を意識したものであったことは、ありうることである。また、戦後には『神々の体系』（正続、一九七二、七五年）その他の上山春平が、古来の天皇制を絶対主義とは異なるボナパルティズム概念で捉えていた。

ような意味でのナショナリズムは、後述するように、いわゆる「大正期」において析出されたものにほかならない。丸山が「戦後思想のチャンピオン」へと成長していく端緒段階において協働したのが、和辻哲郎や谷川徹三をはじめとする「大正期」のイデオローグであったという事情は、このことを物語っているだろう。

六〇年安保を契機に講座派から労農派へのヘゲモニー転換がなされたとすれば、それは、このナショナリズムの払拭としてあったと言える。丸山が、六〇年安保から「六八年」にかけて、新左翼からの批判にさらされていく理由も、一つはそこにある。それは、新左翼が天皇制を問わないことと、ほとんど同義でもあった。丸山を中心とする市民社会派は、そのなかで、「大衆天皇制論」がそうであったように、ナショナリズムという問題を希薄化することによって延命していくことになる。

三島由紀夫の「文化防衛論」（一九六八年）については、ここでは措こう。三島の特異な「文化概念としての天皇」論は、ロラン・バルトの『記号の帝国』（原著一九七〇年）や山口昌男の「天皇制の深層構造」（『知の遠近法』一九七八年）とともに、後述する一九八〇年代の文化論的天皇論に希薄化されていったという側面があった。

新左翼を淵源として、改めて天皇制の問題が批判的に俎上にのせられることになるのは、一九七〇年の「七・七華青闘告発」において、日本の左派総体の秘められた「ナショナリズム」が糾弾されるという事件を契機にして、である。そのなかで、七・七告発の日本人の側の思想的な担い手であった津村喬による労農派の再評価もなされていったと言える。

猪俣津南雄と差別論＝天皇制論

「六八年」において、天皇制やナショナリズムへの批判と併せて、労農派の再評価を公然と主張したのは、津村喬ただ一人と言ってよいだろう（『津村喬精選評論集』二〇一二年、など）。津村喬が提示し当時影響力を振るった論点は「差別論」を中心に多岐にわたるが、労農派・猪俣津南雄再評価は、津村らの雑誌「猪俣津南雄研究」の刊行による努力にもかかわらず、諸般の事情で猪俣著作の復刊が不十分だったこともあり、あまり波及力を持たなかったように見える（アンソロジーとして、『日本プロレタリアートの戦略と戦術』一九七三年、『横断左翼論と日本人民戦線』一九七四年が、津村らによって刊行されている）。しかし、津村の猪俣再評価は、日本資本主義論争の問題系の現代的な展開という文脈に照らしても、今なお顧みるに値すると思われる。それは、津村の父・高野実（総評二代目事務局長）が猪俣イズムの実践者であり、津村の母親が猪俣の妻（元）であったというエピソードをこえたレベルにある。[*6]

われわれの文脈に即して論点を整理しておこう。

猪俣は日本資本主義論争における最大の労農派イデオローグだが、いわゆる労農派主流とは異なって（一九二八年には「労農」同人を脱退）、天皇制が「自然的解消の不可能なこと」（「封建遺制論争に寄せて」一九三六年）を主張していた。もちろん、猪俣はその「半封建的」遺制が、講座派の言うような「範疇としての」ものでないことも、同時に主張している。猪俣はこれを、当時のマルクス主義の前提（いわゆる基底還元主義）に従って、天皇制を規定する下部構造と見なされた、農村のフィールドワークをとおして主張したわけではあるが――。

それゆえ、津村の猪俣再評価は、単に農村問題の蒸し返しではありえない。それはむしろ、津村にあっては、毛沢東主義が都市論的文脈に読み換えられたように、同じく都市論へと転回させることで復権させられたのである。ある意味では、松下圭一の「大衆天皇制論」に連なるものと言えよう。

天皇制の基盤と見なされた日本の農業人口は、明治維新以来、あるいは、近世中期にまで遡っても、およそ一四〇〇万人と不変であった。もちろん、国民全体の人口の増大によって、その比率は低下しているにしても、である。一九六〇年あたりにおいても、農業人口は一定である。問題は、その農業が資本主義市場に依存的と見なすか、非依存的と見なすかである。後者の見地に立てば、それは「生存のための生産」（ブレナー）を旨とする農業である。労農派は前者の見地であり、講座派は後者的な見地であったと言ってよい。しかしともかく、松下圭一の「大衆天皇制論」が書かれた一九五九年でも、日本人の一五パーセント以上を農業人口が占めており（一九六〇年で約一四五四万人）、「半封建的」と言いうる基盤は残っていたのである。先に触れた吉本隆明らの天皇制論の根拠も、一つはそこにあり、彼らが構造改革派の大衆社会論に対し、「モダニズム」に過ぎないと反発したのも故なしとしない。

だが、一九六〇年代の高度経済成長を機に、農業人口は激減を開始する。五〇年代後期から六〇年代初頭にかけては講座派パラダイムを維持していた吉本だが、その後は、下部構造を基本的に問わない国家論＝『共同幻想論』の構築に向かう。言うまでもなく、それは、高度成長下における農村の解体に見合った方向転換であった。ちなみに、二〇一三年の農業人口は二三九万人(一・八パーセント)であり、もちろん、これは「公称」である。しかも、農業人口の平均年齢は六六歳と高齢化している。

「半封建」のリアリティーが喪失した時代において津村が提起した「差別論」は、天皇制を含意して猪俣の言う、「自然解消の不可能なこと」の謂だったと見なしうるだろう。つまり、津村は天皇制を、都市というパースペクティヴにおける「差別の構造」として捉え、それを、在日朝鮮人・中国人をはじめとするマイノリティーを構造化して排除し、同時に抱え込んだものと見なしたのである。

この場合、津村が「差別の構造」を「市民社会」と把握している(『われらの内なる差別』一九七〇年)のは、やむをえないことだっただろう。このように把握することで、猪俣が農村フィールドワークによって天皇制を位置づけようとしたように、メディア論を中心とした人類学的な都

*6 猪俣の詳しい評伝はないが、『横断左翼論と日本人民戦線』の巻末には詳細な年譜が付されている。また、長岡新吉『日本資本主義論争の群像』(一九八四年)には、猪俣と高野らの交流のみならず、俳人でもあった猪俣と、その俳句の師・河東碧梧桐との興味深いエピソードも記されている。津村喬は碧梧桐‐猪俣のラインから、もう一つの近代日本文学史を構想していたと思われる(『津村喬精選評論集』参照)。本稿2章、3章で論じるように、近代日本文学史のカノン(規範)は講座派的なものだったと言えるが、津村のそれが形を得れば、興味深い「労農派」的な文学史が誕生しただろう。

市フィールドワークが必須となり、ブレヒトやアンリ・ルフェーヴルの言う「異化」＝「日常生活批判」が提唱されうるからである。これは、松下圭一が「独占資本」支配下のメディア批判の必要性を説いていたこととも相即するが、松下のように「市民」＝「国民」の主体化に依拠するのではなく、津村の場合、その「主体」を批判的に解体することであった。差別批判は、その実践である。事実、津村も深く関与した一九七〇年の「七・七華青闘告発」を契機に、さまざまなレベルでの反差別闘争が現実化し、それは、ある意味では現在をも規定しているからである。

しかし、われわれの文脈で言えば、猪俣の天皇制批判を継承していたはずの津村的日常生活批判や差別論がPC（ポリティカル・コレクト）へと回収・転換され希薄化されていくにともなって、そこに込められていたはずの現代天皇制への問いも、同様に消失へと向かっているように見える。PCとは資本主義を受け入れた上での心情的な疚しさだから、資本主義や、そのなかで「構造化」されている天皇制についての批判は、当然にも後景化されるほかない。

たとえば、天皇制の問題を内包しているはずの従軍慰安婦や「在特会」のヘイトスピーチをめぐる現在の議論は、明らかに、「六八年」の反差別闘争の文脈を継承しているが、今や世界的なPCパラダイムを背景にしてなされるほかはない。PC的疚しい良心の馬鹿らしさに耐えられない者は、おのずと排外主義に向かう。二〇二〇年の東京オリンピックを前にして、グローバルスタンダードを基準に、在特会的なヘイトスピーチは政府・司法によって排除されるだろう。もちろん、それによって排外主義の心性が払拭されるわけではない。そしてそのことは逆に、現下の「大衆天皇制」をリアルに問うことを禁じてしまうように思われる。現代の天皇制は、せいぜい

「皇位継承」問題や「雅子妃」問題でしかない。あるいは、憲法改定が俎上にのせられたとしても、天皇制の廃棄はまったく議論されることがない。せいぜい、象徴に留め置くか元首とするか、といったレベルなのである。

では、講座派理論の延長上に提出された松下圭一の「大衆天皇制論」と、労農派＝猪俣津南雄を継承する津村の差別論＝天皇制論との相違は、どのように考えられるだろうか。

前者においては、天皇制が、かつては「封建的」遺制であったことは否定されていない。その遺制が、戦後の民主化と大衆社会の出現によってその性格をまったく変えたことが言われているわけである。しかし、近代天皇制が大衆メディアによる想像的な表象であることは、多木浩二の『天皇の肖像』（一九八八年）以来、相当に膨大な文化研究が積み重ねられており、大衆天皇制が一九五〇年代末に初めて成立したという説は、現在では維持しがたい。近代天皇制は当初から、メディアのシンボル操作による「下からの」ものでもあったのである。

あるいは逆に、戦前天皇制の絶対主義的な性格を否定しえないとしても、大衆天皇制もまた、「独占資本」による「上から」というベクトルが基調であるとされているのであれば、戦前と戦後（一九五〇年代末）との断絶は曖昧化されるほかない。大衆社会の成立をいつに設定するかという問題にしても、『近代による超克』のハリー・ハルトゥーニアンが発掘し、クラカウアーの『サラリーマン』に先駆ける著作と評価した、青野季吉の『サラリーマン恐怖時代』（一九三〇年）からも知られるように、労農派にはすでに大衆社会論的な認識があった。青野も依拠した雑誌「サラリーマン」は、労農派系の雑誌として、日本資本主義論争の有力な舞台でもあった。

むしろ問題なのは、大衆天皇制論の文脈にあるはずの天皇の表象を論じる書物が、多木の著作名やT・フジタニ『天皇のページェント』（一九九四年）という書名を見ても知られるように、「天皇制」を論じることを巧妙に回避していることである。大衆天皇制論は、「天皇」については話題にしても、制度については不問に付すという、大衆的な態度を追認することに帰結したと言えようか。「天皇制」をタイトルに冠した歴史研究は幾つか刊行されているにしても、今日、天皇制を問題化する者は、『天皇制批判の常識』（二〇一〇年）の小谷野敦のほか、決して多くはない。

もちろん、津村喬の議論の大枠も松下圭一と同様の都市論的・メディア論的文脈にある。ただ問題は、松下の説を敷衍していけば、松下の大衆天皇制は、「市民」へゲモニーによる天皇制の「読解」（津村は、それを「レクチュール戦略」と言った）によって暴露・解体しうると考えている様子のところにある。もちろん、津村の指示する方向もほぼ同様であり、その成果は、今や『天皇の肖像』以下の膨大な研究としても存在しているわけである。

にもかかわらず、大衆天皇制的な状況が亢進し続けているのは、なぜか。おそらく、文化論的な天皇表象の読解が、大衆社会における自然過程であり、それ自体が大衆天皇制の内部のものだからである。天皇制は、「市民社会」という同じ土俵の上でのヘゲモニー闘争によっては、解消されない。ヘゲモニー闘争は、グラムシ理論からしても市民社会内の自然過程以外ではないだろう。

猪俣に倣って言えば天皇制は「自然解消の不可能なこと」なのである。それは、ラカン的に言って、「女は存在しない」と暴露されても、「女はモノである」ことをやめないのと同様だろう。天皇制は、いかに想像的な産物であると「読解」されたとしても消滅しないのである。津村の差別論は、松下と同じく「市民社会」という言葉を用いたとしても、微妙に異なっている。差別が単に想像的なものではなく、「構造」として存在していると言うことによって、猪俣の天皇制理解を継承していたと言えるからである。その意味では、猪俣＝津村の都市論＝天皇制論が相対的に優位にあるとは考えられる。

だが、その優位にもかかわらず、猪俣＝津村も、天皇制問題については、松下と同様の自然過程をこえる戦略を打ち出しえなかった。それは、猪俣の「横断左翼論」や津村の毛沢東主義が、構造改革派＝グラムシ主義と相対的に親和的な、反レーニン主義としてあるからだと言える。津村は、レーニンを高く評価する文章を幾つも書いているが、それは、「メディアの政治」の人としてのレーニンであった。しかし、こと天皇制に関しては、やはり『なにをなすべきか』のレーニンが参照されるべきだろう。言うまでもなく、それは自然成長性に対して、目的意識性を対置するものだった。もちろん、近代日本において、自然成長的な天皇制批判に代わって目的意識的に天皇制批判を言いえたのは、その理論的正当性は問わず、「大逆」事件のなかの数人の被告や三二テーゼ＝戦前講座派のほかに、それほど多くなかったにしても、である。

松下圭一の市民社会派的戦略を敷衍すれば、民主党政権の誕生は成熟した「市民」の選択であり、大衆天皇制も少なくとも消滅に向かう端緒につくはずであった。もちろん、その帰趨は誰でも知っている。松下の目論見とは逆に、現在の天皇・皇后は、市民派リベラリズムの「象徴」である。にもかかわらず、3・11以降の反(脱)原発運動の盛り上がりを担保として、成熟した「市民」運動に希望を見出す向きも、いまだに少なくない。「六八年」以降のグローバリズムの進捗によって、ヘーゲル的な「国家‐市民社会」パラダイムが失効しつつあるのと相即して、「市民社会」という言葉が用いられることこそ少なくなったが、「市民」という言葉は温存しつつ、「公共性」という概念が、それに代わった。しかし、それは十分に有効な概念なのか。「社会」という概念も、いまだに流通している。

本稿は、これらの問いに十分に答えるものではない。ただ、われわれの思考が、いまだ日本資本主義論争のパラダイムを脱していないことを、ある程度闡明《せんめい》することが目的である。ここでは、日本資本主義論争の圏域にあるとは見なされることが少なかった、文学の問題を取り上げることにしよう。文学もまた、「市民」、「社会」を生成するにあずかって大きな力を持っていたからである。

2章　小林秀雄における講座派的文学史の誕生

小林秀雄とマルクス

小林秀雄は、今や、思想的な立場を問わず神格化・神話化さえされている。「国民的文学者」と言ってさえよい。初期は、ボードレールに倣ったボヘミアン的遊民批評家から出発して、近代の芸術家がたどる型どおり、保守的な思想の持ち主に「成熟」していった小林秀雄が、左派あるいはリベラルを自称する者からさえ今なお支持されているという奇妙な事態には、幾つかの理由が考えられるだろう。

その理由の一つに、小林とマルクス（主義）の関係をめぐる二つの「神話」がある。いわゆる古典回帰へと帰結していった、戦時下の――右派的と言うべきか――保守主義的な発言は知られている。しかし、それ以前（一九二〇年代から三〇年代）のマルクス主義との格闘＝論争は、むしろ、相手の問題系を相手以上に理解し包摂していたと見なされる。その上での「保守化」だというわけだ。本居宣長とともに小林が生涯の多くをついやして論じたドストエフスキーに似て、である。その幅によって、小林が一貫して覇権的知識人であったことのリアリティーは疑われない。小林は、冷戦体制崩壊以前に、マルクス主義を「止揚」＝「揚棄」していたとさえ見なされるのであろう。

論点を先取りして言えば、確かに、初期小林の問題圏は、マルクス（主義）と重なるところがあった。しかし、それは小林がマルクス主義を受け入れたことを単純に意味するわけではない。小林自身は、マルクス主義との距離を、常に保とうとしている。にもかかわらず、小林が提出した日本文学史観＝「文学」概念は、マルクス主義の歴史観を横領したものであるがゆえに、戦後にいたるまで（ある意味で現在もなお）主導的なものでありえていると言えるのだ。また、その理由は後に述べるが、そこからの古典回帰もリアルなものと見なされる。われわれを支配している「文学」概念は、意識的か無意識的かを問わず、あるヘゲモニックな文学史観に規定されているが、小林の神格化・神話化は、その文学史観の土壌の上で可能なものである。

マルクス主義との関係をめぐる「神話」の第一は、主に平野謙によって敷衍された。「様々なる意匠」（一九二九年）で文壇にデビューして以来、マルクス主義の苛烈な批判者であった小林が、「私小説論」（一九三五年）にいたって、マルクス主義＝プロレタリア文学の「評価」に転じたというものである。平野は「私小説論」に戦時下人民戦線の萌芽と可能性を見出そうとした。これは平野の文学史観の枢軸をなしている。公然とこの説が提唱されるのは『文学・昭和十年前後』（一九七二年）を雑誌連載していた一九六〇年だが、これに対して、やはり当時『小林秀雄』（一九六一年）を雑誌連載していた江藤淳らから激しい反駁があった。論争は、江藤らの「実証」に対して、平野が説の不備を認めながらも、大筋は撤回しないことで宙に吊られたまま終わった。その後も、平野は幾つかの部分的修正をほどこしつつ、自説を繰り返す。

この論争は、現在では、あまり顧みられることはないが、小林を位置づける時の、ある種の参照先として、隠然と作動しているように思われる。後に詳述するように、「私小説論」で提示された文学史観の大枠は、戦後、中村光夫や平野謙によって、それぞれ肉付けされ体系化された(と見なされる)ことでヘゲモニーを獲得していったからである。中村・平野の文学史観は、その後、後続世代からの批判を受けるが、そこには批判しつくされない一種の「普遍性」が装塡されていたと思われる。

もう一例をあげれば、今なお近代日本思想史の啓蒙的なオーソドキシーであり続けている丸山眞男の『日本の思想』(一九六一年)は、「私小説論」で頂点に達した小林のマルクス主義への「評価」を参照することで、日本近代思想史のパースペクティヴを決定している。近代日本における伝統化された主体的な思想の不在――それが丸山にとっては無責任体制としての天皇制であり、本居宣長的「自然《じねん》」であった――を批判する丸山は、日本においてかろうじて主体化された思想として、明治期のキリスト教と一九二〇年代のマルクス主義をあげる(特に後者)。そして、小林がマルクス主義をそのようなものとして「評価」したことを積極的に肯定するわけである。丸山の小林秀雄理解にかかわる『日本の思想』の収録論文は、平野謙の主張以前の一九五九年に発表されている。

二つめの「神話」は、「様々なる意匠」以来の初期小林秀雄が、そのプロレタリア文学批判にもかかわらず、プロレタリア文学者以上にマルクスの思想をよく読み、咀嚼していたという見方である。これは、まず亀井秀雄の『小林秀雄論』(一九七二年)が、主に『ドイツ・イデオロギー』にかかわって主張した。この説は、同書の書評「ユニークなマルクスとの視点」(「群像」一九七三年三月号）を書いた柄谷行人に支持され、本稿4章で論じる『マルクスその可能性の中心』（一九七八年）でも、小林のマルクス理解が大いに賞揚されていた。柄谷が浅田彰とともに編んだ『近代日本の批評・昭和編』上巻（一九九〇年）でも、マルクスと小林という問題が変奏されている。

しかし、「様々なる意匠」の小林がマルクスを読んだという説は、『脱＝文学研究』（一九九九年）の綾目広治によって、実証的に否定された。綾目によれば、「様々なる意匠」における『ドイツ・イデオロギー』からの引用は、三木清の『唯物史観と現代の意識』（一九二八年）からの孫引きだというのである。綾目によれば、初期小林のマルクス理解は、三木のこの本から得られたものである。綾目の論証には説得力がある。

『唯物史観と現代の意識』は、この時すでに共産党内で失脚していたルカーチ主義者・福本和夫のものを除けば、それまで哲学的な著作に乏しかったマルクス主義陣営の欠を補うものであり、服部之総ら既存のマルクス主義者からの観念論との批判にもかかわらず、若い知識人に盛んに迎えられた。三木の本は、福本がマルクス主義的実践へと若い知識人を急き立てたのとは反対に、大正教養主義の香りを残していたと言える。[*7]

しかし、ここにも残余があり、問題は払拭されない。小林がマルクスを読んでいたというのは大方が神話であるとして、では、その「マルクスと小林秀雄」という問題系をリアルとさえ感じさせた理由はなにか、ということである。このことが解かれない限り、第一の「神話」はかたちを変えて潜伏していくだろう。事実、江藤淳が懸命に否認しようと、「私小説論」の小林は、間違いなくマルクス主義を「評価」しており、そのことは第二の「神話」をも賦活させていくからである。

それゆえ、まずなされるべきは、マルクスとマルクス主義にかかわるこれら二つの「神話」を同時に貫く視点を確保することだろう。これまでの議論では、二つの「神話」は概して別々に論じられることが多かった。第一の「神話」は、主に平野謙の政治主義的文学史観によってもたらされたものであり、第二の「神話」は、主に、一九七〇年前後の日本の思潮動向の言語論的な転回に規定されて提示されたものだからである（と見なされてきた）。それゆえ、ここでは最初に、「私小説論」のマルクス主義「評価」の問題から入り、それが第二の「神話」のマルクス的問題系とどう接続しているかを論じていこう。

平野謙の人民戦線史観

「私小説論」については、これまで膨大な言説が蓄積されているが、厭わずに最低限のところを確認していくことから始めなければなるまい。本稿では、一九二〇年代から始まったとされる「私小説」についての、さまざまな論議については割愛する。また、小林秀雄や中村光夫の私小説論とともに有力であった伊藤整の私小説論についても、論じない。「逃亡奴隷と仮面紳士」な

＊7　三木と「大正的なもの」との連続性については、本稿とは立場が異なるが、内田弘『三木清』（二〇〇四年）に詳しい。

どの範疇で西欧「本格」小説と日本の私小説を対比する伊藤の論（『小説の方法』一九四八年、など）は、やはり、西欧市民社会と日本のそれとの比較にもとづくものと言えるが、そのことによって、日本資本主義論争を参照先とする本稿の文脈に吸収されると見なすからである。その他、4章で若干触れる山本健吉、福田恆存の私小説批判や、彼らの後発世代からのものについても、詳論する必要はないと考える。その理由は、その都度記す。

　小林秀雄の「私小説論」がもたらしたスキャンダルは、後にしばしば問題化される「社会化した私」という、ややミスティックな言葉にあるというだけではない。日本自然主義とその帰趨として成立した私小説が「封建主義的文学」であり、その伝統を切断したのが「輸入された（…）社会的思想」としての「マルクス主義」だったとする、その文学史観にある。小林がマルクス主義を「わが国の批評史の伝統中にはなかった」ところの「科学的な批評方法」と「評価」したのは、『日本の思想』の丸山眞男が「批評について」として引いている「文学批評に就いて」（一九三三年）であったが、それが同年の「私小説について」と相まって、二年後の「私小説論」では、「批評史」をこえた文学史的な具体的記述がなされることになるわけである。そこにおいて、初めて、講座派的歴史理論が援用される。

「私小説論」によれば、ゾラをはじめとするフランス自然主義の輸入によって開始された日本自然主義は、しかし、「この文学の背景たる実証主義思想を育てるためには、わが国の近代市民社会は狭隘であった」ため、それを骨肉化できなかった。「私の封建的残滓と社会の封建的残滓との微妙な一致の上に私小説は爛熟して行った」（傍点引用者）が、そこに、マルクス主義が輸入された。それは「各作家の独特な解釈を許さぬ絶対的な相」を帯びており、作家は「内面化したり肉体化したりするのにはあんまり非情に過ぎる思想の姿に酔った」のだが（丸山眞男の言う「理論信仰」である）、それこそが逆説的にも「社会化した思想の本来の姿」にほかならない。そのような思想であるがゆえに、それは従来の「封建主義的文学」＝私小説を打ち倒した、と言うのである。明らかに、講座派マルクス主義の歴史観とターミノロジーに沿って展開された議論である。

私小説に対しては、白樺派以降のいかなる文学流派からも「決定的な否定の声は（…）聞かれなかった」とも、小林は言う。「私小説論」は、同年に発表され、「第四人称」や「純文学にして通俗小説」を提唱して、やはりスキャンダラスな話題を呼んだ、横光利一の「純粋小説論」への批判という面を持つ。横光の「機械」（一九三〇年）を激賞した小林（「横光利一」一九三〇年）は、「私小説論」では新感覚派や新興芸術派のモダニズムも、「私小説の最後の変種」と見なしており、「封建主義的文学」の域を脱していないと認めたのである。すでに触れておいたように、「文学批評に就いて」や「私小説について」等が書かれた一九三三年あたりに、プロレタリア文学との論争を通じて、小林秀雄の思想転換がなされたと見なすべきであろう。

それまで、プロレタリア文学批判の先頭に立っていた小林が、「私小説論」にいたってマルクス主義の「評価」に転じたことは、当時、いまだプロレタリア文学の影響圏にあった、後の戦後派文学者たち若い読者を驚かせたようだ。小林は、一九三五年の雑誌「行動」一月号の「思想についての座談会」で、マルクス主義を検討する意図がある旨の発言をしているが、それが、同年早くも「私小説論」として記されたとも見なしうる。

驚きを最初に記したのは、戦後すぐに二つの小林秀雄論（『転向文学論』一九五七年）を書いた本多秋五であった。その驚きは他の「近代文学」同人にも共有されていた。雑誌「近代文学」が創刊号（一九四六年）の蔵原惟人に続いて、第二号（同年）で小林秀雄を招いて座談会「コメディ・リテレール」を掲載したのは、「近代文学」同人相互に多少のスタンスの違いはあれ、彼らが「私小説論」に、いわゆる人民戦線の可能性を見出していたからであった。本多秋五は、「蔵原惟人と小林秀雄を重ねてアウフヘーベンする」ことが「近代文学」の立場だったと言っている（『物語戦後文学史』）。平野謙の『文学・昭和十年前後』は、その「夢」を全面的に開陳したものに過ぎない。

しかし、平野謙の「昭和十年前後」を「文芸復興期」であるとともに人民戦線の可能性として見る文学史観には、奇妙なところがある。あるいは、平野史観が担保とする「私小説論」の記述にも――それが人民戦線的な認識であるとして――腑に落ちないところがある。その人民戦線には、そこに必須なはずのマルクス主義のヘゲモニーが、一見すると不在なのである。

「私小説論」の書かれた一九三五年前後を「文芸復興期」と見なす史観は、その当時において、すでに共産党とプロレタリア文学が、ほぼ壊滅状態であったという認識を前提にしている。一九三三年には小林多喜二の虐殺（二月）、共産党指導者の佐野学・鍋山貞親による転向声明「共同被告同志に告ぐる書」の発表（六月）と続き、翌年二月にはコップ（プロレタリア文化連盟）の文学組織ナルプ（プロレタリア作家同盟）が解散していた。これと前後して、有力なプロレタリア文学者たちの転向も相次いだ。「文芸復興」とは、それまで圧倒的だったプロレタリア文学のヘゲモニーが失墜し、代わって「老大家」とも言われる既成作家たちが陸続と作品の発表を開始したり、新人作家が台頭し始めた事態を、一義的には言う。転向作家たちの転向小説も多く書かれ、ベストセラーもあった。プロレタリア文学あるいはマルクス主義は、もはや存在しなかったということである。

少なくとも小林秀雄は、そのような認識のもとに「私小説論」を書いており、平野謙も同様に状況を捉えている。「私小説論」の終わり近くに、小林が「私小説は亡びた」と言い、また、「最近の転向問題によって、作家がどういうものを齎すか、それはまだ言うべき事ではないだろう」と記しているのは、もはやマルクス主義のヘゲモニーが存在しないことを前提としている。「私小説論」におけるマルクス主義の「評価」が、敵対する相手が不在の時代における「勝者」の安全地帯からのものに過ぎないという見方も、当然ありうるだろう。平野や本多と同じ「近代文学」の同人であった佐々木基一などは、そう考えていたことが、前掲「近代文学」二号座談会の発言からもうかがえる（佐々木「『文芸復興』期批評の問題」一九五三年、も参照）。

しかし、人民戦線とは何よりも共産党のヘゲモニーを前提としたものではなかったか。あるいは、「私小説論」のマルクス主義「評価」に文学的人民戦線の萌芽を見ようとする平野謙にとっては、そこにマルクス主義のヘゲモニーの潜在していることが期待されるべきではないのか。

平野らに参照されている「人民戦線」とは、一九三〇年代当時、いかなるものだったのか。ヨーロッパやソ連共産党において、人民戦線と共産党の問題は、やや錯綜している。周知の歴史的な経緯だが、本稿にかかわる点に即して略述しておこう。

社会民主主義者（今日で言うリベラル派）と共産主義者との提携を意味するそれは、一九三二年八月に、ジッド、マルロー、ロマン・ロランなどの呼びかけにより、アムステルダムで開催された国際反戦大会をもって出発する。これは翌一九三三年六月のパリ・プレイエル会館での第二回大会に受け継がれ、国際的な反戦反ファシズム運動（アムステルダム・プレイエル運動）に成長していった。一九三三年一月には、ドイツではヒトラーのナチ政権が誕生しており、フランスにおいてもファシズム勢力は力を増していた。一九三四年二月六日には、ファシスト勢力によるフランス議会襲撃事件が起こっている（二月六日事件）。この事件をきっかけに、社会党と共産党の提携がはかられ、一九三六年のレオン・ブルムを首班とする人民戦線内閣が誕生していくのである。共産党は閣外協力というかたちで政権にコミットした。

スターリン＝ソ連共産党（コミンテルン）は、当初は社会民主主義者との提携を斥けていた。社会民主主義とファシズムを同一のものとする、悪名高い「社会ファシズム論」であり、ファシズムよりは社会民主主義を打倒対象とする「社民主要打撃論」である。しかし、ナチ政権の誕生と、ドイツにおける共産党の弾圧による解体は、社会ファシズム論の無効性を露呈していった。

フランス人民戦線に倣ってコミンテルンが人民戦線戦術を採用するのは、一九三五年七、八月のコミンテルン第七回大会においてだった。日本にコミンテルンの方針転換が伝えられたのは、翌一九三六年、モスクワからひそかに送られた岡野（野坂参三）・田中（山本懸蔵）名による「日本の共産主義者への手紙」によってである。そこには「過去のセクト的誤りを正せ」として社民・リベラルとの提携が主張されている。主要な敵は、あくまでも天皇制を支える「ファシスト軍部」である。しかし、この「手紙」は日本の共産党組織がすでに壊滅状態にあったことによって、ほとんど実効性を欠いた。

以上の概括から、一九三五年の「私小説論」に人民戦線の萌芽を読もうとする平野謙の史観を重ね合わせて検討すれば、幾つかの問題点が浮かんでくるだろう。まず第一は、すでに「私小説論」の時点で、フランス人民戦線の活動は活発化しており、共産党と社会党の提携も成立していたということである。それは、コミンテルンによる人民戦線戦術の採用に先駆けている。日本においても、フランスやスペインの人民戦線から学んだ中井正一ら京大グループが、一九三五年前後から微弱ながら活動していたことは知られている。また、マルローの友人であった小松清が、行動主義文学を唱えて、ジャーナリズムで論議を呼んでいた（林俊、クロード・ピショワ『小松清』）。これも、フランス人民戦線の日本における反響である。小林がマルクス主義検討の嚆矢（鹿島茂が言う、小林秀雄の「ドーダ」）を切った場である雑誌「行動」は、小松らが拠ったメディアである。

そしてもう一つ、フランス人民戦線の成立に当たっては、当初からアンドレ・ジッドの役割が大きいことがあげられる。当時のジッドはソ連社会主義を理想化する左派であり、戦後のサルトルにも比肩される覇権的知識人であった。ジッドがソ連邦への幻滅を記すのは、一九三六年に刊行された『ソヴィエト紀行』（日本の訳者は小松清）以降であり、その知的ヘゲモニーを喪失していくのも、それ以降である（ミシェル・ヴィノック『知識人の時代』）。「私小説論」において、ジッドの『贋金つかい』（「私小説論」ではジイド、『贋金造り』と表記、原著一九二五年）の、今日の言葉で言うメタフィクション的性格が延々と難解に論じられているのも、小林がジッドの世界的へゲモニー下にあり、日本における覇権的知識人として振る舞おうとしていたことの証左である。ジッドの「転向」については一九三六年にすでに知られていたが、小林が人民戦線的気分から明確に脱するのは、一九三七年に『ソヴィエト紀行』を読み、それについてのエッセイを二つ書いたあたりからだと言ってよいだろう。小林が「私小説論」の文脈でマルクス主義についての「評価」を記すのも、一九三七年の「文芸批評の行方」が最後であろう。一九三六、七年頃から小林の「日本主義」も露呈してくる（関谷一郎『小林秀雄への試み』一九九四年、参照）。

海外の人民戦線の事情を、当時の小林秀雄が――あるいは、平野謙が――どの程度知っていたかについては不確かなところもあるが、「私小説論」を人民戦線史観で読むことには、十分な理由があるということになる。問題は、「私小説論」におけるマルクス主義の思想的へゲモニーをどう見るか、ということなのである。小林秀雄は、一九三五年の日本におけるその運動を、ないものと見なしているようだからである。しかし、フランス人民戦線においても、その中心的な知識人であったジッドにおいても、マルクス主義の思想的・運動的へゲモニーは維持されていたのだ。

30年代日本におけるマルクス主義

すでに記してきたところからも明らかだが、一九三五年当時の小林秀雄はマルクス主義の思想的へゲモニーを、無自覚にではあれ承認していると、まずは見なすべきである。それは、「封建主義的残滓」とか「わが国の近代市民社会は狭隘であった」といった言葉に端的に表現されている講座派理論の、それとは名指さぬ露骨な横領によって証明されている。このような表現は、「私小説論」のプロトタイプとされている一九三三年の「私小説について」には見出せない。そこでは、ただ、「プロレタリヤ文学運動が、わが国の私小説の伝統を勇敢にたゝき切った」と記されているだけであり、その「伝統」の具体的・歴史的な規定はなされていない。

ちなみに付言しておけば、講座派の歴史観を、このように文学史に適用してみせることは、小林秀雄の「独創」と言ってよいだろう。『発達史講座』には秋田雨雀と山田清三郎による「文化運動史」の一冊があるが、その歴史観では、プロレタリア文学運動の前史は（小）ブルジョワ文学と規定されている。このような文学史観は蔵原惟人ら有力なプロレタリア文芸批評家にも共有されているものである。

講座派を横領した小林（そして、小林に同伴する中村光夫）の文学史観の提起は、旧プロレタリア文学に属していた転向作家にとって、虚を突くものではあったと思われる。当時、小林・中村と論争していた中野重治は、日本自然主義は大ブルジョワと結託した半封建的な日本資本主義に対する小ブルジョワジーの「戦い」だったというプロレタリア文学理論を反復しながらも、小林・中村の史観の意義を認め、その意義は、日本自然主義が不徹底な「戦い」だったことを指摘しているところにあるとした（「二つの文学の新しい関係」一九三六年）。今なお流布しているかも知れぬ常識的な見方であろう。

しかし、このような中野の受け止め方にしても、あるいは、小林・中村側の論争における対応を見ても、「封建主義的文学」という規定に暗に含意されている危険なモノを見逃しているように思われる。「封建主義的」とは、繰り返すまでもなく、天皇制を含意したジャーゴンだからだ。そして、当時の中野との論争において、私小説へと回帰していった転向小説を批判した中村光夫に従えば、中野の転向小説もまた——当時の中村の規定によるなら——封建主義的文学への回帰にほかならないはずである（これに対して、小林が私小説を過去のものと見なしていたのは、既述のとおり）。

もちろん、このような問題系は当時の状況のなかで具体的に論じられるはずもないが、転向小説の白眉と称される中野の「村の家」（一九三五年）が、ヤマトタケルの東歌からの引用によって傑作たりえているという一事をもってしても、そのことは知られよう（拙著『1968年』参照）。しかし、中野重治はもちろんのこと、小林秀雄にしても、その「封建主義的文学」という規定が天皇制のジャーゴンであることについては、まったく無自覚であったと言ってよい。そのことについては本章で後述する。おそらく、プロレタリア文学さえ封建主義的文学であると言いえた中村のみが、このことに自覚的たりえただろう。それが、小林と中村の決定的な差異である。これについては、次の3章で論じる。

奇妙なことに、「私小説論」の理論的背景をなす歴史観が講座派マルクス主義の「横領」であることについては、平野謙に指摘がないのみならず、私見の限りでは文学研究者からも、ほとんど言及がない。平野にとってマルクス主義とは講座派のことであったはずだから、自明に過ぎて言い落としたのであろう。事実、平野は「私小説論」では「従来の小林秀雄のターミノロギイからは異例といってもいい社会科学的な用語がつかわれる」(『昭和文学の可能性』一九七二年)ことに驚いている。もちろん、その「社会科学的な用語」とは、講座派マルクス主義のものにほかならない。

戦後派や平野謙のものを除くと、「私小説論」が講座派から「学んだ」ことについては、おそらくは、橋川文三の「『社会化した私』をめぐって」(一九五八年)での簡単な指摘が最初かと思われる。その後も幾つか似た言及はなされた。しかし、それらの指摘には、なぜ小林が講座派史観を受け入れたのかについての説得的な論述は見られない。そのことを詳しく論じているのは、山田盛太郎の評伝の著者でもある経済学者・寺出道雄の『知の前衛たち』(二〇〇八年)のみかと思われる。*8

この視点は、一九三五年がプロレタリア文学運動壊滅時であるとする平野謙の人民戦線史観に

*8 寺出の視点は、講座派とりわけ山田盛太郎が政治的アヴァンギャルドであると同時に、その文体にロシア・アヴァンギャルドの「影響」を見ることで、文学的アヴァンギャルドである小林秀雄への「影響」を見るというものであるようだ。本稿では、このような視点を採らない。寺出の視点では、小林や中村においても「天皇制」が、別々に主題化されていることが論じえないからである。なお、橋川の説を受けた『小林秀雄　美的モデルネ』(二〇〇六年)他の野村幸一郎は、逆に、猪俣津南雄を援用して、「私小説論」の歴史観を「労農派」的としているが、これは、後に触れる「故郷を失った文学」の市民社会成熟論に引きずられた誤解であろう。この視点からは、小林から中村光夫のラインを検討することができない。

若干の修正を求めることになる。既述のように、一九三三年六月には佐野・鍋山の転向声明があり、一九三五年にはプロレタリア文学はおろか、最後の党中央委員・袴田里見の逮捕（三月）によって共産党自体が壊滅した。ところが奇妙なことにと言うべきか、日本資本主義論争はジャーナリズムで盛んに行なわれているのである。日本におけるマルクス主義は、実践的影響力の微弱さに比して、理論的影響力は誇大とも言えるものだった。一九二〇年代から三〇年代の日本におけるマルクス主義の流布は、非合法たる共産党直轄のメディアに起因する以上に、いわゆる「ブルジョワ・ジャーナリズム」が、競ってマルクス主義者に執筆の機会を与えたことによる。その傾向は、共産党壊滅後も続いていたのである。

そもそも、『発達史講座』から主に採られた、講座派の基本文献である山田盛太郎『日本資本主義分析』と平野義太郎『日本資本主義社会の機構』が刊行されたのは、一九三四年の二月と四月であり、これに対する労農派の批判が本格化することで、一九三四年から一九三五年には論争はむしろピークに向かうのである。小山弘健『日本資本主義論争』上巻に付された詳細な文献表によれば、一九三三年の論争関係論文が五〇本、一九三四年が六一本、一九三五年が八七本、一九三六年が五三本である（単行本は除く）。これら論文の発表媒体も、学会誌や紀要はむしろ少なく、「改造」や「中央公論」といった、いわゆる一流誌が場を提供している。それらは「文壇雑誌」でもあり、当時の小林秀雄の発表場と重なるところが多い。小林が講座派理論をどこで「学んだ」かについては検証困難だが、小林は不断に日本資本主義論争に接する環境のなかで執筆活動を続けていたのである。

日本資本主義論争がピークを迎えていた時代に書かれた「私小説論」は、その講座派ターミノロジーにおいて、マルクス主義の理論的ヘゲモニーを受け入れているだけでなく、当時の知識人界における講座派（共産党）へゲモニーを承認していると見なしうる。そのことによって、人民戦線的なものであったとは言いうるのである。平野謙の人民戦線史観も、あながち穿った見方であるわけではないのだ。もちろん、日本近代の未成熟や半封建を主張する講座派理論は、明治期「啓蒙」知識人以来の常套のマルクス主義的な言い換えという側面をまぬかれない。福沢諭吉の「脱亜入欧」、夏目漱石の「外発的開化」、森鷗外の「普請中」は、その意味で講座派的である。だからこそ、丸山眞男は生涯にわたって福沢に親炙していたわけだし、「私小説論」は、漱石・鷗外の「抜群の教養は、恐らくわが国の自然主義小説の不具を洞察していた」と、今ならＰＣ的に問題にされるだろう表現で記すわけである。

小林秀雄と天皇制

小林と、小林を一面高く評価する丸山との違いは、同じく講座派に学びながら、その「半封建」論が天皇制の問題であることについて、小林がおそらくはほとんど無自覚であったところにある。あるいは、「半封建」＝絶対主義天皇制という講座派の等式に無頓着であったところにある（講座派の理論的当否は、ここは問うところでない）。

小林にとって封建制は単に封建制であり、後進性の言い換え以上ではなかったと言える。それは、「私小説論」における講座派理論のご都合主義的な横領からしてもうかがえるが、その四年後には満州事変に際して、講座派とはまったく違った視点を言い出すところからも知ることができる。「この事変に日本国民は黙って処した」という高名な啖呵が記されている、「満洲の印象」（一九三九年）である。事変に際して「国民の一致団結は少しも乱れない」。その理由は、と自問して小林は言う。それは、日本が「長い而もまことに複雑な伝統を爛熟させて来て、これを明治以後の急激な西洋文化の影響の下に鍛錬した」ためなのだ、と。

丸山眞男が言うように、小林秀雄は日本近代には伝統化され主体化された――小林が言う「絶対的な相」を帯びた――「社会化した思想」が欠けていると認識しており、マルクス主義の輸入がその代替知であったことを評価した。いや、その歴史観を受け入れさえした。しかしそれは、「主体化」されていない横領であった。それゆえ、小林のマルクス主義は簡単に天皇制に代替される（それは、当時の転向マルクス主義者と同様である）。「国民」にとって、天皇制の方が伝統化され主体化された「思想」であると見えたからである。

すでに多くの指摘があるように、小林の日本回帰は、小林が当時から読み始めていた本居宣長への回帰である。「事変に日本国民は黙って処した」とは、たとえば、「すべて下たる者は、よくてもあしくても、その時時の上の掟のまゝに、従ひ行ふぞ、即ち古への道の意には有ける」（「うひ山ぶみ」）というようなところが参照先だろう。その「古への道」とは「天皇の天下を治めさせ給ふ、正大公共の道」（同）である。もちろん、この場合、宣長は身分制たる徳川幕藩体制を背景にしている。小林の場合は、とにもかくにも――誰もが知るように、治安維持法と同時に成立したところの――普通選挙成立以降の時代であり、歴史認識が欠落しているという批判はまぬかれない。

このような転回を経て晩年の『本居宣長』にいたる小林秀雄を国民的な文学者として遇することは、「大衆天皇制」(松下圭一)という明察にとっても、それが孕む盲目と言えるだろう。すぐに後述するように、小林は大衆社会論の先駆者の一人でもあった。そして、小林の天皇制への回帰は、その大衆社会論に孕まれていたからである。

大衆社会論の起源でもある市民社会派・丸山眞男は、『日本政治思想史研究』以来、本居的＝天皇制的「自然《じねん》」の思想を最大の批判対象としてきたし、その批判の先には小林や保田與重郎が名指されてきた(戦時下の丸山は保田をほとんど読んでいなかったというが)。しかし一方では、「私小説論」あたりまでの小林を「自然」＝天皇制に対立する文学者・思想家と評価する。そして、小林の後者から前者への転向を、すべての思想を「意匠」として相対化し価値剝奪した者が、「事変」という例外状況の前で頭を垂れたのだと分析する。つまり、カール・シュミット的決断主義へといたったとするのが、『日本の思想』の丸山眞男の主張である。

しかし、丸山の批判はやや薄弱だろう。そもそも、小林は文壇デビューの以前に「斫断《しゃくだん》」を高唱する決断主義者であった(「人生斫断家アルチュル・ランボオ」一九二六年)。これでは、「私小説論」における講座派理論の受容＝横領――それは単なる「評価」ではなかった――が説明できない。講座派マルクス主義は、天皇制打倒＝民主主義革命の歴史的必然を論証するものではあっても、直接に行動の決断に誘うものではない。また、小林のその受容自体も、決断へと使嗾するものではなかった。そのような歴史認識自体は、「満洲の印象」でも変わっていない。「満洲の印象」からの引用でも知られるように、そこで小林は「歴史」や「伝統」といった概念を受け入れており、満州事変さえ例外状況としては把握されていない。歴史過程の成熟の帰結なのである。小林のその伝統や歴史把握は、間違いなく、日本資本主義論争とマルクス主義の「受容」を経由して得られたものである。

丸山の論旨を延長すれば、小林の講座派的な「歴史」概念は、小林が非難してやまなかった「意匠」として用いられたに過ぎないことになってしまう。それを「意匠」と見なすことが可能だとしても、丸山の論旨のなかでは不都合だろうし、小林にも失礼というものだ。それに、小林においては、宣長の「自然」的歴史観は、戦後も維持されるのだ。だとすれば、それは科学的思考を放棄した決断主義としてというよりは、マルクス主義に代替しうる「社会化した思想」として見出されたのである。何せ、それは「一種異様な聡明さなのだ、智慧なのだ」と言われていた。小林的天皇制は、「絶対の相」を帯びた「社会化した思想」であるからこそ、大衆社会たる現代においても、小林秀雄は国民的な文学者として遇されているのではないか。

多くの転向マルクス主義者は、その天皇制への転向において大なり小なり自己合理化をはかった。その痕跡は一応は明瞭だから、彼らを肯定するにせよ否定するにせよ検証は可能である。ところが、小林の場合、その痕跡がうまく縫合されているがゆえに、検証をまぬかれてきたと言える。端的に言えば、「様々なる意匠」以来の小林が、プロレタリア文学の批判者であったゆえに、「私小説論」において講座派マルクス主義理論を——「評価」ではなく——ある種「受容」したことが見逃されてきたのである。

では、その「転向」は、どのようにして可能だったのか。それは、小林が「わが国の近代市民社会は狭隘であった」と言う時の、その「市民社会」概念にある。このことは、市民社会派たる丸山眞男の小林秀雄批判が不徹底であることと、深くかかわっている。

この、突然に言われる「近代市民社会」という言葉も、「封建主義的」という言葉と対になっているのだから、ほぼ間違いなくマルクス主義からの横領である。「市民社会」は言うまでもなくbürgerliche Gesellschaftの翻訳語だが、そのドイツ語はcivil societyからの翻訳であり、その翻訳による受容が、西欧においても日本においても、さまざまに奇妙な思想的屈折を生じさせた（いる）。そもそも、「社会」という翻訳語にしてからが、そうである。西欧における「社会」概念は、基本的に一八世紀の「市民社会」成立時に誕生した概念であり、日本では明治維新以前に「社会」なるものは存在しなかった。明治政府の、岩倉具視を特命全権とする使節団（一八七一～七三年）は、欧米各地で「society」なる言葉に出会い、その概念を理解することに苦しんだ。苦心の末に採用された「社会」という訳語が定着したのは、明治中期と見なしうるが、それ以前の日本人は「社会」を想定することさえ困難であった（木村直恵「《society》と出会う——明治期における『社会』概念編成をめぐる歴史研究序説」二〇〇七年、「学習院女子大学紀要」九号、など参照）。一九〇〇年前後には内田魯庵の短編集『社会百面相』（一九〇二年）を代表として「社会小説」が流行したが、その「社会」には「せけん」や「よのなか」のルビが頻出しており、戯作的な作風である。

しかしともかく、明治維新後のある早い時期から、われわれは「社会」というパースペクティヴのもとで思考するよう方向づけられていた。中世であれ古代であれ、現在では、それを捉えるためには「中世社会」や「古代社会」という概念を必要とする（ここでは、「中世」や「古代」といった概念の歴史的規定性については問わない）。『日本の思想』の丸山眞男は、近代日本において「社会」が作為されなければならなかったことを明晰に指摘している。その作為の時期を、丸山は「大正期」としているが、これも、ある意味では正しいだろう。しかし、自身がその作為された「社会」概念のなかで思考しなければならないという逆説ゆえに、講座派的「市民社会派」としての立場を疑うことがないのである。

「市民社会」はまず、佐野学訳のマルクス『経済学批判』で「市民的社会」として登場し、その後、「市民社会」、「資本家的社会」、「ブルジョワ社会」と訳されてきた。「市民社会」という言葉を初めて日本語の著作に記したのは、平野義太郎の『日本資本主義社会の機構』だという（植村邦彦『市民社会とは何か』二〇一〇年）。「私小説論」が書かれたのはその翌年だから、そこでの用法にも明らかに講座派からの横領がうかがえる。[*9]

しかし、小林には講座派理論と距離を取らせる「わが国の近代市民社会」認識も存在したのである。小林にとって、自分たちの世代をまって日本の近代市民社会は、とにもかくにも封建的な狭隘さを脱したと信じられていたのだ。そのことは、「私小説論」の二年前に書かれた、これまた高名な「故郷を失った文学」（一九三三年）で、「市民社会」という言葉は用いずに記されている。繰り返すまでもなく、この年には、「文学批評に就いて」や「私小説について」が書かれ、翌年には「文学界の混乱」が書かれて、小林はマルクス主義の「評価」に転じていた。「故郷を失った文学」では、近代的な故郷喪失の意識が確認され（それは、近代市民社会の爛熟と同義である）、そのことを代償に、「私達は（…）今日やっと西洋文学の伝統的性格を歪曲する事なく理解しはじめた」と言う。つまり、「私小説論」の文脈に即せば、西欧自然主義を理解できずに私小説を生んだ日本の「市民社会」の封建的な狭隘さは、小林の世代においてようやく脱せられた、ということにほかならない。

だが、このような視点が「私小説論」にも維持されているとして（事実、維持されているだろう）、その時、小林による講座派理論の横領は、不徹底ということになる。小林が失ったという「故郷」と呼ぶところの観念に、天皇制が暗に含まれていることは自明だが、講座派理論では、それは失われたどころか、強固に存在しているとされているからである。

＊9　ただし、それ以前（同時期）の「市民社会」の用例も指摘できる。長谷川如是閑「堺利彦」（一九三三年）には、「明治の時代は市民階級建設の過程として進んでいた。日本全土はなお封建的沈殿物に蔽われながら、世界の歴史に刺衝されている尖端の日本は、市民社会の基礎工事に掘り返されていたのであった」とある。なお、『市民社会とは何か』の植村邦彦は、「私小説論」における「市民社会」の用法を、小林がマルクスを、とりわけ『ドイツ・イデオロギー』をよく読んでいた故としているが、「神話」を増幅させるだけに過ぎないことは、これまでの論述で、すでに明らかかと思う。

小林の批評家としての出発は、ボードレールに倣って「都市」にあり、「群衆」にあった（拙著『探偵のクリティック』参照）。その意味でも、「故郷を失った文学」は、大衆社会論と相即するところがあることを否定できない。そして同時に、講座派の「半封建的」絶対主義天皇制論が、自分たちの世代においては無効だとも、暗に宣言しているわけである。これは、松下圭一の「大衆天皇制論」を先取りしている。もちろん、先述した青野季吉『サラリーマン恐怖時代』があるように、当時を（あるいは、それ以前を）大衆社会と見なす視点は少なくはなかった。そう見なすことは、今日では、文化研究の常套である。しかし、大衆社会を天皇制の問題と——無自覚にではあれ——リンクさせたのは、小林をもって嚆矢とするだろう。

小林的な市民社会成熟論（＝大衆社会論）は、天皇制の発見への通路も残している。その意味で、「故郷を失った文学」は大衆天皇制を予兆させるものとなっている。自分たちの世代において、市民社会は爛熟し後進的な封建的遺制は払拭された。それは故郷喪失という代償を払うことでもあったが、そこにおいてこそ、新たに故郷も発見されねばならない。そのことを小林は、「歴史はいつも否応なく伝統を壊す様に動く。個人はつねに否応なく伝統のほんとうの発見に近づくように成熟する」と言うのである。このハイデッガー的と言いうるかも知れない歴史観を二年後の「私小説論」と重ねれば、小林はマルクス主義から一部学んでいたとは言えるだろう。戦後のハイデッガーが『ヒューマニズム書簡』で初期マルクスの疎外論を評価したことを想起すべきかも知れない。

マルクスの唯物史観は、資本主義による旧秩序の全的な解体が、共産主義の基礎を作ると主張していた。講座派理論は、日本では、その解体を阻害するのが絶対主義的天皇制であると主張していたわけだが、「故郷を失った文学」の小林にとって、その阻害要因はもはやない。そして、小林にあっては、その全的解体の果てに、新たに可能になるのが、共産主義ならぬ「伝統のほんとうの発見」だというわけだ。全的な疎外が全的な解放の条件であるとする初期マルクス――この場合、『ドイツ・イデオロギー』も含む――と同様の論理である。ここから本居宣長の発見まではただの一歩だが、そのロジックが、ある種、唯物史観の公式の近傍にあることも確かだと思われる。

小林のやや神秘化されたロジックを、ここで暗に支えているのが、ヘーゲルやマルクスの基本概念たる「市民社会」であることは見やすい。いや、「市民社会」概念自体が神秘的なものだから、小林のロジックに適合するのである。マルクスにあっても、「市民社会」とは、破壊しつつ新たなものを誕生させる魔法の――有機体的な――「汽罐室」（弁証法的な磁場と言ってよい）のようなものであった（市民社会概念の問題性については、フーコー『生政治の誕生』を参照）。市民社会におけるヘゲモニー闘争によって革命までを展望するグラムシ主義も、資本主義のより「科学的」な分析を下敷きにしているとはいえ、「市民社会」は弁証法的な魔法の「汽罐室」である。

マルクス／エンゲルスのこのような「汽罐室」論が主張されたのは、『ドイツ・イデオロギー』においてであった。『ドイツ・イデオロギー』と小林秀雄の問題については、次節でも記すが、今日では廣松渉の研究によって疎外論を棄却した書と見なされることの多い同書は、しかし、その「汽罐室」論＝市民社会論において、疎外論の範疇にあると見なされるべきである。

小林が「私小説論」で講座派マルクス主義を一種の市民社会論として「受容」＝「横領」しえたのも、かかってその疎外論的な神秘性にあったと言って過言ではない。そして、そのことはすでに、「故郷を失った文学」に徴していたのである。もちろん、そのように「歴史」や「伝統」とかかわる「市民社会」概念の獲得が、単に講座派マルクス主義によってのみ、なされたわけではあるまい。たとえば、日本でも当時「生の哲学」として流行したベルクソンやディルタイとの接触も勘案すべきではあろう。小林のマルクス理解に決定的な影響を与えたと思われる三木清の『唯物史観と現代の意識』には、マルクス主義的「実践」の立場から両者への批判的検討が、すでに試みられていた。だとすれば、この時点での小林の主線は、あくまでマルクス主義との対抗・摂取・横領にある。

繰り返すまでもなく、小林秀雄の「市民社会」論は大衆社会論に先駆け、大衆天皇制論にも先駆けており、なおかつ現在も、日本における「伝統」の発見のパターンといった薄められたかたちで賞賛・受容されている。丸山学派に典型的な、講座派に発する「市民社会」主義——現在では「公共性」論と言われるが——が今なお有力であるとすれば、同じ「市民社会」主義から小林秀雄の思想と文学が生成していったことは、『日本の思想』における小林批判をこえて検討されるべきだろう。

自己意識の体系

一九二九年の「様々なる意匠」に始まるプロレタリア文学批判において、小林秀雄の思考が、むしろマルクスの問題圏にあると見えるという第二の「神話」も、以上のような、「私小説論」をピークとする「市民社会」概念の受容を踏まえて、理解できる。綾目広治が発見したように、「様々なる意匠」のマルクス理解が三木清の論文集『唯物史観と現代の意識』（一九二八年）の影響下にあり、『ドイツ・イデオロギー』からの引用は、そこからの孫引きであったとしても、では、なぜ小林が三木を受容したのか、ということは解明されねばならない。『小林秀雄論』の亀井秀雄にしてすでに、小林がドストエフスキー論で三木のパスカル論を「橋渡し」にしていたのみならず、マルクス理解についても三木からの「示唆を受けていた」だろうことは指摘していたからである。

西田幾多郎門下で京大哲学科随一の秀才の誉れ高かった三木清は、一九二二年から一九二五年にかけてドイツに留学し、一九二三年秋からはハイデッガーの下で学んだ。その時、三木を指導したのが、ハイデッガーの助手を務めていたガダマーやカール・レーヴィットであった（「読書遍歴」一九四一年）。とりわけ、三木のデビュー作『パスカルに於ける人間の研究』（一九二六年）は、ドイツからパリに留学の居を移した三木が、ニーチェやキルケゴールを深く研究していたレーヴィットの指導のもとで書いたものと見てよい。『唯物史観と現代の意識』も、コルシュ、ルカーチからの影響を指摘されるが、それ以上に、レーヴィットの「影響」が顕著な著作である。このことについては、詳しい指摘がない様子なので、必要な範囲で私見を述べておく。

レーヴィットは三木を指導した時代にはすでに博士号を取得していたが、『存在と時間』（一九二七年）への共感と対質を試みた教授資格請求論文の準備の最中であった。『存在と時間』の内容は、ハイデッガーの講義のなかで随時おおやけにされていた。レーヴィットの論文は、「共にある人間の役割における個人　倫理学的諸問題の人間学的基礎づけのために」と題して一九二八年に刊行される（同書は、現在は『共同存在の現象学』と題して文庫化されており、以下、このタイトルを用い、引用も同書熊野純彦訳による）。つまり、『唯物史観と現代の意識』と同年に刊行されているわけだが、二書を比較してみれば、三木の本がレーヴィットのひそかな、しかし圧倒的な影響下にあることが分かる。レーヴィットは、単に読書指導をしたのではなく、『共同存在の現象学』の内容を三木にレクチャーしていたはずである。

アントロポロギー（人間学）とは、三木とレーヴィット両者の共有する立場である。本稿は両書の類似をあげつらうことが目的ではないから詳述はしないが、三木が独自な用語として誇る「基礎経験」なるものは、ハイデッガーの「基礎的存在論」の言い換えであり、レーヴィットが「人間的な現存在一般の『意味』に対する根源的なあるいは基礎的な理解」（傍点原文）と言うところの、『共同存在の現象学』の目的と全体の記述に含意されているであろう。三木においては、ハイデッガー＝レーヴィットに倣って「人間は『世界に於ける存在』」であることが前提とされるとともに、「人間は彼が存在（人間と事物とを含む――引用者注）と交渉する仕方に応じて直接に自己の存在を把握する」というふうに、レーヴィット的に共同存在のあり方が強調されてもいる。

ちなみに言えば、ハイデッガーは『存在と時間』において人間学を斥けている（端的に斥けえているかどうかについては、デリダの批判があるが、ここでは問わない）。レーヴィットは、主にヘーゲルを批判し、カントの実践理性とフォイエルバッハの「人間」概念に依拠することで人間学であることを宣言し、そのことでハイデッガーと対峙しようとしている。三木もまた、レーヴィットをおおむね継承している。ハイデッガーのカント理解が、後に新カント派を斥けることになるものであったのに対して、レーヴィット＝三木には新カント派的な人格主義が濃厚である。ただし、三木にあってはフォイエルバッハをカントにリンクさせようとするロジックはない。フォイエルバッハは、マルクスにおいて完成される人間学の偉大な先駆者の位置を与えられている。

『共同存在の現象学』の最大の特徴は、「〈私〉と〈きみ〉とのあいだの対話」を重視し、「愛」を中心化するフォイエルバッハの重視だが、三木においても、フォイエルバッハはマルクス／エンゲルスに劣らず頻繁かつ肯定的に参照されており、フォイエルバッハ主義とさえ言えなくはない。三木のアドヴァンテージは、『ドイツ・イデオロギー』（もちろん、主に「第一篇 フォイエルバッハ」である）を参照することによって、フォイエルバッハがいまだ青年ヘーゲル派的な「抽象」性をまぬかれていないと指摘している点である。つまり、三木はマルクス主義の立場を鮮明にしてはいるわけだ。そして、そのことにともなって、三木ではヘーゲルが高く位置づけられている。

マルクス／エンゲルスが草稿のまま放置しておいた『ドイツ・イデオロギー』は、一九二六年におおやけにされた。いわゆるリャザノフ版である。つまり、レーヴィットが三木を指導していた時代には、いまだ刊行されていなかった。しかし、フォイエルバッハを研究・摂取していたレーヴィットは、フォイエルバッハからマルクス／エンゲルスにいたる青年ヘーゲル派の運動には、すでに通じていたはずである。エンゲルス晩年の著作『フォイエルバッハ論』をレーヴィットが読んでいなかったとは考えにくい。同書は三木の『唯物史観と現代の意識』でも引かれている。『共同存在の現象学』では、同じく青年ヘーゲル派であったモーゼス・ヘスやマックス・シュティルナーのフォイエルバッハ批判が引かれ、論じられている。マルクス/エンゲルスの名前はない。これは、指導教授ハイデッガーへの配慮であろうか。しかし、ハイデッガーは後年、助手時代のレーヴィットを「極左マルクス主義者」と認識していたと言う（ウォーリン『ハイデガーの子どもたち』）。『存在と時間』と問題圏を共有するとも見なされるルカーチの『歴史と階級意識』（一九二三年）や、コルシュの『マルクス主義と哲学』（同年）は、すでに刊行されていた。

三木がマルクス主義にかかわるのは、留学から帰国後のこととされることが多いが、おそらくは訂正されなければならない。三木は、ドイツ留学の初期から、すでに、大内兵衛ら留学生仲間との議論で、マルクス主義の息吹に接している（羽仁五郎「わが兄・わが師三木清」一九四六年）。『ドイツ・イデオロギー』がおおやけになる以前、すでにレーヴィットは、そしてレーヴィットに倣って三木も、それに応接する準備はととのっていたのである。

三木が留学から帰国した一九二五年は、福本和夫のいわゆる福本イズムが全盛をきわめていた。年下の友人であった戸坂潤の後年の回想「三木清氏と三木哲学」（一九三六年）によれば、帰国後の三木は「俺でも福本位いなことは出来る、と傲語していた」というが、これは、福本がルカーチ、コルシュを下敷きにしていることを知り、なおかつ、それへの応接をレーヴィットのもとで終えたと自負していたことの証左であろう。

三木がレーヴィットに対してアドヴァンテージがあるとしたら、リャザノフ版が出ていち早くマルクス主義の立場を自称する著作を書きえた、ジャーナリスティックなセンスにある。三木とほぼ同時にマルクスに本格的に取り組みはじめたであろうレーヴィットが、マルクスを主題化した『ウェーバーとマルクス』をおおやけにするのは、一九三二年であり[*10]、マルクス／エンゲルスの著作をも十分に参照して「ヘーゲル体系の腐敗過程」（『ドイツ・イデオロギー』）を、『ドイツ・イデオロギー』の視野をはるかに広げて論じた『ヘーゲルからニーチェへ』初版をおおやけにするのは、一九四一年である。『ヘーゲルからニーチェへ』は、『共同存在の現象学』を継承した著作とも見なせよう。

『ドイツ・イデオロギー』は、マルクス／エンゲルスの唯物史観誕生を告げた書として、何よりも知られている。そこではまた、「市民社会こそが全歴史の真の汽罐室」であると言われているように、それは「近代市民社会」を意味するばかりでなく、歴史貫通的な概念として融通無碍に使われていた。しかし、奇妙なことに、『ドイツ・イデオロギー』を下敷きにしている三木清の著書にあっては、「唯物史観」という言葉が大書されているにもかかわらず、「市民社会」につい

＊10　レーヴィットの『ウェーバーとマルクス』が、講座派系市民社会派に与えたインパクトについては、周知のとおりである。また、三木ほどにはマルクス主義に接近せず、むしろ——そのハイデッガー批判と相即して——批判的なスタンスを維持したレーヴィットが、後年、フォイエルバッハとも近接するエコロジー主義的な自然観へといたったことについては、ハーバーマスの批判がある一方で、そのフォイエルバッハ主義の一貫性には、高い評価も存在する。

ては一切の言及がない。「人間学」に終始しているばかりであり、それに関連して「歴史」や「実践」が論じられているのみである。つまり、ヘーゲル‐フォイエルバッハ‐マルクス（エンゲルス）という「ヘーゲル体系の腐敗過程」を前提としながら、各々の人間学の変遷が、三木の（レーヴィットの）興味の中心であったと言える。

しかし言うまでもないが、ヘーゲルの「人間学」として把握されたものも、その『法の哲学』を踏まえて明らかなように、「欲求の体系」（これは、ヘーゲルの思想に即して「欲望の体系」と読み換えられるべきである）としての「市民社会」の人間学であり、『精神現象学』で子細に論じられた「自己意識」の問題以外ではなかった。ヘーゲル体系が、近代の自己意識の哲学と言われるゆえんである。ヘーゲルにあっては、「自己意識とは欲望である」（『精神現象学』）からだ。市民社会とは、「自己意識」＝「欲望」の体系である。

「自己意識」について、三木は、「対象に於て人間は自己みずからを意識する、対象の意識は人間の自己意識である」と、『ドイツ・イデオロギー』に倣って述べている。だが、ヘーゲルにあって、それが「両力の遊戯」や「死を賭した闘争」として、ダイナミックに記述されていたことについては、三木においても、ある程度は踏まえられていた。そのことは、ヘーゲルの――そしてフォイエルバッハの――哲学が「ロマンティクの基礎経験の表現」であると指摘するところにあらわれている。これに対して、マルクスは「無産者的基礎経験」だとされるわけである。

知られているように、ヘーゲルとロマン派との関係については多くの議論がある。だが、ヘーゲルが「自己意識の二重化」（『精神現象学』）として分析した血みどろの生＝欲望の磁場は、同時代のドイツ・ロマン派が「イロニー」によって解決しようとしたものを、弁証法によってのりこえようとした試みであると見なすことが可能だろう。三木がヘーゲルの「ロマンティクの基礎経験」を呪文のように強調しながら、その弁証法を「存在論的なるもの」において理解せよと言い、ディルタイの「生の範疇」との類似を指摘するのも、そのためだろう。『唯物史観と現代の意識』には、「意識とは意識された存在以外の何物でも決してありえない」と『ドイツ・イデオロギー』を引用し、あっけらかんと平板化された三木の「自己意識」概念の背後に、ヘーゲル的な「欲望の体系」＝「市民社会」が透けてはいるのである。

「自意識」に拘泥する小林は、三木の記述のバックグラウンドに自覚的であったか否かは問わず、「欲望」＝「自己意識」の体系としての「市民社会」という問題系を背後に読み取ったと言えるだろう。すでに「様々なる意匠」以前の小林秀雄が、そのボードレール論やランボー論に読まれるごとく、「自己意識の二重化」（ヘーゲル）の問題に憑かれていたことは、よく知られている。「十九世紀に於ける最も深刻なる人間の情熱は恐らく自意識の化学という事であろう」と言い、「自意識を自意識した」（「『悪の華』一面」一九二七年）といった表現は、その端的な例であり、その自己言及的な自意識の「球体」の爆破（斫断！）をランボーに求めたことも、よく知られたエピソードである。もちろん、それは小林も承知しているように、ロマン主義の問題系であり、だからこそ、小林はボードレールを「象徴派」とする規定を斥けさえする。それはむしろ、自意識のリアリズムの問題なのである（「様々なる意匠」）。

そのような小林が、三木の著作から何を読み取ったかは、想像に難くない。それは何よりも

――ヘーゲルとも共鳴する――自己意識の問題だが、三木がマルクス／エンゲルスに倣って「対象の意識は人間の自己意識である」と言うところには、十分に説得されなかったことも間違いない。レーヴィット＝三木の共同存在論（社会把握）においては、「私」と「きみ」がヘーゲル的な――主と奴の――血みどろの闘争を演じることがない。フォイエルバッハ的「愛」に即して、相対的に安定した間主観性が維持されている。[*11] これは、レーヴィット＝三木の師であるハイデッガーを踏まえてヘーゲル／初期マルクスを理解した、『ヘーゲル読解入門』のコジェーヴの「自己意識」論とは、大きく異なっている。比喩的に言って、ハイデッガー理解をめぐるレーヴィットとコジェーヴの分岐が、三木と小林とのあいだにもあったと言えるだろう。あるいは、やはりハイデッガーの下でも学び、コジェーヴ的自己意識概念を受容しつつ、しかしコジェーヴの社会民主主義的立場とは対立したレオ・シュトラウスも想起すべきだろうか。

「様々なる意匠」の小林の、三木に対する反発を探っておこう。「様々なる意匠」からは、『唯物史観と現代の意識』をパロディー化しようとする意志が随所に読み取れる。すでに触れた「アントロポロギイ」という言葉について、小林は、「井原西鶴の如きアントロポロジイの達人」という言い方で、三木の哲学的人間学を揶揄さえしているかのようである。あるいは冒頭第二センテンス、「遠い昔、人間が意識と共に与えられた言葉という吾々の思索の唯一の武器は、依然として昔乍らの魔術を止めない」は、言うまでもなく、三木本にも引用されてある『ドイツ・イデオロギー』の言語と意識にかんする一節を踏まえているが、同時に、三木本第二論文「マルクス主義と唯物論」冒頭の「言葉は魔術的なはたらきをする」への揶揄を含んだ引用である。

それが揶揄であるというのは、以下のことだ。「唯物論」という言葉は、ある種のひとにとっては――「タダモノ論」としてということであろう――いかがわしくも卑しいものと思われていたが、マルクス主義の登場によって誰にとっても無視できぬものとなった、と三木は言う。これは、いかにも啓蒙主義的な物言いである。三木が「社会の凡庸層」に受け入れられた「一種の通俗性と一見大衆性に近いものとを持つ」（戸坂前掲文）と言われるゆえんであろう。これに対して、小林が主張するのは、むしろ真にミスティックな「言葉の魔術の構造」である。

つまり、マルクスが言うように――と、小林は三木本から引用して言う――「意識とは意識された存在以外の何物でもあり得ない」としても、それは言語としてしか表現されない。だとすれば、人間の「自意識」の自己言及的な――ヘーゲル的に言えば主と奴に二重化された――血みどろの劇は、「人体の内部感覚というものは、明瞭には、局部麻酔によって逆説的に知り得るのみ」であるように、逆説的にしか知りえないのである。意識は言語に「憑かれている」からだ（言語の憑依についても、三木本に『ドイツ・イデオロギー』からの引用あり）。だとすれば、マルク

＊11　本稿では詳論できないが、三木がレーヴィットから学んだと思われる、この「愛」の共同体論は、後に「東亜協同体論」に帰結していく。これは正当であろうか、皮肉であろうか。三木が東亜協同体論を提唱して昭和研究会で活動していた一九三〇年代末から一九四〇年代は、レーヴィットがナチスの反ユダヤ主義を逃れて東北大学で教鞭を取っていた時期（一九三六～一九四一年）と重なる。

スの唯物史観に対して、「常識は、マルクス的理解を自明であるという口実で巧みに回避する」のみであろう、と。

それは、こういうことだ。「人々は、その各自の内面論理を捨てて、言葉本来のすばらしい社会的実践性の海に投身して了った。人々はこの報酬として生き生きした社会関係を獲得したが、又、罰として、言葉は様々なる意匠として、彼等の法則をもって、彼等の魔術をもって人々を支配するに至ったのである」（傍点引用者）――これが、小林の当時の歴史認識である。つまり、文壇デビュー作のタイトル「様々なる意匠」とは、社会に対する、自意識に憑いた「言葉」の意であったのだ。この意味で、小林は「意匠」を、「意匠」であるがゆえに斥けたわけではない。

より端的に言えば、小林は社会理論としての唯物史観は認めながらも、それが自意識の「内面論理」たりえないことに批判を向けているわけである。ここから、一見トリッキーと見なされた「マルクスの悟達」（一九三一年）という視点が出てくることは見やすい。マルクスは、あえて「内面論理」の問題を切り捨てて、人間の「生き生きした社会関係」についての歴史理論を構築することにのみ専念した。これが「悟達」なのである。[*12] 小林がマルクスに満足せず、ベルクソンに親近した理由も、ここにある。

しかし、この程度のことであったら、何も今さら問題にするには及ばない。それは、せいぜい社会理論に対して私的な内面を対置するということに過ぎないからである。問題は、一見するとありふれた二項対立に過ぎないことが、小林にあっては、徐々に解消され、リンクしていくということである。

すでに明らかなように、『ドイツ・イデオロギー』において含意され、『唯物史観と現代の意識』からもうかがい知ることができるのは、社会に対置された自意識の問題と見えたものが、実は――ヘーゲル的に言えば「自意識」＝「欲望」の体系としての――「市民社会」概念のなかで統一的に把握されているということであった。言語は個人的でもあれば社会的でもあるからである。そして事実、「様々なる意匠」の小林も、自意識の自己言及性について述べた後、「十九世紀文学の最大の情熱の一つである自意識というものをもって実現し、又これによって斃死したボオドレエル」をあげ、「二十世紀が二十世紀のボオドレエルを生むかどうかを知らないが、時代意識というものが自意識というものとその構造を同じくするという事は明瞭な事である」と言う。ここには、「全歴史の真の汽罐室」としての「市民社会」概念が、暗に、すでに希求されていると言えよう。

ボヴァリー夫人と「私」

本章のこれまでのことを、若干の付言を行ないつつ、簡単にまとめておこう。ボードレールに倣ってボヘミアン的な都市遊民の芸術家＝批評家として出発した小林秀雄の問題は、「自己意識

---

*12　このようなマルクス観が、戦後にあっては、吉本隆明の「ラムボオ若しくはカール・マルクスの方法に就ての諸註」（一九四九年）によって反復され、これまた神秘化されることになるわけである。

の二重化」＝自己言及性をどう突破するかであった。それは当初は、決断主義＝「斫断」によってなされたかに見えた（「人生斫断家アルチュル・ランボオ」一九二六年、「『悪の華』一面」一九二七年など）。しかし、自意識という問題に「言語」というファクターが不可欠であることが知られるにともなって、「社会」や「歴史」といった問題系が浮上してくる。「言語」は単に「内面論理」を表現するものというだけではなく、歴史的かつ社会的だからであり、それゆえ「様々なる意匠」として現出するからである。

文壇デビュー作「様々なる意匠」（一九二九年）の段階では、小林はとりあえず、内面と社会＝歴史とを二項対立的に対置することで、唯物史観なるものを批判しようとしていた。しかし、小林の立場は、その文壇デビュー以前から、すでに、都市遊民という規定性において、ボヘミアン的に疎外されることで社会化されていたと言える。つまり、小林的「自意識」は、資本主義的に爛熟した「市民社会」のものであったわけだ。ここに、市民社会論としてのマルクス主義を「評価」＝横領しうる余地も生じたわけである。これが、「私小説について」（一九三三年）から「私小説論」（一九三五年）へといたる道筋である。

しかし繰り返すまでもなく、小林秀雄の講座派マルクス主義への「評価」は、その理論的有効性が、自身においては終わったところでなされた。それは、日本の私小説という「封建主義的文学」の歴史性を解明するには有効だが、自身については、すでに解決済みのことだったからである（「故郷を失った文学」一九三三年）。もちろん、そう見なすことは、講座派理論の要諦であるところの天皇制を、問わないことで可能となった。小林的市民社会論は、そのなかに、爛熟した市民社会（大衆社会）における天皇制を包摂することができたのである（「満洲の印象」一九四〇年）。それゆえ、「小林秀雄とマルクス」という問題は、ややミスリードであると言うことができる。それは、三木清が暗に言っていたように、「ロマンティクの基礎経験」の上で生じたものにほかならない。

以上のように概括した上で、若干、この「マルクス（主義）と小林秀雄」という問題系の周辺に触れておこう。いわゆる「昭和十年前後」の小林は、文芸批評家として、もっとも活動的な時期であった。大きな仕事としては、一九三三年の「『未成年』の独創性について」に始まるドストエフスキーの作品論がある。『ドストエフスキイの生活』の連載も、一九三五年から始まる。一九三四年には、三木清編集による『シェストフ選集』全二巻が刊行され、「不安の文学」をめぐってシェストフ論争が展開されるが、小林も「レオ・シェストフの『虚無よりの創造』」を書いて、論争に加わっている。いわゆる「シェストフ的不安」なるものが、転向問題に象徴される時局を反映していることはもちろんだが、同様のことはドストエフスキー論をも規定しているだろう。小林がドストエフスキー論に向かうに際しては、ジッドの影響も考えられる。ジッドは、フランスにおけるドストエフスキーの紹介者だった。小林が中心的にかかわった雑誌「文學界」は、林房雄をはじめとする転向文学者をも同人として擁していた。一九三六年には、転向文学者として活動していた中野重治と、中村光夫も加わって論争を行なっている。小林が中野重治を「文學界」同人に勧誘し、泣いて謝絶されたというエピソードも知られている。また、正宗白鳥との「思想と実生活」論争も、この年である。

こう見てみれば、小林秀雄にとってこれらはすべて二重化する自己言及的な「自己意識」と、それをこえる思想の「絶対的な相」の問題をめぐっていることが知られる。「転向」とは、「絶対的な相」としてのマルクス主義を剝奪された時の、二重化する「自己意識」の問題として捉えられていたであろうし、正宗白鳥との論争で小林が主張したことは、トルストイにおける「絶対的な相」としての、その思想の存在であった。

それゆえ、講座派理論を横領して文学史観が展開された「私小説論」の最後では、やはり改めて自意識をめぐる高名な啖呵が、「ドーダ」とばかりに発せられる。「私小説は亡びたが、人々は『私』を征服したろうか。私小説は又新しい形で現れて来るだろう。フロオベルの『マダム・ボヴァリイは私だ』という有名な図式が亡びないかぎりは」というのが、それである。

この啖呵はいかにもミスティフィケーションされている。同じ言葉は、「私小説論」の末尾以前にも言われていた――「フロオベルの『マダム・ボヴァリイは私だ』、という有名な言葉も、彼の『私』は作品の上で生きているが現実では死んでいる事を厭でも知った人の言葉だ」、と。しかし、これまた意味不明である。「私小説論」を追ってきた読者は、フローベールとボヴァリー夫人とのあいだに、小林がジッドとエドワール（『贋金つかい』のなかの『贋金つかい』という小説を書いている登場人物）とのあいだに見出した「変換式」を見出せばよいのか。それとも、小林も親炙するフローベールの同時代人ボードレールの「自意識」とアナロジーすればよいのか。

小林秀雄が知るよしもなかったターミノロジーを用いて言えば、ここで小林は、言表主体（物語内の話者、それは一人称「私」か、非人称である）と言表行為主体（物語を語る主体、一応は作者と見なされる）とを積極的に混同し、さらに、その二「主体」と主人公（この場合、ボヴァリー夫人）とが通底していると主張するミスティフィケーションを敢行していると言える。三者のあいだの関係をロジカルに証明することはできない。ただ、言表主体と言表行為主体の関係がないとは想定しにくいから、「常識」であれ精神分析であれベルクソンであれ、さまざまな仮説の上で論じることができるだけであり、さらに、主人公をも二「主体」と関係づけるわけである。もちろん小林はそういう言葉を使ってはいないが、小林は表現論として私小説を論じながら、その文脈を、相対的に別種のナラトロジー問題にスライドさせることで、問題を曖昧化しているのだ。[*13]

＊13　「ボヴァリー夫人は私だ」という言葉は、小林秀雄も知るごとく、フローベールの言葉とは確定されえない（「フロオベルの『ボヴァリイ夫人』」一九三七年）。伝説であり、神話である。なお、現代のフローベール研究者・菅谷憲興の明快な論考によれば、『ボヴァリー夫人』に表現されたブルジョワ（俗物）的世界に対して、フローベールは嫌悪しか抱いていなかったのであり（つまり、内的な関係はない）、両者の関係は、ある種の――ボードレールの「ダンディズム」とは異なった――「イロニー」であるという（「民主主義と文学」、後藤和彦編『文学の基礎レッスン』二〇〇六年、所収）。言うまでもなく、小林秀雄のスタンスはダンディズム的である。小林はダンディズム的な視点から、フローベールをも把握しようとしていると言えようか。なお、「〈小林秀雄〉というイデオロギー」（五十殿・水沢編『モダニズム／ナショナリズム』二〇〇三年）の林淑美は、小林秀雄の「社会化した私」と「第二の『私』」（ボヴァリー夫人は私だ、と言われる場合の「私」）の峻別が、ベルクソンの『時間と自由』からのひそかな転用だと論じている。ありうべき一文脈であろう。

かかるミスティフィケーションにもかかわらず、「私小説論」の強力は、講座派を横領して、私小説の「封建主義的」な性格を言い、田山花袋の「蒲団」をその濫觴と措定した、その文学史観にあった。「わが国の近代私小説のはじまりである『蒲団』の成立に関する奇怪な事情に、後世私小説論の起った秘密がある」という、これまた秘密めかした断言が、それである。もちろん、例によって小林は、そのことを詳しく分析記述してはいないし、その後も、その史観に立ち返ることはない。狭義の「私小説」は「亡びた」と見なされたからである。

しかし、小林秀雄の「私」をめぐるミスティフィケーションが延命した理由は、ある意味では、近代文学の根幹に触れていたとも言える。それは、近代小説が描く凡庸で世俗的な「ボヴァリー夫人」は、にもかかわらず、一個の固有な死を持つかけがえのない「私」だということであり、だからこそ「ボヴァリー夫人は私だ」という等式が成り立つということである。この固有性への執着こそ、小林秀雄が後に、死んだ子供に対する母親の「取返しがつかず失われて了ったという感情」に「歴史」を創作する技術を見る（「歴史と文学」一九四一年）という、丸山眞男が批判した文学的歴史観へといたるのである。ほぼ同様の言動は、すでに『ドストエフスキイの生活』（一九三九年）に見られた。そして、このような文学観＝歴史観に対するひそかな、しかしラディカルな批判を遂行したのが、「私小説論」の文学史観を共有していたかに見えた中村光夫にほかならなかった。中村にとって、私小説は亡びてなどいなかったからである。

「私小説論」で提出された、日本文学の「秘密」を指摘することで見通された文学史観は、戦後において、賦活していく。これは、平野謙の図式であるところの、「昭和十年前後」の文学的課題が戦後文学において復活したということである以上に、講座派理論が、丸山眞男や大塚久雄によって戦後思想を主導していったということの、文学的ヴァリエーションと言えるかも知れない。それを主導したのも、平野謙であり、それ以上に中村光夫だった。しかし、それは単なる反復とは言えない側面も持っていた。とりわけ、中村光夫において、である。

3章　中村光夫と天皇制

「近代の超克」へ

本稿1章でも触れたように、狭義の講座派を継承する市民社会派（生産力理論）の登場は一九四〇年前後である。当時すでに日本資本主義論争は消滅していた。大河内一男の生産力理論は、三木清の「東亜協同体論」を支える昭和研究会の理論的担保であった。近衛内閣のブレーンとして、である。同じ市民社会派・高島善哉の「時局」に積極的にコミットした形跡は見出せない様子だが、それが大河内と類似した生産力理論である限り、その政治的な意味は解明されるべきだろう。戦後においては検閲へのカムフラージュと見なされたのであろうが、デビュー作『経済社会学の根本問題』の「序」には、「今や新秩序の建設は我々学徒にも課せられた聖なる任務である」という言葉が明記されている。その他、同書には随所に類似の「奴隷の言葉」が見られる。

生産力理論の、マルクスを暗黙に踏まえた「スミスとリスト」というパラダイムが、戦後においても――マルクスを表面に押し立てて――無傷のまま有効であったとすれば、そのことの方が問題なのである。知られているように、このような一九四〇年代と戦後との連続性は、近年では、野口悠紀雄から山之内靖までによって、「一九四〇年代論」として議論された。[*14]「ウェーバーとマルクス」パラダイムの大塚久雄や丸山眞男についても、同様である。

戦前のマルクス主義を規定しており一九四〇年代に全面化した生産力理論には、それ自体として「近代の超克」論がインプットされていた。『資本論』第三巻でマルクスが、資本の所有と経営が分離したところの、株式会社の誕生に資本主義をこえる契機を見出したことは有名である。このことは、市民社会派のひそかな参照先であり、統制経済の先に資本主義の超克を見る理由ともなった。株式会社は即自的に「コモンウェルス」だと捉えられたのである。あとは、「統制」によって、それを対自化すればよい、という次第だ。この問題については、4章で立ち返る。

山田盛太郎や平野義太郎など日本資本主義論争における講座派の代表的な論客たちも、一九三六年のコム・アカデミー事件以降は、むしろ、日本資本主義のアジア侵略を合理化し、大東亜共栄圏の積極的なイデオローグとなっていった。これらについては、個々に詳しい検証が必要だが、端的に言って、彼ら講座派＝市民社会派の前提とするところの、「半封建」たる日本の「市民社会」の後進性・未成熟という認識が、状況によって容易に——ロマン主義的に——反転しうるからである。西欧に対して後進的であることは、逆に、西欧に対する逆説的な先進性を意味しもする。広義に「近代の超克」というパラダイムである。「半封建」たる日本の社会は、そのことに

＊14　大河内一男については、山之内靖『システム社会の現代的位相』（一九九六年）、高島善哉については渡辺雅男編『高島善哉——その学問的世界』（二〇〇〇年）所収の的場昭弘、植村邦彦の論文、大塚、丸山については中野敏男『大塚久雄と丸山眞男』（二〇〇一年）、恒木健太郎『「思想」としての大塚史学』（二〇一三年）などを参照。

よって、すでに近代を超克している（あるいは、超克する契機を内包している）と見なされるわけだ。

このような転倒は、「ヴェラ・ザスーリッチへの手紙」（一八八一年）のマルクスにあっても、徴していたことである。ザスーリッチは、もともとはナロードニキの活動家であり、その後、マルクス主義に転向して、マルクスに後進国ロシアの革命の可能性を問うた。だが、ロシアの農村ミール共同体に西欧市民社会とは異なった共産主義の基礎——別種の「市民社会」！——を見出した晩年のマルクスの発想は、別段、マルクスに独自のものではなく、また、いかようにも密輸可能であり、日本の「（半）封建」的な社会についても適用できる。「ザスーリッチへの手紙」は、日本では一九二七年に翻訳刊行されていた。

このような事態は、マルクス主義陣営のみならず、あちこちで頻発していた。関東大震災以降の都市化する社会状況を前衛的な手法で活字化したことで著名な詩集『死刑宣告』（一九二五年）のアナキスト詩人・萩原恭次郎は、一九三〇年代にはクロポトキン主義を奉じて郷里・群馬の農村に帰り、農本ファシストとして知られる「社稷《しゃしょく》」の思想家・権藤成卿に帰依した。

人間社会のベースに相互扶助社会を見るクロポトキンの思想は、マルクス主義が本格的に導入される以前、いわゆる「大正期」の日本で文学・思想界に圧倒的な影響力を持っていたが、それもまた、一種の市民社会論であり、コミューン主義であった。社稷論をベースとする農本主義は、勤勉革命説を参照すれば明らかなように、近世の自立的小農層のエートスに依拠したものであり、いかに「反近代」を標榜しようとも、それ自体としては近代的なものである。保田與重郎は、そのことに気づいており、農本主義に批判的であったことは、『日本浪曼派批判序説』（一九六〇年）の橋川文三が指摘している。

『日本の思想』の丸山眞男が指摘したように、「大正期」は、「社会」というパースペクティヴが——「市民社会」が——積極的に作為・擬制され、思想の主題として浮上してきた時代と言える。もとより、その作為は、すでに明治維新以来開始されていたわけだが、大正期の「社会化」は、それを相対的に「国家」と切り離すことで自立化させた。国家に代わって社会こそが「全歴史の汽罐室」であるという思考が、唯物史観の本格的な導入以前からなされていたのである。[*15]

＊15　「社会」の析出とともに、「大正期」の特徴をなすのが、「個人」の析出であることは論をまたない。新カント派の影響のもとに人格主義が隆盛し、また、和辻哲郎の解釈学的人間学が、その共同体論と相まってヘゲモニックな位置を占めた。2章で触れたカール・レーヴィット＝三木清のフォイエルバッハ／マルクス理解は、そこでも注記しておいたように、きわめて新カント派的色彩が色濃いものであり、その意味で「大正的」パラダイムのなかにあったと言える。和辻がレーヴィットの『共同存在の現象学』をいち早く評価したのも（『倫理学』第一巻、一九三七年）、故なしとしない。同書については、晩年に「東アジア共同体」を提唱した廣松渉の高い評価も知られている（『世界の共同主観的存在構造』一九七二年）。小林秀雄が、三木の『唯物史観と現代の意識』に覚えた皮肉な反感も、その「大正的」なところに対してであったと言える。つまり、ハイデッガーが新カント派を斥けたような感性を、小林も初期から抱いていたとは言える。その感性は、芥川龍之介論「『敗北』の文学」によって「様々なる意匠」を押さえ懸賞論文一席を獲得した宮本顕治の言う、芥川という「大正」のシンボルを否定し去る「野蛮な情熱」と、それほど違ったものではなかっただろう。もちろん、宮本の方が、決断主義的に明快に言い切っているわけだが——。

「社会」をめぐる言説と動向

一九一〇年の「大逆」事件は、個々人が直接的に国家権力や天皇制に触れてしまうという恐怖を為政者に与えた。それゆえ、個人と国家とのあいだに緩衝地帯として「社会」を作為することが必要となったわけである。しかし、それは支配階級の要請であるとともに、それに対抗する勢力からの要請でもあった。残存する旧い農村共同体に依拠した地方の統治体制を整えると同時に、学制ヒエラルキーが拡大整備される。しかし、明治期に出発した議会制は歴史必然的に普通選挙の要求をともなっており、「社会」運動を拡大させた。明治期では初期社会主義者が担っていた普選運動の拡大を中心に、米騒動、小作争議、サンディカリズム、ゼネスト等々はこの時代を特徴づけるものである。

「社会」は切り離された「国家」に対する緩衝地帯であると同時に、国家よりも本源的な「歴史の汽罐室」であるというパースペクティヴが必要だった。その「汽罐室」を構成するさまざまな「機関」＝中間団体は、連合連結《アソシエート》していると見なされる。後のグラムシ主義と同様に、問題は、その機関の正しく有機的な組み換えだということになる。政党・企業のみならず、一燈園（西田天香）や新しき村（武者小路実篤）など宗教的・人道主義的な中間団体や、友愛会（後に大日本労働総同盟友愛会、日本労働総同盟）に始まる労働組合、新人会による学生運動、日本農民組合などが族生した。アナキズム、民本主義、多元的国家論、社会主義など、この時代を特徴づける対抗的な政治思想は、個々のイデオロギー的な差異は問わず、そのような意味で「社会的」だったと言ってよい。

「大逆」事件への連座をまぬかれた大杉栄と荒畑寒村は雑誌「近代思想」を創刊（一九一二年）して社会主義思想の流布宣伝に努めたが、それは「国家」と直接に対峙しようとした初期社会主義から脱した、「社会」運動への転換を意味した。

幸徳秋水に象徴される初期社会主義者に見られ、今日なお畏敬の対象である、その志士的・国士的相貌は、彼らが自らを明治維新の正統的な継承者を任じていたことに起因している。このことは、後述する二葉亭四迷についても言える。

初期社会主義者たちは、明治憲法の実質化に社会主義の実現可能性を見ていた。その意味で、彼らは当初から維新の志士の心性を共有するナショナリストであった。と言うよりは、明治期に理想化された維新の志士のイメージをなぞる国士的なものであった（後にも触れるように、ナショナリズムは明治期に醸成されたものであり、一般的な志士の心性は概して狭隘な愛郷心《パトリオティズム》であって、身分制を解体して平等を目指すものではなかった）。

彼らが貧困等の「社会」問題に覚醒するのは、明治維新や憲法発布にもかかわらず、「社会」問題が露呈してしまったことであり、その意味で、社会問題とは「国事」にほかならなかった。幸徳が議会主義を斥けてゼネストによる直接行動論を標榜するのは、アメリカ亡命から帰国後の一九〇六年である。しかし、それも志士的なものではあった。「大逆」事件を弁護しようとした「謀反論」の徳富蘆花や石川啄木（「啄木日記」）にとって、幸徳と類比されるのは西郷隆盛であった。大杉・荒畑らの社会主義は、そのような初期社会主義からの転換を意味する。

吉野作造に象徴される諸々の「大正」デモクラットも、ヘーゲルやクロポトキン、バートランド・ラッセル、ハロルド・ラスキなどの影響もあって、「国家」に対して「社会」に全的なポテンシャリティーを求めていくことになる。これも、ある意味では、グラムシ主義的である。グラムシがヘーゲル市民社会論を独自に解釈することで、その国家主義を相対化したように、この時代の「社会化」は、絶対君主制的国家論を主要な敵とすることで、広義に「市民社会」主義の範疇に収まるとさえ言える（代表的なものに、美濃部達吉の天皇機関説がある）。その後に続くマルクス主義の受容は、この素地があってなされた。これら「下から」のベクトルは、「上から」による「社会」の作為の加速化と相まって、「大正期」の特質をなしたと言ってよい。[*16]

しかし、このような「国家」から「社会」への視座の転換では、必然的に、天皇制を直接に主題化することが回避される。最左派に位置し、デモクラットへの批判を展開した山川均に発する労農派のラインも、このなかで醸成されたのであり、その天皇制への不問が、そのことを証している。天皇制破棄が主題化されるためには、コミンテルンという国際的な権威が、良し悪しは問わず必要であったゆえんである。

「大逆」事件に先んじて、「社会」にポテンシャリティーを見出しながら、なおかつ天皇制に肉薄し、その廃棄までをも展望しようとしえたのは、社会民主主義を標榜する『国体論及び純正社会主義』（一九〇六年）の北一輝をもって、ほとんど唯一の例外とするだろう。北の社会主義は、初期社会主義者と同様、明治憲法の実質化をもって社会主義の実現と見なすものであり、なおかつ、その実現を、天皇を戴いてのクーデターに求めるにいたる、志士的に国家と向かい合うものであった。しかし、北にあっては、「日本の国体は数千年間同一に非らず、日本の天皇は古今不変の者にあらざるなり」という万世一系への批判があった。だからこそ、北は「大逆」事件直前の幸徳、堺らの平民社に迎えられる寸前まで接近し、その思想は、マルクス主義運動壊滅後の時代において、昭和期青年将校運動の有力な参照先でありえたのである。

しかも、「社会」のポテンシャリティーは、すでに明治憲法において認識されていたと言うべきである。伊藤博文の師として明治憲法の骨格を作り、同様に、山縣有朋に中央集権的な地方自治改革（「社会」改革！）を促したローレンツ・フォン・シュタインは、青年ヘーゲル派の一人としてマルクスに「社会主義」を教示したことでも知られているが、「社会」概念の重要性を強調した思想家であった。若い日の著作『今日のフランスにおける社会主義と共産主義』（一八四二年）の序文には、「フランスでは純粋な政治運動の時代は過ぎ去った。（…）今日ではそれの一階級（プロレタリアート――引用者注）が社会を転覆しようと目論んでおり、次の革命は、今となっ

＊16　初期社会主義者の心性については、松沢弘陽『日本社会主義の思想』（一九七三年）、吉野作造については、飯田泰三「吉野作造――〝ナショナルデモクラット〟と『社会の発見』」（小松・田中編『日本の国家思想』一九八〇年）などを参照。また、「大正期」における上からの「社会」の作為と、その帰趨については、橋川文三編『超国家主義 現代日本思想体系31』（一九六四年）の「解説」参照。なお、飯田の優れた論考にもかかわらず、そこで見出された「社会の発見」は、師・丸山眞男には存在していた批判的な「社会」イメージが払拭されている。本稿は、丸山の微妙な批判的視点を貴重と見なすものである。

てみれば、社会革命でしかありえない」（廣松渉著、井上五郎補註『マルクスの思想圏』より再引用、傍点原文）とある。よって、「社会」をめぐるヘゲモニー闘争が主題となるわけであり、その契機は、すでに明治憲法に装塡されていた。もちろん、それは天皇制を括弧に入れ保護することを意味する。

マルクス主義が基本的に、近代化・資本主義化を促進する西欧市民社会に歴史の原動力を見たとすれば、クロポトキンは別種の――それもまた、「歴史の汽罐室」である――相互扶助的な「市民社会」を人類史に見出そうとしたと言える。かかるクロポトキン主義は、日本やアジアの西欧に対する優位性を主張する農本ファシストにとっても、きわめて魅力的なものであった。天皇を祭儀の主として戴く権藤成卿の「社稷」概念は、クロポトキンを摂取した、権藤なりの市民社会論であり、コミューン主義であったと言える。権藤の思想が、天皇制アナキズムと称されるゆえんである。権藤は五・一五事件や二・二六事件の青年将校にも大きな影響を与えた。権藤「社稷」論の影響を受けた「愛郷塾」橘孝三郎は、若い日にクロポトキンやトルストイに惹かれる存在であったが、五・一五事件の実行に加わった。それは、「国家」の転覆ではなく、「国家」と「社会」のあいだの挟雑物（「君側の奸」たる官僚や財閥）を一掃するクーデターであった。「社稷」においては、あらかじめすでに近代資本制は超克されているからである。

この意味で、日本資本主義の「半封建」的性格を認めぬ労農派の理論家の方が、「近代の超克」への誘惑は相対的に少なかったと言える。人民戦線事件以降の彼らが、相対的に「時局」にコミットすること少なく、それゆえ、相対的に戦争責任を問われることが少ないのも、そのためである。労農派の重鎮・山川均の戦時下の農村での蟄居は有名である（判沢弘「労農派と人民戦線——山川均をめぐって」、思想の科学研究会編『共同研究　転向』）。もちろん、そのためには生活を支える近親者からの援助（セイフティーネット！）が必要であり、基本的に天皇制を問わぬことを代償としていた。例外とも言いうるのは、労農派のなかでただ一人、そのことを主題化していた猪俣津南雄であったかも知れない。

労農派系では最左派の位置を占める猪俣は、講座派との「半封建」をめぐる論争のなかで農村のフィールドワークを敢行し、『踏査報告　窮乏の農村』（一九三四年）や『農村問題入門』（一九三七年）を著して、独自の革命戦略を提起した。それは、日本の「農村共同体」が持つ自治コミューン的な側面への着目である。この発想は、猪俣が使嗾して訳出刊行したと推定される「ヴェラ・ザスーリッチへの手紙」に負っていると考えられる（長岡前掲書）。猪俣もまた、後進的と見えるものの逆説的な先進性に着目したわけだが、これは大きく見積もって、当時の時代全般の規定性であった。*17

＊17　左派が、労働者中心的な運動が行きづまると、被支配階級・階層の後進的な部分に着目・依拠するのは、何度も繰り返される事態である。猪俣の継承者である高野実が戦後に提唱して、総評左派運動の輝かしい成果と言われる「地域ぐるみ闘争」も、生産点ではなく、「地域」という相対的に後進的な部分に依拠することでラディカルな運動を構築した。新左翼による一九七〇年代八〇年代に激化した「三里塚闘争」についても、同様である。

講座派のなかからも、日本の農村の自治組織である「結《ゆい》」に着目する関矢留作（「農民の家族とその生活」一九三六年）があった。猪俣、関谷のみならず、転向マルクス主義者の多くに柳田國男の民俗学（新国学！）が着目されることになるのも、同様の事情によるだろう。小林秀雄が本居宣長の国学へと傾斜していくのも、大枠として同様である。否定的な概念であった「封建制」が、「古代」――原始共産制!?――へと引き伸ばされることで肯定されていくわけである。

日中戦争から大東亜戦争へと突入していく過程は、もはや、労農派と講座派の差異を無化する方向に傾斜していったと言えるだろう。労農派のなかでも、生産力理論の方向に沿って統制経済＝「近代の超克」へと傾斜する者も少なくなかった。そのことは、いわゆる「支那通」の中国研究者であり、後に超国家主義者となる橘樸が猪俣の論文を高く評価するとともに、「大アジア主義者」となった平野義太郎とも親密になるというエピソード（長岡前掲書）に象徴されている。もちろん、猪俣は中国に深い関心を寄せながらも大アジア主義者にはならず、人民戦線事件に連座した後、一九四二年には持病を悪化させて死去するのだが――。

以上、概括した顚末については、個々に詳細な検証が必要である。ただ、ここで指摘しておくべきは、一九四〇年代の「総力戦体制」が、戦後の「民主化」＝近代化を先取りし準備したという、いわゆる一九四〇年代論を肯《うべな》うとして、しかし、そのイデオロギー的な動力が「近代の超克」だったというパラドキシカルな事態である。

大河内一男や高島善哉にとって、一九四〇年代の総力戦・総動員体制は、日本においては不十分かつ未確立であった「近代市民社会」を完成へと導く「統制」を、まずは意味していた。しかし同時に、たとえば大河内が労働者＝兵士という等式を戦時体制に読み取る時（『戦時社会政策論』）、それは『労働者』のエルンスト・ユンガーのナショナル・ボルシェヴィズムと、はるかに呼応していないとは言えないだろう。もちろん、大河内の方がはるかに微温的だが、両者はともに「近代の超克」を志向している。

言うまでもなく、統制経済＝総力戦体制は「上から」の統制のみを意味したわけではない。それはむしろ、ハイデッガーの言う「技術の本質」に根ざしたものだった。つまり技術（科学技術に限らない）は人間にとって「手段」であることを意味するスキルをこえて、人間を総動員する「急き立て」（Ge-stell）なのである。Ge-stell は「集-立」とも訳され、つまり、ハイデッガーの技術論は、技術が存在者を「表象（vorstellung）」すること、つまり「前に立て（vor-stellen）」ること、深くかかわることを示している。代議制民主主義もファシズムも、いわゆる一般意志を動員し表象するよう急き立てる技術である。このような技術の本質が、第二次大戦下においては、ついに、統制不能の原爆を生み出した。まさに、それ自体で「近代の超克」である。生産力理論の帰結にほかならない。

一九四〇年代の市民社会派（講座派）に「近代の超克」のモティベーションが懐胎されていたことは疑いない（山之内前掲書、中野前掲書参照）。大塚久雄であれ大河内一男であれ、その当初のモティベーションを抑圧することで、「戦後啓蒙」の近代主義者として振る舞ったと言える。いや、戦後にマルクス主義へと復帰した山田盛太郎や平野義太郎についても、あるいは同様だろう。しかしながら、大河内と同じく生産力理論を奉じた高島の戦後の著作（たとえば、水田洋、平田清明との共著『社会思想史概論』一九六二年）は、マルクスに沿って「近代の超克」を論じている。それらのことを、どう評価するかは、さしあたり問わずに、である。猪俣の再評価を試みた津村喬にも、「近代の超克」のモティーフは、戦後に「近代の超克」問題を最初に提起した竹内好を継承することで、繰り返しあらわれてくる。

以上の問題圏は、「私小説論」で講座派マルクス主義を横領しながら、一九四二年の「近代の超克」座談会へと突入していった小林秀雄も、場を同じくする。ただ、小林秀雄は、そのことを「反省しない」（前掲、雑誌「近代文学」二号の座談会での発言）ことによって、思想のリアリティーを保持しえたと言える。

だとすれば、ここでは「私小説論」における講座派的文学史観を戦後に敷衍・流布して「近代主義者」と見なされている中村光夫について、改めて検討されねばならない。中村は小林の近傍にあり、「昭和十年前後」における「私小説論」の文学史観成立に伴走した。しかし、「近代の超克」座談会に出席しながらも、明らかに「近代の超克」批判を基調にした論文「『近代』への疑惑」を、座談会の後、単行本化（一九四三年）に際して提出しているからである。「近代の超克」座談会は、小林や河上徹太郎らの参照先であるポール・ヴァレリーを司会に、国際連盟の委託でヨーロッパ各国の文学者・知識人が行なった「知的協力国際会議」（一九三五年）に倣って（向こうを張って）開かれ、「文學界」誌上に掲載されたものである。「知的協力国際会議」もまた、第一次大戦後の「西欧の没落」の気分のもと、資本主義の超克とヨーロッパ精神の再建を議題としていた。

「近代の超克」座談会は、今日再読すると、転向作家・林房雄や亀井勝一郎のあからさまな転向ぶりのみならず、それに同調する小林秀雄や河上徹太郎の夜郎自大な日本主義的放言が目に余り、主宰側の「文學界」同人では映画評論家・津村秀夫の冷静なアメリカニズム認識が光ったり、京都学派では下村寅太郎の科学論が、神がかった文学者たちの発言に的確な批判を行なっていることが目立つ。下村は、この座談会に出席後、小林秀雄の著作を読むのが馬鹿馬鹿しくなってやめたと伝えられるが、分からないではない。かつて三木清をとおしてであろうか、ハイデッガー的な問いを共有したこともあったはずの小林の、機械は人間に従属するという、この座談会での放言は、ハイデッガーの技術論とは掠りもしないナイーヴなものだ。総じて、文学者というのは、いつの時代も軽佻浮薄でバカだという、3・11以降にも再び三たび想起された印象のみが残る座談会である。

そのなかで、中村は、ほとんど沈黙を守っている。ここでの小林と中村のあいだで顕在化している差異は、「私小説論」の時代に伴走した両者のあいだに、すでに存在していたギャップなのである。そして、その差異は、戦後にいたって、講座派的文学史観とも見なされる中村の近代日本文学史の独自性をもたらした。*18

中村光夫は一九三八年にフランスに留学しているが、翌一九三九年、第二次世界大戦の勃発にともなって帰国している。その記録は『戦争まで』に収められているが、戦後に書かれた小説

『平和の死』(一九七三年)も、その体験に深く根ざしたものと見なせよう。それらを読めば明らかなように、その西欧体験は、確固とした歴史をもちつつも爛熟した西欧と、そのなかに生きる日本人たちの徐々に腐乱していくありさまである。その西欧体験が「『近代』への疑惑」にも表現されていると言える。

ここで、「『近代』への疑惑」の背景をなすかも知れぬエピソードを一つ記しておこう。和井田一雄(戦後は東京理科大教授)は、東大仏文で中村光夫の同級生だが、一九三一年から一九三三年にドイツ・ベルリン大学に、一九三三年から一九三六年にはパリ大学に留学している。この間、ドイツ共産党員・国崎定洞(ベルリン留学中の医学者)の指導下で反戦反ファシズム運動にかかわっていた。いわゆる「ベルリン反帝グループ」である。パリへの移転は、国崎のソ連邦への亡命と関係していよう。和井田は一九三六年に帰国後、一九三八年からは、外務省情報局に勤務した(加藤哲郎『ワイマール期ベルリンの日本人——洋行知識人の反帝ネットワーク』二〇〇八年)。

学生時代にプロレタリア文学者であった中村が、和井田と親しかったことは十分に想定可能であり、フランス留学前の中村が、ヨーロッパ情勢についての情報を和井田から得ていたことについても、同様である。中村の西欧理解が、小林秀雄や河上徹太郎のそれとは異なった背景を持つのではないか、ということの傍証である。『戦争まで』が、小林秀雄宛ての書簡の形式で書かれたことと併せて考えられるべきことだろう。

「『近代』への疑惑」は、「近代の超克」座談会への批判的コメントという規制や、総力戦体制下の時代に規定されてであろう、かなり韜晦が顕著だが、あえてまとめれば、日本には「全歴史の汽罐室」としての「市民社会」の弁証法は作動していない、と主張していると言える。小林を含めた「近代の超克」座談会の主線は、「西欧の没落」を自覚しつつある第一次大戦後の西欧「市民社会」に代わって、それを「超克」する役割を負っているのが、かつて「後進的」と思われた日本の「市民社会」の自意識だというものである。第一次大戦後にイギリスに代わってヘゲモニー国家の地位についたアメリカの「アメリカニズム」は、西欧市民社会の没落を象徴する、末期的な頽廃現象として斥けられる。この論理を暗に規定しているのが、一種独特に解釈された小林的「市民社会」論であることは疑いない。「近代の超克」座談会とほぼ重なる、一九四二年から一九四三年にかけて、概略同様の目論見をもって開催され「中央公論」誌上に発表された、京都学派系哲学者による座談会「世界史的立場

＊18　中村光夫の文学史観を講座派的と明快に見なすことも、おそらくは、寺出前掲書をもって嚆矢とし、私見の範囲では、他に、そういった指摘は存在しない。ただ、岩本真一『超克の思想』(二〇〇八年)には、明治維新をフランス革命ではなく宗教改革に比すべきとする中村「ルネッサンスの宮殿」(『戦争まで』一九四二年)に、明治維新をブルジョワ革命と見なさない「講座派的な歴史観の影響」を見ている箇所がある(長濱一眞の教示による)。また、十川信介『島崎藤村』(二〇一二年)のなかには、おそらくは『夜明け前』を目してであろうが、藤村が文学的に位置づけにくい理由を、その「労農派的」なことに求めている。これは、十川も師事した中村光夫に代表される日本の「文学」概念＝文学史観が講座派的なものであったことを含意していると同時に、では労農派的な文学史観はありうるか、という問いをも含んでいる。これについては、本稿4章で論じる。

と日本」を主導しているのは、『世界史の哲学』（一九四二年）の著者・高山岩男の、独特に改変されたヘーゲル的歴史哲学である。高山は「文學界」座談会には出席していないが、京都学派からは西谷啓治、鈴木成高が両座談会に重複している。

「近代の超克」というモティーフが、アメリカニズムとボリシェヴィズムに対抗してナチズムに加担することになったカール・シュミット（『現代議会主義の精神的地位』）やハイデッガー（『形而上学入門』）の問題意識と重なることは言うまでもない。それゆえ、「近代の超克」座談会は、戦後の竹内好による再評価を嚆矢として、繰り返し再検討に付されもするわけである。しかし、それは小林の技術論に見たような決定的な粗雑さを代償としたものであった。京都学派系の哲学者たちにしろ、「文學界」や「日本浪曼派」系の文学者たちにしろ、個々にさまざまな差異があり、そのことについて論じることは可能だが、共通するのはそこで前提とされている、「全歴史の汽罐室」＝「市民社会」概念がもたらす杜撰さであると言える。

かつて、中村光夫は「転向作家論」（一九三五年）で、小林秀雄に倣って、マルクス主義文学は「作家に社会という観念を与えた」と書いた。「矛盾、動揺する社会という概念」である。これは、マルクス主義文学によって「社会化した私」が誕生したと見なした「私小説論」に沿っている。しかし、このあたりから、中村と小林とのあいだには分岐が生じてくる。小林が「私小説は亡びた」と言うのに対して、中村にとっての問題は、日本的私小説という封建主義的文学をほろぼしたはずのプロレタリア作家たちが、転向するや転向小説という名の私小説を書いてしまうことだった。それゆえ、批判は「第一章」（一九三五年）に始まる中野重治の転向小説に向けられ、中野との論争に発展する。やはり「社会という概念」は誕生していないのではないかという疑惑が、その論争で得られたはずである。中野・中村論争は、「文芸懇話会」をめぐる、同時期の中野と小林秀雄との論争とは質を異にしている。中野との論争の後、中村は同様の問題をめぐって、当時の流行作家＝転向作家でもあった島木健作とも論争した。

「『近代』への疑惑」では、当初から存在した小林秀雄とのギャップが拡大されて表現されている。そもそも、日本では「近代的」が「西欧的」とほぼ同義に使われているが、その「近代」がてくるのなどはそれ自身すでに不見識な矛盾であろう」というのが、中村の基本的な批判である。[*19]「西洋を否定するに西洋の概念を借り没落しつつあるという認識も、また、西欧のものである。その他、同論文では、小林秀雄批判とさえ見なしうる箇所も散見される。

つまり、中村はいまだ「封建主義的」な土壌が支配的であり、西欧的な「近代市民社会」の弁証法的ダイナミズム――それは「没落」へと向かう自身を自覚しうる――など、日本に存在して

＊19　このような中村の批判に耐える論理を示しえたのは、「ロマン的イロニー」によってしか近代の超克は可能ではないとした、『近代の終焉』（一九四一年）の保田與重郎のみであろう。馬鹿にしていた猿（日本）に徹底的に模倣された人間（西欧）が、恥じ入って没落していくというのが保田の、反ヘーゲル的な戦略である（拙著『小説的強度』参照）。保田は、おそらくは確信的に「近代の超克」座談会に出席しなかった。中村光夫は保田には――根本的にはロマン主義には――ほとんど関心がなかったと思われる。小林秀雄は、本稿2章で論じたように、「ロマンティクの基礎経験」（三木清）を共有していたが、それは保田ほどの徹底性を持たなかったのである。

いないと言っているのである。これが、自身の世代において「市民社会」の爛熟を主張しえた小林秀雄とはまったく異なったものであることは明らかだろう。もちろん、中村は西欧における「市民社会」の存在を承認しているかのようであり、そのことは、後々まで中村的文学史観につきまとって、批判を招くこととなる。西欧的な理念型に照らして、日本の現実を裁断しているという批判である。これは、丸山眞男や大塚久雄など「戦後啓蒙」＝講座派に対して一九六〇年以降に発せられた批判と、ほぼ同型である。

ここでは中村と「戦後啓蒙」との違いを、まず、簡単に確認しておかなければならない。知られているように、丸山眞男の「八・一五革命」説に代表される戦後講座派＝市民社会派の認識は、日本は戦後にいたって、とにもかくにも西欧型市民社会の基盤が可能になったと見なすものであった。このような認識は、文学的には、戦後派文学によっても共有されていた。戦後派文学のイデオローグとしての平野謙の知られた図式によれば、「昭和十年前後」に萌芽した文学的課題――それは「社会化した私」として表現される――は、戦争による途絶を経て、戦後派文学によって再び回帰したという。野間宏が後に唱導した「全体小説」を典型として、戦後派作家は、おおむね平野のこの図式に沿った。戦後派作家と丸山眞男をはじめとする市民社会派との親しい交流も存在した。

しかし、中村光夫が戦後派文学の徹底的な批判者でもあったことを忘れてはならない。中村にとって、戦後派は、戦後文学ではなく「占領下の文学」（一九五二年）であり、つまるところ日本的私小説の戦後版に過ぎなかったのである（「笑いの喪失」一九四八年、「独白の壁――椎名麟三氏について」一九四八年など）。戦後派文学者たちは、ほぼすべてが転向を経験していた。そして、彼らの戦後文学の代表的作品も、転向を素材にしている。「暗い絵」（野間宏）然り、『死霊』（埴谷雄高）然り、である。それらは、一見すると私小説ではないが、中村にとっては（あるいは、小林秀雄の「私小説論」の定式に照らしても）、その変種――壁に向かっての「独白」――なのである。中村は後に、私小説への反抗に見える文学が、私小説の変種であることを、いわゆる大正作家論三部作（『谷崎潤一郎論』一九五二年、『志賀直哉論』一九五四年、『佐藤春夫論』一九六二年）として論じた。同様の視線は、戦後派に対しても向けられているだろう。

　だとすれば、中村光夫の文芸批評家としての情熱は、日本において「市民社会」はないということの証明についやされたと言ってさえよい。中村光夫の戦後の批評は、そう呼ばれずとも実際は、講座派理論の文学史的適用と見なされ、受容され批判されもしてきたのだが、それは、もはや講座派理論の摂取という域をこえていると言える。「戦後」を肯定した講座派に対して、中村は常に、それに対して疑惑を向け、否定的だった。

　では、それはどのような「理論」だったのか。それを明らかにすることは難しい。学生時代にはプロレタリア文学のなかにあり、小林秀雄に邂逅することで、そこから「転向」して文芸批評家となっていった中村には、講座派理論の批判的摂取はありえても、その先に独自の「理論」を構築することは不可能であり、可能なことはフローベールと二葉亭四迷に沈潜することだった。本稿では以下、その理論化されていない中村光夫の「理論」を、ある程度、言語化してみることに努める。それは、中村によって直接に記されていない部分も多く、「仮構」的にそこから読み取りうることに及ぶほかはないだろう。しかし、それを追っていけば、中村の、「戦後啓蒙」とは比較しえないラディカルな天皇制批判に出会うことになるだろう。

封建的とロマン派的

中村が小林「私小説論」でラフに図式化された講座派的文学史観をうけ、それを詳細に展開してみせたのは、丹羽文雄との論争を契機に書かれた『風俗小説論』(一九五〇年)である。そこにおいて中村は、小林が言った「わが国の近代私小説のはじまりである『蒲団』の成立に関する奇怪な事情」を、具体的に論証しようとした。当時、「気違いじみた流行」を見せていた丹羽文雄らの風俗小説が、「蒲団」に淵源すると思われたからである。

しかし、戦前の中村の論理と戦後の『風俗小説論』のあいだには、奇妙で微妙な差異が横たわっているように思われる。『風俗小説論』では、本稿でも繰り返し引用してきた、私小説を「封建主義的文学」とする「私小説論」の一節が引かれた後、「これは私小説が写実主義で偽装されたロマン派文学であったことを意味します」と記す。主要には「蒲団」を目してであり、その伝統下にある日本文学の代表的な諸作品を指して、である。

だがこれは、「封建主義的文学」という規定からの逸脱ではないのか。ロマン主義と封建主義的文学とは、やはり同一視しえない概念だろう。もちろんそれは、「蒲団」等が「ロマン派文学の長所は持たなくとも、作者の自己陶酔にもとづく個性の誇大視、または作品のなかで作者を代弁する主人公の独善というロマン派の欠陥は遺憾なく備えていた」という意味ででではあるが——。

しかし、日本自然主義＝ロマン派の代用という説は、戦後の中村文学史の要諦でさえある。戦前の「転向作家論」等の時代においては、ロマン派に該当するのは、むしろプロレタリア文学であり、それは、封建主義文学たる私小説とは明確に区別されていた。私小説は「本質的には江戸文学の土台の上に開花したものにすぎなかった」のであって、しかも、「西鶴、三馬程の精神を持った作家さえ存在しなかった」（「転向作家論」）。そこに「社会」の意識をもたらしたのがプロレタリア文学であり、それは「欧洲諸国が百年前に通過したロマン主義運動の果した役割を我国の文学史上に演じたのである」（「プロレタリア文学運動――その文学史的意義」一九三五年）。ところが、プロレタリア文学を「評価」する記述は、戦後の中村からは、ほとんど消えていく。戦後の中村は、「私小説論」の意義を、「私小説にルソオ以来のロマン派の血脈をみとめている点」（『新訂　小林秀雄全集』第三巻「解説」一九七八年）に求めるのである

こうしたパースペクティヴの変更を、どう考えたらよいであろうか。考えられるのは、中野重治や島木健作との論争において、転向小説もまた私小説に回帰していることを痛感した中村が、プロレタリア文学の意義を認められなくなったということである。では、プロレタリア文学を「評価」する言葉であった「ロマン主義」を花袋以来の私小説に適応することで、私小説の評価が上がったかと言えば、そうではない。文学史のなかで「蒲団」は相変わらずトラウマのようなものとして否定的に存在しており、そのことを解読・解体することが『風俗小説論』の主たる眼目である。

だとすれば、日本自然主義がロマン主義だとして、それは何らかの形で「社会」を露呈させた

のだろうか。いや、ロマン主義として位置づけられたプロレタリア文学が転向文学として私小説化することで、「社会」から撤退していったことを中村が批判したのであれば、それ以前の自然主義——それをロマン主義と規定したとしても——のなかにダイナミックな「社会」を見出すことは、もちろんできないだろう。

確かに、日本自然主義は「現実暴露の悲哀」（長谷川天渓）を標榜して「社会主義」というイメージさえ流布していた。自然主義は、石川啄木が希求したように、政治的な飛躍の契機を内包していたかも知れない。プロレタリア文学理論も、おおよそ、この図式を維持していた。しかし、それは「大逆」事件（一九一〇年）を前に失速していった。花袋の「大逆」事件への拘泥は、管野スガへの墓参を繰り返したり、小説に事件のエピソードを導入しようとしたりと、奇妙な迷走として表現される（拙著『「帝国」の文学』参照）。ならば、「封建主義的文学」と言い「ロマン主義」と言い、「蒲団」の解きがたいモノ性につけられた暫定的な名前と見なす方がよいだろう。それは、西欧的「市民社会」の基準によっては測りえない何ものかなのである。

『風俗小説論』は、「蒲団」のその謎を解明しようと、戦前に書かれた平野謙の『破戒』論（「明治文学評論史の一齣——『破戒』を繞る問題」一九三八年）を参照しながら、『破戒』の線上で「正統な発展」をたどるべきだった日本自然主義が、「蒲団」の線上で展開されていったことの経緯を解明しようとする。つまり、『破戒』の藤村が、とにもかくにも近代化し、社会化した「私」であったのに対して、いまだ社会化されていない「私」である花袋の「蒲団」が、なぜ文学的ヘゲモニーを握ってしまったのか、という問題である。より端的に言えば、どう見ても下らない作品に過ぎない「蒲団」が、日本近代の「文学」を規定してしまったのか、という問題にほかならない。

しかし、このことについての中村の説明は、ある意味では、一九三〇年代の繰り返し以上のものではない。つまるところ、当時の文学状況・社会状況における「私」の未成熟が、「蒲団」のヘゲモニーを可能にしたということ以上のことは言っていない。その未成熟とは、作中主人公と作者とをイコールとしてしまう批評性や仮構性の欠如であり、あるいは、作者＝主人公と外国文学の主人公とを同一視してしまうナルシシズムである。

このような中村光夫の「蒲団」批判が、戦後のある時期まで強力をふるっていたことは周知の事実である。また逆に、「蒲団」ははたして私小説か否かという実証的な研究も膨大に積み重ねられてきた。平野の戦後の出発を刻する『新生』論（一九四六年）は、藤村のなかの「封建的」要素の暴露という意味を持っていたが、その平野は、戦後には、「蒲団」の題材となった花袋と女弟子との関係が作品とは異なることを実証しようとした。また、「蒲団」における作者の批評性の不在という説に対しては、その笑劇《ファルス》的な「本格小説」性（?）を強調する視点も多く提出されている。「蒲団」の同時代の受容史・研究史については、大東和重『文学の誕生』（二〇〇六年）や小谷野敦『リアリズムの擁護』（二〇〇八年）に詳しい。

大東は同書のなかで、ブルデュー社会学を踏まえて、「蒲団」の文学的ヘゲモニーの成立について論じている。大東によれば、「蒲団」が作者の「告白」か否かは作品発表当時の読者には未決であったが、同時代の文学場における批評的言説のヘゲモニー闘争のなかで、それが「告白」へと確定されていったという。「『風俗小説論』に端を発する一連の『蒲団』論の、〈本格小説〉

か〈私小説〉かという議論は、生身の作家と作品を通した作者の精神とを二項対立にすることで、その前提である〈自己表現〉を導入した同時代評の読みの規制を、そっくりそのまま反復する」と、大東は言う。それは、風俗小説の流行が既成の「文学」概念を揺るがしていた時代に、「〈文学〉を本質的な定義から建て直そうとする努力」ではあったが、と。

明快な論である。だが中村光夫にとっての問題は、文学が「〈自己表現〉」だとして、なぜかくも下らない「蒲団」がヘゲモニックなカノンになってしまったかということではないのか。「蒲団」をカノンにまで祭り上げることに貢献した島村抱月などの同時代評を参照しながら中村が言っているのは、すでに当時から「蒲団」の下らなさは、ある程度認識されていたにもかかわらず、ということである。あるいは、「蒲団」を笑劇として読もうとする近年の説についても、中村は、すでに、そのことを踏まえている。「蒲団」は、『破戒』や『青春』(小栗風葉)の主人公より、「さすがに主人公の滑稽さを充分に打出しています」、と言うのだ。「蒲団」を笑劇と捉え、そこに花袋の批評性を見出そうという説に対して、中村は、それが不徹底だと言っているに過ぎない。もちろん、批評性・仮構性をどう評価するかは、視点を変えればある程度は自在に変更可能である。

「蒲団」が作者の告白ではないという近年の説は、たとえば、「蒲団」を取り囲み引用されている外国文学との間テクスト性の問題に及ぶ。イプセンやツルゲーネフを読み、その外部の言葉に突き動かされている「蒲団」の登場人物たちは、簡単には作者の内的な「告白」=「自己表現」に同調するはずがない、というわけだ。理論的にはそう言えないわけではない。

「蒲団」の高名な最後の場面——主人公が女弟子の残した蒲団に顔を埋めて泣く場面——が、ゾラの『作品（制作）』第一章末尾の引用であることを指摘した柏木隆雄（「ゾラ、紅葉、荷風——明治文学の間テクスト性」、小倉孝誠・宮下志朗編『ゾラの可能性』二〇〇五年、所収）は、「リアリズムの翻訳、翻訳のリアリズム」（井上健編『翻訳文学の視界』二〇一二年、所収）において、それが直接には馬場孤蝶訳で一九〇六年四月一日発行の雑誌「明星」に掲載されたものによることを証明してみせた。瞠目すべき発見であり、正しいのであろう。だが、これで中村の『風俗小説論』が棄却されたとは言えない。むしろ、中村説を立証さえしてしまうのである。

柏木が前者論文で扱っている、尾崎紅葉、永井荷風らのあいだのゾライズムの流行は、日清日露戦間、硯友社の江戸戯作趣味とともにあった。いわゆる「前期自然主義」である。花袋もまた、硯友社の周縁から作家として出発した。花袋の短篇「重左衛門の最後」（一九〇二年）はゾライズムをうけた佳作として知られている。ゾライズムと江戸戯作趣味との共犯は、それらから精密な描写力を学ぶというばかりでなく、社会的下層の猥雑さ、人間の獣的残酷さへの関心としてあり、前期自然主義の基調をなしていた。今日では間テクスト性と呼ばれる手法の意識的な採用も、江戸戯作の（のみならず、近代以前の）常套である。それは和漢の古典を縦横に引用し、「パロディー化」さえした。硯友社は、そのような手法を西欧文学へも適用したのである。紅葉が西鶴や源氏に学ぶとともに、有名無名の西欧文学を翻案して小説を書いていることは、よく知られていよう。

しかし、前期自然主義と「蒲団」とでは、確かに切断があった。「蒲団」の新しさは、「外国小説または戯曲の人物にみずからなりきって、（またはなったつもりで）その作品のモティーフを生きて見、同時にそうした演戯をする作者の姿をそのまま小説の主人公とする方法」にある、と『風俗小説論』の中村は言う。「したがってそれ（小説の筋立てや文章の外面――引用者注）しか模倣しなかった硯友社時代に較べれば、たしかに内面化した進歩であった」が、それは「私小説が写実主義で偽装されたロマン派文学」、あるいは、一九三〇年代の中村の言葉や講座派的タームを用いれば、「封建主義的」文学だということを証明するのみであろう。

中村光夫が一九三〇年代に、花袋らを小林秀雄に倣って封建主義的文学と呼び、江戸戯作の批評精神さえなく、ゾラの科学精神に学ぶところがなかったというのは、このことを指している。「蒲団」の末尾がゾラの引用であることが発見されたとしても、中村光夫は、それは花袋がゾラの作中人物と自分を同一視して酔っているだけだと言うだろう。「欧洲文学を自己の所有とするより、むしろそれに所有されること」だ、と。だとすれば、問題はやはり、二葉亭四迷にまでさかのぼらなければならない。

文学を「自己表現」とする規制は、何も、国木田独歩旧作の再発見や、『破戒』、「蒲団」、漱石の、日露戦争後の時代にはじめて浮上したわけではない。それは、近代文学が言文一致体という形式を選択せざるをえなかった時に、必然的にインプットされていた問題系にほかならない。中村光夫の独自性は、一九三〇年代に私小説を論じ転向文学を論じながら、その問題を、言文一致体の創始者としての二葉亭へと遡行して考えたところにある。導きの糸はフローベールであったろう。

今日の文学研究は、二葉亭を言文一致体の創始者というよりは、『浮雲』の文章が、いかに戯作など既存の文体と間テクスト的な関係にあるかを論じることが多いようである。しかし、それは「蒲団」にゾラからの引用を見出すこと以上に的を外しているかと思われる。つまり、言文一致体のとにもかくにもの採用が持つ政治的な意味を括弧に入れてしまうからである。そしてこのことは、転向文学を批判的に論じていた中村が、どうして二葉亭研究に向かったのかという文脈を不問にしてしまうことに帰結する。

「蒲団」を批判する時、中村が繰り返し対抗的に持ち出してくるロジックに、ボヴァリー夫人はフローベールに較べれば「ずっと俗なありふれた存在」であり、二葉亭は内海文三やお勢や本田昇より「ずっと偉い」というものがある。『破戒』の瀬川丑松も藤村に較べれば「ずっと底の浅い」ものに過ぎない。『フロオベルとモウパッサン』(一九四〇年)にも明らかなように、中村は、「ボヴァリー夫人は私だ」という定式を、基本的に否定していると言える。この視点は、一九三〇年代から『風俗小説論』まで一貫したものだ。それに比して、転向小説の主人公と作者や、「蒲団」の主人公・竹中時雄と花袋は等身大である、という批判である。

このようなロジックは、中村の私小説論に賛成するにせよ反対するにせよ、これまであまり顧みられることはなかった。あたり前と言えばあたり前過ぎるし、間違っていると言えば幾らでも間違いが指摘できるからである。すでに述べたように、「蒲団」の主人公・竹中時雄と花袋の非同一性は、実証的に幾らでも論証できるし、逆に、「ボヴァリー夫人は私だ」という名言(?)も流布しているわけだ。二葉亭と『浮雲』の同一性と非同一性についても、同様である。しかし、問題はそんなところにあるのだろうか。それは、中村がしばしば用いるキーコンセプトで言えば、「仮構」ということだろう。近代リアリズムにおいて、フィクションは、どのようにして可能なのか。中村の戦時下の著作『二葉亭論』（一九三六年）や『フロオベルとモウパッサン』（一九四〇年）、そして戦後の『二葉亭四迷伝』（一九五八年）、『明治文学史』（一九五九年）なども参観しながら、中村の講座派的文学史論を「仮構」してみよう。

俗語革命と国会開設

フローベールは自らが作り出したボヴァリー夫人という存在を徹底的に嫌悪していた。一九世紀ヨーロッパ社会に広く見られるブルジョワ嫌悪である。ブルジョワは「愚劣」なのである。同様に、一時は「帝国主義者」を自認し、政治への国士的とさえ言える情熱を抱いていた二葉亭が、「文学嫌悪」の持ち主であったことも、『フロオベルとモウパッサン』や二葉亭論で中村光夫が強調するとおりである。このように嫌悪すべき、ありふれて凡庸な——相互に「平等」な——存在を産出するのが、いわゆる「近代市民社会《ブルジョワ》」にほかならない。そして、明治維新に発する日本の資本主義化も、いやおうなく、この「市民社会《ブルジョワ》」を作為する方向に向かい、文学も、それに加担することでのみ可能なものとしてあるほかはなかった。

大摑みに時系列に沿って述べよう。

江戸期の身分制を解体し資本主義へと舵を切った明治政府は、しかし、そのなかから自由と平等を求める自由民権運動を生み出した。維新を闘った下級武士や公卿たちの多くは、幕藩体制を転覆しようとは考えていたが、身分制そのものの解体を目指していたわけではなかった。彼らに国民国家を創設しようという意図は希薄であり、したがって、ナショナズムではなくパトリオティズム（愛郷心）が核心にあった。それがナショナリズムへと転換するのは、維新の過程のなかにおける一部指導層の先見によるものであり、あるいは、明治国家が対外的にも国民国家として成立していく過程で事後的に発見されていったのである。パトリオティズムの心性は封建的で市場に依存しない農本的なものだが、ナショナリズムの心性は市場依存的・商人的なものである。両者のあいだには断絶がある。維新後に多発した不平士族の反乱は、身分制を維持しようとする反平等の主流的心性の爆発であった。しかし、世界の趨勢は新たな身分制を許さなかった。そのことは、明治政府を担った薩長・公卿の指導的官僚層には十分に自覚されていたと言える。

身分制の廃止は天皇の名によって強行されたが、そこで実現された「平等」は、さらに、その実質化である「自由」を求めたと言える。それが資本主義市場の要請である。自由民権運動の主要な担い手となるところの、征韓論で下野した元政府官僚、不平士族や豪農層の潜在的なモティベーションがそれと異なっていようとも、である。奇妙な捩れではあるが、それが資本主義の必然ではあろう。民権運動の要求は、憲法発布と国会開設であった。それは確かに「政治的」な要求であるが、「社会」を作為することなしにはかなわない。その意味で、政治的な要求としての み国会開設を求めた民権運動家以上に、それが「社会」を擬制することにかかわると認識した者がいなければならなかった。後述するように、それは官僚であり文学者であった。

自由民権運動の要求を概略受け入れることが歴史的必然と判断した明治政府は、一八八一年に明治天皇の名において、一〇年目にあたる一八九〇年に国会開設を約す「国会開設の勅諭」を発する。ここにおいて、憲法制定権力が天皇にあることが明確に宣言された。ある意味では当然の帰結だが、これによって、憲法発布と国会開設が日程に上るわけである。

発布された帝国憲法や開設された国会が実際にいかなるものであったとしても、近代議会制は「平等」な国民＝選挙民の「自由」な投票によって選ばれた代表者たちによる、「民意」形成の場にほかならない。納税額の多寡にもとづく制限選挙とは、国民的平等がいまだ未確立であることを踏まえた暫定的なものに過ぎず、平等を漸進的に実現していくことで、普通選挙へと向かうことは予料されている。「自由と平等」を実質化するのは、資本主義の発達と、それにともなう教育と啓蒙であろう。

欽定憲法である明治憲法は、憲法改定の発議を天皇にしか認めていない。それゆえ、国民は憲法制定権力として主体化することができなかった。憲法をめぐる闘争は、選挙権問題に制限されていた。明治憲法は、選挙権の変更のみを許していた。つまり、天皇制の下での国民的平等を実現することが、そのなかに予料されていたと言える。

近代において残存する身分制の大枠である都市と農村の対立は、都市を基準に平等化されねばならない。いわゆる「市民社会」の作為である。そのことによって、農村の余剰人口は、資本主義市場で労働力となりうる。そして、国民が国民として、「市民」的に相互に「自由」で「平等」であると擬制されることによって、「近代市民社会」のダイナミズムは発揮される。いかに、そのなかに階級対立が存在し、闘争が激化しようとも、それ自体が自由と平等を糧とした闘争であり、そのことが歴史を作るものと見なされるからだ。シュタインの教えに沿った明治政府にも、そのことはインプットされていたはずである。

ベネディクト・アンダーソンの『想像の共同体』によって今日ではよく知られているように、このような「国民」=「市民」を形成するのに与《あずか》って、文学における俗語革命（言文一致運動）と、それを流布する出版資本主義が大きな役割を果たした。いわゆる「国語《ナショナル・ランゲージ》」の創設であり、それは「市民社会」というパースペクティヴを作為し表象することにほかならなかった。しかし、アンダーソンの指摘からストレートに二葉亭を召喚することは性急だろう。やや節目節目を追ってみることが必要であり、若干の補説もなされなければならない。なぜなら、中村光夫が指摘していたように、文学を嫌悪していた二葉亭は「平等化」にも抵抗してもいたのであり、その意味が説明されるべきだからだ。つまり、花袋にはない、二葉亭における「社会」の発見=創設である。「国会開設の勅諭」が発布された翌年、外山正一、矢田部良吉、井上哲次郎による『新体詩抄』が刊行された。一般的な文学史が教えるように、これが明治期文学近代化運動の嚆矢だが、それは同書が俗語革命の出発点を刻しているという意味でもある。そこでは「平常ノ語ヲ用ヒテ詩歌ヲ作ル」（矢田部良吉）ことの必要性が主張されている。つまり、日程に上った国会開設を前にしての俗語革命の必要が、『新体詩抄』を編纂せしめたと言ってよい。この場合、編者たちがいわゆる文学者などではもちろんなく、当時の東京帝国大学教授という、「官僚」であったことが重要な意味を持つ。日本の俗語革命は官僚主導で開始されたのである。[*20]

では、なぜ小説ではなく詩が俗語革命において先行したのか。それは、人間がすべて平等化し凡庸化する「市民社会」において、個々人の唯一の単独性・固有性は「死」でしかありえず、それは卓越的な「詩」として表現されねばならないと思われたからだろう。本稿2章で触れたように、小林秀雄においても、母親の思い出は子供の死であり詩であった。すでに論じてきたところからも明らかなとおり、中村光夫の小林秀雄批判は、その「詩的」な側面へと向けられていた。今日から見れば『新体詩抄』は奇怪な詞華集であり、多種多様な形式による翻訳詩、創作詩を収めているが、それらの多くは「死」を歌っているのである。後の日本近代詩にもっとも影響を与えたとされる翻訳詩「グレー氏墳上感慨の詩」から、長く人口に膾炙した「抜刀隊」まで、そうである。そして、このような俗語化による「詩」の試みは、『新体詩抄』の末尾では、「国の光ともなるべき事《わざ》」として、明確に意識されている。国会開設への文学的条件は、ここに築かれた。

議会制の頂点としての国会は、国民が選出した議員によって構成される。国会は国民の自己表現であり、その議決は国民の意思と見なされる。国会の議決が多数決によるとすれば、そこで排除された少数派の意思は棄却され、決定されたものは国民全体の意思となる。これが民主主義的な手続きである。あるいは、多数派と少数派の討議と妥協によって議決がなされる場合、そのためには、相互に討議可能な同一のコードが、あらかじめ存在しなければならない。これが自由主義的な手続きである。

いずれの場合も、国民は「社会」において平均化される（されている）ことが必須となる。単独的な——しかし社会的に存在する——個人の固有性の表現と見なされた文学＝「詩」は、それが「国の光」でもあることによって、社会的に自由で平等な個々の国民＝市民の自己表現であり、国会を準備するものなのである。言うまでもないが、社会的に自由で平等であるとは、資本主義市場に依存的だということを意味する。

俗語革命という凡庸化＝平等化のバイアスは、詩よりも散文に傾斜せざるをえない。詩が「国の光」にかかわるとすれば、散文は、より「社会」にかかわる。そのことを理論と実作において実践しようとした最初の「文学者」が、『小説神髄』の坪内逍遥であった。「小説の主脳は人情なり、世態風俗これに次ぐ」というのが、逍遥の高名な主張であった。『新体詩抄』が発表されたのと同年、すでに式亭三馬風の政治小説「清治湯の講釈」を発表して

＊20　言文一致＝俗語革命が官僚主導で行なわれたことについては、近年、多くの研究があり、一時は「ブーム」の様相さえあった（酒井直樹『死産される日本語・日本人』など）。その場合、それは東京帝国大学でチェンバレンについて言語学（博言学）を学び、その後ドイツに留学して帰国した上田万年に発する系譜が論じられることが多い（弟子に保科孝一がいる）。もともと上田は硯友社の周辺にあり、グリム童話を翻訳刊行したりもしていた。「狼と七匹の子山羊」の翻案である『おほかみ』（一八八九年）であり、これは、「た」体、「である」体を駆使し、それ以外にも仮名遣いに「表音的」な工夫をこらしている。これら上田の試みは、もちろん『新体詩抄』にも『小説神髄』にも遅れており、「童話」翻訳においてなされたという——それ自体で硯友社のパラダイムにある——限定によって、当時のヘゲモニーを握ることはなかった。上田が官僚として国語政策に携わるのは、一八九四年に留学から帰国後、東京帝国大学文科大学博言学教授に就任して以降である。硯友社も、二葉亭と相即して山田美妙が「です」、「ます」体の言文一致を追求していたのをはじめ（後に尾崎紅葉も）、彼らなりに俗語革命を追求していた。また、巌谷小波は、民話を採集した日本における児童文学の濫觴として知られる。グリムは、後期ロマン派の言語学者としてドイツ語という「国語」を創造するために民話を収集したのである。

国会開設の問題を扱っていた逍遥は、一八八五年には『当世書生気質』(以下『書生気質』)を発表するとともに、同年から一部発表していた『小説神髄』(以下『神髄』)の完本を一八八六年に刊行する。この文脈で注目すべきなのは、近代的な写実小説のモデルとして執筆されたとされる『書生気質』の舞台背景が、「国会開設の勅諭」に沸く東京の(つまり、「社会」の)ありさまだということである。より端的に言えば、逍遥は国会開設という事態を前に、それに押されるようにして、「社会」を析出すべく『書生気質』を書き『神髄』を書いたのである。

そのことの刻印は、まず、『神髄』の高名な『八犬伝』排斥だろう。逍遥が斥けたのは、馬琴のすべてではない。『神髄』の逍遥は、むしろ馬琴のリアリズムの手腕を高く評価しており、斥けられるべきは、儒教道徳の「化物」たる『八犬伝』の登場人物なのである。言うまでもなく、ここで逍遥が馬琴を借りて斥けようとしているのは、ヴィクトル・ユーゴーに示唆されて板垣退助が自由民権運動のプロパガンダ用に推奨したという、同時代の政治小説にほかならない。

政治小説は「国会開設の勅諭」以前から書かれていたが、「勅諭」後も続々と出現している。矢野龍渓『経国美談』(一八八三~八四年)、末広鉄腸『雪中梅』(一八八六年)、東海散士『佳人乃奇遇』(一八八五~九七年)などが有名であり、主流である。

これら政治小説は、写実的な装いを帯びたものもあるが、基本的に自由民権イデオロギーの「化物」が闊歩する戯作的な物語と言えよう。しかし、「化物」は「近代市民社会」に存在してはならないのだ。これら「化物」の現実的な指示対象としては、『書生気質』にも描かれているところの、「運動会」と称して髭面羽織袴で闊歩し酒を食らって高歌放吟する書生=壮士(志士の末裔）があった。これらの「化物」は、国会開設が必須とする平等化＝凡庸化に逆らう異様な存在にほかならない。もちろん、政治小説の文体も、俗語革命への自覚的な志向は見られず、多様である。その意味で、三馬の滑稽本を模した逍遥の政治小説「清治湯の講釈」には、形式・内容ともに世俗化・凡庸化への志向はうかがわれる。つまり、逍遥は政治小説を「社会」化したわけである。中村光夫は、二葉亭に比しての、逍遥の政治的穏健さ（改良主義）を強調するが、それはここにもあらわれていよう。

当時紹介されつつあった西欧美学なども参照しつつ、『新体詩抄』に記された詩論をも踏まえた『神髄』の逍遥が、そこで小説における言文一致体の採用の必要を主張したのは、だから、当然ではあった。それは、国会開設を前にした時代の、「国民」＝「市民」を創設する平等化＝凡庸化のための政治的なパンフレットだったと言える。言うまでもなく、逍遥は大隈重信や高田早苗（半峯、日本最初の文芸評論家でもある）ら改進党の中心に深く関係していた。

逍遥の『新体詩抄』からの理論的な飛躍は、散文の言文一致体においても「詩」が可能であることを主張しえたことにある。『新体詩抄』で詩作品の言語の俗語化は主張されてはいたが、実際は、言文一致（なるもの）を遂行することができなかった。そこで採用されたのは、いわゆる「雅文」や「漢文崩し」などであり、いかにしても「口語」とは見なしがたいものであった。詩が――個々の人間の「死」と同様――個々の作品の単独的な卓越性を主張しなければならない時、その俗語化・凡庸化は不徹底たらざるをえなかったのである。

これに対して『神髄』の逍遥は、明確に、言文一致体の詩的優位を主張した。「言は魂なり。

文は形なり、俗言には七情ことぐ〵く化粧をほどこさずして現はるれど、文には七情も皆紅粉を施して現はれ、幾分か実を失ふ所あり」と、である。「小説の主脳は人情なり、世態風俗これに次ぐ」という内容規定は、必然的に形式の規定をともなうのである。『新体詩抄』にあって、「死」の単独的な固有性は「詩」によって「国家」に昇華された。それは俗語化の過程のなかの詩ではあるが、今なお雅文的・漢文読み下し的な文章によってしか可能ではなかった。しかし、逍遥にあっては、「言」こそが「魂」だと主張されているのである。

個体的・単独的な「死」――しかし、それは誰にとっても「平等」に到来する――が、「魂」として永遠化されるとともに、「言」にこそ宿っているとされる。いわゆる音声中心主義にほかならないが、それは、このようにして導出された。そして、そのことによって「文」と一致したと見なされる「言」は、「国語」となる根拠を得るのである。ここに、文学が固有な「自己表現」であるという近代的な前提は確立されている。それは、国民国家である限り否定しようもないことなのであり、逆にいえば、文学は自己表現であることで、「国民」を作り出していくと言える。

しかし、よく知られているように、逍遥は『神髄』で、言文一致体の採用が日本においては時期尚早であることを言うだけでなく、言文一致体の小説を書くことはなかった。ただ、「嗚呼、我が党の才子、誰れかこの法を発揮すらむ。おのれは今より頸を長うして新俗文の世にいづる日を待つものなり」(『神髄』)として、あいまいな「新俗文」を過渡的に提唱するのみである。『書生気質』や『妹と背かゞみ』(一八八六年)が、「社会」を析出し、近代的写実小説を標榜しながらも、ほとんど戯作的なものであることは一目瞭然だし、誰もが指摘するところである。

中村光夫は、そのことを、近代的な写実小説の提唱にもかかわらず、逍遥が若年期から戯作の耽読によって育ったため、としている。そのとおりであろう。しかし、逍遥の自称写実小説が戯作的であることを今さら非難しても始まるまい。問題は、『神髄』を書き自称写実小説を書きながら、同時に、逍遥が相変わらず政治小説をも書いているということなのである。「内地雑居」の角書がある『未来之夢』（一八八六年）や「諷誡」の角書がある『京わらんべ』（同年）、『小呉魏蜀誌《まゝごとさんごくし》』（一八九〇年）などが、それである。

『未来之夢』は、明治体制の近代化が進むにつれて将来に予想される「内地雑居」の問題を扱った未来小説であり、『京わらんべ』は、逍遥的に言えば写実小説と言えないこともないが「諷誡」とあるように、政治的な風刺を狙っている。前者についても言えることだが、とりわけ後者は、国会開設を前にした逍遥の穏当な懐疑をパロディー的に表現しようとしたものである。

主人公の「中津国彦」は日本国民を、彼の許婚で遠縁の「豊原利子」は国民の権利をアレゴリカルに表現しているが、つまり、国民の権利＝国会開設を主題としたパロディー小説と言える。しかし、この小説では、国会開設への懐疑が表現されているのである。「国彦」は、あれこれ半端に洋学をかじっているが家産を食いつぶすだけの書生であり、ついには「利子」とも破談してしまう。「国彦」は議会制を担うに足るほどに十分に訓育されてはいず、つまりは「国民化」されていない存在なのである。このような政治的なシニシズムが、言文一致体を採用することに躊躇させた理由と相即することは論をまたない。

逍遥の言文一致体への怖れは、別の視点から見れば、国民的な平等化への恐怖である。国会開設が含意する平等化——「社会」化——への傾斜は、「中津国彦」のような存在をも同一の「魂」として国民化＝市民化せざるをえない。それを阻止しうるのは、文学にとっては、とりあえずは非言文一致体を維持していくことであり、戯作的であることをも辞さず、作者（それが言表主体であれ言表行為主体であれ）と登場人物との距離を保つことである。

しかし、帝国憲法下の国政選挙が納税額による制限選挙であったとしても、それが必ずや制限撤廃へと向かうことは、トクヴィルに倣えば、「人間社会を支配するもっとも不変の法則の一つ」（『アメリカのデモクラシー』松本礼二訳）である。「社会」の擬制によって作為された、自由で平等な「市民」の資本主義市場への全面的依存は、逆に、市場支配への全面化へと方向づけられる。これは同時に、すべての人間が自由で平等であることを建前とする市場原理を、社会が採用せざるをえないこと意味する。このことは逍遥にも二葉亭にも意識されていただろう。彼らの小説の登場人物たちは、初期国政選挙においては選挙権を持たない存在が過半であろうが、将来的には選挙権を付与されるであろうことが予想されている。

逍遥が代議制に深く関心を寄せていたことに間違いないのは、第一回国政選挙に取材した戯作的政治小説『小呉魏蜀誌《まごとさんごくし》』の存在によっても証明される。そこで「諷誡」されていることも、およそ『京わらんべ』と同様である。逍遥の小説改良論は、単なるリアリズムの提唱ではなく、そこにいたるまでの政治的な訓育に主眼があったと言える。それゆえ、逍遥の人情と風俗の「写実」を標榜した作品が近代的ではないと批判することには、あまり意味がない。中村光夫の文学史観には、残念ながら、このあたりへの視点が欠けてはいる。

二葉亭四迷の「文学嫌悪」

では、二葉亭が言文一致体を、逍遥に抗して強行した理由はなにか。そのことを語る資料は乏しく、中村光夫も迂回的に語る以外のことをしていない。中村は『神髄』に対して、二葉亭「小説総論」（一八八六年）における仮構意識の優位を主張する。「夫れ文章は活《いき》んことを要す。文章活ざれば意ありと雖も明白なり難く、脚色は意に適切ならんことを要す」ということである。もちろん、それは逍遥にあっても、言文一致体の不採用という選択としてあった。二葉亭の優位は、それを言文一致の採用の上で思考したところにある。言いうることは、二葉亭が帝国主義者であろうと社会主義者であろうと、逍遥よりはるかにラディカルな国士的ナショナリストであったことが、それを遂行せしめた、ということである。

中村光夫が強調するように、二葉亭が「社会問題」に深甚な関心を寄せ、松原岩五郎（『最暗黒の東京』一八九三年）や横山源之助（『日本の下層社会』一八九九年）の社会的ルポルタージュの誕生を促したことは知られている。すでに述べたように、それは国士的な義憤であっただろう。そして、その平等化への意思は、一方では「市民社会」を作為する言文一致体の採用を不可避のものと認めたのである。それが凡庸化であり「平等」という擬制に棹差すものでしかないということも、二葉亭は知っていただろう。そのことは、後に『平凡』（一九〇八年）というアイロニカルな名を持った小説が書かれることでも明らかである。

文学を自己表現と見なす俗語革命＝言文一致体運動は、明治期ナショナリズムの高揚の波に規定されていた。『新体詩抄』や『神髄』、『浮雲』を規定したのは、内戦としての自由民権運動から国会開設にいたるナショナリズムの高揚である。あるいは、幕末における不平等条約の締結は、必然的に、明治期におけるナショナリズムを規定したと言える。右派であろうが左派であろうが、不平等条約の前ではナショナリストたらざるをえなかったのである。本稿では触れえなかったが、日清戦争後のナショナリズムの高揚は、二葉亭の翻訳や尾崎紅葉の『多情多恨』(一八九七年)の「である」体文体確立として、言文一致体を「完成」させた。そして、日露戦争後における、「蒲団」を含めた、藤村『破戒』や漱石『吾輩は猫である』などの、後に「国民文学」とされるごとき作品が登場するわけである。二葉亭は、これらすべての結節点にコミットしている。日露戦後に書かれた『平凡』は、知られているように、当時の自然主義文学に対するアイロニーであった。[*21]

先にも触れたように、『浮雲』中絶後の二葉亭は、松原岩五郎や横山源之助と識り、彼らが下層社会をリポートする契機を提供した。だが、それは同時に、均質的に国民化=市民化しえない存在を意識することでもあっただろう。文学的に国民化されえない存在は、文学的表象としてではなく、ルポルタージュとして書かれるほかなかったのである。このような「下層」が文学的な表象として可能になるのは、資本主義がそれを労働力商品として内包していくなかにおいてでしかない。すでに述べておいた理由から、前期自然主義や内田魯庵などの「社会小説」の諸作はここでは措く。夏目漱石の『坑夫』(一九〇八年)を早い例として、宮嶋資夫の同名の作品『坑夫』(一九一六年)に始まるアナキズム文学やプロレタリア文学の出現は、市民社会が本格的に作為され始めた「大正期」を待たねばならないのである。

「大逆」事件をメルクマールとする明治期においてはもちろん、それ以後しばらくも、「労働」は下賤なものと見なされ、「労働者」は下層社会に属する者として排除されていた。明治期にあっては、産業資本主義のモデルたる近代的な労働者は、いまだ周縁的な存在であった。漱石の『坑夫』も宮嶋のそれも、近代的な意味での労働者というよりは「職工」であり、いわゆる「渡り職人」である。資本主義の原始的蓄積過程のなかで、農村から都市へと流出する者の心性は、身分制解体後も作動する立身出世主義であったが、心ならずも、労働者へと、下層へと「転落」するのである。また、鈴木文治が一九一二年に設立した「大逆」事件以後最初の労働組合・友愛会の目的は、労使協調によって、侮蔑されている労働者を「紳士」たるべく訓育するところにあった（松沢前掲書参照）。つまり、「市民社会」を作為することである。

「職工」や「職人」として蔑視されていた者たちが、近代的な労働者として「市民」化するのは、資本が労働力を商品化することで、労働が「価値」を生み出すという擬制（いわゆる「労働価値説」）が成立しなければならない。それは、おおよそ「大正期」も中葉から末のことであり、ロ

＊21　『新体詩抄』から『小説神髄』へといたる以上の記述については、拙著『日本近代文学の〈誕生〉』や、「ハムレット／ドン・キホーテ／レーニン」（『増補新版　詩的モダニティの舞台』）の記述と重なるところがある。なお、本稿では詳述する余裕を持たなかった「である」体問題については、拙著『日本近代文学の〈誕生〉』、『「帝国」の文学』のほかに、国語学者・山田孝雄の「存在詞」問題を論じた、西野厚志「〈汚名〉を返す」（「昭和文学研究」62、二〇一一年）を参照。

シア革命やアナキズムとの論争を経由しつつ（いわゆるアナボル論争）、マルクス主義が理論的、ヘゲモニーを獲得する時期と相即する（アナキズムの実践的なヘゲモニーは、その後も潜伏しつつ、五・一五事件や二・二六事件などの青年将校運動や、農本主義に受け継がれたと見なしうる）。

このような問題は、実は、当初の言文一致体による表現のもたらすものが、限定的・欺瞞的なものでしかないということにほかならない。言文一致の採用が避けられない必然だとしても、その限定性は、それを強行した者によってこそ自覚される。二葉亭の「文学嫌悪」とは、そのようなものと言ってよいだろう。文学は、「魂」の表現とされ、そして、そのことから逃れられないにもかかわらず、表象不可能な存在を排除する「愚劣」なものなのだ。

このような文学的「愚劣」は、中村光夫の前に当初は転向文学としてもあらわれた。転向文学者たちは、ただ、二葉亭が「嫌悪」をもって強行した言文一致体という制度のなかで、安んじて美しい魂の「告白」に身を委ねているだけではないのか。しかし、転向前と後では、どちらが真実の「魂」の告白なのか。少なくとも、そこでは何らかの「仮構」が必要なのではないか。自身が転向文学者であった中村光夫にとっては、そうとしか思えなかったはずである。中野重治に対して、中村が、「私の論旨は『転向』の責を作家個人に帰すること最も少ないものである」（「中野重治氏に」一九三五年）と言うのは、そのことだろう。

天皇制の表象としての日本近代文学

しかし、もう一つ問題が残っている。講座派理論から借用した「封建主義的」という規定が、それである。すでに触れておいたように、講座派理論を背景としながらも、プロレタリア文学は、実際は、天皇制を文学の上では問うてこなかった。日本自然主義は（小）ブルジョワ文学と規定することができた。だがしかし、明治期国会開設を前にした俗語革命の強行は、天皇制下の出来事であることを無視しては思考することができない。創造された「国民」は主権者ではなく、また、国民の自己表現であるはずの国会は立法権を有するものでもなく、天皇の立法権を「協賛」する機関であった。また、国会の参与を経ずに行使される大権も、統治権（主権）、国務大権、統帥大権、皇室大権がある。もちろん、天皇は不親政であったとしても、である。その他、詳しいことは省略するが、ともかく、これらのことが意味するのは、国民の「魂」の表現は天皇をこえることができないということである。あるいは、国民の自己表現は天皇にほかならない、ということだ。言うまでもなく、国民が主権を持つことになった戦後憲法においても、天皇は「国民統合の象徴」と記されている。[*22]

このことを「蒲団」あるいは転向文学の問題として見ると、どのような意味を持つのか。中村的に言えば、その作品の文学的表象が作者と「等身大」だということである。等身大だから、天皇制の手前、あるいは天皇制の表象それ自体にとどまる。「大逆」事件に接して、管野スガの墓に参ったり、事件に材を取った小説を書いたりした田山花袋の狼狽は、そのことを示しているし、中野重治の「村の家」がヤマトタケルの「東歌」を召喚したことも、同様である。

『不敬文学論序説』（一九九九年）の渡部直己は、近代日本文学が天皇を表象することを回避してきたと論じた。しかし、事態は逆であるように思う。作品中に天皇が描かれているか否かが問題なのではない（近年では映画や演劇では天皇の表象は幾らでもある）。「蒲団」に始まる日本の近代文学は、何らかのかたちで天皇制を表象してしまうのだ。中村の規定に従えば、作者は表現された国民の「魂」より「偉い」はずである。だが、作者と国民の「魂」が同一レベルにとどまる時、その作品はそのこと自体で、国民を「統治」したり「象徴」したりする装置としての天皇制の表象と化すのである。言文一致体によって作品化された文学的表象が、つねに「国民」的なレベルにとどまるほかないとしても、それは「愚劣」なことなのだ。作家にできることは、その「愚劣」とどう向かい合うかということでしかない。

国民が表象してしまうその「愚劣」を、オクシデンタリズム（逆オリエンタリズム）と言うことも可能だろう。西洋が東洋を支配する際の表象をオリエンタリズムと言うとすれば、オクシデンタリズムは、それに対する東洋の反動と言える。「大逆」事件が海外に報じられた時、欧米人は日本人が自国を「万世一系」の天皇によって統治されていると考えていることを嘲笑したという（山泉進編著『大逆事件の言説空間』）。北一輝が喝破したごとく、それは「東洋の土人部落」向けに、明治憲法によって作為された虚構であり、明治期啓蒙によっても、天皇が神だと信じられていたわけではない。しかし、それは東洋にある明治国家が近代国家として自立的であるために必要と見なされたオクシデンタルな虚構である。

明治憲法の第一条「大日本帝国ハ万世一系ノ天皇之ヲ統治ス」という規定は、伊藤博文を高く評価する現代の政治史家によっても「オリエンタリズム」と見なされている（瀧井一博『伊藤博文』）。正しくは逆オリエンタリズム＝オクシデンタリズムと言うべきだろう。それは、いかに啓

＊22　本稿本文では詳述する文脈を持たないが、戦後天皇制について簡単に記しておく。とりわけ、前者のイデオロギー的確立に与って力のあった者に、和辻哲郎と津田左右吉がいる。戦後天皇制が今日的には重要である。和辻も津田も、丸山眞男の天皇制ファシズム論を掲載することで戦後民主主義のオピニオン誌となっていった岩波書店の雑誌「世界」の初期中心メンバーであり、丸山も、その近傍にあった（丸山は、決して天皇制の存続に反対したわけではないし、当初は、戦後も明治憲法の運用によって統治可能であると考えていた）。和辻の解釈学的人間学にもとづいた「間《ま》」論＝共同体論は、天皇を古代以来、「精神共同体の長」であり「栄誉の源泉」であったとして、象徴天皇制を合理化した。このような見解は、すでに戦時下において言われ、「陸軍」的天皇イデオロギー、すなわち、「忠君」や「孝行」といった武士的・封建的イデオロギーを天皇制と結びつけようとする傾向に対して抵抗するものであった（いわゆる「海軍」派）。つまり、近世封建制ではなく古代氏族制（！）にまで遡るのである。また、それは戦後にあっては「人民主権を承認するためには天皇制を打倒しなくてはならぬという必要はない」（「国民全体性の表現者」一九四八年）という主張につながる。古来、天皇は基本的に不親政であり、その意味で、国民の意思の下にあるとさえ言えるからである。このような共同体論（＝市民社会論）を基礎に置いた和辻天皇制論は、先に触れた、「大正期」クロポトキン主義から発する「社稷」論と、その発想を共有している。天皇は市民社会全体を「表現」し、その祭祀を司るものであるがゆえ、後者の方が上位に立つとさえ見なしうる。この意味で、戦後天皇制は、きわめて「大正的」なものとも言える。そしておそらく、このような天皇制論は大衆天皇制までをも規定しているだろう。近年の学界・ジャーナリズムに見られる和辻再評価の機運は、表立っては天皇制を問わないことで成立しているが、そのことによって、和辻天皇制論を肯っている。つまり、戦後にあっても（3・11以降の現在にあっても、そのような具体例は幾らでもある）、国民の自己表現は天皇なのである。なお、戦後天皇制が大正デモクラットによって作為されたことを指摘し嫌悪したのは、「文化防衛論」（一九六八年）の三島由紀夫をもって嚆矢とするだろう。

蒙され虚構が暴露されたとしても残る潜在的なパースペクティヴであり、現在でも存在するに相違ないフェティシズム的な残余である。つまり、「かのやうに」（森鷗外）にほかならない。その意味で、天皇制は「封建的」と言うよりは、中村光夫的にロマン主義と規定する方が正しいだろう。オリエンタリズム＝オクシデンタリズムは、ロマン主義の変種だからである。講座派は、それが西欧から奇形的に映ることをもって「封建的」としたわけである。もちろん、その規定にも一定の正当性がないわけではない。

中村光夫が天皇制について具体的に論じたことは少ない。しかし、その数少ない文章のなかでも、「天皇の名の下に」（一九五六年）は、今日読み返してみても、驚くほどラディカルなものであり、天皇制のオクシデンタリズム＝フェティシズムを批判して明晰である。前年に、いわゆる「五五年体制」が成立するとともに、スターリン批判が敢行された一九五六年は、改めて「戦後」という概念が主題化していた年である。この年、中村はもう一つ「失われた天皇の地図」というエッセイも書いている。両方とも、今日から見て、時代に規定された問題含みの言葉もないではないが、「穏健」とも「保守的」とも評されることの多い中村が、天皇制に対して、いかに過激な怒りのようなものを秘めていたかをうかがわせるものである。ここでは、文脈の都合上、前者についてのみ触れよう。

冒頭から中村は、「理論的に考えれば、今度の戦争の最大の責任者は天皇である筈」だと言う。「日本人をのぞく世界中の人間はそう考えている」のだが、しかし「日本人の大部分は、実に自然にそう考えない」（傍点原文）。こういう不可思議なことが、どこに理由があるかと言えば、

「天皇制の特質にある」と中村は言う。まさに、オクシデンタリズムである。つまり、中村は講座派（？）らしく、グローバルスタンダードに照らして、まず、昭和天皇の戦争責任を指摘しつつも、それを「制度」の問題に拡大してみせる。

もちろん、中村は昭和天皇の個人としての戦争責任を高唱するわけではない。むしろ、「天皇制という制度の罪であって、天皇個人の責任でないということは、その制度のもとに育てられた天皇が完全に政治家として無能力だ、というのを前提としてはじめて成り立つ議論ですが、この前提は正しい」と言って、一見すると、昭和天皇の戦争責任を免罪するかのごとき論を立てている。このところに、中村の穏健さや保守性を見出す者もあろう。しかし、中村はグローバルスタンダードに照らしての天皇の有罪を指摘しているわけだし、先の大戦は世界戦として戦われたのだから、中村が天皇無罪説を主張しているとは見なしがたい。むしろイロニーである。中村が言うのは、天皇無罪説が、日本の天皇制オクシデンタリズムのなかでのみ通用する議論だということであり、そのような制度が、形をかえて戦後も存続している以上、それを内側からどう破棄するか、ということなのである。

そして、中村の「夢」として出される提案は、「象徴的元首といったような曖昧な地位」を捨て、「伝統文化の守護者」として一般人になり、「京都あたりに隠棲」するということだが、この提案自体、当時としては相当に思い切ったものだったと言える。端的に言えば、近代以前の天皇に返ることによる天皇制廃絶である。その他、この文章には、「大衆天皇制」論にもつながる創見も見られるが、ここでは割愛する。

この文章で瞠目させられるのは、一九三〇年代の中村の文学と思想が、突然のように明確な輪郭をあらわしていることだろう。中村は、いかにもフローベーリアンらしく、「ブルジョワ道徳」の体現者としての戦後天皇制のあり方に着目する。「偽善がブルジョアの本質的な属性」だということは、「ブルジョア道徳は、現実の生活においては破られるために存在する」ということだが、それは、ブルジョワの「信奉する道徳が、道徳的に完全な人間がいないという前提のもとにはじめてなりたつ厳しい非人間性を持つことを意味」する。ところで、戦後天皇制の問題は、天皇が「誰しもがそれを破ることで息をついている道徳を、その生活で文字通り実行している点、あるいは少なくもそれを存在理由にしている点」にある、と言う。つまり、天皇は「愚劣」なブルジョワのブルジョワ的「表現」だ、と言うのだ。

これは、今でも巷間言われる、「市民の理想像としての皇室」といった戦後天皇制のあり方——それは今やリベラリズムの理想像としての天皇、として変奏されているが——をパラフレーズしたもののように見えるが、まったく異なっている。中村は、その皇室の理念型が「人工の極致」でイメージ操作されたものに過ぎず、ブルジョワ道徳の「愚劣」を知らぬ天皇に「道徳について語る資格はない」と言い切っているのである。つまり、「国民の象徴」たりえない、と。もちろん、天皇に代わって、しかも天皇のように「国民の象徴」たりえる存在などいないということも、ここでは含意されているだろう。「国民の象徴」とは、和辻哲郎から権藤成卿にいたる——いや、左右を問わず、現代における——「市民」主義者の天皇制論に共有されているものである。それは、市民社会=公共性の司祭としての天皇、ということだ。

このように、ありえない存在を「象徴」としているのが、日本的制度としての天皇制だというのが中村の主張だが、続いて中村は、この制度が、「明治時代に養われた一種特異な合理主義で、突飛に聞えるかも知れませんが、自然主義文学や私小説とも関連する」と言い切るのである。ここで、おそらく初めて、中村は「蒲団」問題が天皇制の問題であることを明言している。それは、この文章でも、「外形的事実だけに着目して、内面の動機を問わぬ精神」と言われている。中村にとっては、近代日本において作為された「市民社会《ブルジョワ》」は、その「内部」の愚劣に対する懐疑の不在によって天皇制を必要とした、ということであろう。

自然主義へといたる日本の近代文学において、二葉亭が（逍遥さえも）触知しえていた文学への「懐疑」は、日本においては言文一致運動というかたちで、そのなかにインプットされていた。花袋は、その懐疑を払拭することで、「天皇の名の下に」文学を統御したのである。中村がここで明快に言い切っているように、その私小説批判を中心とした文学批評は、同時に、天皇制批判だったのである。[*23]

＊23　中村光夫の戦前戦後については、小林秀雄グループの有力な一員としての側面だけが印象づけられ、「保守派」のイメージが定着しているが、若い後続世代との交流においては、左派（とだけは言えないにしろ）との接触も深かった。いいだもも、中村稔、矢牧一宏らの「世代」グループや、戦後日本共産党の指導的イデオローグとなった上田耕一郎まで、彼らは戦時下において、中村光夫と親しく接していた（中村稔『私の昭和史』など参照）。

4章　「労農派的」転回とコモンウェルス

講座派文学史観への批判

『風俗小説論』でほぼ全面的に開陳された文学史観を基にした『明治文学史』が、筑摩書房版『現代日本文学全集』別巻一の第一章として刊行されたのは一九五九年だが、本稿1章で指摘したように、すでに当時は、講座派的なもののヘゲモニーが失墜を開始していた時期でもあった。講座派内部から大衆天皇制論が出現したのも、この年だった。皮肉と言えば皮肉なことだが、カノン的な文学史と見なされ、それゆえ批判の対象ともなる中村光夫的文学史は、それが総体としての姿をあらわした頃、すでに後発世代からの批判にさらされるのである。

もちろん、これ自体はよくある現象にほかならない。戦時下にあっては、私小説は平安時代の女性日記文学の伝統に連なるという論が、時流に棹差すかたちで流布されていた。このような視点は、戦後も繰り返し反復される。『風俗小説論』が刊行されてしばらく後には、山本健吉の『古典と現代文学』（一九五五年）や福田恆存の『人間・この劇的なるもの』（一九五六年）が刊行され、近代文学を「伝統」や「共同体」の歴史のなかに位置づけようとする、T・S・エリオット的な古典主義的文学概念が賦活されていた。「講座派的」史観は不断に批判にさらされていたヘゲモニーなのである。

同じころ（やや先行して）、左派の側からは「国民文学」の提唱があった。これもまた、「民族」の伝統の再審である。いわゆる国民文学論争は、竹内好と伊藤整の往復書簡「新しき国民文学への道」（一九五二年）の提起を直接の発端とするが、より一般的には、朝鮮戦争の勃発（一九五〇年）を直接の契機とする、反米ナショナリズムの表現であったと言える。国民文学論は、単に、文芸ジャーナリズムにとどまらず、歴史学や国文学界をも巻き込んだ大規模な議論であり、コミンテルンや日本共産党の政治方針に規定されていた。そこでなされた議論や運動（地域サークル運動など）の評価は今なお未決だが、国民文学論は、日本共産党の方針転換（いわゆる六全協、一九五五年）によって終息していった。

しかし、中村の文学史観が直接の批判の対象となるのは、戦後では、やはり『明治文学史』の刊行以降だと言ってよい。早くも一九六〇年には、当時気鋭の文芸評論家だった奥野健男が、中村光夫と小さな論争を行なっている（奥野『文学的制覇』一九六四年、同『文学は可能か』同年、中村光夫『想像力について』一九六〇年、など参照）。そのモティベーションは「リアリズムへの疑問」（一九六〇年）にまとめられている。中村のリアリズム中心的な文学観に、奥野は反リアリズムを対置した。

この論争は現在では忘れられているが、その直後から、六〇年代前半の奥野は、いわゆる「政治と文学」をめぐって、あるいは「戦後文学」の評価をめぐって、本多秋五、大江健三郎、高橋和巳、武井昭夫ら戦後派文学の擁護者たちと大きな論争を行なっている。奥野をして、文壇ジャーナリズムの一寵児へと押し上げた論争である。

その論争の中心をなす奥野の「『政治と文学』理論の破産」（一九六三年）は、当時話題の小説作品であった野間宏『わが塔はそこに立つ』（一九六二年）、堀田善衛『海鳴りの底から』（一九六一年）と、三島由紀夫『美しい星』（一九六二年）、安部公房『砂の女』（一九六二年）とを比較して、反リアリズムである後者の文学的優位を主張し、前者を「政治の中での文学」に囚われたもの、後者を「文学の中での政治」を描いたものと位置づけた。ジャーナリスティックな見取り図と言える。「破産」を宣告されたのは、プロレタリア文学以来の「政治と文学」理論のみではなく、日本の近代文学を支配していた一九世紀的なリアリズムという文学概念もまた、批判にさらされたのである。中村との論争は、その前哨だった。

このような批判は、主に平野謙を中心とした戦後派文学に向けられたものとのみ捉えられる傾向があった。平野謙を中心とした戦後派文学者＝「近代文学」派は、プロレタリア文学の、いわゆる「政治の優位性」論に対して、「文学の自立性」を対置したが、それ自体が、「政治の優位性」を前提とした上での「政治の中での文学」主張であり、「政治」をこえていないと見なされたのである。言うまでもなく、「政治と文学」理論での「政治」とは、基本的に共産党に代表されるマルクス主義を意味する。実際、中村の『明治文学史』と同年に、同じく『現代日本文学全集』別巻一の第三章として刊行された平野の『昭和文学史』への後発世代からの反発は強かった。

一九五〇年代から一九六〇年代初頭にかけてデビューした、当時の若い批評家たちを同人とする雑誌「批評」は、一九六五年に、座談会「昭和文学史の問題点」（出席者：大久保典夫、野島秀勝、中村雄二郎、磯田光一、司会・菅野昭正）を行なっているが、出席者たちの批判のポイントは、

「平野さんの文学史は結局近代日本のインテリゲンチャ論じゃないか」（野島秀勝）というところにあった。つまり、「政治」を論じて「文学」を論じてはいないではないか、ということだ。

これは実は、平野の『破戒』論を足がかりに『風俗小説論』を書きえた中村光夫に対しても向けられていたと見なすべきだろう。事実、平野は最初の評論「プティ・ブルジョア・インテリゲンツィアの道」（一九三三年）以来、文学を知識人論として論じているが、中村もまた、転向作家論や二葉亭論の最初期から、知識人論というレベルでは、パラダイムを共有していた。「封建主義的」という規定は、日本的知識人の負性と見なされるわけであり、そのことは、後発世代からは「文学」を回避することとして批判される要因となる。その意味で、この問題は少なくとも、小林秀雄の「私小説論」にまで遡るはずだが、戦中戦後の小林は狭義の近現代文学批評からは撤退してカリスマ化しており（坂口安吾の言う「教祖の文学」）、批判が及ぶことは少なかった。

丸谷才一は「批評の方法について」と題された中村光夫との「公開往復書簡」（一九六二年）で、中村の「作品よりもむしろ作家を重視する批評態度」を批判しているが、これも、同世代の野島秀勝らの平野謙批判と視点を共有している。丸谷は中村的批評が、小林秀雄にまでさかのぼることをも指摘する。これに対する中村の応接は、ある意味では驚くべきものだ。中村は、日本の近代文学に、「芸術作品として評すべきものが何篇あるか」と言うのである。しかし、このような答えは、3章で論じたように、中村における天皇制という問題を考慮に入れれば、少なくとも、中村においては十分に理由のあるものではあろう。

奥野とおおむね同様の中村光夫批判は、一九六〇年代以降にさまざまにあらわれる。森川達也は、中村光夫論を書いているが（『文学の否定性』一九七〇年）、そこで森川は、「文学の世界的同時性」という立場から、中村が対象としたのは一九世紀のフローベールであり、二〇世紀はカミュの時代だとして、現代日本文学にも世界同時的な作家を見出そうとする。おおよそ、奥野健男と似た発想であろう。あるいは、藤村の歴史的な位置づけにおいて、『破戒』のみが不当に重視され、『夜明け前』のような、西欧的な本格小説にも比肩しうる作品を無視しているという篠田一士の後の批判（『二十世紀の十大小説』一九八八年）なども、やはり、一九五〇年代に登場した批評家に特有の視点である。

総じて一九五〇年代のスターリン批判に前後して、いわゆる知識人問題が世界的に浮上していた。それは共産党の権威が衰退したところに生起したものだから、政治的な立場を問わぬ、知識人の自由浮動性を肯定する側面を持っていた。その意味で、平野謙の文学史観が知識人論であることを批判する立場も、当時の知識人論に規定されていると言える。サルトルが世界的な参照先であった。実際、前記「批評」座談会出席者の多くの、その後の仕事を見ても明らかだが、大なり小なり知識人論に拘泥せざるをえないのである。

「社会主義リアリズム」を標榜するプロレタリア文学理論やスターリン言語学に代えて、サルトルの想像力理論が注目を集めていた。日本では蔵原惟人に代表される社会主義リアリズム論への批判的検討が、左派内部から開始されていた。服部達、遠藤周作、村松剛の「メタフィジック批評」の提唱（一九五五年）、江藤淳の『作家は行動する』（一九五九年）などもあらわれた。社会主義リアリズム批判から始まって、時枝誠記の国語学（いわゆる「言語過程説」）をうけて独自の言語理論を提唱していたマルクス主義者・三浦つとむ（『日本語とはどういう言語か』一九五六年）に注目する吉本隆明などもあった。これが、後に『言語にとって美とはなにか』全二巻（一九六五年）として結実するのは周知のとおりである。これらの批評も、基本はサルトルに規定されている。

以上の動向は、その基底においては、中村光夫的＝講座派的な文学史への批判も秘めているが、それを覆しうる立場を闡明したとは言いがたい。それには幾つかの理由があろうが、何よりも、西欧文学と日本文学を等値する時の、その等値の仕方にあるだろう。たとえば、カフカと安部公房を等値する場合でも、モデルはカフカにあるのであって、「安部公房はカフカに等しい」と言うに過ぎず、「カフカは安部公房に等しい」と言えるわけではない。これでは、中村光夫が西欧の理想型に照らして日本を裁断しているとは批判できないわけである。また、時枝＝三浦の言語過程説は、国学を継承して「詞」に対して「辞」の日本語における表現性を主張するが、それ自体としては「国語」問題に引き寄せられる。

中村光夫が小林秀雄グループの有力な一員であったことも、批判を難しくした理由かも知れない。『作家は行動する』で苛烈な小林秀雄批判を行なった江藤淳が、『小林秀雄』で肯定に転じたというよく知られたエピソードは、それがいかなる理由によるかは問わないが、その『小林秀雄』の「母」や「海」といったテーマの分析は、間違いなく、サルトル『ボードレール』の実存的精神分析＝想像力論を参照している。その江藤は、『小林秀雄』のなかで、「私小説論」を人民戦線の萌芽と見る平野謙を真っ向から否定したが、小林への賛辞は、結果として、「私小説論」

の文学史観を容認することにならざるをえない。

総じて、中村のリアリズム文学を機軸とする文学史観に反リアリズムを対置する後発批評家たちの批判は、有効だったろうか。すでに見てきたように、中村のリアリズム概念は、言文一致体によって担保されているそれへの懐疑にもとづくものであった。それは、リアリズム批判を内包していたのである。

一九七〇年代に入ると、中村的文学史観とは距離を取る磯田光一や前田愛によって、「文化」研究として文学を捉える傾向が登場してきた（磯田光一『思想としての東京』一九七八年、同『鹿鳴館の系譜』一九八三年、前田愛『幕末・維新期の文学』一九七二年、同『都市空間のなかの文学』一九八二年、など）。これらは、逍遥・二葉亭に近代文学の端緒を見る中村的な文学史観への批判を含んでいるが、文学作品を時代的な資料と見る基本的な視点に規定されて、中村光夫が言文一致体を主題化したような意味での「政治的」な視点を欠いていると思われる。つまり、彼らが対象として取り上げる文学的表象が、ストレートに時代表象たりうるというオプティミズムを払拭しえないのである。

以上追跡してきたように、中村光夫の文学史観は、一九六〇年代以降、批判にさらされながらも、概略、カノンとして流通してきた。もちろん、中村の史観が小林秀雄との差異も含めて理解されていたとは言えないにしても、である。そのカノン化の理由は、以上述べてきたことが基本にあると言えるが、より一般的には、『小説神髄』や『浮雲』に始まり、『破戒』や「蒲団」へといたる近代日本文学の主線を、「日本」という特殊な規定性を含めて、見通しのよいパースペクティヴに収めているところにもよる。それは、学校教育現場などで、いまなお「常識」として伝承されている。

このような史観が転覆されるためには、「文学の世界的同時性」が具体的に説明されなければならない。近年の文学研究では、「一九世紀文学」という範疇で、日本の近代文学を位置づける試みもある。このことは、講座派的文学史観を「労農派的な」文学史観に転換することを意味する。労農派の日本資本主義論は、明治維新が西欧と同様のブルジョワ革命であるとして、資本主義の世界的同時性を主張していたのだった。このことを文学においても主張することが、「労農派的」文学史観の要諦にほかならない。それが遂行されるには、一九八〇年に刊行された柄谷行人の『日本近代文学の起源』を待たねばならなかった。

天皇制への応接

すでに1章で触れたように、一九五〇年代後期に発する講座派理論の失墜は、相対的に労農派の復権として現象するが、そのことを端的に表現しているのが、宇野弘蔵のマルクス経済学の浮上であったことは、そこでも述べた。ただ繰り返して言えば、スターリン主義に対するリアクションとしてあった疎外論的マルクス主義の隆盛は、市民社会論が継続的に力を持つことを許していた。日本の社会は西欧に比して「疎外」されており、西欧市民社会も資本主義の高度化においては「疎外」の相を色濃くするからである。一九六〇年代の、アメリカ社会心理学（フロム、リースマン、エリクソンら）の——新左翼から江藤淳に及ぶ——日本における流行も、ここに理由がある。

宇野弘蔵は人脈的には山川均、向坂逸郎、大内兵衛らの友人で、戦前の日本資本主義論争にも農業問題をめぐる論文「日本資本主義の成立と農村分解の過程」（一九三五年）を発表しており、人民戦線事件に連座（裁判では無罪）して勤務先の東北大学を退職している。宇野の後年の回想にも明確に記されているように（『資本論五十年』上）、宇野は講座派の「半封建」論に対しては否定的だが、労農派にも与しえないところが多々あった。いわゆる政治的実践においては、講座派＝共産党にひそかなシンパシーさえ抱いていた様子である。労農派は天皇制を問わなかったからである。しかし、大枠では労農派として誤りはないだろう。宇野が宇野理論としての相貌を大きくあらわしたのは、戦後、その独自の価値論をおおやけにして以降である。

『資本論』を「科学」として読むことを目指していた宇野は、その冒頭商品論の価値規定において、労働価値説と価値形態論が混在していることによって論理的整合性に難があると見て取り、『資本論』を原理論として純化しようと試みた。宇野理論における、いわゆる「科学とイデオロギー」の峻別の一例である。ここから、宇野の高名な「原理論‐段階論‐現状分析」という三段階論が提唱され、経済学では恐慌の必然性は解けるが、革命の必然性は説けないという主張も出てくる。

宇野の科学主義は、スターリン批判以前にスターリン経済学への批判も行ないえており、一九五六年以降はその名声を高めた。もちろん、宇野理論は、講座派マルクス主義（宇野派は彼らを「正統派」と揶揄的に呼ぶ）からは、多くの批判を浴びた。以上は、よく知られた事情の概略である。

宇野理論が安保ブントに受容されたのは、六〇年安保世代の時代的な感性に合致したからでもあった。彼ら安保ブントの政治指導部の多くは東大の学生であり、宇野理論の影響力は、当時、東大を中心に力を増していた。彼らのなかでも感性的に鋭敏な者は、革命の必然性が科学で論証できないとすれば、自らは、その必然性から「解放」されたと感じたのである。柄谷行人も、そのような一人であった。しかし柄谷の卓越性は、その科学とイデオロギーの切断を単に「解放」として享受するだけではなく、「科学」の規定性へともう一度立ち返ったところにある。[*24]

柄谷は、後に書かれた回想的エッセイ「宇野理論とブント」（一九八一年）のなかで、若いブント系学生活動家として経験したその「解放」感に触れながらも、「一方で私がどう考えようと何か有無をいわさぬ構造的な力が〝外的に〟存することを否定したことはなかった」とし、「そういうところに宇野派の考えが残っていたのかもしれないし、あるいはそんな風に宇野を読むこと自体、彼と無関係な私固有の思考なのかもしれない」と記している。柄谷の『マルクスその可能

＊24　このような「自由な」感性が最初に表明されたのは、安保ブントの活動家であった長崎浩の『結社と技術』（一九七一年）においてであり、これには柄谷も早くから賛意を表している。拙稿「市民社会とイソノミア」（本書所収）を参照。また、本稿とは視点が異なるが、柄谷の宇野への「回帰」に触れているものとして、アンドリュー・E・バーシェイ『近代日本の社会科学』（二〇〇七年）も参照。

性の中心』（一九七八年、以下『可能性の中心』と略記）は、ソシュールやデリダばかりでなく、宇野の価値論を受容することによって可能になったものにほかならない。

『可能性の中心』に宇野価値論が色濃く影を落としていることが明らかだとして、しかし、そのこと自体で、本稿が主張する労農派的転回の証とすることは、牽強付会のそしりをまぬかれないだろう。端的に「労農派的」と言いうる特徴を備えていると見なしうるのは、中村光夫の『明治文学史』への批判を含む『日本近代文学の起源』（一九八〇年、以下『起源』と略記）において、むしろ顕著である。[*25]

柄谷の『起源』が刊行された頃、他にも文学史の書き換えを目論む有力な著作が幾つか書かれている。野口武彦の『小説の日本語』（一九八〇年）や亀井秀雄の『感性の変革』（一九八三年）などが、それである。後者には、『起源』における文献の読解などについて厳しい批判も記されており、それはそれで説得力を持っている。しかし、『起源』は、その後も圧倒的な影響力を誇ったし、今なおそうだと言える。本稿も、そのことを逃れるものではない。その理由は、支配的だった講座派的史観を「労農派」的なそれによって覆してみせたところにあると言ってよい。野口や亀井の著作には、その学問的精緻さにもかかわらず、柄谷の転覆力が欠けていたのである。『可能性の中心』と『起源』とのあいだには、宇野から学んだと思われる価値論が深く介在している。それは、「労農派」的転回がいかなるものかということと深く関係する。『可能性の中心』にはマルクスを論じた本論に付して、武田泰淳論一編と夏目漱石論二編という、狭義には文学論と言えるものが収められている。柄谷によれば両者は深く関係しているというが（同書「あとがき」)、ここで問題とする『可能性の中心』と『起源』との関係に還元されうると思う。『可能性の中心』は確かに文学論としても読みうるものである。

『可能性の中心』の初版「あとがき」には、小林秀雄の「様々なる意匠」からの引用もあり(本文にも同じ引用がある)、初期小林秀雄のマルクス理解が透徹したものであることが賞揚されている。柄谷は、自らを小林秀雄の系譜に位置づけていると言える。ところが、『可能性の中心』を刊行し、『起源』所収の諸論考がおおむね発表されていた頃、柄谷は中上健次との共著(対談)『小林秀雄をこえて』(一九七九年)を刊行しているのである。また、柄谷は後にしばしば、「私小説論」が人民戦線的であるという平野謙説(本稿2章参照)を肯ってもいる。しかし、小林的な講座派文学史観は『起源』で――中村光夫批判として――明確に否定されているのである。現代の覇権的知識人と言える柄谷の、小林秀雄(と、マルクス主義)に対するこの両価性が、小林秀雄という「伝統」を保守することに貢献していると言ったら言い過ぎであろうか。

それはさておき、狭義には文学史論と言いうる『起源』は、『可能性の中心』とどう関係して

＊25 中村光夫批判は、すでに『可能性の中心』所収の漱石論中にも記されているが、ここでは、その批判が全面的に開陳されている『起源』を対象とする。なお、『起源』は後に改訂され、それは、岩波版柄谷著作集である『定本 柄谷行人集1』(二〇〇四年)などに収められている。両者は大きく異なる視点で書かれているが、本稿で使用しているのは、改訂前の一九八〇年版である。旧版と新版の視点の相違については、大杉重男「柄谷行人『日本近代文学の起源』における盲目性の修辞学」(「論樹」二四号、二〇一二年)参照。

いるのか。「様々なる意匠」から「私小説論」にいたる講座派マルクス主義を摂取した小林の文学史観について、柄谷はどう考えているのか。このことは、柄谷自身も、これまで説得的に説明することがなかったように思われる。

柄谷の中村光夫批判は、次のような言葉に集約される。「中村光夫は、『我国の自然主義文学はロマンティックな性格を持ち、外国文学ではロマン派の果した役割が自然主義者によって成就された』（『明治文学史』）といっている。だが、たとえば、国木田独歩のような作家がロマン主義か自然主義かを論議することは馬鹿げている。彼の両義性は、ロマン派とリアリズムの内的な連関を端的に示すのみである。西洋の『文学史』を規範とするかぎり、それは短期間に西洋文学をとりいれた明治日本における混乱の姿でしかないが、むしろここに、西洋においては長期にわたったために、線的な順序のなかに隠蔽されてしまっている転倒の性質、むしろ西洋に固有の転倒の性質を明るみに出す鍵がある」（『起源』）、というところである。

明快な批判であり、『起源』の新しさをよく示している箇所だろう。柄谷の『起源』が、日本一国をこえて広く海外の研究者に受容されてきたことも故なしとしない。だが、中村光夫の文学史観を3章で追ってきた者にとっては、これはやや酷な批判であり、幾分か的を外しているように思われる。それは中村が私小説を「ロマン主義的」と規定すると同時に、「封建的」とも規定していた両義性にかかわり、つまるところ天皇制の問題にかかわる。

確かに中村は、日本では、逍遥、二葉亭によるリアリズムの提唱の後に、ロマン主義が自然主義＝私小説として出現したというような主張をしているかに見える。しかし、その二葉亭論を見れば明らかなように、逍遥－二葉亭における言文一致体の創設自体が、「自己表現」というロマン主義的文学概念の必然を受容した上での試みであった。柄谷もそのことを認めて、表現されるべき「内面」は「『言文一致』という制度の確立において」可能になったと言っているはずである。[*26] 中村にとっての問題は、それが花袋の「蒲団」にいたって、どうして「仮構」性を喪失した「告白」へと後退してしまったか、というところにあった。

柄谷は、これについても明快な解答を与えている。それは、「蒲団」が「それまでの日本文学における性とはまったく異質な性、抑圧によってはじめて存在させられた性が書かれた」からだ、と。ミシェル・フーコーの『性の歴史Ⅰ』を援用して言われるように、それは、「告白という制

＊26 『起源』における言文一致体論は、逍遥－二葉亭のラインを相対的に重く見ず、幕末、前島密の「漢字御廃止之儀」（一八六六年）に始まるとしている。漢字の多義性・不透明性を排した「音声中心主義」が、そこに発するというわけである。このことから、柄谷は、『浮雲』（冒頭の）の文体が戯作的文語体を脱しえていないことを強調している。柄谷が焦点化するのは、日清日露の戦間期に書かれ、日露戦後に注目を浴びた独歩である。だが本稿は、音声中心主義も、「言は魂なり」（逍遥）という「文学」概念とともに導入されなければ可能ではなかったことを強調したい。「漢字御廃止之儀」の主張は、漢字・漢文が学習困難であることを理由に言われているプラグマティックなものであって、言文一致運動の具体的な実践は、「文学」とともになされる必要があった。漢字の言文一致体における「透明化」も、そのことなしには果たされない。それは、3章で既述のように、『新体詩抄』に始まる。

度」あるいは「抑圧の仮説」によって表現される「性」である。この部分にも、中村批判が含意されている。『破戒』を契機とした日本文学のありうべき正常な発展が「蒲団」によって妨げられたという平野謙や中村の説を仮に認めたとして、それは「はたして正常なのか」。「西洋の正常さが、それ自体異常だとすればどうなのか。日本の『私小説』の異常さがむしろそこからはじまっているとすればどうなのか」、と。ここにおいて、柄谷以前の中村光夫批判の目論見が内包していた「文学の世界的同時性」という概念が立証され、なおかつ、のりこえられている。今や誰もが知るように、『起源』は文学史ではなく、西欧と日本近代とを貫く系譜学的な近代文学(史)批判の書なのである。

しかし、ここで再び中村光夫の視点に立ち返ってみよう。それが当初に「蒲団」を問題化した時には、「私小説論」にならって、天皇制の隠語である「封建主義的文学」と規定され、戦後の『風俗小説論』においては「ロマン主義」とされていたことは既述のとおりである。私小説を天皇制の相似型として捉える視点が、戦後も揺らぐことがなかったのは、3章で見たとおりである。そして、その「蒲団」を日本の近代文学の核心に据えることは、オクシデンタリズムの一変種ではないか、というのが中村文学史観の「可能性の中心」であった。天皇制がそうであったように、である。それは、西欧から見れば奇妙に見える「制度」であり、フェティシズム的な文学作品なのだ。中村の「蒲団」への問いは、どうしてかくも下らない作品が、近代の日本文学を決定してしまったのかということだが、それは、このことを意味しており、西欧近代文学を基準としているかに見えるのも、そのこと以上を意味しない。[*27]

サイードによれば、オリエンタリズムとは西欧を主体たる「男」と見なし、東洋を従属的な「女」と見なすパースペクティヴであった。ラカンの言葉を繰り返せば、「女」は存在しない。しかし、それは「モノ」として存在している。それへの東洋からする反動がオクシデンタリズムである。そのような非対称の関係において、世界的な同時性もまた、捩れたものになるほかはないだろう。

このことは、「蒲団」の四ヶ月前に書かれた花袋の「少女病」を置いてみると、やや明らかになるかも知れない。これは「蒲団」と同工異曲の短編で、少女をストーキングしていた中年作家の「杉田古城」なる男が、少女を追って電車に乗っている最中に、ちょっとしたはずみで電車の外に放り出され死んでしまうという、これまた馬鹿馬鹿しい物語である。この作品が、花袋の性的嗜好の「告白」であることは、発表時から文壇では知られており、「蒲団」発表後は両作を一緒に論じる者もあった。では、同じく抑圧された「性」を描きながら、どうして「蒲団」はカノン化(「モノ」化)され、「少女病」は「存在しない」かのごとく忘れられていったのか。

＊27　柄谷自身、近現代の日本文学の狭隘で「自閉的」な傾向については随時・不断に批判を述べており、先行世代の批評家のように、日本文学の世界的同時性についてオプティミスティックに賞賛しているわけではない。このことは、柄谷が労農派の復権をもたらしたというだけではなく、そこには「講座派的」文脈も存在することを意味してもいる(宇野弘蔵が講座派に、ある種の理解を示していたように)。事実、前掲拙稿「市民社会とイソノミア」でも指摘したように、柄谷の理論的文脈は複線的である。本稿で論じうるのは、その一端に過ぎない。

言うまでもなく、「少女病」の主人公は作中で死んでしまい、「蒲団」の主人公は生きているからである。「少女病」の主人公が花袋その人らしきことは作中でも指標が幾らでもあるが、主人公が死んでしまっては、それを作者の「告白」と確定することは不可能だからである。これに対して、「蒲団」の主人公が作者自身であることを認めることに、「少女病」ほどの困難はない。

しかし、愚かな主人公を偶然の事故で殺すという「少女病」のパロディー的な手法は、いかにも安易であり、戯作的とも見なせよう。「蒲団」に硯友社経由の江戸戯作との連続性を見出した中村光夫にとって、「少女病」と「蒲団」とのあいだに評価の差異はなかったと言える。私見の範囲では、中村に「少女病」についての詳しい言及はない。

つまり、こういうことだろう。柄谷と中村では、その視角が異なっているのだ。柄谷は「蒲団」に、西欧近代と同じ「告白という制度」の導入を見た。これに対して中村は、「告白という制度」の不可避性を認めながらも（それは、むしろ二葉亭に遡る）、それに対する日本における「封建主義的」応接を問題にしたのである。繰り返して言えば、それは天皇制というオクシデンタルな「制度」にどう応接するかという問題であった。『起源』にその問いを設けうる文脈はない。もちろん、中上健次や丸山眞男を、あるいは柳田國男をうけて、柄谷が繰り返しそこに立ち返らなければならなかったことを、現在のわれわれは知っているとしても、である。*28

労働力の問題

『可能性の中心』と『起源』との連続性は、ある意味では見やすい。前者は、メタフォリックに

「貨幣＝音声文字」という視点が堅持されており、つまり、言文一致体なるものが貨幣とアナロジーされている。ここから、貨幣の「起源」を問う前者と、言文一致の「起源」を問う後者とを突き合わせて検討することができる。もちろん、マルクスをも参照しつつ、である。

今やよく知られているように、柄谷はソシュールあるいはデリダ（『声と現象』、『グラマトロジーについて』）を参照しながら、マルクスの商品論を宇野的に「純化」していく。マルクスは、商品を使用価値と価値（交換価値）の二重性として捉えたが、商品には価値尺度がア・プリオリに内在しているわけではない。同様にソシュールは、言語をシニフィアン（意味するもの）とシニフィエ（意味されるもの）の二重性として把握したが、シニフィエはア・プリオリに与えられ

＊28　柄谷が天皇制問題へといたる過程については、不十分ながら前掲拙稿「市民社会とイソノミア」参照。それは最初期の柄谷が吉本隆明に親炙していたという事情もあろうが、盟友・中上健次の「大逆」事件への拘泥や、講座派＝丸山眞男を再検討することによってなされている面が強く、現在では、丸山に倣って日本の市民社会の「後進性」を強調してもいるようである。また、『可能性の中心』においては、ボナパルティズム論があることをもって、それが天皇制について論じていると見なす視点もありえよう。しかしそれは、あくまで世界同時的なものとして天皇制＝ボナパルティズムを論じたものだったと言える。注5でも触れたように、天皇制ボナパルティズム論には、過去に多くの論が存在する。柄谷のボナパルティズム論は、ジェフリー・メールマンの『革命と反復』（原著一九七六年）以来のパラダイムであるところの、旧来のそれのような基底還元主義を払拭しているところに新しさがあるが、そのことが、天皇制を世界同時的なボナパルティズム論のパラダイムで論じることを可能にしている。

ているわけではない。あるのは、物質的な諸々の使用価値＝シニフィアンのあいだの「差異の戯れ」と、その効果であって、あたかも観念的な「価値＝貨幣」＝「超越論的シニフィエ」（デリダ）が、ア・プリオリに存在するかのような「起源」の「転倒」が行なわれていることこそ、問われねばならない。デリダによれば、「超越論的シニフィエ」はシニフィアンを透明化して、音声言語の純粋思考を可能にするかのようなものとしてあるが、同様に、柄谷が言うのは、「貨幣形態＝音声文字＝意識において、すでに価値形態はかくされてしまっている」ということだ。このように『可能性の中心』を要約して大過ないだろう。

ここで、まず宇野の資本論の「純化」と柄谷の純化とを比較してみよう。それは、マルクスが『資本論』冒頭で混在させていたという、「価値実体論」（労働価値説）の処理の問題にかかわってくる。

マルクスはその商品論（価値論）で、価値形態論を展開しながらも、同時に、商品にはすでに「価値」尺度が内在しているかのごとき論理をも混在させていた。商品の価値は、投下された労働の量によって決まるという、労働価値説である。これは、マルクスがスミスやリカードの古典派経済学から受け継いだものと見なされている。しかし、価値形態論から見れば、価値尺度をあらかじめ前提とした商品交換は認められない。価値尺度が前提とされないところで、どのようにして使用価値が「等価」交換されるのかという問いが、価値形態論だからである。あるいは、価値尺度はいかにして成立するか、という問いである。労働価値説をあらかじめ前提とすることは、物質的な使用価値の「戯れ」を論じた価値形態論の意義を曖昧化するものでしかない、というのが宇野と柄谷に共有された視点である。

しかし、このところから宇野と柄谷は少しずつ異なってくるように思われる。周知のように、宇野は、『資本論』の対象となった一九世紀イギリスに、資本主義の「純粋化傾向」を認め、それを徹底純化することで、資本主義の「原理論的把握」ができると考えた。そこでは、あくまで産業資本主義が問題となっている。宇野原理論は、「流通論」－「生産論」－「分配論」の三部構成になっており、「流通論」において価値形態論が説かれ、その「形態」が「実体」を把握すると、「生産論」で主張されるわけである。言われるところの流通浸透視角である。

宇野は、封建制から産業資本主義への移行の駆動力を、商人資本に見出した。産業資本に先行する商人資本は、ある意味では使用価値同士の「差異の戯れ」のなかで利潤を求めて流動していたが、それが生産過程を捕らえ労働力をも商品化した時に、「価値実体」という擬制が可能となる。それが擬制であるというのは、他の商品は資本が生産できるのに対して、労働力という商品は、資本が生産できないからだ。しかも、産業資本主義にあっては、労働力商品を資本が購入することなしには、他の商品を生産することができないのである。宇野の高名な「労働力商品化の無理」（理路が通らない）である。宇野理論の核心は、その価値形態論による『資本論』の純化にあるという以上に、この労働力の「原理論的」な位置づけにあると言ってよい。もちろん、これは宇野自身が主張していることである。

宇野とは異なって、『可能性の中心』にあっては、労働力の問題は後景に退いている。資本が利潤を得るのは、あくまで「差異」を利用するところに求められ、宇野における商人資本（流通過程）重視以上に、それが重要視されている。[*29] この視点は、『可能性の中心』以降にも維持されて、柄谷の特色をなしていると言えるだろう。マルクスは、産業資本が生産過程から利益を得るかのように言っているが、「生産過程そのものは価値と関係がないのであり、価値は、それゆえに剰余価値もまた、つねに交換過程からしか与えられない」と、柄谷は言う。それゆえ、資本が労働市場で購入する労働力の価値も、他の労働力との――「スキル」の、ということであろう――「差異」にもとづくと見なされる。

しかし、本稿の文脈においては、これは産業資本主義段階をもって作為・擬制された「市民社会」概念を批判的に捉える視点を提供してくれない。宇野に沿って言うならば、「市場」＝流通過程が「社会」＝生産過程を捕らえた時（正確に言えば、生産過程を捕らえることで「社会《ゲゼルシャフト》」を作為した時）、市民社会が擬制され、「自由と平等」――それ自体がいかなるものであろうとも――という市場の論理が「社会」の論理とされると言いうる。そして、現代の新自由主義の時代にあっては、イギリスの首相だったサッチャーが「社会というものは存在しない」と言ったように、資本が「社会」から撤退を開始しつつあると言ってよいだろう。資本は、ますます株式市場や為替市場といった社会の「外部」に利益を求めている。それは、資本が生産過程から徐々に撤退することであり（もちろん、全面的な撤退ではありえないにしても）、同時に、「市民社会」のエートスの衰退として現象している。

本稿のこれまでの議論を敷衍すれば、次のようになるだろうか。近世江戸期の勤勉革命によって、すでに市民社会というパースペクティヴが誕生する下絵は描かれていた。そこには自立的小農相互の——相互扶助的とも見える——「共同体《ゲマインヴェーゼン》」が誕生していた。それを誕生させたのも、商人資本であり、貨幣経済の浸透ではあったかも知れない。しかし、江戸期の商人資本は、そのまま産業資本主義への転化を促すものではなかった。勤勉革命自体は農本主義的なものだったからであり、産業資本主義には適合しない。近世に誕生していた擬似市民社会を資本制に適合させるためには、まず、身分制の破棄が強行されて近代的プロレタリアートを——もちろん、一挙にではないが——創出し（原始的蓄積）、国家が資本として労働力を雇用するという過程を経る必要があった（鉄道、製鉄、製糸工場など）。もちろん、そのような国営企業は、次第に商人資本に売却されることになるわけである。このようにして社会と市場が重ね合わされ、自由で平等を旨とする近代市民社会というパースペクティヴは作為される。このような産業資本主義の「原理」は、金融資本主義（帝国主義）段階を経ても、フォーディズム＝テーラー主義として作動していたと言える。

産業資本主義や生産過程を重視せず、利潤を「差異」に求める柄谷の思考は、六〇年安保以降、マルクス主義に代わって改めて注目されていたシュンペーターのイノベーション概念に着想を得ているのかも知れない。『可能性の中心』が書かれた時代は、すでに「ポスト産業主義」（ダニエ

＊29　柄谷の近著『遊動論』（二〇一四年）では、これまで顕著だった商人資本重視が反省的に思考されているが、本稿では問うことができない。その自己批判が、資本主義論としてどのように展開されていくか、今のところ見えないからである。

ル・ベル）も唱えられており、そのことに照らしても産業資本主義の――「原理的」な位置ではなく――歴史性・相対性を把握することが可能になっていた。別の言い方をすれば、「一九六八年」を契機にして大量生産大量消費の時代が終わり、ポストフォーディズム段階に入ったと言ってもよい。その意味で、『可能性の中心』は、間違いなく、日本の「六八年の思想」である。ポストフォーディズムは、当時、大衆消費社会とも呼ばれたように、使用価値というシニフィアンの「差異の戯れ」が露呈してもいた時代であり、「生産の終わり」（ボードリヤール）さえささやかれていた。『可能性の中心』が、そのような時代的な刻印を帯びていなかったと言うことはできない。

『可能性の中心』が上梓されたしばらく後、時代は新自由主義へと傾斜していった。この時、改めて「労働力」の問題が浮上してきたのは周知のことである。今に言う「貧困」や、いわゆる「九九パーセント」問題である。「社会」を作為し捕らえることで労働力を商品化してきた資本は、そのことを放棄しつつあるように見える。この時代的な転換に際して、柄谷が真摯かつさまざまに応接しようとしたことは、誰もが知っている。[*30]

しかし、その時、市場＝社会によって覆い隠されていたはずの価値形態論は、覆いを解かれて露呈するどころか、それ自体として破壊されてしまうように見える。価値形態が価値実体を包摂する力を失ってしまうからだ。柄谷が採用するところの、労働力の価値を「差異」（スキルの高低）に求める論理は、価値形態論の貫徹であるように見えて、その失効に帰結するように思われる。その時、労働力への対価は、その「価値」ではなく、労働力と呼ばれていたものが「人的資本」と呼び直されて、それへの「利子」となるからである。[*31]

現代は「労働力商品化の無理」に資本主義の新自由主義的転回の理由を探ることにアドヴァンテージが見出せるように思われる。もちろん、それは宇野の思考の「人間主義的」な解釈を復活させることではない。「労働力商品化の無理」という言い方は、商品化できない労働力を、現代の資本主義は商品というモノとして扱っているといったふうに今なお解釈されて、反資本主義の根拠とされる場合がある。宇野の名前は忘れられようとも、である。そうではなくて、現代の新

＊30　柄谷が労働力商品の問題に直面したのは、『探究I』（一九八六年）において、等価交換と擬制されているところの、売る立場（労働力商品）と買う立場（資本）の非対称を指摘した時であろう。しかし、後に述べるように、現代のレント資本主義は、労働力商品の等価交換という擬制を、いとも簡単に破棄しつつある。

＊31　本稿では詳述できないが、労働力が人的資本へと捉え返されていく新自由主義的状況に応接しつつ、すでに『世界史の構造』（二〇一〇年）でポランニー的転換を遂行していた柄谷は、その柳田國男論である『遊動論』で、リベラリズムあるいはリバタリアニズムと対立するコミュニタリアニズム的なものへと、接近しつつあるようには見える。宇野派内部でも、早くから、カール・ポランニーの経済人類学に着目し、コミュニタリアニズム的な転回を摸索する動きがあった（玉野井芳郎から栗本慎一郎まで）。『コミュニタリアン・マルクス』（二〇〇八年）などの青木孝平によるまでもなく、コミュニタリアニズムも、宇野の「労働力商品化の無理」から導出しうる。資本による労働力の商品化が無理であるということは、資本の論理に包摂されえない普遍的な――おおむね、前近代的と見なされる――「共同体」を想定させるからである。

自由主義が「労働力商品化の無理」を合理的に論理化しようとしている、ということが問題なのだ。このことについては、後に論じよう。

貨幣と言文一致

以上のことにもかかわらず、柄谷の商人資本の重視とともにある「貨幣＝音声言語」という考え方は、俗語革命＝言文一致運動を把握する上で重要な観点を提供してくれる。『可能性の中心』も援用するように、マルクスは商品交換の発生を共同体《ゲマインヴェーゼン》の内部ではなく、共同体と共同体の「間」に見出した。このことは、宇野も強調するところである。そこに商人資本主義が発生するという。

マルクスは、共同体の外部にある商人資本とともに、共同体内生産者が商人となることも指摘し、それが産業資本主義にいたる「真に革命的な道」（『経済学批判』）だともした[*32]。宇野－柄谷は、マルクスのこの内面主義的側面を採らない。商人資本は、本質的に外部的であり形式的なのだ、と。とりあえず、この「外部」説に沿っていこう。

商人資本が産業資本化するという過程が言文一致運動と相即することは、明らかだろう。この場合、「間」にあった商人とは、欧米の書物の翻訳者であり、翻訳を通じて言文一致体＝「貨幣＝音声言語」が浸透していくと見なすべきである。日本資本主義論争においても、その当否はともかく、農村マニュファクチュアの資本主義化における既成商人階級の役割が論じられていたが、柄谷のこの視点は、それをはるかに拡大した相貌で知らしめてくれるだろう。

知られているように、明治期以前の「日本」は多言語社会であった。徳川政権においても、徳川吉宗による全国的な人口調査など、国民国家への志向は存在した（速見前掲書）。しかし、それは産業資本主義以前の、身分制下という決定的な限界を持っていた。そこには「国語」が存在せず、地方・身分・階級によって話し言葉が異なっていただけではなく、そのことによって、漢文・かな文・漢字かな混じり文等々の書き言葉が自在に混在していたことが知られている。『過去の声』（二〇〇二年）の酒井直樹も強調するように、いわゆる「差異の戯れ」が現実的に存在していた。

その差異の均質化は、国会開設の動きと連動しながら、翻訳を通してなされたのである。それが俗語革命としてなされなければならなかった理由も、また、これまでの論述で明らかであろう。『起源』以後の柄谷も、俗語革命における翻訳の重要性について、しばしば言及しているが、それは『可能性の中心』における商人資本の重視と相即している。

＊32　マルクスは、近代資本制における資本家の発生について、共同体と共同体の「間」にあった商人資本を起源とする発想と同時に、共同体内の独立小生産者に求めるという二通りの説を混在させていたわけである。後者は、講座派・大塚久雄などによって強調されている。なお、『国富論』のアダム・スミスも後者である。この問題は、日本資本主義論争や欧米の「移行論争」などで論議のベースとなる。沖公祐「間という外部」（長原豊編著『政治経済学の政治哲学的復権』所収）参照。また、本稿以下の価値論をめぐる問題点についても、同「制度と恐慌」（「情況別冊　思想理論編」二号、二〇一三年）、同『余剰の政治経済学』（二〇一二年）に示唆を受けた。

近代以前における商品経済の旧共同体への浸透は、いまだ共同体を解体する方向に向わせる力が微弱であった。産業資本主義以前の外国貿易における商人は本質的に貨幣を必要とせず、使用したとしても、それは流通手段としての、あるいは財宝としての「貨幣」であった。その貨幣が価値尺度(=超越論的シニフィエ)としての貨幣となり、「社会」内部に浸透するためには、商人資本が産業資本となって「社会」を作為しつつ捕らえることで、労働力商品化が一般化していかなければならない。言うまでもなく、それ以前の段階では商人資本が生産過程を十分に包摂しえず、労働力商品化が部分的にとどまっていたからであった。

同様に、近代以前の翻訳も、それが中国語からのものであれオランダ語からのものであれ、「国語」化する力を持たなかった。それらは、言文一致体という価値尺度(超越論的シニフィエ)、つまり「言は魂なり」という方向を内包していなかったからである。言文一致運動が、近代資本主義に随伴してなされなければならなかったゆえんにほかならない。

詩的言語の俗語化を主張する『新体詩抄』が多くの翻訳詩を含み、坪内逍遥がシェイクスピアの翻訳から始め、二葉亭の言文一致体がツルゲーネフをはじめとするロシア文学の翻訳なくしてはありえなかったことは、よく知られている。その他、森鷗外にしても山田美妙にしても、あるいは嵯峨の屋おむろにしても尾崎紅葉にしても、彼らの俗語革命への加担は、翻訳とともにあった。

ところで、マルクスにおいても宇野弘蔵においても(そして、柄谷においても)、単純な商品交換「x量の商品A=y量の商品B」とまず端緒が表示されるように、共同体内の単純な交換から出発して、貨幣という価値尺度が導出されるかのように記述されている。諸説はあるとしても端的に言って、商品Aの所有者も商品Bの所有者も、「社会」内の自立的小商品生産者＝「商人」として立ち現れるからである。市民社会を「商人社会」として表象するアダム・スミスがすでにしてそうであったし、マルクスにあっても、そうである。しかし一方、マルクスを「純化」した宇野も柄谷も、商人資本は共同体の外から到来することが強調されているのである。価値形態論は超越論的シニフィエとしての貨幣を導出しようとするロジックだが、それ自体として、交換が共同体内部の出来事であるかのようにして論が展開されている。しかし、それは商人と市場が共同体の外部にあるとする、もう一つの視点と、齟齬をきたすであろう。これは、マルクスにおける「共同体《ゲマインヴェーゼン》」と「社会《ゲゼルシャフト》」との峻別を踏まえても、十分には解消されない齟齬である。

宇野によれば、マルクスにあっては価値形態論と価値実体論が混在するという「無理」が生じていた。しかし、それを指摘した宇野においても（あるいは、柄谷においても）、商人資本の外部性と内部性の二説が混在していると言える。これは、『言葉と物』のミシェル・フーコーが言うところの、近代のエピステモロジーを特徴づける「経験的＝超越論的二重性」と言うべきだろう。この場合、商人資本を内部的と見るのが経験的であり、外部的と見るのが超越論的な立場だと言える。また、価値形態論自体は経験的であり、価値実体論が超越論的である。

宇野においては、その齟齬が「無理」と表現されていたはずである。もともと外部的な商人資本と市場が、「労働力商品化」という「無理」を通じて社会を作為し包摂する時、社会＝市場に自生的に貨幣（＝超越論的シニフィエ）が成立したかのごとき価値形態論の擬制も、遡及的に可能になる。価値形態論と労働価値説との分離も、事後的に見出せる。つまり、労働価値説が成立していない時、価値形態論は抽出されないのだ。この「無理」のために、資本が社会から撤退を開始する時代も到来すると言える。

人的資本論と講座派

以上のような意味で、「労働力商品化」は「無理」であるがゆえに、さまざまに修正の試みがなされるほかはない。同様に、言文一致体も「無理」であり、不断に懐疑が表明され、積極的か受動的かは問わず、揺さぶりが敢行される。だから、「近代の超克」という主張も不断に出現する。しかし同時に、それは近代の絶対的な規定性であるがゆえに、そこから脱出することはできない。

『可能性の中心』に対して疑問が向けられるとすれば、それも「労働力」をめぐってということになるだろう。先にも触れたように、柄谷によれば、「生産過程」＝労働はそれ自体としては価値を生まないとされる。資本が労働力を購入するにしても、それは、ある労働力が他の労働力に比して差異化されているためであり、その差異が価値を生むというわけである。商品の使用価値が同じなら安い商品が購入され、価値が同じなら使用価値の高い商品が購入されるのと同様である。商品が購入されなければ、価値は実現されない。価値を実現するのは、生産過程ではなく市場である、ということにほかならない。もちろん、これはきわめて整合的な――「経験的」な――視点である。

改めて言うならば、ここから推定されるのは、労働力の価値の決定は、一般的に――「超越論」的に――言われるように、労働力の再生産に必要な生活資料の価値ではなく、その労働力が持つ「スキル」の高低を基準にして決まるというものである（多少スキルが劣っても、それを補うほどの安価であれば、それが購入される経験的な場面に即してみれば、そう言えるだろう。個別資本は、より「良い」労働力を購入しようとするからである。個々の、資本が労働力を購入しようとする）。しかし、これを成熟した産業資本主義段階の総資本の立場から見れば、資本は、労働力として市場に存在しているほぼ総体を購入し、生産過程に投じなければならないのだから、労働が価値を生むという錯視は必然ではある。生産なくして新たな使用価値はないし、それを商品として売ることもできないからである。もちろん、市場の労働力のすべてが買われるわけではない。一部は絶対的あるいは相対的な過剰人口としてあるが、常に売られるために、あるいは買われることを求めて存在している。あるいは、労働力たりえない者たちも存在しており、彼ら／彼女らも主に社会によって扶養されているだろう。だが、資本が社会総体を包摂しているということ自体、つまり、労働力が買われることを求めて存在しているということ自体、すべての労働力が資本に包摂されているということにほかならない。産業資本主義において、潜在的なヘゲモニーは労働にある。労働力の総体を捕らえた資本は、基本的には、労働力の再生産という責任を負うことになる。言うところの、資本の社会的責任である。

柄谷の「差異」＝「スキル」としての労働力という発想は、おそらくは、労働力商品化の「無理」という宇野の着想をうけて、その「無理」を合理的に解決しようとした時に得られたものである。また、資本が労働人口の総体を把捉することが「無理」な、産業資本主義段階の次の段階（ポスト産業主義）で発想されている。そのことは、それ自体で論理的である。現代の新自由主義も、おそらくは、同様の「無理」に直面している。そして、そのことの経験的な合理化が、いわゆる「人的資本」論であり、その「レント化」である。スキルとは個々人にとっての「資本」だということだ。[*33]

そして、これはむしろ、講座派マルクス主義のなかに内包されていた論理なのだ。柄谷が、宇野を評価する一方で、丸山眞男や平田清明などの講座派理論へとしばしば接近するのも、あるいは、そこから「可能なるコミュニズム」としての人的資本家＝独立小生産者のアソシエーショニズムの提唱にいたったことがあるのも、一つには、ここに理由がある。

それは、プルードンのフランス社会主義を平田とともに高く評価する、同じ市民社会派マルクス主義者・望月清司の端的な表現を引用すれば、次のようになろう――「マルクス歴史理論は、世界史＝人類史を貫通する『共同体《ゲマインヴェーゼン》』洞察の基礎理論であると同時に、文明史＝市民社会史を貫通する『人間的ゲゼルシャフト（利益社会――引用者注）』展望の基礎理論であった。かれにとっての現代・市民社会は、本源的な労働者たちの構成する所有のゲマインシャフト（共同社会――同）がここを通過することではじめて、真の人間的なゲゼルシャフトに立脚する高次のゲマインシャフト連合を獲得しうる煉獄にほかならない」（『マルクス歴史理論の研究』一九七三年、傍点引用者）、と。アソシエーショニズムは、共同体内に独立生産的な商人資本＝人的資本の発生を見るところに、発想の契機を持っていると言える。

ところが、現代の新自由主義は、資本が生産過程を捕らえ、市場が社会を包摂していたかに見えた「近代市民社会」＝産業資本主義パラダイムが、うまく機能しなくなった時の理論として登場したのである。近代市民社会の理論であるケインズ主義は、失業者ゼロを想定したが、それは「無理」だということである。「一九六八年」をメルクマールとするポストフォーディズム段階と言ってもよいだろう。

産業資本主義パラダイムにおいては、好況と恐慌と不況が繰り返され、その都度、労働力が資本に吸収されたり放出されたりするが、全体として、労働力は資本の力に包摂されていた。ところが、資本が労働市場のほぼ総体を購入するという擬制、つまり、市場が社会を包摂しているという前提が崩れた時に、資本は労働力を商品ではなく「(人的)資本」と見なすようになるのである。かつて労働力と見なされたものは、今や、さまざまなスキル（身体的、認知的等々の）を持った独立的な「資本」であり、資本にその「資本」をリースするという仕儀である。「人的資本」家に支払われるのは、労賃ではなく、そのリース料（レント、利子）であるという視座変換

＊33　レント資本主義という発想は、イタリアのマルクス主義者によって積極的に提唱されている。ヴェルチェッローネ「価値法則の危機と利潤のレント化」（フマガッリ／メッザードラ編『金融危機をめぐる10のテーゼ』所収）などを参照。また、新自由主義が労働力を人的資本と見なしていることについては、フーコー前掲『生政治の誕生』を参照。日本におけるレント資本主義論の展開は、市田良彦・王寺賢太・小泉義之・長原豊著『債務共和国の終焉』（二〇一三年）などを参照。

がなされる。

元来、人的資本論は、資本の発生を共同体の外ではなく、共同体内部の独立小生産者に求める発想にもとづいていた。それゆえ、資本が労働力を人的資本と見なしたとしても、その人的資本は商人資本のような外部性は持たないはずである（あるいは、商人資本は共同体内に発生する）。ところが、「社会は存在しない」というメッセージが意味しているのは、人的資本＝労働力の外部性にほかならない。労働力も社会的に存在しているわけではなく、社会の外部あるいは「間」や「穴」に存在しているということになる。たとえば、フリーターや契約社員、ワーキングプア、ルンペンプロレタリアのように、である。市場には存在しているが、社会には存在していない。社会の「隙間」に存在している。商人資本は元来、社会の外にあったからだ。それゆえ、人的資本をリースする資本は、労働者に対する「社会的」責任の範囲外になる。あるいは、人的資本たる彼ら／彼女らは、社会ではなく、家族や町内会（！）等の共同体に依存しているのかも知れないが、その共同体も今や衰弱している。

たとえば、現在、「非正規労働者」として問題化されている者は、「人的資本」家であり、それに支払われるものも、労賃ではなくレントであり利子なのだから、彼らの生活資料を購入しうる額である必要はない、ということになる。古典的なレント資本である土地とアナロジーしてみれば、明らかだろう。ある一等地の一ヶ月の地代は、その私有者が何年も生活できるほどのものである。しかし、荒廃した過疎地は地代さえ生まない。ここでは、すでに労働価値説が無効化されている。

このような新自由主義のいわゆる「市場原理主義」に対抗するために、改めて「社会」を復権しようとする論理（広い意味での公共性論）が、アソシエーショニズムのみならず、さまざまに登場しているのは周知のことである。それは、企業の「社会的」責任を求めるものからベーシックインカムの提唱など多々存在する。本稿では文脈の構成上、この「社会」の復位の要求が、かつての講座派＝市民社会派の提起につながることを指摘しておこう。先に触れておいた、大河内一男や高島善哉の講座派理論（統制経済論＝総力戦体制論）においては、労働力が明確に「人的資源」とも位置づけられていた。つまり、「人的資本」論である。なお、統制経済論のひそかな参照先であるスターリン経済学においても、「人的資源」論は前提であった。

産業資本主義段階に定位していた講座派＝市民社会派においては、労働価値説は「市民社会」の基底に存在するものとして、疑われざる前提であった。それは、マルクスの隠喩としてのアダム・スミスの復権と並行していた。たとえば、市民社会派マルクス主義の鼻祖の一人・高島善哉は、「市民社会が、労働を媒介とした物質的生産力の体系」であることを主張し、「スミスの労働尺度はこのような人間中心的見方を正確化し表象化したもの」だ、とした（『経済社会学の根本問題』）。このような「人間中心的」な視点は、戦時下抵抗という側面をも持っており、戦後においては「価値論の復位」として主張されたが、それゆえ、今日から見れば歴史的な制約を帯びてもいる。

スミスが労働価値説をとっていたか否かについては、さまざまな議論がある。マルクスはスミスを労働価値説の提唱者と見なしていたが、ここでは、そうではないという見解に与したい。その方が、現代という新自由主義の時代におけるスミスの復権という問題圏へのアプローチとして、有効だと考えられるし、スミスを経験論の文脈で捉えることは理にかなっている。高島善哉は前掲書で、新自由主義の開祖の一人カール・メンガーの労働価値説批判に触れて、これを「主観主義的」と斥けているが、スミスをメンガーと相即的に捉える方が、今日的な理路に即していると思われる[*34]。

スミスが『国富論』で展開した流通論的価値論は、確かに、貨幣が社会内において自生的に生じるかのように、論理が展開されている。しかし、そこにおいては商品に内在している労働は価値尺度として「役立つ」ものに過ぎず、それ自体としては内在的な価値ではない。商品交換は、それぞれの商品所有者の私的利害による行動の結果において、経験的に成就するのである。スミスが例にとる商品所有者は、パン屋であり肉屋であり酒屋でありという、間違いなく市民社会内の独立小生産者であり商人資本である。

スミスは、産業革命以前というその時代に規定されて、「労働力商品化の無理」に拘泥する必要がなかった（スミスが想定したのが産業資本主義以前であることについては、多くの指摘がある）。貨幣経済と商人資本は社会内に存在したが、それはいまだ労働力を生産過程に全面的に包摂するものではなかった。スミスが「社会」に発見した「分業」の高名な実例が、マニュファクチュア的な時計製造やピン製造工場でしかなかったのも、そのためである。しかしそのことによって逆に、スミスは経験的に思考しえたのであり、労働価値説という超越論的な難問から逃れることができたと言える。

今日、新自由主義に対抗して「社会」の復権を訴える有力な議論に、ハート／ネグリの「コモンウェルス」の提起があるのは周知のことである。これがレント資本主義批判でもあることも、知られていよう。ハート／ネグリの〈共〉《コモン》概念は、現代のビジネスモデルとなっているSNSや知的財産権あるいは金融取引など、いわゆる認知資本主義にかかわって論じられることが多い。たとえばSNSの目的は人と人とのコミュニケーションであり、それ自体で〈共〉である。しかし、資本はその〈共〉を私有し、そこから莫大な使用料（レント）としての利益を引き出す。もちろん、これはマルクスが論じた土地や鉄道などの古典的な公共財についても有効な概念である。「レントは〈共〉の脱社会化を通して作用し、大都市で生産され、強化された〈共〉《コモン・ウェルス》的な富を、富める者の私有財産にする働きをする」（水嶋一憲監訳『コモンウェルス』傍点原文）と、ハート／ネグリは言う。コミュニタリアニズムが、概して、残存する近代以前の共同体における——たとえば、入会地や漁業権などの——コモンウェルスに着目するのに対して、ハート／ネグリは、そ

＊34　スミスをリカード、マルクスの労働価値説と異なって、このように捉える視点については、フーコー前掲『生政治の誕生』のほかに、同『言葉と物』参照（また、拙著『小説的強度』も参照）。貨幣（流通手段としての）論におけるスミスと新自由主義（メンガー）との相即性については、沖前掲「制度と恐慌」を参照。

れをポスト産業資本主義の世界大に拡大する。
資本が「〈共〉的な富《コモン・ウェルス》」の私有化をとおして、それをレント化し、利益を得ること。これに対してハート／ネグリは、私有化を排して、社会的かつ共同的な所有へと〈共〉を再建することを提起しているようだ。しかし、これは日本の旧講座派＝市民社会派が繰り返し主張してきたことではなかっただろうか。ただし、講座派の場合は、産業資本主義段階の論理にふさわしく、市民社会における労働価値説の貫徹が前提とされていたわけである。

大塚久雄は、ベンジャミン・フランクリンやマックス・ウェーバーの言葉を引いて、アメリカ合衆国やイギリスの「基本的な相貌」は「『中産的生産者《ミーディオクリティ・オヴ・フォーチュン》』層、なかんずく自営『農民』層を根幹《ボディ》として組立てられ、そうした人びとの繁栄の上に構築された社会、すなわち『中産的生産者』層の繁栄と国家のそれとがまさしく一致するような社会」であり、その精神的・物質的繁栄に通ずるものが「コモンウェルス」と呼ばれたと言う（『国民経済』一九六五年）。大塚史学のエッセンスが言われている箇所だが、それが「コモンウェルス」という概念と固く結びついていることに、改めて注意しておきたい。ここで大塚が独立「自営」農民としてイメージしているものが、市場依存的か否かという問題は重要だが、ここではあえて深く追求しないでおこう。

戦後の講座派理論においては、「コモンウェルス」は重要な概念でありつづけた。[*35] それは、大塚に見られるように、一見すると近代化賞揚の一ヴァージョンのようである。しかし、そこには逆に、「近代の超克」というベクトルも内包されている。資本主義は自らの論理を追求すれば、その果てに資本主義を超克するという含意が、そこには込められている。それは戦時下総力戦体制下では「生産力理論」として唱えられたが、そのベクトルは、市民社会論として再登場した戦後においても変わっていない。アメリカ独立革命を担った細胞のタウンシップは、フランスではコミューンを意味する。「コモンウェルス」とは、自立的な個々の小商品生産者（資本家！）たちのコミューンが、理想的には、その生産物を共同の富として所有するコミューン主義の謂いである。

アメリカ革命の理念が、ジョン・ロック（『市民政府二論』）に由来する、独立自営農民の精神に依拠していたことは知られている。それは、市場に非依存的な存在と見なしうる。しかし、そのような市場に非依存的なアメリカの独立農民も、トクヴィルが見たように、たちまち資本主義市場の波にのみこまれていく。また、大塚が依拠するウェーバーの『プロテスタンティズムの倫理と資本主義の精神』で言われるところの、資本主義における勤勉・禁欲という「エートス」も、労働者のそれであるというよりは、資本家のそれであった。それは、市場依存的な存在にまで拡張される。また、アメリカ革命の必然を理解し支持していた、『国富論』のアダム・スミスに

＊35　講座派マルクス主義が「コモンウェルス」概念を参照していたことについては、望月清司前掲書参照。なお、そこで言及されているのは、望月の師・内田義彦の『社会認識の歩み』（一九七一年）であって、大塚についての言及はない。また、高島善哉は、「市民社会は経済の面からみれば、一つのコモンウェルス（文字どおりには共同の富という意味）である」（『民族と階級』一九七〇年）と言っている。

あっても、市場における交換する主体は、労働者ではなく、自立的小生産者であり「商人」＝資本家として表象されていた。スミスがアメリカ革命を支持する理由は、独立自営農民に雇われる労働者も、すぐに自営農民になりうるということであった。広大な無耕の土地が存在し、フロンティアが移動するからである。しかし、アメリカの自営農民も、資本主義的農業へと転じていくのである。

つまり、講座派市民社会論が賞揚する「市民社会」とは、資本主義社会ではなく、「資本家（的）社会」のことにほかならない。それは、『経済学批判』のマルクスに倣って言えば、「市民階級の失われた楽園」である（既述のように、マルクスがこのスミス批判を貫徹しているわけではない）。もちろん、これは市民社会派＝講座派に受け継がれたイギリスやアメリカ革命の「理念」でもあった。その内実については、今にいたるまで幾らでも異論がありうるが、ここでは問うところではない。[*36]

資本家社会と「人的資本家」たちの社会

「資本家社会」あるいは「資本家的社会」という言い方は、最後の市民社会派マルクス主義者であった平田清明によって公然と主張された（『市民社会と社会主義』など）。フランス語版『資本論』の検討をとおして平田の言う「資本家社会」とは、「資本主義社会」あるいは「資本制社会」と訳されてきた société capitaliste である。平田は、「資本主義社会」という言葉は誤訳であるとまで主張している。平田は、「資本家社会にあっては、（商品→貨幣→）資本に媒介されて、間接的に人格的支配があらわれる」（『経済学と歴史認識』一九七一年）という視点から、「資本家社会」という訳語を採用しているが、その「資本家」は同時に、大塚に見た講座派に特有な、ポジティヴな含意をも担った両義的な存在である。労働者もまた、資本家社会という人格支配を受けて、「人的資本」という表象を担う存在と言うほかはない。

田川建三が明快に指摘したように（『批判的主体の形成』一九七一年）、「資本家社会」という言葉こそ誤訳であり、「資本主義社会」あるいは「資本制社会」でよい。しかし、「資本家社会」という言葉が誤訳であろうとなかろうと、講座派マルクス主義にとって、「市民社会」は「資本家社会」でもなければならなかったのであり、それゆえにこそ、「コモンウェルス」への革命的な潜勢力を孕むものであった。

マルクスの労働価値説は、労働者の自分の労働による生産物が自己の所有となるという擬制にもとづいていた。いわゆる「自己の労働による所有」（『資本論』）である。しかし、そのようなことは、宇野弘蔵が批判し、マルクスも「市民階級の失われた楽園」的夢想と言ったところのものである。そのような所有形態が妥当するのは、市場に非依存的な独立自営農民においてでしかないだろう。しかし、この夢想は、労働者を人的資本家と見なすことで実現されるかに見える。

＊36　アメリカ革命についての古典的な著作であるトクヴィル『アメリカのデモクラシー』によってさえ、その大塚久雄的理想化は維持しがたいことが知られる。それは、たとえば独立自営農民の世代的持続をおびやかす土地相続の問題である。

「資本家社会」に否定的な側面だけでなく肯定的な側面をも見るという講座派の発想は、市場が社会を作為し包摂した「近代市民社会」を肯定的に見るということを含んでいる。市場原理とは、つまるところ「自由と平等」だが、それが市民社会においては疎外されたかたちでではあれ、実現されているからである。労働者が労働力という商品を売る以外には「鉄鎖以外のなにものも持たない」存在だとしても、それは小商品所有者として（つまり、アダム・スミス的な意味で「商人」＝資本家として）、平等に資本に相対しているわけであり、土地や身分制から「自由」な存在である。それゆえ、労働者も「人的資本」家であることによって、初期資本主義の「中産的生産者」が持っていた革命的な「エートス」を把持していると考えられるからである。大塚をはじめとする講座派が、宇野とは異なって、産業資本主義に移行する駆動力を、社会内部に存在する商人資本化した小生産者に見たゆえんにほかならない。

その担保が、講座派にとっては労働価値説だった。付言しておけば、講座派にとっても、投与された労働量によって決定されるという価値実体は、交換から切り離されてア・プリオリに決まっているわけではないが、超越論的シニフィエではある。それは、流通過程において成就されたことを再生産過程において事後的に措定され確証されるほかはないが、つまり、それは市民社会においてだと言うことにほかならない。労働者がいかに実質的に「人的資本」家と見なされているとしても、それはレント資本とは考えられていないがゆえに、疎外されたかたちでではあれ、等価交換という「自由と平等」を享受しうるわけである。

ここから、講座派理論のグラムシ主義との親近性も明らかになる。確かに、労働者は資本家と較べて特異な存在ではある。資本家は失うべきものを持っているが、労働者は労働力以外には、それを持たない（ということになっている）。しかし、「自由と平等」というエートスだけは、両者が共有している。それゆえ、市民社会内において、自由と平等を真に実現するための両者のヘゲモニー闘争が遂行されなければならないが、もちろん、理は労働者の側にある。なぜなら、自由と平等という外皮の下に、剰余価値を搾取しているのは、資本家の側だからである。

より詳しく言おう。グラムシ主義において、普遍性をめぐる市民社会内部の階級的ヘゲモニー闘争は、労働価値説がなければ成り立たない。企業と労働組合という近代市民社会内の中心的な中間団体は、労賃と労働条件をめぐる闘争において、労働力商品の価値を決定しようとする。しかし、個別企業や労組は、それ自体としては、市民社会内の狭隘な部分にとどまっている。それが全体的な普遍性を獲得するのは、ある商品に実現されている個別の使用価値が、交換価値を通して、市場で他の諸商品と交換されることによって、市民社会全体の普遍性を表現すると見なされるからにほかならない。その普遍性は、超越論的な労働価値説が担保となっている。労働価値説によって、人間は平等であるという担保を得ている。同一の労働量が含まれている諸商品を等価として交換することは、分業化され断片化された社会に普遍性を取り戻す行為と見なされるのである。

このような古典的グラムシ主義が、今や無効と化していることは誰もが知っている。それは、単に労働者と呼ばれる存在が失うべきものを多く持ち過ぎたからではなく、労働者と資本家とのあいだの共通基盤であったはずの市場＝社会の自由と平等と、それを支えていた労働価値説が破棄されてしまったからにほかならない。たとえ、全面的に破棄されることは不可能であるにしても、である。労働力は商品として等価交換されるという擬制を失って、リースされる「資本」となった。労働組合というもっとも重要な中間団体も、基本的には存在理由を失う。

このことを市場と社会との関係で言えば、次のようなことだろう。産業資本主義段階において、資本が労働人口のほぼすべてを把捉するということは、「市場」という外部に存在していた資本が「社会」に浸透し、その総体を捕らえるということだが、そのことは同時に、資本が社会総体を「統治」（フーコー）することを可能にするテクノロジーを発揮しているということである。社会という概念は、それが氏族的な古代のそれであるか、身分制的な中世のそれであるかを問わず、統治のスタイルを意味してきた（もちろん、遡及的に想定されたものである）。

近代の「社会」が、あたかも統治とは反対の含意を持つと考えられたのは、それが市場原理たる「自由と平等」を旨としているからである。しかし、新自由主義の時代においては、自由と平等こそが古典的な近代的統治のスタイルだったと捉え返すことが可能となろう。資本が統治機能を放棄しつつあるがゆえに、その歴史性が見えてきているからである。『再生産について』のアルチュセールや『監獄の誕生　監視と処罰』のフーコーが明らかにしたように、「呼びかけ」や「規律訓練」による人間の主体化＝従属化とは、それが自由で平等な労働力へと陶冶するテクノロジーにほかならなかったと言える。*37

ヘーゲル『法の哲学』をうけた『ドイツ・イデオロギー』のマルクス／エンゲルスが、市民社会を「全歴史の真の汽罐室」と見なしたことは、だから、ありうべき錯視であったと言うことができる。つまり、マルクス／エンゲルスは「自由と平等」の統治的な性格を見ることができなかったのである。彼らは市民社会を歴史貫通的な下部構造とさえ見なした。つまり、歴史は自由と平等が実現されていく必然的なプロセスであると見なしたわけである。しかし、このような歴史観は、今や新自由主義の登場によって、失効を余儀なくされたと言える。『生政治の誕生』のフーコーが指摘するように、ハイエクのような新自由主義者も、ヘーゲルやマルクスと同様に、市民社会の内包する論理に万感の期待を寄せた。高名な『隷従への道』は、ファシズムやスターリニズムの誕生と失敗を、それらが市場原理を無視したところにあるとした。しかし、そこには市場原理が、即、市民社会の論理であるという前提がある。市場を十全に機能させるよう保護する国家という機能は疑われない。つまりハイエクは、市場原理が、同時に「統

＊37　ハンナ・アーレントは、「仕事《ワーク》」と「活動《アクション》」が人間的な意味を喪失し、近代では「労働《レイバー》」が優位となったと主張したことで知られる『人間の条件』（志水速雄訳）のなかで、「社会的」という概念は古代ギリシアにはなく古代ローマ起源だとして、「厳密にいうと、私的なものでもなく公的なものでもない社会的領域の出現は、比較的新しい現象であって、その起源は近代の出現と時を同じくし、その政治形態は国民国家に見られる」と言う。アーレントが、『革命について』で、フランス革命を否定し、アメリカ革命の意義を強調したことを考え合わせると興味深いが、本稿で論じることはできない。本稿は、アーレントに倣って公共性を論じる現代の市民社会派（実際、市民社会派の変種であることが多い）に与するものではないが、この「社会」についてのアーレントの指摘は示唆的である。

治」の合理的な論理であることを疑わなかったのだ。しかし、現在明らかになっていることは、市場原理が社会統治の論理であることを放棄しつつあるということにほかならない。それが、「社会なるものは存在しない」という新自由主義のメッセージの含意である。

誰もが感知しているに相違ない、このようなヘゲモニックな統治の論理の失効に対して、さまざまな方策が摸索されている。新自由主義者にしても、「社会」の（という）統治を放棄したからと言って、レントを支払う価値のない人的資本に「死ね」とは言えないから、「生きさせる」ために多少の責任は取ろうとする。安いレントの人的資本であっても、死んでしまっては借りることができないのだから、資本は自らがそれを維持する支払いをしないとしても、別のものに、その役割を負わせようとする。新自由主義者の「負の所得税」（フリードマン）の主張が、「社会」の再建を主張する者たちの一部によるベーシックインカムの提案と、基本的に同じものであることからも知られるように、それは最低限の「人的資本」として「生きさせる」ことに帰結する以外にはないだろう。

両者はともに、「市民社会」に代わって、「国家」に統治の機能を委託しようとしていると言える。負の所得税と言いベーシックインカムと言い、その原資たる税金を徴収する権限を持つのは国家だからである。それは、後者の主張が、国家への統治の委託ではなく、社会の再建であると言われても変わらない。

ここから、ハート／ネグリとも近い立場のアナキストの、「権力を取らずに世界を変える」（ジョン・ホロウェイ）ことが可能であるかのような妄想も出現する。これが妄想であるゆえんは、それが実は、ヘーゲル／マルクス以来の「国家‐市民社会」の分離を踏襲しているからにほかならない。ホロウェイは社会の再建を主張しているように見えるが、国家への依存に帰結するほかないのである。

「国家‐市民社会」という分離は、統治スタイルのさまざまな方途を二分して言い表しているが、一方をプラスとした時に他方をマイナスと見なすことにしかならない。しかし、それらは相補的に一つの統治のスタイルを意味している。われわれは確かに、国家と社会を分けて思考することに慣れており、そうすることが便利である場合も多い。しかし、それは分離できない統治システムである。

ベーシックインカムを支持するハート／ネグリの「コモンウェルス」論の難点も、ここにある。彼らの参照先は、現代の先進資本主義諸国におけるIT市場や金融市場の爆発的拡大であり、産業資本主義下の物質的労働者に代わる、認知資本主義における非物質的労働者の圧倒的な増大である。かつての講座派＝統制経済論が、『資本論』第三巻の株式会社論をひそかに参照しながら、「近代の超克」を夢見たように、である。彼らが生産力理論と言われるゆえんにほかならない。もちろん、ハート／ネグリには労働価値説が失効したということが踏まえられている。マイケル・ハート自身、早い時期に、グラムシ的「市民社会」主義の失効を認識し、フーコー的な視点の有効性を論じた「市民社会の衰退」（一九九五年）を書いている理由である。しかし、ハート／ネグリの言うコモンウェルスは、「〈共〉の脱社会化」を転倒させて社会化すること以外のイメージは提出できていない。「人民かマルチチュードか」のランシエールが一種のフォイエルバッハ主義をハート/ネグリに見る理由だろう。

人的資本化の無理

講座派マルクス主義が理想化したコモンウェルスは、労働価値説が有効に機能しているがゆえに、〈共〉的な基盤を想定しえた。つまり、コモンウェルス(株式会社!?)は疎外されているとはいえ、あらかじめ社会化されていたわけである。しかし、労働価値説が無効な場で、いかにして社会化は可能なのか。ハート/ネグリは、ただ「マルチチュード」と繰り返すだけである。もちろん、「マルチチュードは開かれた拡張的な概念である」(『マルチチュード』)と言われているわけだし、そのような多数多様な群衆が現出していると言えないわけではない。

しかし、逆に言えば、そのような多数多様性が現出しているのは、労働価値説が失効しているためではないのか。端的に言おう。ハート/ネグリの言うマルチチュードの参照先である非物質的労働者とは、現代の「人的資本」家のことだが、その彼らがコモンウェルスの創設を主張することは可能なのか。末端のIT企業にリースされている年収二〇〇万円のプログラマーと、金融機関にリースされている年収一億円のディーラーとが、どういうふうにしたら〈共〉たりうるのか。ましてや、先進国の認知資本主義を支えている第三世界の、年収一〇〇万バーツにも満たない物質的労働者については、言うまでもない。かつて講座派マルクス主義者は、労働価値説を前提にしながらも、それを暗に人的資本と見なすことによってコモンウェルスを夢想したが、その担い手は「中産的生産者」だった。現代においてコモンウェルスを夢想する者は、人的資本というあり方を前提としながらも、それを認知「労働者」と言い換えることによって、そうしている。それは、とてつもない「格差」の存在する人的資本のコミューンという、グロテスクな相貌さえ見せる。

よいではないか、現代の若年労働者は低賃金であっても、パソコンかスマートフォン一台あれば十分に「豊か」な生を享受できる、と言う者もいる（この場合、労働者の低賃金は想定されても、重労働でありうることは概して想定外なのだが）。一台のパソコンで豊かなコミュニケーションが可能だし、映画や音楽もタダ同然で享受できる、食料は二〇〇円弁当でよいし、衣服もユニクロでオーケーではないか、という次第だ。だが、そのようなかに「活動《アクション》」の契機はあるだろうか。

言うまでもなく、歴史的に見ても、先進資本主義諸国においては、国民は個々に自らを、労働力商品ではなく、人的資本としての価値を高めるべく努めてきたとは言える。日本においても、『学問のすゝめ』以来そうであったし、政府による学制ヒエラルキーの確立をはじめとする市民社会の整備は、そのようなバイアスを国民に課してきた。ただ、それは資本が労働力商品として個々人を包摂する産業資本主義の論理（労働価値説）によって隠蔽されてきただけである。[*38] そのことによって、労働力の質的向上も資本主義の「成長」も可能であった。しかし、資本が社会から撤退を開始した時、そして、成長の限界がささやかれている現在、それでも成長を求める資本主義には、人的資本論のみが残ることになった。そこでは、ITによって認知能力のみが高まった、人的資本のコミュニズムが出現するのだろうか。しかし、それは資本の論理である。

では、どうすればいいのか。処方箋があるわけではないが、われわれは「労働力商品化の無理」に代わって（というよりは、それと同時に）、「人的資本化の無理」を主張するほかないだろう。先にも述べたように、人的資本論は、労働者が社会の内部的な存在であることをかつては主張し、現在では否定していると言える。そして、新自由主義は、自らを社会内化したいと欲する労働者に対し、人的資本と捉え、絶えざるスキルアップを要求する。そのことで、社会を（社会として）統治しようとする。しかし、それは「無理」というものだろう。

人的資本化した「下層」労働者は、その低賃金ゆえに長時間労働を余儀なくされている場合がむしろ多い。それは、単に「ブラック企業」と呼ばれるところの問題だけではない。それ以上に、中小零細下請け企業の労働者もまた長時間労働（長時間サービス残業）を強いられている場合が多い。別段、話題を提供している新興アパレル産業やＩＴ企業、居酒屋チェーンのみがブラック企業なのではない。その「下層」にも膨大なブラックが存在し、資本主義を支えている。あるいは、昼夜二つの職場を掛け持ちするダブルジョブで、ようやく生活賃金を確保しうる労働者も存在する。「人的資本」主義は、新たな勤勉革命の渦中にあると言うべきだが、それが、江戸期のそれにさえ存在したかも知れない「エートス」の醸成と無縁であることは言うまでもない。

かつてドゥルーズは、コミュニケーション機能の増大した社会が到来しつつあることにコミュニズムの燭光を見出して寿ぐネグリをたしなめると同時に、コミュニケーション社会が（新自由主義として）スキルアップを要請することに対し、そんなことには耐えられない、と言った（『記号と事件』）。普通に言えば、使いようがなくなった労働力に対して、絶えざる職業訓練や再教育をほどこそうとすることである。資本のそんなご都合主義的な不断の要求に耐えられるのか、やっていられないではないか、と。それは、一九四〇年代のものとは異なっているとはいえ、現代における「技術」が急き立てる総動員体制への嫌悪である。逆に、ネグリは現代資本主義において認知労働の割合が増大した事態を目して、アーレント的に言えば——そして、アーレントの視点とは反対に——「活動《アクション》」領域の拡大を見ているのであり、それは、このドゥルーズとの対話以降にますます確信されていったと思われる。

確かに、現代の「活動《アクション》」はコンピューターを駆使するスキルに、大きく依存しているように見える。ジュリアン・アサンジのウィキリークスや、アメリカ情報機関・国家安全保障局（ＮＳＡ）による各国首脳の電話盗聴を告発したエドワード・スノーデンから、フェイスブックやツイッターでメッセージを発信しデモを呼びかける有象無象《マルチチュード》まで、それは現代の趨勢であり、否定することはできない。しかし、「九九パーセント」の人間にとって、不断にスキルアップへと急き立てられながら、その「活動」の持続を保証する条件は、コンピューターにかんするスキルである以上に、つまるところカネとヒマであり、未来に対する「不安定性《プレカリティ》」が、ある程度は払拭されて

＊38　労働力商品として売買される古典的な労働者イメージは、基本的には、産業資本の生産過程に従事する工場労働者のそれであった。本稿で論じてきたように、そのことは、日本では「大正期」において誕生したと言えるだろう。しかし、労働力商品化の「無理」は「人的資本」という潜在的な規定性を内包していたがゆえに、さまざまに変化していき、ついには古典的な労働者イメージとは似ても似つかぬものになる。もちろん、その間には資本主義の変容がある。ロベール・カステル『社会問題の変容』参照。

いることである。古代アテネにおける「市民」の「活動《アクション》」が、それによって担保されていたように、である。新自由主義は、この条件への接近を、九九パーセント許しはしない。ハイデッガー的に言うなら、スキルとは異なった「技術」の本質である「急き立て」が、不断に「不安定性《プレカリティ》」の状態に、「九九パーセント」を置くのである。

ドゥルーズ／ガタリにとって「社会性」とは、リーダーが「獲得したものを統合し、蓄積化＝資本化」するものであり、「社交」＝「群れ」と対立する概念である。「群れや徒党のリーダーは、一手一手に勝負を賭ける、つまり彼は一手打つたびにすべてを新たに賭け直さねばならない」（『千のプラトー』）のだ。

別段、ネグリに対してドゥルーズの目覚ましい優位を言いたいわけではない。ドゥルーズ／ガタリの「群れ」や「徒党」の賞揚は、ややもすれば、「社会」なる概念が存在しなかった近代以前の時代へのノスタルジーに回収される。そこにおいては、「悪党」、「座」、「連」、「志士」等々と呼ばれた非社会的な集団が横議横行していたのかも知れぬが、そのことを現在でも可能であるように言うことは、愚劣なものにさえ堕しかねないだろう。「公共性」と言うことも同様である。「バートルビー」と言うことでもないだろう。

むしろ、われわれの周辺で言えば、詩人・稲川方人が「彼方へのサボタージュ」と言ってきたことを想起すべきである。「生きさせろ！」と主張する人的資本と、もちろん生きさせようとするところの新自由主義との相補性の「彼方」で賭けられる「サボタージュ」にほかならない。それが同時に、われわれを動員してやまない「技術」の「急き立て」に対するサボタージュを意味することも、言うまでもないだろう。
サボタージュとは総動員に対するサボタージュであり、スキルアップなどやっていられないという意識である。しかしまた、それは稲川の詩作品がきわめて高度な「技術」に裏打ちされているように、きわめて繊細な技術を要請するものであるだろう。しかし、その「技術」は私的に所有されたスキル（手段）とは異なっているはずである。「サボタージュ」は、本来、多数性へと開かれているものだろう。それはポジティヴな意味での「活動《アクション》」とは対極的ではないだろうか。確かに、「彼方への」とは、一つの「決断」であり、一種の私的＝詩的ロマンティシズムを含意していよう。稲川は詩人である。しかし、サボタージュ自体は、決してロマンティックなものではない。むしろ、「不安定性《プレカリティ》」のなかの、きわめて散文的かつ世俗的なプロセス以外ではないだろう。つまり、「彼方へのサボタージュ」とは、「詩《ポエジー》の理念は散文である」（ベンヤミン）ことなのである。もちろん、現在のわれわれは、その具体的なイメージを、ほとんど手にしていないにしても、である。

*

一々名前や作品はあげないが、多くの文学者が3・11に接して、僥倖であるかのように「鎮魂文学」を書こうとした。小説のみではなく、映画、演劇、短歌、詩、俳句においても、である。しかし、それらは概してすべて、単に下らないものでしかなかった（金井美恵子の『目白雑録5 小さいもの、大きいこと』には多くの実例が引かれている）。「蒲団」のごとく、である。もちろん、すべて目にしえたわけではないが、ほぼ間違いなく、そうだと断言できる。

その理由は、本稿からも明らかだろう。彼らは、結局のところ、近代の言文一致体が「国語」である自明性さえ疑うことができなかったがゆえに、3・11の死者への鎮魂が可能と信じえたに過ぎない。「国の光」(『新体詩抄』)である。天皇制や議会制民主主義など、それに関連する個々の問題については煩瑣でもあり、反復になるので省くが、そこには、文学に対する二葉亭的「愚劣」の意識さえない。好意的に言っても、スキルを競い合う人的資本の文学があるばかりだ。テクニカルであろうがヘタウマであろうが、である。日本の近代文学は、ここまで来てしまったのだ。

稲川の散文集『詩と、人間の同意』(二〇一三年)の、とりわけ後半に収められた「批評の文体さえ無残な」文章は、3・11に応接しえた、ほとんど稀有な「日本語」である。もちろん、稲川は「『3・11』だとか『フクシマ』だとかという二十世紀的な概括的記号に還元してしまう、あるいは既に還元してしまったもの書きや知識人は生涯馬鹿にされてしかるべきだろう」と書いている。稲川の、文学や詩であることの閾域をこえていくかに見える「無残な文体」は、彼ら鎮魂文学者のスキルなどはるかに及ばない高度なスキルに裏打ちされながら、それを自身が抱え込んだことの愚劣さを、「書くこと」でサボタージュし続けている。これは論理でさえない。中村光夫が「蒲団」=天皇制に対して覚えたものに似た「怒り」である。これ以上、引用はしないし、できない。この稲川の書物の存在が、本稿を書かしめることになった。[*39]

＊39　稲川の本への賛嘆は、刊行直後にネットで記したことがある。本稿をおおむね脱稿した後、雑誌「一冊の本」連載を経て単行本化された金井美恵子『目白雑録5　小さいもの、大きいこと』を手にした。同書は——「馬鹿にされてしかるべきである」ことを恐れずに言えば——文学者によって3・11以後に書かれたもののなかで稀有なドキュメントだが、その書き下ろし部分である「あとがきにかえて2」もまた、稲川方人の『詩と、人間の同意』が存在することへの感嘆で終わっていた。それに触れて、本稿のこの末尾を変更することは、あえてしなかった。いや、できなかった。付言することがあるとすれば、これから書く「言葉が『詩』にもならず『文学』にもならなくても私はなんらかまわない」と言う稲川は、これまでやはり「言葉が『詩』にもならず『文学』にもならなくても私はなんらかまわない」かのごとく詩を書いてきた『悪い詩集』（二〇〇七年）、『名詩、産ス名』（二〇一〇年）の詩人・安里ミゲルと相互に読まれるべきだろう。安里は、3・11以降にただ一人、「野蛮な」詩を書くことが可能だった詩人だが、幾つかの事情で、それは不可能だった。安里は、稲川のこの言葉に接して、「私は主観的にはあくまでも『これまで私が書いた文章が詩や文学でありますように』と、日々お祈りしてます」と言っている（インタヴュー「プロレタリア詩人・安里미겔運動以前史」、「子午線」二号、二〇一三年）。稲川とともに、安里というプロレタリア詩人が存在することに感嘆しなければならない。もちろん、それは3・11がもたらしたものではない。

暴力の「起源」

村上一郎と市民社会派マルクス主義

1

一九五〇年代の竹内好（「近代主義と民族の問題」一九五一年）や橋川文三（『日本浪曼派批判序説』一九六〇年）、あるいは吉本隆明（「日本ファシストの原像」一九六〇年）などによるナショナリズムの「再評価」を直接の端緒として、「一九六八年」へとせり上がっていくところの、日本における「左派」の思想的文脈が、三島由紀夫の「文化防衛論」（一九六八年）や『豊饒の海』（一九七〇年）とともに、一九七〇年のその死をもって一つのピークを迎えたことは周知の事実である。そのような文脈に直接間接にコミットした文学者・思想家には、他に谷川雁、桶谷秀昭、黒田喜夫などの名前もあげられよう。彼らが、いわゆる「六八年の思想」であったか否かについてはさまざまに検討が必要だが、少なくとも、「六八年」と深くかかわっていたことは確かであり、当時の学生活動家たちに読まれた。そして、彼ら以上に村上一郎は逸することができない存在のはずである。

村上は谷川雁とともに、吉本が主導した雑誌「試行」の創刊同人であり（一九六一～六三年、一

〜一〇号まで)、その直後、雑誌「無名鬼」を単独で刊行した。同誌は一九六六年より桶谷秀昭と共同編集となり、村上の死(一九七五年)まで続いた。両誌とも、日本の六〇年代を、ある意味で象徴する「自立誌」である。村上は、晩年の三島を「好敵手」と見なして論じ、親しく対談をも行なっており、三島も村上を高く評価していた。しかし、村上は自身を「右派」と規定したわけではない。晩年に書かれた或る書評の冒頭で、村上は「何でこういう国粋主義や右がかった本の書評ばかり、わたしのところへ回って来るのだろう」と嘆いている(「己れへの『忠』社会への『義』——古賀斌著『武士道論考』」一九七四年)。

しかし今日、前記の人々が時として「再評価」される場合でも、村上の名前は概して逸せられる。その理由は幾つかあげられるだろう。村上の文章自体、自身が認めるようにフラグメンタルなものであり、そこから一貫した論理を抽出することが難しい。しかし、端的に言って、その自殺に帰結する晩年の行動や発言の「右翼的」奇矯さ(鬱病だったという)が、その検討を妨げていると言えるかも知れない。それを、吉本隆明は「武ばった」と評している(『村上一郎著作集』第四巻「解説」)。

しかし、では三島由紀夫は今なお論じられる対象であり続けているのに、村上は(三島が論じられる際にも)顧みられることが少ないのはなぜか。三島における「暴力」への不穏な接近が、端的に「昭和」の右翼的なものとして、それ自体では納得させられてしまうのに対して、村上のそれは単純に「右翼的」とは言い切れず、その奇妙さが村上を論じることを回避させているのかも知れない。「新右翼」を自称する者たちでさえ、今やリベラルと区別がつかない言辞を弄している現在、「暴力」を問題にすることはアナクロニズムでしかないように見える。もちろん、一方で「暴力」は浸透している。排外主義的な暴力、然り。社会化されえない制外者の突発的暴力、然り。

村上が生涯愛惜して止まなかった戦時下の海軍将校体験や、「昭和維新」運動へのシンパシーは、ドゥルーズ/ガタリの言う「戦争機械」的な、

「群れ」における「社交」への愛惜であるように見える（それは、旧制大学・大学予科に対するナイーヴなノスタルジーとしてもあらわれるのだが）。『千のプラトー』のドゥルーズ／ガタリの参照先がドイツの小説家・劇作家のH・V・クライストであることは、後論のために注記しておきたい。軍隊体験を持たない三島には、この側面が希薄である。「楯の会」にしても、それは十分に戦争機械的でありえたかどうか。むしろ「体育会的」なものに見えてしまう。最晩年の三島が、村上の小説作品のなかでも特異な短編小説「広瀬海軍中佐」（一九六八年、『武蔵野断章』一九七〇年、に収録）に覚えた羨望（三島『小説とは何か』一九七二年）は、村上における「戦争機械」の記憶に向けられていたのではないだろうか。三島が、「下手であることが一種の馥郁たる香りを放つような小説」と評するこの作品は、三島の上手に良くできているがゆえに殺伐たる「憂国」と主題的には似ているが、むしろ、クライストの作品を思わせるところがある。後にも参照するカール・シュミットが、その戦争機械論とも言うべき『パルチザンの理論』（原著一九六三年）でクライストを参照していることは知られていよう。ドゥルーズ／ガタリは明らかにシュミットを参照しているが、その名前を出すことはない。

もう一つ、今後に書かれるべき論として、「大西巨人と村上一郎」という主題がある。日本陸軍の内部を描いて評価の高い大西の『神聖喜劇』には、転向者とも思しいロマン派の青年将校・村上少尉が魅力的かつ批判的に描かれているが、これが村上一郎にちなんだ命名であることは、今日、ほぼ明らかである。二人の比較は、「戦争機械」への応接の差異と類似という問題にまでいたるはずである。[*1]

村上の死に際しては、追悼文を兼ねた村上論が、それなりに多数書かれているし、死後には『村上一郎著作集』全一二巻も国文社から企画刊行されていて（八冊刊行後、中絶）、その巻末には、吉本、橋川、奥野健男、岡井隆、磯田光一、秋山駿、水田洋、北川透による「解説」が付されている。月報にも、谷川健一、内村剛介、松本健一などが執筆している。往時茫々、錚々たるメンバーと言ってよいだろう。モノグラフィーも一冊存在する（高堂敏治『村上一郎私考』一九八五年）。それらの村上論に通底するのは、素朴とも見える「ロマン主義者」としての村上一郎というイメージに沿ったものである。これらの論は、『神聖喜劇』の魅力的な村上少尉像に及ばないように思われる。

もちろん、生前の村上も自らを日本的ロマン主義者と規定しており、そのこと自体、間違いではない。『日本のロゴス』（一九六三年）、『非命の維新者』（一九六八年）、『浪曼者の魂魄』（一九六九

＊1　後年、『北一輝論』（一九七〇年）を書く村上が、二・二六事件に遭遇した旧制中学校時代から、それに深甚な関心を抱いていたことは、繰り返し回想されている（『振りさけ見れば』一九七五年、など）。それは東京商大予科時代、先輩であり生涯の友人・水田洋とともに、斎藤史の歌集『魚歌』（青年将校たちを愛惜する作品を含む）への感動に、ロマン主義的に昇華されていくだろう。周知のように、史の父は二・二六の青年将校と親しかった陸軍少将・斎藤瀏（歌人でもある）であり、史自身、青年将校たちの幾人かと子供時代から親しかった。大西巨人もまた、リアルタイムで『魚歌』に感動した一人であった。その他、幾つか大西と村上が共有する問題系（そこでの差異と同一性）は指摘しうる。二〇一三年末、村上宛大西の書簡が四通、ネットオークションに流出した。村上と大西は一九五〇年代の新日本文学会では政治的に対立する立場にあったが、一九六〇年代前期、大西が『神聖喜劇』を執筆していく過程で、資料の借覧などを通じ、村上と交流している。それらを通読して分かるのは、村上の軍隊論に対する大西の高い評価であり、六〇年代末にいたるまでの相互の敬意である。三島事件の評価で、両者は対立する。村上宛大西書簡は、現在、大西巨人研究で知られる山口直孝が所蔵しており、このあたりの研究は、山口が今後行なうであろうから、これ以上の言及はひかえる。貴重な資料の借覧を許してくれた山口に感謝する。

年）、『志気と感傷』（一九七一年）、『草莽論』（一九七二年）等々といった村上の著作のタイトルだけを見ても、そのことを否定することはできない。村上をして三島由紀夫に接近せしめたのは、ロマン主義者としての側面だったとは言えるだろう。しかし、「六八年」へといたる思想的文脈で本稿がまず問題にしたいのは、村上をしてロマン主義者たらしめた、その思想と文学の形成過程である。

最近、村上一郎の死後に刊行された小著『岩波茂雄』（一九七九年）が、『岩波茂雄と出版文化』（二〇一三年）と題されて竹内洋の長文の「解説」を付して、講談社学術文庫から復刊された。これは、岩波書店創業一〇〇年を契機としたジャーナリズムの「岩波ブーム」のなかで可能になったものだろう。ブルデュー社会学を参照しながら、村上の岩波文化論を論じる竹内の「解説」は啓発的だが、本稿の目論見とは掠りつつも異なる。

村上が「師礼をとった」存在として、その著作でしばしば名前をあげるのは、久保栄と高島善哉の二人のみであった。

戦後、村上は海軍から復員（中尉）して共産党に入党し、ジャーナリズムの道に入った。村上は、戦後のかなりの時期を優秀な編集者として過ごしており、また優れたルポルタージュの書き手でもあった。村上は、編集者として頻繁に久保栄宅に出入りするようになり、文章なども見てもらうことになる。戦前、小山内薫に師事した久保は、戯曲『火山灰地』（一九三八年）で知られる劇作家・小説家だが、当初、小説家志望であった村上は、その下で、幕末から始まる長編歴史小説『東国の人びと　第一部（阿武隈郷士）』（一九五九年）、『東国の人びと　第二部（天地幽明）』（一九五九年、以降未完）を書き始めており、また、『久保栄論』（一九五九年）は、評論家としての最初の著作である。つまり、戦後の村上はロマン派というよりは社会主義リアリズムから出発したのである。村上がその批判的検討を開始するのは、久保の死（一九五八年）後、つまり六〇年安保前後からである。スターリン批判以後である当時は、サルトルの影響もあり、社会主義リアリズムの再検討が流行していた。

もう一人の「師」高島善哉についてはどうか。戦前から戦後にかけて長く東京商大(一橋大学)で教鞭を執った高島は、今日でも、いわゆる市民社会派マルクス主義の鼻祖の一人として記憶されている。「六八年」との関係で言えば、高島門下の平田清明の『市民社会と社会主義』(一九六九年)は、その「個体的所有の再建」という主張が、当時の日本を含め世界的に勃興していた市民運動の参照先として(あるいは、それをこえて)、一世を風靡したことは、今でも時おり回顧されることがある。グラムシ=構造改革派的な理論と親和的であった。高島門下には、構造改革派の重鎮・長洲一二(後に神奈川県知事)もいる。

平田は、村上の後輩で友人と言ってもよい関係にあり、村上はその文章において何度か平田について好意的に言及している。しかし、村上一郎の立場は、いわゆる市民主義とは対極的なものと受け取られていただろう。三島由紀夫が、あるいは、当時の吉本隆明が市民主義への嫌悪を隠さなかったのと類比的に、である。村上も市民主義への批判はたびたび行なっている。しかし、村上が「市民社会」主義から出発したのは、まぎれもない事実である。

一九三八年に東京商大予科に入学した村上は、一九四三年に高島に卒業論文「近代国民国家論成立史序論」(『著作集』第一〇巻等に収録)を提出している。この論文は、ルネッサンスからロックにいたる系譜を論じてフランス革命にいたる第一部(ここまでが卒業時に高島に提出された)から、ルソーを論じる第二部(卒業後、海軍勤務中に執筆され、高島に送付された)にいたる。講座派マルクス主義からの「影響」が色濃いこのテーマは、当時の高島ゼミが繰り返し取り上げていたものである。村上も、ゼミではロック『統治論』(村上は『市政論』と表記)の講読から出発していた。高島善哉ゼミでの村上の先輩で、生涯の友人であった社会思想史家・水田洋によれば、当時、「『国民国家』ということばは、近代国家または市民社会をあらわすものとして使用」されており、「どれいの言葉」で書かれた一種の「擬装」であったという（水田洋『クリティカルに』など）。村上自身も、ほぼ同様のことを、同論文を晩年に刊行しようと試みた際の文章「はじめに」（一九七四年）に記しており、それ以前も、戦時下の高島ゼミ時代を「市民社会青年」であったと、繰り返し回想している（『明治維新の精神過程』など）。

「市民社会青年」という言葉は、市民社会派マルクス主義者・内田義彦が戦時下のある種の青年学徒の心性を規定してみせた用語である。この戦時下「市民社会青年」の性格を論じた内田の『日本資本主義の思想像』（一九六七年）には、久保栄の『火山灰地』と山田盛太郎の『日本資本主義分析』（一九三四年）との通底を分析している印象的な一文が収められている（水田洋の自伝『ある精神の軌跡』〔一九七八年〕にも『火山灰地』についての類似の記述がある）。戦中戦後の村上の一面を、ここから類推できるだろう。

ともかく、村上一郎の思想的な端緒は、日本浪曼派的なものとは、やや隔たったところにあったように見える。事実、村上は、「日本浪曼派については、あまり知ることなしに、わたしは学生の時代を送った。『四季』誌の直接購読者として、また『コギト』の時々の読者として何年かを経た覚えはあるが『日本浪曼派』のバック・ナンバーを求めようとなぞはしなかった。その頃はもう、日中戦争から太平洋戦争にかかる時点で、日本浪曼派に即していうなら、その後期に当る年次と、すれ違うようにして、わたしらは戦争に参加する日へ、奔っていたことになる」（「日本浪曼派覚え書」一九七三年）と、回顧している。

「六八年」を経て勃興した、今日のいわゆる「新しい社会運動」が、元来は「市民社会」概念に定位して出立したことは言うまでもない。それは、「六八年」以後、あるいは、より直接的には冷戦体制崩壊以降、ヘーゲル／マルクス的な「市民社会」概念が有効に機能しえなくなった現在でも（マイケル・ハートの、いわゆる「市民社会の衰退」）、「公共圏（公共性）」概念を導入することで、「市民」運動であることを自称し、「社会」運動として展開されている。そこでは、ロマン主義的な「情念」や、それにともなう「暴力」の問題は、あらかじめ回避されているかのようである。また、ハート／ネグリの言う「コモンウェルス」が、実は、講座派＝市民社会派マルクス主義におけるキーコンセプトであったことも、想起すべきだろう。もちろん、両者の差異が踏まえられなければならないにしても、である。

端的に言ってしまえば、村上一郎は市民社会派として出発し、そのなかから——ロマン主義的な——「情念」や「暴力」の問題へといたったのである。一九六〇年代から七〇年代にあっても、村上は、詳しく論じたことはないにしろ、赤軍派や毛沢東についてのシンパシーさえ時に漏らしており、「日本軍隊論序説」（一九六〇年）や「日本暴力考」（一九六九年）などの文章もある。これらの文章が、当時の左派における軍事・暴力問題を念頭に置いたものであることは、明白である。現代の「新しい社会運動」において、その種の問題が回帰してこない保証は、どこにもない。回帰しないと信じられているとすれば、それは、その市民主義的な社会運動が、「資本主義的議会制」（バディウ）というイデオロギー装置の前でなすすべを知らないからではないのか。デモは「テロ」である（石破茂自民党幹事長）というコンセンサスがあるわけである。

あらかじめ私見を述べれば、赤軍派に象徴されるところの、日本の「六八年」で提起された「暴力」の問題は、概して、市民社会主義から分岐したナイーヴなまでにロマン主義的なそれであった。日本の現在の卑近な例を見ても知られるように、かつての軍事中心主義者が、いとも簡単に市民主義者へと回帰しているという事態が、そのことを証している。しかし逆に言うなら、「市民社会」にしか「暴力」の正当性を求める方途を、今なおわれわれは十分に知らないのではないか。だとすれば、現在、多少の隆盛を見ている「新しい社会運動」も、それがある程度の進展を見た先には、再び、ナイーヴに「暴力」の問題に逢着するほかないだろう。もちろん、かつてとは異なった形であろうとも、である。「コモンウェルス」がそうであるのと、同様である。その徴候は、すでに幾らでも見て取れる。

　本稿のささやかな目論見は、村上一郎という日本の「六八年」の特異なイデオローグをケーススタディーとして、「市民社会」主義がロマン主義と「暴力」の問題へと展開していくイローニッシュな——つまり、素朴ではなく、やや複雑な——道筋を辿ることにある。まずは、村上が、その「市民社会」主義を醸成していった戦時下「市民社会」主義の検討をとおして始めよう。

2

　一九四〇年代の大河内一男や高島善哉らによって創始されたとされる日本の「市民社会」主義は、総力戦体制の思想的担保であると同時に、一九三〇年代の日本資本主義論争のなかから生まれた。講座派の系譜である。すでに、コムアカデミー事件（一九三六年）や人民戦線事件（一九三七〜三八年）を経て、日本資本主義論争は表向き終息していたが、総力戦体制と統制経済への傾斜は、ひそかにソ連五ヵ年計画をモデルとして、マルクス主義を有効なツールとなしたのである。もちろん、その際にマルクスの名前は伏せられて、である。

　創設まもない東京商科大学で福田徳三にカール・メンガーなどを学んだ高島善哉は、その後、福田の高弟である大塚金之助の下に移り、マルクス主義に覚醒することになる。大塚はドイツ留学を経てマルクス主義に転じた、『日本資本主義発達史講座』（一九三二〜三三年）の有力な執筆者でもあった。アララギ派の歌人としても知られている。

　しかし、戦時下の高島にあっては、マルクス主義を直接に奉じることは不可能であり、マルクスの「隠れ蓑」（水田洋）としてアダム・スミス研究に向かうことになる。しかし、水田が控えめに言うように（水田前掲書）、この強いられた（？）代替は単なる置き換えでは済まず、その市民社会論においてさまざまなハレーションを引き起こさざるをえなかった。高島の戦時下の業績は、エドガー・ザーリン『国民経済学史』の翻訳（一九三五年、後にザリーン『経済学史の基礎理論』（一九四四年）として改訳刊行。水田洋はサリーンと表記するが本稿ではザリーンに統一）と、それにインスパイアされた『経済社会学の根本問題』（一九四一年、以下『根本問題』と略記）だが、その問題意識は、『根本問題』の副題「経済社会学者としてのスミスとリスト」に端的に表現されているように、ドイツ歴史学派＝ロマン派によるスミス批判を媒介にして、スミスの古典派経済学をアウフヘーベンしてみせることにあった。

このような問題構成は、高島とともに市民社会派の鼻祖に位置づけられ、戦時下統制経済のイデオローグでもあった大河内一男にも共有されているものである（『スミスとリスト』一九四三年）。周知のように、大河内は「平賀粛学」（一九三九年）で師・河合栄治郎が東大を去った後も東大に残り、「昭和研究会」三木清の「東亜協同体論」を経済学的に裏づける政策的な議論を展開した。この大河内の時局への積極的なコミットメントは、現在でもなお――「虎穴に入らずんば虎子を得ず」的な――戦時下抵抗のやむをえざる振る舞いと見なされることが多い。それは、戦時下統制経済を逆手に取って、ドイツ以上に未熟な日本の市民社会を、ありうべきそれへと改鋳しようと目論むものであったと、一応は言えよう。

大河内とは違って積極的に時局へのコミットメントを行なわなかった戦時下の高島については、むしろ、そのリベラルであったエピソードが伝承されている。一九四二年の東京商大予科報国団入団式で、高島が「大東亜戦争の最後の戦士であれ」、「諸君の任務は戦後の経営にある」と訓示したと伝えられている（上岡修『高島善哉　研究者への軌跡』二〇一〇年、など）。これは、村上一郎や水田洋、平田清明のみならず、高島門下生のあいだでは繰り返し回顧され、伝承された言葉であり、いわば高島の戦時下抵抗神話の核となっている。戦時下から眼を患っていた高島は、戦後は研究者というよりは、啓蒙的でリベラルな講壇批評家として名声を高めていった。戦中は主に予科の教育に携わった高島は学生の人望も厚く、その門下生は「高島山脈」と呼ばれるほどに多士済々であり、彼らは、この高島神話の維持発展に貢献したと言える。

後にも触れるように、高島の高弟である水田洋は高島神話にしばしば批判を差し挟んでおり、それは、後輩の村上一郎や平田清明に対する過酷とも言える批判（特に後者に対して）としてもあらわれることがあるが、高島神話に最初に公然と疑義を表明したのは、石原慎太郎をもって嚆矢とするだろう。これについては、竹内洋『教養主義の没落』（二〇〇三年）にすでに指摘がある。

石原の長編小説『亀裂』（一九五七年）で、高島は「眼疾で殆ど盲に近い」高村教授として登場する。教壇で「社会科学者にとっての現代的社会的関心」を説く高村教授にかつて「感動」を覚えていた主人公の大学院生・明は、それも「所謂危機意識過剰の抽象的な方法論の展開」でしかないと思いいたるようになる。主人公は、かつて覚えた「感動」は、高村の教壇における「演技」によるのではないかと考えるのである。

竹内洋が指摘するように、石原が高島に覚えた懐疑は、教養主義に対する批判を意味しているとは、まず、言えるだろう。高島自身も、自分のベースには「大正的なもの」があることを認めている（上岡前掲書）。竹内が石原の批判に「プロレタリア文学」を見ているゆえんでもある。しかし、ここで注目したいのは、高島のリベラルな振る舞いに、石原が「演技」を嗅ぎつけていることだ。弟子たちによって醸成されていた戦中戦後の高島神話は、リベラルな知識人という面のみをクローズアップするものだが、戦時下総力戦体制のイデオローグとしての高島のアクチュアリティーは、別の面にあったのではないか。戦後の啓蒙的知識人としての高島の振る舞いは、その側面を隠蔽する「演技」によって維持されていたのではないか。石原の批判がそこまで届いているか否かはともかく、「演技」という評言は、そのことを触知させてくれる。そうでなければ、教養主義的なものに――一定のシンパシーを持ちながらも――批判的な距離を維持していた村上が、生涯にわたって高島を敬愛していた理由が分からないのである。

戦前の講座派理論を継承した戦後思想の主線は、丸山眞男にしろ大塚久雄にしろ、おおむね「近代主義者」と規定されている。しかし、講座派の一九四〇年代的形態である総力戦体制論が、「近代の超克」というモティーフを内包していたことも、これまたまぎれもない事実である（山之内靖『システム社会の現代的位相』一九九六年、中野敏男『大塚久雄と丸山眞男』二〇〇一年、など参照）。言うまでもなく、「近代の超克」というモティーフが、時局へのポジティヴなコミットメントを可能にするのである。

高島は、「近代の超克」のモティーフを生涯、隠すことの少なかった数少ない存在だったとは言えよう。高島の戦後の代表的な著作であり、ある時期においては教科書的なカノンとして流布しさえした、水田洋、平田清明との共著『社会思想史概論』（一九六二年）には、「近代の超克」と題された章があり、その冒頭は、「近代の超克は巨大な思想家マルクスをもってはじまる」と記されている。同書の本文は主に水田と平田によって執筆されていて、高島は基本的に短い「序章」と「終章」のほかは監修者的な役割を担っている様子だが、全体は三者の度重なる討議を経ているともあり、「近代の超克」というモティーフが高島主導のものであることは、疑いえないと思われる。

マルクス（主義）を「近代の超克」の思想と捉える視点は、後に廣松渉の『〈近代の超克〉論』（一九八〇年）で強調されるところである。竹内好による戦時下「近代の超克」論の再検討がなされたのが一九五九年の論文「近代の超克」であり、しかも、そこにはマルクス主義を「近代の超克」の思想とする視点はないのだから、高島のこの視角は当時としては特異と言ってよい。しかし、廣松が言うように、戦時下「近代の超克」論は近代＝資本主義の超克を含意していたのであり、そのことをもっとも強く主張する思想がマルクス主義であるとすれば、講座派理論の一九四〇年代的形態を担った高島善哉は、戦後においても、その立場を維持していたと言える。石原慎太郎が嫌悪した戦後啓蒙知識人としての姿は、この側面を「演技」において括弧に入れていたものにほかなるまい。*2

戦時下統制経済の思想的裏づけを目論んだとも言える高島の『根本問題』は、全体が三部（本論）と補論とに分かれ、本論においてはスミスとリストが論じられているが、補論は「ドイツ国民経済学の成立と性格」と題されて、フィヒテ、アダム・ミュラー、リストが論じられている。ところで、高島の生涯をとおしての主著と見なされる同書は、戦後に四度にわたって改訂版が出されたが、その補論部分は生前にはついにおおやけにされることがなかった（死後、一九九一年に復刊）。言うまでもなく、補論はロマン派論である。石原慎太郎が期せずして見出した戦後の高島の「演技」とは、このロマン派的側面を縮小することでなされたと言いうるのではないだろうか（戦後のスミス研究動向においても、リストと対比する文脈は生きていた）。しかし、戦時下の高島にあっては、むしろロマン主義の問題が大きなウエイトを占めていた。「経済学の国民的性格を力説強調して止まない」（『経済学史の基礎理論』訳者解説）ザリーンの受容は、この線でなされたものである。高島はアダム・スミスを経済学史の「基点」としながらも（ザリーンに倣って「合理的理論」とする）、「根源的生産力としての国民精神」を高唱するロマン派の「直感的理論」が、それに媒介されねばならぬことを主張するのである。

『根本問題』はA5版五〇〇頁をこえる箱入りの大著だが、当時の社会科学本としては（今でももちろんだが）異例とも言える七〇〇〇部を売り上げており（上岡前掲書）、とりわけ東京商大の学生間では競って読まれていた様子である。学生時代の村上一郎も、学内メディアにおいて、繰り返し『根本問題』の内容やザリーンの説を反芻している。たとえば、「スミスはリストの中に具体的に生きて居り又同時にスミスなくしてリストの生れて来ない所以」云々、などである（「合理理論と直感理論」一九四〇年、『著作集』第一〇巻）。この村上の小文は『根本問題』の刊行以前だが、高島に師事していた村上が、その「内容」を知悉していたことは明らかであり、ザリーンの翻訳は読んでいただろう。「合理理論と直感理論」というタイトルはザリーンの端的な横領であり、スミスとリストの位置づけも高島の著書の踏襲である。そして、この小文の副題が「リストの新紹介」と題されていることからも知られるように、若い日の「市民社会青年」村上の関心は、どちらかと言うと、文学も含めた西欧ロマン主義にあったようであることは、当時の他の小文からもうかがえる。それを主導したのが高島善哉の「市民社会」主義であることは、疑えない。

高島の村上への「影響」を考える上で重要なのは、『根本問題』の補論に収められている「アダム・ミュラーのスミス批判」という論文だろう。村上前掲「合理理論と直感理論」では、「ミュラーについて私は無知である」と記され言及が控えられているが、そのことは逆に、高島に師事する若い村上が、ミュラーにひそかな関心を抱いたであろうことをうかがわせる。

高島はミュラー論で、ミュラーの農業論をポジティヴに論じている。「農業は一つの静止力を表わし、あらゆる危機に際して国家を保持するところの『根の力』(Kraft der Wurzel)である」と、高島はミュラーを援用しながら言う――つまり、「市民社会即ち国家」(傍点原文)は、「その本原的な且つ純粋な形態においては、この二種の農業――即ち時の移るにつれて市場経済及び都市経済となったところの商業主義的農業と、その当初の性格を純粋且つ清浄に保存しているところの孤立した農業――の交互作用である」、と。

言うまでもなく、このようなロマン派的視点は、日本においても農本主義として、一九四〇年代の「近代の超克」論に潜在していたものにほかならない。「近代の超克」という視点を生涯潜伏させ

＊2　高島は戦後思想のなかでも竹内好を高く評価しており、それは村上一郎も同様である。

ていた高島にあっても、そのことに変わりはないだろう。ただ、そのことが戦後に隠蔽されていただけである。リベラルな「戦後啓蒙」としてのイメージだけが強調される高島の門下に「右派」グループも存在したことは、村上の自伝『振りさけ見れば』においても記されており、水田洋は村上がその「右派」を評価していることを高島からの逸脱であるかのように批判しているが（「感傷者の死」、「磁場」臨時増刊・村上一郎追悼号、一九七五年）、それがむしろ高島自身のなかにあったのは明白である。

村上が高島に言及した文章は数多いが、そのなかでも注目すべきは、高島『民族と階級』（一九七〇年）の書評「高島善哉氏の感度」（「図書新聞」一九七〇年一〇月二四日号）であろう。この書評に対して、高島は村上追悼に事寄せてコメントを行なっている（「私はどこまで村上君の『先生』であったか」、「磁場」前掲号）。

高島はそこで、村上が同書を「絶讃に近いともいえる賞め方」をしているのに面映さを覚えながらも、同書に対して村上が抱いた不満についての、二人のやり取りを記す。村上は、その書評で、高島には「社稷」や「天下」についての概念が欠けていると記しており、それについて高島が教示を請うたところ、村上から「戦時中出版された橘孝三郎の農本思想に関する十数冊のパンフレット」が送付されてきた、というのである（一九六〇年代の村上は橘と親しく接していた）。しかし、「失明に近い私の視力では、いまさらどうにもなるものでもない」と、高島は記している。

だが、これが奇妙な忘却を媒介にしたやりとりだったことは明らかだろう。『根本問題』の高島にあっては、すでに「国家即ち市民社会」という把握において「社稷」や「天下」という概念はあったのであり、それは農本主義的な把握でもあった。『民族と階級』の書評が書かれた一九七〇年は、三島由紀夫の事件を目前にひかえ、村上がもっとも高揚していた時期にあたる。村上の著作のなかでも最も流布した『北一輝論』が刊行され、村上はしきりに「社稷」や「天下」を高唱し、農本主義に言及していた。

一方、同じこの年に刊行された高島の『民族と階級』は、市民社会派マルクス主義の鼻祖として、あるいは、「戦後啓蒙」の重鎮としての相貌を表に押し立てながらも、「民族は母体であり、階級は主体である」という自身のテーゼに沿って両者を統一的に把握しようとするもので、『根本問題』以来のスミスとロマン派のアウフヘーベンという問題意識の変奏が、ソフィストケートされながらも表に出ている。「生産力」という概念は維持されているが、「統制」概念は影を潜めており、ロマン主義的色彩がある程度脱色されている。その意味では、ポストコロニアリズム以降の今日では、容易に批判にさらされうる書物であろう（植村邦彦「高島善哉における民族と階級」、渡辺雅男編『高島善哉 その学問的世界』二〇〇七年）。端的に言ってしまえば、今日的な視点からすれば読むに堪えない高島の「民族」論に対して、当時の村上一郎は逆に、『根本問題』に比しての、その希薄化を突いていると言える。では、村上のその指摘は、今やアナクロニズムなのだろうか。

戦時下高島や大河内の生産力理論＝統制経済論＝市民社会論がマルクス主義を背後に隠した「近代の超克」論であるという意味は、生産力を自覚的に発展せしめる統制によって、資本主義を超克しうるとするところにあるが、そのひそかな参照先は、『資本論』第三巻における株式会社論にあった。このような、統制経済とマルクス主義（スターリン主義?）の相即性が、戦時下マルクス主義者の「転向」を容易にしたことは言うまでもない。株式会社は即自的に資本主義内のコモンウェルスなのであり、それを対自化して超克するのが統制経済なのである。『民族と階級』の高島にあっては明確に「コモンウェルスとしての市民社会」と言われている（その他、多くの市民社会派マルクス主義においても、おおむね同義に使われることがある）。

村上にあっても、生産力理論への着目は、渡辺崋山、高野長英、佐久間象山、横井小楠、吉田松陰らを論じた中沢護人『幕末の思想家』（一九六六年）への深い関心にも示されている（『明治維新の精神過程』一九六八年、など）。中沢の同書は、幕末期思想家における「科学的思考」の誕生を論じたもので、ソヴィエト・マルクス主義の色彩が濃いものだが、中沢とたまたま面識を得た村上は、繰り返し同書を参照し、教えを請うてもいる。そして、生産力理論が指し示す「コモンウェルス」とともに、村上が着目した「〈共〉《コモン》」が、農本主義的な「社稷」であり「天下」だったと言えるだろう。もちろん、この二つの契機は、高島市民社会論に内包されていたのである。

3

村上一郎が高島善哉から継承したのが、明治期日本の創設に際しての「市民的」エートスの存在如何とその解明であったことは、幕末維新から始まる『東国の人びと』冒頭のエピグラフに『戦争の技術』のマキァヴェッリの言葉「君主に強兵のあるところ、かならず良友がみいだされるものだ」が掲げられているところからも明らかである。村上の卒業論文もマキァヴェッリを論ずるところから始まっていた。戦後の村上の対象は、「市民」というよりは「草莽」と呼ばれる独立自営の武士（「郷士」と言っても大過ないだろう）であるが――。『明治維新の精神過程』を代表的一著作とし、『非命の維新者』、『草莽論』と書き継がれるところの、村上による吉田松陰や水戸の志士たちのエートスの解明は、言ってみればマックス・ウェーバー的なものであり、直接には高島善哉経由のモティーフと言ってよいだろう（戦後の高島には、『マルクスとヴェーバー』〔一九七五年〕の著作もある）。

高島の『根本問題』で特筆される「業績」は、いわゆる「アダム・スミス問題」の解決があげられることが多い。『道徳感情論』の著者としてのスミスと、『国富論』の著者としてのスミスとを、どうつなぐかという問題である。高島は、その失われた環を、スミスの言う「同感」という市民的エートスに見出した。「草莽」たる者の「独立自営」のエートスを析出しようとする村上の明治維新論も、高島のこの線に沿って進められている。[*3]
「本居宣長らが苦心して体系化せんとした『あはれ』を中枢とする日本の情念の理を、その実感的把握から原理的把握にまで練りなおすべく、ミル、スペンサーらのもとをなした、スミスやヒュームの情念論と『湊合』」することが肝要であり、「感覚論、情念論を媒介として道徳論に入ってゆく方途」が採られねばならないと村上が言う時（『明治維新の精神過程』）、それは高島善哉をうけたものだと言える。もとより、それは単なる「資本主義の精神」の解明ではない。「草莽」は、村上においても、むしろマルクス主義のプロレタリア概念に近いものとして捉えられようとしている。「日本の近代化を当然とし、当為とする論に対して、わたしは思想としての『近代の超克』をとってたじろがない」（『明治維新の精神過程』の「跋ならびに補注」）と言われるのも、そのためだが、それもまた、高島市民社会論のロマン主義的一側面であったことは、すでに述べたとおりである。それは、生産力理論的であれ農本主義的であれ、コモンウェルスへの志向であった。村上にあって、徐々に農本主義がせり出してくることは言うまでもない。

村上の激烈なファナティシズムを象徴するもの

＊3　高島がスミスの「同感」概念を『国富論』と接続するに際しては、東京商大予科の同僚で友人であった社会思想史家・太田可夫《よしお》の論文「アダム・スミスの道徳哲学について」（一九三八年）が梃子となっていることは、『根本問題』にも注記されているが、太田の村上に対する影響も考えられなければならないだろう。太田は「ベクさん」の愛称で、東京商大予科生敬愛の的であり、村上の著作にもしばしば登場する。主にホッブズ、ロックを論じた『イギリス社会哲学の成立』（一九四八年）という主著があり、太田の死後、水田洋が前掲スミス論を含む太田のアンソロジー『イギリス社会哲学の成立と展開』（一九七一年）を編んでいる。

として、敗戦直後に書かれた「ぼくの終戦テーゼ」(『明治維新の精神過程』その他に収録)があげられる。「反米」と「社会主義革命」を高唱するその短文は、戦後共産党員としては「所感派」(武装闘争を志向した)に所属していたことを納得させるものがある。村上の共産党入党が中野重治(後に神山派)の存在によるものであったとしても、また、「試行」以来の盟友・吉本隆明の理論が多く神山派や三浦つとむから示唆を受けているとしても、村上は神山茂夫を拒否してたじろがない(「この人を葬り得るは誰ぞ——跋文に代えての註補」、三一書房版『久保栄論』一九七〇年)。村上においての「市民社会」主義が徐々に深く沈殿していくゆえんであろう。にもかかわらず、村上の市民主義者への批判として知られる「山田宗睦批判」(『明治維新の精神過程』)では、六〇年代に隆盛した構造改革論をグラムシ理論からの逸脱として批判する芸さえ見せるのである。

さてところで、村上がザリーンや高島から触発されたと推定されるアダム・ミュラー的「農本主義」問題が、戦後において浮上してくるのは、橋川文三の『日本浪曼派批判序説』を待たなければならなかった。橋川と村上は、戦後すぐに知り合っており、文筆家として互いに尊敬の念を抱くようになる間柄である。橋川の著書『ナショナリズム』(一九六八年)は、村上の企画編集による。

周知のように、橋川のこの『日本浪曼派批判序説』は、アダム・ミュラーをも主要な登場人物とするところのカール・シュミット『政治的ロマン主義』(原著一九二五年)を下敷きにして、主に保田與重郎を論じたものだが、シュミットがドイツ・ロマン派をオケイジョナリズム(「機会原因論」や「機会偶然論」と訳されるが、原田哲史『アダム・ミュラー研究』に倣って「御都合主義」でもよいだろう)と批判した決断主義を見出すのではなく、むしろ、保田の「都市インテリゲンチャの浮動心理」のご都合主義を愛惜しているとさえ見える。そのことにともなって、決断主義に傾く橘孝三郎や権藤成卿の「社稷」概念を基本とする農本主義と、日本浪曼派=保田の農本主義への態度との差異も論じられている。

　村上一郎自身、その出自は地方都市インテリゲンツィアの家系に属し、独立自営農民からは遠い存在であった。父親は遊民的とも言える無職のクリスチャン（ホーリネス派）であり、母親は女子高等師範学校出で宇都宮にある女子師範の教員である。母方の叔父には鉄道大臣も務めた内田信也がいる。しかし、村上は、その育った地・宇都宮に規定されてのことであろうが、水戸への愛郷心《パトリオティズム》が強く、子供の頃から『大日本史』の講義を受けたりもしているようである。村上の水戸学への親炙は、すでに学生時代から目立っていたようで、そのことは高島の前掲村上追悼文にも記されている。端的に言って、浮動的な都市インテリゲンツィアが、独立自営的にその繋留点を確保しようとする時、一種、農本主義へと惹かれていくという典型的なスタイルが、ここに見出されると一応は言えるだろう。

　ただし、高島＝スミス的「市民」の主軸が、市場に依存して単一商品の生産（たとえば、時計やパン）に特化する商人的存在であるのに対して、村上のイメージするロック的「草莽」は、生活手段を占有しているがゆえに市場に依存しない外部的な――それゆえ、資本主義には汚染されていない――独立自営農民である。この区別は、高島にとっても村上にとっても意識されることがなかった（この区別が重要な意味を持つことについては、ロバート・ブレナー『所有と進歩』を参照）。この差異が、高島をして、戦後なお生産力理論を放棄させることがなかった理由であり、アダム・ミュラー的農本主義を括弧に入れることになるゆえんでもあった。他方、村上が農本主義へと惹かれていくのも、このためである。

　村上が高島ゼミでロック『統治論』の講読から始めたというのは、この意味であまりにも象徴的である。水田洋が言うように、「ロックは、村上にとって直接によむことができた唯一の古典であり、かれがヨーロッパ近代思想をかたるとき、つねにロックが規準となった」（『著作集』第一〇巻「解説」）と言えるが、それは同時に、幕末の「草莽」を論じる場合にも参照されていたのである。村上が明治維新をブルジョワ革命と見なす労農派的見解に与することなく（『明治維新の精神過程』など）、基本的に講座派の文脈において思考を続けたのも、ゆえなしとしない。[*4]

もちろん、日本資本主義論争は明治維新論でもあり、講座派では羽仁五郎や服部之総といった歴史家が著名だが、村上が彼らと異なるのは、一九四〇年代の講座派＝市民社会派から出発したことに規定されて、「近代の超克」という立場を維持しつづけたところに特色がある。

『根本問題』の高島善哉は、アダム・ミュラーをオケイジョナリズムとして非難するシュミットの見解を斥けている。シュミットにあっては、かつてスミスを批判していたミュラーが一転してスミス評価に転じるご都合主義が揶揄の対象となるのに対して、高島にあっては、それは弁証法的とも言うべきプロセスなのである（高島は『政治的ロマン主義』を読んだ上で、そう言っている）。『根本問題』は、ヘーゲルが「ロマン主義の合理化」をなしとげた存在であるという視点から、アダム・スミスにも同様のパラダイムを見出そうとしていると言える。

水田洋の回顧（前掲村上追悼文）によれば、村上もご都合主義的だったようだ。スターリンを絶対視し毛沢東に入れあげたこともあったと言う。もちろん、それは一般的な村上イメージからは遠い側面だが、日本共産党の路線転換に翻弄されたという側面もあるだろう。だが、吉田松陰の読解を通して村上に見出された「草莽」たる幕末の志士も、「インテリゲンチャであり、一己の労は惜しまないが、兆民のために働いても常民は彼らを拒絶する」がゆえに、「常民の生活のなかにも溶け込めない存在」（『草莽論』）だとされる。つまりこの規定では、橋川文三が保田與重郎に見出した浮動的インテリゲンツィアに近いのである。この遊民的イメージへの親近は、村上の遺作となった『萩原朔太郎ノート――抒情と憤怒』（一九七五年）でも貫かれているだろう。知られているように、保田は朔太郎の「日本への回帰」――これも一種のオケイジョナリズムである――を高く評価し、また、朔太郎の『氷島』（一九三四年）以降の文語詩が、故郷の「常民」から拒絶されていることを主題としていることは有名である。[*5]

浮遊インテリたる保田は、橋川が指摘しているように、権藤成卿や橘孝三郎の農本主義に対して、むしろ距離を置いている。「常民は彼を拒絶する」ことを知っているからにほかならない。村上的「草莽」の独自なところは、常民（農民）の拒絶を知りながらも、あえて農本主義に就こうとするアダム・ミュラー的なオケイジョナリズムにある。その自由浮動的なオケイジョナリズムが、村

＊4 すでに幾つかの既発表の拙稿でも指摘してきたように（本書所収「天皇制の隠語――日本資本主義論争と文学」、「市民社会とイソノミア」）、「六〇年安保」を契機とした日本における新左翼の登場は、それまで支配的だった講座派理論からの労農派的なものへの転回でもあった。そのメルクマールは、『結社と技術』（一九七一年）の長崎浩が明快に指摘したとおり、ブントによる宇野理論の採用である。また、柄谷行人の『マルクスその可能性の中心』（一九七八年）や『日本近代文学の起源』（一九八〇年）も、一種の労農派的展開と言えよう。しかし本稿での問題は、にもかかわらず、村上をはじめ、吉本隆明、谷川雁、橋川文三など日本の「六八年」のイデオローグとある意味では見なせるひとびとの多くが、講座派的な文脈にあるということなのである。「六八年」の全共闘運動では直接に問われることの少なかった天皇制問題は、これら先行世代の文脈のなかで維持されるのである。

＊5 本稿では詳述できないが、村上一郎は、中野重治と保田與重郎の「近さ」を、もっともよく（そして、早く）触知しえていた一人であると思われる。村上の中野への親炙は予科学生時代に始まる。保田が中野重治を旧制高校時代から敬愛していたことについては、渡辺和靖『保田與重郎研究』（二〇〇四年）に、実証的な指摘がある。

上が『維新の精神』の藤田省三を踏まえて言う、幕末志士的「処士横議」を可能にする。そして、農本主義に就くことが、「草莽」の独立自営（農民）＝「郷士」たる担保なのである。

それゆえ、村上は橋川の説に逆らって、保田を橘孝三郎とともに「農本主義的なユートピアンの心情に立つ人」（「保田與重郎の雄ごころ」『明治維新の精神過程 増補版』）だと規定する。村上の農本主義に対する傾斜は、一種尋常ではないところがある。村上が拘泥する「社稷」概念は、きわめてミスティックなものとして語られる。また、『日本浪曼派批判序説』の橋川は、それをほぼ「ゲマインシャフト」に等しいとも言う。しかし、農本主義者にとって、「社稷」は歴史貫通的な「全歴史の真の汽罐室」（『ドイツ・イデオロギー』）を意味するのだから、村上においてそれは、ほぼ「市民社会」＝「コモンウェルス」と同義に捉えられていたと言ってよいだろう。市民社会派マルクス主義者内における「市民社会」概念は、マルクスのそれがそうであったように融通無碍だが（植村邦彦『市民社会とは何か』参照）、大もとのところで、「社稷」と同義と言ってさしつかえない。言うまでもなく、農本主義者の「社稷」概念は、マルクスの市民社会論から得られたものではなく、「大正期」のクロポトキン主義＝「相互扶助論」の文脈で見出された。村上において、それが市民社会派マルクス主義と接続されたのである。つまり、アダム・ミュラーと同様に、村上の把握した「市民社会」には、どうしても農本主義が必要だったのである。なぜか。それは、農本主義が、村上の高く評価する「昭和」青年将校運動において、日本で唯一可能であったかも知れない体制転覆的な「暴力」の源泉であったと見えたからだろう。

4

「日本ファシストの原像」の吉本隆明が、北一輝を「農本ファシスト」と規定して高く評価したことは有名であり、今なお多少は巷間に流布する謬説だが、『北一輝論』の村上は、その誤解を訝しいと指摘しながらも、その謬説に何か意味があるのではないかと思考してみせる。つまり、村上の農本主義とは、農本主義ではないことを知りながらの、そのことに対するフェティシズム的な「否認」なのだが、これは、それ自体としてロマン的イロニーであり、オケイジョナリズムであると言えよう。「草莽」が常民から拒絶されることを知りながら、それに「一己の労」を惜しまないように、である。

同様のフェティシズムは、晩年の村上が繰り返し言及する、天皇に対する「恋闕」についても言える。『国体論及び純正社会主義』の北一輝が、天皇制を「東洋の土人部落」の風習として万世一系神話を一蹴したことを、村上は高く評価する。しかし、それと同時に青年将校運動の天皇に対する「恋闕」にも深い理解を示す村上は、北にも「恋闕」の情を見出して、それを執拗に論じるのである（『北一輝論』など）。しかし、端的に言い切ってしまえば、「恋闕」とは、カール・シュミットが指摘したように、ドン・キホーテのドゥルーネシア姫に対するフェティシズム的な感情にほかならない。これもまた、ロマン的イロニーの一形態なのであり、一種のご都合主義である。言うまでもないが、ドン・キホーテもまた、維新の志士がそうであったように、「郷士」であり「草莽」にほかならない。

では、村上は浮遊的な都市インテリゲンツィアでありながら、なぜ農本主義に惹かれていくのか。それは遊民が定点を求める「土着」への嗜好といったものとは、やや異なった側面も持っている。村上自身、六〇年代に流行し、自身もその一翼を担ったと見なされることのある「土着」論に対しては懐疑的であった。「土着思想の研究などということが一種の流行と化しているが、それらの『研究』に何と片々たるエキゾチックなもてあそびが多いか」（前掲「跋ならびに補注」）と、である。そうではなくて、村上が惹かれるのは、「暴力」を誘発するものとしての農本ファシズムであり、天皇（制）にほかならない。

『法の哲学』のヘーゲルは、「労働」の「市民的」

論理に包摂されえない領域として、「野獣」に接していている農業を見出した。これは自明の理を言っているだけのようにも見えるし、近代的な妄想とも言えるが、つまり、国家-市民社会の象徴秩序に包摂されえないリアルな暴力の領域を、とりあえず「農業」として指し示したと言える。高島『根本問題』からの前掲引用にあるアダム・ミュラーの言葉を用いれば、近代市民社会的象徴秩序に取り込まれた「商業主義的農業」ではない、真理の領域としての「孤立した農業」が見出されるはずだという信憑である。それは、ロマン主義者が愛好するところの、存在しないドゥルーネシア的なフェティッシュにほかならない。

繰り返すまでもなく、村上にあって、それは単に農業を意味するというばかりではない。真理は「暴力」の別名であり、水戸学や農本ファシズムとしてあらわれるものだが、同時に、イローニッシュな、あるいはオケイジョナルな「否認」の態度において見出される。農業が、それ自体で暴力を意味するのではなく、フェティッシュ化されることをとおして、暴力が外部から露呈してくるのである。北一輝が農本ファシストでないことを、村上は知悉している。しかし、そのことを「否認」することで、北の思想は、「戦争機械」たる青年将校の暴力を発動しえた革命的な思想家としての像をあらわす。同様に、北一輝が天皇制を否定したことを、村上は知っている。にもかかわらず、そのことを「否認」し、北の「恋闕」を取り出すことで、天皇は暴力の源泉たりうるのである。ここにおいて、都市遊民的インテリゲンツィアのオケイジョナリズムは、決断主義へと反転する。[*6]

村上が生涯愛惜して止まなかった「戦争機械」が、ここで発動することをえるだろう。ドゥルーズ/ガタリが「戦争機械」として参照したクライストは、アダム・ミュラーと一時期において協働した。カール・シュミットはクライストをロマン派とは見なさなかったが、ある種のクライストである村上においては、「戦争機械」はロマン的イロニーを経ることによって作動するのである。

ここで注意しておきたいのは、ドゥルーズ/ガタリの言う「戦争機械」が社会内的なものではなく、その絶対的な外部において触知されていることである。「日本軍隊論序説」その他の村上一郎の青年将校的な戦争機械への愛惜は、吉本隆明によって、「政治支配者や戦争指導者の次元でなされる戦争論にたいして、批判のモティーフを潜在させていた」が、「兵士大衆の次元の戦争論を欠いていた」（吉本前掲『村上著作集』解説）と批判されていた。しかし、そのことは、村上の論じる軍隊が、近代的な――「市民社会」内部の、あるいは「市民社会」を作為する――フーコーが言う意味での規律訓練的な統治の装置ではなく、社会に対して外部的な、「社交」と「暴力」の場として捉えられていることを示している。そのような「群れ」としての軍隊は、二・二六事件に連座した青年将校・末松太平の名著として知られる『私の昭和史』（一九六七年）に活写されているところでもあるが、村上も同様の感性を保持していたと言いうる。もちろん、村上の言う軍隊は、戦争機械的でありながらも、他方では旧制高校的でもあり、市民社会内的な、規律訓練の装置でもあるのだが――。

なぜ、日本の「六八年」において、多くの新左翼諸党派は「軍隊」に拘泥したのか。諸党派が「建設」した軍隊なるものが、おおむね規律訓練的なものであったとしても、である。村上一郎がある意味で「六八年の思想」であったとすれば、それは、別種「六八年の思想」たる市民社会派マ

*6　カール・レーヴィットは「カール・シュミットの機会原因論的決定主義」で、機会原因論と決断主義が同根であることを論じている。なお、『法の哲学』のヘーゲルは、すでに、初期ロマン派のフリードリッヒ・シュレーゲルを例に、そのロマン的イロニーの価値相対主義が、同時に決断主義であるゆえんを論じ、批判している。ただ、批判されたイローニッシュな主体は、『法の哲学』の最後において、同時に決断主義者でもある「君主」として回帰してくるのである。

ルクス主義が隠蔽した「暴力」の問題を、その「起源」に見出していたところにあった。[*7] 市民主義を嫌悪した三島由紀夫が村上に覚えたシンパシーの理由も、そこにあった。

「市民社会論」は失効したかも知れない。しかし、われわれは「暴力」の問題を払拭しただろうか。「六八年」以降、農本主義はエコロジカルなニューエイジへと屈折して、むしろ拡散拡大している。また、天皇制は、「今上帝」のリベラルな言動に規定されて、ある意味では、むしろ追いつめられた「市民派」リベラル――そこには、エコロジカルなニューエイジも含まれる――の最後の砦となっている（天皇に直訴した山本太郎から、皇后にリベラリズムの範を見る高橋源一郎まで）。しかしそれは、「暴力」が社会に馴致されたことを意味するのだろうか。「社会なるものは存在しない」と言われる現況において、むしろ、「暴力」はさまざまに露出しているのではないだろうか。

＊7　最後の市民社会派・平田清明が、西欧市民社会を絶対視する一方、戦時下の東京商大で、『ファシスタ教本』の著者・米谷隆三のゼミ生であったという事実（水田『ある精神の軌跡』）は、一考に値するだろう。

第Ⅱ部

市民社会の変奏《ヴァリアント》

幻想・文化・政治

今なお不可視化されている「下部構造」について

1

先ごろ亡くなった吉本隆明は生涯ネオロジズム（新造語）の愛好家で、その神秘性をも理由の一つとして、「戦後思想の巨人」と呼ばれた。曰く「関係の絶対性」、曰く「大衆の原像」、曰く「マス・イメージ」等々。吉本が発案した新造語のなかで最も人口に膾炙したものとしては、「共同幻想」があるだろう。吉本の主著の一つと見なされる『共同幻想論』は、雑誌連載をへて一九六八年に刊行された。いわゆる「六八年革命」の年である。

『共同幻想論』は奇妙な遇され方をしてきた書物である。誰もが、吉本と言えばこの書物を想起し、気軽に「共同幻想」という言葉を使う。にもかかわらず、書物の内容に対する検証は、ほとんどなされてこなかったのである。

『ドイツ・イデオロギー』の一節、被支配者階級にとっては「国家」は「幻想的共同体」である、という記述から着想を得たというこの概念には、マルクス／エンゲルスのそれが青年ヘーゲル派批判の書であったことから当然にも、もともとは、ヘーゲル的国家意思論の唯物論的転倒が含意されていた。すなわち、国家が「幻想的共同体」であることへの端的な批判である。マルクス／エンゲルスの唯物論によれば、ヘーゲル的な国家意思＝「幻想的な共同体」――それは、「上部構造」とも規定される――は、それを規定・決定しているところの現実的な経済過程たる「下部構造」を参照すれば、十分にその「幻想性」を批判・解体しうるものとされていた。

ところが、スターリン批判以後の知的状況をうけて、上部構造を下部構造の「反映」と見なすソヴィエト・マルクス主義に反発していた吉本にあっては、上部構造は下部構造から――相対的に？――切り離して論じうるという原則が立てられ、そのために、その「幻想性」を批判・解体する契機が失われるのである。ヘーゲル的国家意思が、あたかも過去・現在・未来において永遠普遍のものとして据えられているのと同様に、吉本の言う「幻想」は決していわゆる幻想ではなく、その消失の契機が見出しがたいものとなる。吉本によれば、「共同幻想」の下位概念たる「対幻想」（男女間の観念とされる）も「自己幻想」（個人の観念とされる）も「幻想」なのだから、幻想が幻想について論じても、それは幻想の内にとどまるほかないという具合に帰結するのが当然だろうからだ。

今や、「社会というものは存在しない」とは言えても、「国家の死滅」を本気で語る者は皆無に近い。そのような今日の事態と相即するかのように、国家本質論であるという吉本の「共同幻想」概念は、消失する契機を失っていったと言える。

吉本の死後、その膨大な追悼記事において、吉本が「六八年」の学生に多大な影響を与えたという記述が多く見られた。あまり正しくない歴史認識だろう。しかし、「共同幻想」という言葉だけは「六八年」の学生たちのあいだで濫用されていた。このことだけは、歴史的な事実である。それは、きわめて幻想的な光景だったと言ってよい。そもそも、柳田國男の『遠野物語』や『古事記』等を資料として「個人幻想」から「対幻想」をへて「国家」＝「共同幻想」の発生を追うというその書物に、幻想小説以上のものとして消費される以外の方途があっただろうか。

2

『共同幻想論』に対して、いち早く批判的に応接した一人に、山口昌男がいる。山口が一九六九年に「日本読書新聞」に連載し、一九七一年にせりか書房から刊行した大著『人類学的思考』に収められた「幻想・構造・始原——吉本隆明『共同幻想論』をめぐって」が、それである。なお、この長文の書評は、一九七九年に新たに編まれ筑摩書房から刊行された『新編 人類学的思考』には、いかなる理由からか、収められていない。『人類学的思考』が刊行された当時、山口は、『アフリカの神話的世界』と『本の神話学』（ともに一九七一年）をも刊行して、「中心と周縁」や「トリックスター」、「道化」、「笑い」といった概念を駆使する新たな知的イデオローグとしての相貌をあらわにしてきていた。ただし、「日本読書新聞」に書評を発表していた一九六九年頃には、さほどそれは顕在化していない。

吉本に対する山口の批判は、前者の発生論的・通時論的な発想に対して、後者の文化論的・共時論的発想だったと言ってよいだろう。「『発生』とか『起源』といった言葉は『物事の起り』よりも、常に回帰的に、何事かの存立を可能にする基本的条件として捉えたい」と、山口は言う。たとえば、『共同幻想論』では、インセスト・タブーを挺子にして母系制社会から母権制社会の発生を説くが、山口は、おそらくレヴィ＝ストロースの『親族の基本構造』を参照しながら、それは、集団間における女性の「交換」を円滑ならしめるための、男性による「権利放棄の発端的状態」だと言う。そもそも、吉本が存在を前提にしている「母権制」なるものは、人類学的には存在を確認されていないからだ。吉本の発生論は、近代の理念型たる「核家族」をモデルに遡及的に見出された物語以上のものではないと、山口は言う。たとえば、古代の「対幻想」を論じているのに、そこに突然、夏目漱石の『道草』が援用されるように、である。今日、『共同幻想論』のリアリティーは、奇妙なことに国家論ではなく、家族論の領域に存在している。芹沢俊介から三好春樹（介護のカリスマ？）といった人々の活動にそれは顕著である。それは、吉本の思想が近代核家族の経験――それが「大衆の原像」である――に根ざしていたことの証左だろう。

山口昌男の批判に理があることは否定しようがあるまい。吉本自身は山口の『共同幻想論』批判にいち早く応接し反論したが（『完本 情況への発言』参照）、それは、吉本が常套としていた、在野からするアカデミズム批判（いわゆる「輸入思想」批判）の域を出るものではなかった。一九六〇年代までは猛威を振るった吉本の輸入思想批判（それに対置されるのが、「自前の」思想である）は、この頃から、良くも悪くも有効性を失い始めたと言ってよい。事実、『共同幻想論』の吉本的発生論は、私見の及ぶ範囲では、今や顧みられることがない。時折、文学者が、文脈抜きで「詩的に」言及するのが目に入る程度である。ほぼ同じ時期、『ドイツ・イデオロギー』のテクスト・クリティークに基づいた廣松渉のマルクス／エンゲルス論が浸透しつつあり、マルクスの「素人の読み方」は一掃されつつあった。

しかし、ここで問題にしたいのは、そのことではない。そうであるにもかかわらず、「共同幻想」

あるいは「幻想」という言葉は、今や吉本出自のものとして、不断に流布しているということが、まず重要なのである。それはたとえば、現象学的概念たる「共同主観性」の同義であるように用いられもすれば、「現実界」に接しえない人間が生きる、「想像界」、「象徴界」の総称として、フロイト／ラカン的な含意を込めて使われることさえある。より通俗的には、岸田秀の「唯幻論」との親近性において語られたこともあった。その他もろもろ、「共同幻想」という言葉は、今なお融通無碍に用いられている。吉本自身は、いつの頃からか「幻想」という言葉を、ほとんど使用することがなくなり、それが適切な概念ではなかったかも知れないと漏らすことがあったにもかかわらず、である。

3

山口昌男自身も、吉本的「幻想」概念に反発しながら、それに対して、「始原的想像力」や「象徴論的考察」を対置しているという意味で、「共同幻想」という言葉を駆逐することはできなかった。いや、山口の人類学者としてのスタンスは、むしろ、吉本的「幻想論」と共犯的でさえあると言ってよいのかも知れない。たとえば、山口もしばしば言及するデュルケームの「集団表象」概念は、容易に、「共同幻想」概念にスライドさせられるだろう。その共犯性において、山口昌男の批判にもかかわらず、『共同幻想論』が、その後ほとんど誰にも検証されることがないまま、しかし今にいたるまで、吉本の代表作として遇されつづけてきた所以も、そこにある。

言うまでもなく、山口昌男の人類学においては、自然／文化の二元性が前提とされている。「自然」から逸脱したホモ・デメンス（錯乱者）的存在たる人間は、その逸脱を「文化」によって補塡することになる。このような発想は、すでにヘーゲルからフロイトにおいても前提とされていたものだが（もちろん、人間がエデンの園から追放されたと捉えるユダヤ・キリスト教的思考に沿っても）、人類学は、その「文化」が多様なものでありうることに着目したと言えよう。しかしともかく、この「文化」概念は、やや粗雑であることをまぬかれない吉本的「幻想」概念とも重なりうるだろう。人類学的に言えば、マルクス主義の言う下部構造も、「自然」ではないという意味で、「文化」に含まれることになるが、そのようにして下部構造という視点を廃棄することは、吉本が、下部構造を括弧に入れて「幻想」領域＝上部構造だけを扱うことができると言った時の構えと共犯的なのである。すべては、「文化」＝「幻想」領域の問題となった。これは真の意味で「カルチュラル・ターン」（ジェイムソン）であり、一九七〇年前後に起こったことである。つまり、「六八年」を「文化」に回収することが、その秘められた目論見であった。

この時、奇妙な事態が静かに生起していた。「六八年」という時代は、世界的に、しばしば「政治の季節」と呼ばれることがある。しかし実は、「文化」による「政治」の消去が進行していたのである。「すべてのことは政治的である」とは、フェミニズムに発して、一九六〇年代以降、アメリカ合衆国から全世界（主に「先進」資本主義諸国）に敷衍されていった。それは同時に、大文字の政治を排することでPC（ポリティカル・コレクト）化し、たとえば、マルチカルチュラリズムとして政治を文化のなかに回収した。言うまでもなく、マルチカルチュラリズムを支えているのは、文化人類学的な思考である。また、カルチュラルスタディーズが文化人類学的な発想に基づいていることは言うまでもない。

日本においては、おおよそ一九二〇年代のマルクス主義の導入以来、「政治と文学」というパラダイムが機能してきた。このパラダイムが「政治の優位性」という了解を前提にしていたことは周知のことである。もちろん、それは日本だけに限らない。だからこそ、サルトルの「飢えた子供の前で文学は有効か」という問いが、世界的なスキャンダルとなりえたのである。しかし、「文化」のなかに「政治」が回収され、消去されるに及んで、政治もまた、文学と同様に文化的一事象のなかに回収され、「政治と文学」パラダイムは失効する。吉本隆明は、一九五〇年代に批評家として登場して以来、一貫して、「政治と文学」パラダイムを——おおむね、「文学の自立性」という観点から——批判していた存在であった。それゆえに、「六八年」のカルチュラル・ターンを延命できたのだと言える。ジェイムソンによれば、カルチュラル・ターンとはポストモダニズムの指標である。だとすれば、『マス・イメージ論』に代表される一九八〇年代の吉本のポストモダニズムへの接近の契機は、すでに『共同幻想論』に懐胎していたと見なすべきだろう。

4

編著『未開と文明』(一九六九年)、『本の神話学』、『人類学的思考』にまとめられた、主に一九六〇年代の山口昌男の仕事は、「六八年」の世界的革命を「文化」の問題として総括することであったと言っても過言ではない。トロツキーも、紅衛兵も、マンガを耽読する学生活動家も、すべて、ヨーロッパのみならず、アフリカの「未開社会」や日本の古代・中世など、古今東西南北の「文化英雄」たちとアナロガスであり、周縁からやってきて中心的な秩序を壊乱するトリックスターと位置づけられる。事実、日本の「六八年」最大のイデオローグであった津村喬は、早くから山口昌男にインスパイアされていたことを公言している。津村は毛沢東派である。

山口自身がどれだけ自覚的だったかは不明だが(もちろん、それなりに意識していたのであろう)、その「文化」主義は中国の文化大革命の志向と一致するところが、少なくなかった。文化大革命の戦略とは、プロレタリアートの上部構造（文化）への進駐であり、これは、いまだ社会主義化していない下部構造をも、上部構造への介入によって逆に革命するという企図を持っていた。それは、労働者階級に脆弱な基盤しか持っていなかった「六八年」の「先進」資本主義諸国の学生にとって、受け入れられやすい志向であったと言える。日本においては毛沢東主義が概して後進国革命論（農村が都市を包囲する）と理解され、見やすいところでは連合赤軍の山岳ゲリラ戦に帰結したように見えたとしても、それは、むしろ末梢的なことである。「政治」を「文化」へと横領することが、「先進」資本主義世界における「六八年」の方途でもあった。このような意味で、文化大革命は「六八年の思想」の核心だったのである。先進国の「六八年」は、サブカルチャーと連動した「文化革命」として位置づけられることが通例である。

スターリン批判以来、それを克服するマルクス主義として再評価されていたグラムシ主義も、同様の役割を果たした。機動戦（大文字の政治）を括弧に入れて、陣地戦におけるヘゲモニー奪取の意義を強調するグラムシ主義は、さまざまな文化領域への介入の意義を担保するからである。それは、かつての大文字の政治に対置された、文学や芸術といった狭隘なレベルではなく、資本主義の高度化によって切り開かれた多様なサブカルチャーや文化産業であってもよい。「すべてのことは政治的」だからである。山口グループが堤清二の「セゾン文化」に親和的であったことは知られていよう。「六八年」は、以後の「ポストポリティカル」と呼ばれる状況の出現を、このようにして準備した。それは、「六八年革命」が、それ自体で内包していた反革命だと言えよう。事実、「六八年」は、その後、ソ連邦や中国社会主義の崩壊（民主化！）という反革命として実現されていくわけだ。しかし、後述するように、そのポストポリティカルな状況に対しては、今日の世界資本主義の「下部構造」の動揺によって、再び「政治」的介入が必要とされていることも、今や誰もが知っている――「幻想」ならぬ――「現実」である。

吉本隆明が、毛沢東主義やグラムシ主義に対して、頑固に否定的だったことは知られている。それらはスターリン主義の亜流でしかないと見なされていた。しかし、『共同幻想論』の著者は、その主張を裏切らざるをえなかった。それは、ある種の毛沢東主義的・グラムシ主義的な転回だったのである。そのことは、これまでの論述から明らかだが、同時に、吉本の死を公的な場で哀悼した者の多くが、カルチュラル・ターン以降の時代を「文化的に」肯定したひとびとであることによっても、確認できるだろう。彼らは、「六八年」以降の時間を、山口昌男的「文化英雄」として生きた者たちでもある。中沢新一は吉本の死に際して、最も多く追悼文を発表した一人だろうが、その中沢が、山口昌男に親炙する人類学者でもあるのは、彼が、一見対立する二人の共存関係について、熟知していることを示しているだろう。

吉本隆明と山口昌男をともに評価する立場を最も早く表明した川本三郎の名前も、ここにあげておくべきだろう。川本の場合は、それが直接には山口昌男論として現れたというのではなく、花田清輝と吉本を同時に肯定してみせるという、一九七〇年代当時としては、一見するとアクロバティックなスタンスを持って登場した(『同時代を生きる「気分」』一九七七年)。花田と吉本は、一九五〇年代の論争以来、不倶戴天の敵同士であると見なされていたが、川本が両者を肯定してみせたことは、何かが決定的に変わったことの徴候だったのである。

川本の花田論は、そのタイトル(「花田清輝の『ふまじめ』」)からもうかがえるように、花田の「道化」的なあり方を賞揚したもので、山口理論を花田に適用したものと見なせる。事実、川本以外にも、山口の周辺の民俗学者や歴史学者からは、同種の花田論が幾つも書かれた。花田のマルクス主義的な政治性を括弧に入れることで可能になったものである。このようにして、「政治」を回避することで、吉本と花田の共存が可能になった。

しかし、ここで問題にしたいのは、そのことではない。政治を文化に回収することで非政治化した「同時代」を、川本は明確に「大正期」として捉えているということが、川本の明敏なセンスなのである。昨年(二〇一一年)、映画化もされた川本の回想記『マイ・バック・ページ』を参照し、現在にいたる川本の主に文学論・都市論(『大正幻影』、『荷風と東京』等)を横に置いてみれば知られるように、川本が、新聞記者時代に連座した赤衛軍事件(一九七一年)を(あるいは、「六八年」それ自体を)、あたかも「大逆」事件(一九一〇年)のように思いなし、自身を永井荷風や佐藤春夫に擬していることは、明白な事実だろう。

周知のように、荷風は、幸徳秋水ら「大逆」事件の被告たちの姿を目の当たりにして、私淑していたエミール・ゾラのごとく、彼らの冤罪を訴ええない自分を恥じ、以後、江戸の戯作(サブカルチャー!)を書いていくことで生きようと決意したという(「花火」一九一九年)。その政治の消去は、荷風をして「大正期」の代表的な小説家たらしめた。また、「大逆」事件に連座した大石誠之助と父親が友人だった佐藤春夫は、大石と「大逆」事件を題材にした詩「愚者の死」(一九一一年)を書いた後、「田園の憂鬱」の方に転回する。両者とも、非政治的な都市遊民として韜晦していったわけだ。

朝霞基地自衛官殺害として知られる赤衛軍事件が、果たして、「大逆」事件とアナロジー可能なものかどうかは、おおいに疑問である。しかしともかく、川本三郎は、自身を荷風や佐藤春夫と重ね合わせることで、「政治」の消去と「文化」への回収を合理化しえたわけである。それは、川本の愛好する言葉で言えば、「幻影」であり、吉本的に言えば「幻想」である。しかし確かに、「六八年」以降の時代は、日本的な文脈で言えば、あたかも「大正期」であるかのように推移したとも言えなくもない。それは、「昭和」という元号が終了する二〇年近く前から、そうだったということである。少なくとも、かなりの人間においては、そうだったと言える。

ところで、知られているように、山口昌男という「文化英雄」は、昨年度（二〇一一年度）の文化功労者に選出されている。それは、晩年の（戦後の）荷風が文化勲章の受章者であったことと、どこか似ているのではないだろうか。

ちなみに言えば、中沢新一の偉大な先行者と言うべき側面を持つ津村喬が中沢と異なるところは、津村が吉本＝山口的な「文化」主義に対して、容易に「政治」の契機を手放そうとしなかったところにある。中沢と異なって、津村が吉本に対しては一貫して非和解的であったのも、そのためだろう。ただ、すでに一九七〇年代に徴し、一九八〇年代にいたって決定的なものになった、津村のニューエイジや「東洋体育」への転回は、津村的「政治」が空転をきたしてきたためでもあるが、やはりカルチュラル・ターンの一種と見なさなければならない。それが、津村においていかに内的必然に根ざしているとしても、その「政治」からの撤退は惜しまれるべきである。

5

「文化」による「政治」の消去と相即して、「倫理」による「政治」の横領が顕在化してくるのも、「六八年」以降のことである。そのメルクマールは、一九七一年に刊行されたジョン・ロールズの

『正義論』に求めることができるだろう。それは既述したような、カルチュラル・ターンにおけるPCの普遍化から容易に推測できる。リベラリズムの立場からするロールズの『正義論』に対して、コミュニタリアニズムからの反論をはじめ、膨大な論議が積み重ねられていることは知られている。日本においても、その変奏は盛んである。その論議をここで追うことはできない。しかし、ロールズの『正義論』が「六八年」に懐胎した反革命である所以は、「平等な自由の原理」も「公正としての正義」も、先進資本主義国一国（アメリカ！）の枠内においてのみ可能である（かのような）議論以上のものではない、ということである。その後のさまざまな論議も、おおむね、資本主義という「下部構造」を疑わないという前提のなかで繰り広げられたと言ってよい（「倫理」による「政治」の代替については、市田良彦『革命論』を参照。そこで市田があげているのは、コミュニタリアンのマイケル・サンデルである）。

しかし奇妙なことに、「文化」や「倫理」へのパラダイム・シフトがなされた時代において、下部構造を問わないで済ましうる安定的な社会統合の担保であったのは、「労働」だったのではないか。そして、今や「文化」や「倫理」という名の統合が、誰の目にもいかがわしく見えてきているとしたら、それは、改めて「労働」の問題系が浮上してきているからにほかならない。非正規労働や格差社会として論じられているのが、それである。新たな「労働」問題をつうじて、「政治」が必要とされてきていると言える。

知られているように、明治維新によって資本主義を導入した日本は、しかし、一九六〇年代中葉まででは、農村人口がヘゲモニックな国であった。つまり、日本の社会は、近代的な賃労働によっては統合されていなかったと言える。農村は、都市へと流入する労働人口の供給源ではあったが、同時に、強固なコミュニティーとして社会の根強い統合システムであった。欧米に比して、この様相が顕著であったことが、一九三〇年代に日本資本主義論争が生起した大きな理由である。

マルクス主義においてはもちろんのこと、支配層にとっても賃金労働者のモデルは、工場や炭鉱・鉱山など「生産点」の労働者であった。賃金労働者が社会的統合のモデルであることを主張し始めたのは、日本では「大正期」であったと言ってよい。しかし、当時のアナキズム文学や初期プロレタリア文学を瞥見すれば知られるように、そこで描かれている労働者は、現在では、プレカリアートと呼ばれる不安定な存在に近い。彼らの賃金は日給制・出来高制であることが常態であり、資本の都合でいつでも解雇を余儀なくされる。社会保障などとんでもない。その後、このような「生産点」労働者は増大し、安定雇用化や社会保障の多少の整備も進みながら、戦後にいたるまで、量として主流になることがなかった。

しかし、ここでの問題は、一九一〇年代、二〇年代から戦後にいたる労働者の悲惨さではない。それらの文学作品からもうかがえるのは、当時の賃金労働者の要求する「正義」(それは、具体的には安定雇用と社会保障を意味した)が、基本的に戦後の高度成長のなかで、おおむね「実現」されていったということなのだ。一九六〇年代の「金の卵」とさえ呼ばれた賃金労働者も、しばらくは「大正期」のそれと同様の相貌を幾分か示してはいた。そのことは、今でも時折テレビ放映される、東京下町の若い工場労働者を描いた一九六〇年代日活青春映画を見れば知られる。今から見て、彼らのあまりに明るく希望に満ちたキャラクターは、高度成長の「正義」が(つまり、安定雇用と社会保障の福祉国家が)実現されるという信憑だろう。しかし、日活青春映画で工場労働者を演じた高橋英樹、渡哲也、浜田光夫、梶芽衣子などが、その後、ヤクザ映画へと転身していったように、「金の卵」もまた、「賃金労働」によって相対的な統合を実現しつつある社会のなかで不可視化されていく。

代わって、統合装置としての賃金労働者のモデルとなったのは、大学卒の「サラリーマン」である。そのサラリーマンにおいて、安定雇用と社会保障が（つまり、福祉国家が）実現されていく。工場労働者をモデルとして有力な中間団体たりえていた労働組合も失効していく。逆に言えば、工場労働者もまた、サラリーマンとして位置づけられていくのである。やや後の一九八〇年代のことになるが、尾崎豊は「サラリーマンにはなりたかねぇ」と歌ったが、そこで言われているサラリーマンとは工場労働者のことなのだ。

工場労働者からサラリーマンへの賃金労働モデルの転換が意味しているのは、生産から消費への転換とも言い換えられよう（ロベール・カステル『社会問題の変容』）。この時、労働価値説は失効し、価値形態論のみが問題となっていく。商品の価値は労働の投与された量で決まるのではなく、相互の差異と交換のなかで決まるのである。かつての出来高賃金は、それがいかに劣悪なものであったとしても、労働が商品を生産するということは前提とされていたが、今や、その前提が、おおむね破棄された。サラリーマン・モデルは、労働価値説を必要としない。それは、事務職・中間管理職がモデルであり、狭義・広義に認知労働者だからである。かつて、「労働は終わった」と宣告したジャン・ボードリヤールの言う「消費社会」、あるいは、より端的にダニエル・ベルの言う「ポスト産業社会」とは、賃金労働が工場労働者モデルからサラリーマン・モデルに代わった社会だったと言えよう。

サラリーマンは市場において、むしろ、福祉社会を享受する消費者として登場している。かつて、「大正期」の都市では、工場の賃金労働者と荷風や佐藤春夫のような消費者高等遊民が、分裂して共存していた。もちろん、彼らは相互に羨望と疚しさを抱いて共犯的に視線を交わし合っていた。彼らのあいだに、「大逆」事件の初期社会主義者たちというフィルターが介在していたことは言うまでもないだろう。しかし、その分裂は今や克服されたかのようなのだ。つまり、「正義」は実現された。あるいは、いまだ十全に実現されていないとしても、実現されるべき条件は整った。もはや「政治」は本質的に不要なものとなり、「倫理」のみが求められることになる。

このような言説は、その後も繰り返される。たとえば、一九八九／九一年には「歴史の終焉」として、それは喧伝された。もとより、サラリーマンが消費者的遊民の相貌をまとったからと言って、「大正期」の高等遊民のように洗練されているわけではない。だからこそ、その時代は「幻影」として羨望され懐古されもするわけである。今なお、「文化」や「幻想」が下部構造を隠蔽しうる所以にほかならない。

6

しかし、労働が終焉し、「文化」と「幻想」の時代が始まったかに見えたその時、その内側から再び、「労働」が問題化され始める。言うまでもなく、今日、格差・貧困問題と言われているのが、それである。それが、どのような意味で、資本主義にインプットされていたことなのか、ここで詳述する余裕はない。ただ、一九七一年のニクソン・ショック（ドル・ショック）と、続く一九七三年の先進資本主義国の変動相場制への移行は、資本主義を延命させると同時に、「労働」による統合システムの危機を誘導するものだったことは明らかである。フォーディズムからポスト・フォーディズムへの転換が開始されたのも、この時期である。

高度成長に支えられた福祉国家は、完全雇用を前提にしていた。しかし、「先進」資本主義国内のロウアークラスに位置づけられた古典的な工場労働者は、ポスト・フォーディズムの時代において、「フレキシブルに」失業の危機に置かれることになり、ついには、(旧)第三世界の安価な労働力に、その地位を奪われざるをえない。サラリーマンをモデルとした福祉社会の「正義」は、旧来の賃金労働者層をアンダークラス化することで、足元から掘り崩されていくのである。

　労働価値説が破棄された社会では、労賃は生活賃金以下に引き下げられようとさえしている。このような時に、「倫理」を持ち出すこととは何だろうか。マックス・ウェーバーの言う労働の「エートス」は、実は労働価値説によって担保されていたはずだからである。たとえば、生活保護の額がワーキングプアの月収より高いとテレビで憤ってみせるニュースキャスターや芸能人がいる。彼／彼女の月収は、生活保護の金額の何十倍以上だろう。このようなことは、今や、誰もが知っている現実である。かつて、サラリーマン・モデルへと転換することで不可視化されていたタイプの賃金労働者の問題が、再び浮上してきたと言える。いまだサラリーマン・モデルはかろうじて生きているが、消費社会が存続していると思う者はいない。

　かつての(たとえば「大正期」の)工場労働者は、不断の失業の危機にさらされていたとしても、転職の機会が存在することには、それほど疑いを抱いてはいなかった。産業資本主義が右肩上がりであることへの信憑があったからだ。一九二九年恐慌に際しても、ケインズ主義が対置されてきた理由である。しかし今日の不安定労働者《プレカリアート》は、失職するや再雇用の機会への期待が、ほとんど減退してしまうのである。

　このような事態に立ち至る徴候は、すでに「六八年」に徴していたことであった。画期的と言われる日大闘争の学生たちは、日大という「三流大学」が、中間管理職の製造システムであることを拒否すると言った。つまり、サラリーマンたることを拒否しようとしたのである。これは旧来の賃金労働者モデルからサラリーマン・モデルへの転換への拒否を意味したということではあるまいか。当時、大学進学率はいまだ二割にも満たなかった。彼らの背後には、八割の中卒・高卒の賃金労働者（金の卵！）がいたのである。しかし、時代は、中卒・高卒の賃金労働者モデルではなく、また、東大の「エリート」サラリーマンでもなく（それは昔から存在した）、日大的なサラリーマンをモデルとして、社会が統合されようとしていたのだ。

そう考えてみれば、「六八年世代」の永山則夫へのシンパシーも、あまり趣味がいいとは言えないヤクザ映画の愛好も、今、新たに捉え直すことができるかも知れない。それは、アンダークラス化され不可視化を開始しつつあった旧来的賃金労働者と接しようとする身ぶりであったのだ。繰り返すが、「ヤクザ」は工場労働者の末裔である。

もちろん、そのことは失敗した。「サラリーマンにはなりたかねぇ」という気分は、逆に、新自由主義的な一発逆転の起業家（ロックスターであれ、お笑い芸人であれ、ITベンチャーであれ）の「活動《アクション》」の方向へと次第に回収され、「労働」はますます隠蔽されていく。それは、「文化」や「幻想」といったパラダイムが、「下部構造」を隠蔽することで有力となっていったことと相即的である。

しかし、今や労働の不可視化が限界に来ていることも、誰もが知っている。一九八〇年代にフリーターなる言葉が案出された時、それは労働を最小限に抑えて、「自分探し」としての自由な「活動《アクション》」（文化英雄となること！）を追求するための方途だと喧伝されたが、そんなことが、それこそ「幻想」に過ぎないことは、今や自明である。ワークシェアリングや福祉国家の再建にかすかな展望を見出すロベール・カステルが、「実は」と本音を漏らすように、解決策はないだろう。しかも、カステルの提言は、うまくいって、せいぜい「先進」資本主義国の「国民」に対してだけ、妥当するもののように見える。必要なことは、今なお「文化」や「幻想」の幻影に覆われている下部構造を明るみに引き出す「政治」であるとだけは、言えるかも知れない。

——ここまで「政治」という言葉を無規定に用いてきただろうか。そうであるかも知れない。かつてであったなら、それは資本主義を打倒し、社会主義・共産主義を目指すことが革命であり、政治の方向であるとも言えただろう。しかし、現在においては、その一歩手前でとどまることで「政治」を模索することができるだけだ。おそらく、二歩、三歩後退することは、「政治」の放棄へと帰結するほかない。つまり、「幻想」や「文化」や「倫理」に後退することなのである。

資本の自由／労働の亡霊

1　歴史記述のなかのある欠落

フランスの一九六八年五月が単なる「学生革命」ではなく、多くの労働者の決起とともにあったのは周知のことである。そのことは、たとえばクリスティン・ロスの著作[*1]をはじめ、今なお想起され検討に付されている。同様のことは、アントニオ・ネグリやマリオ・トロンティらの思想を生み出したイタリアの「六八年」（オペライズモ、アウトノミア運動）についても言われている。それに比して、日本の「六八年」は労働運動との結合が希薄であったことが、しばしば否定的に語られる。それゆえ、日本のそれは社会の深部に達しえない一過性の出来事だったのだ、と。事実、「六八年」を記述し論じた多くの書物においても、労働運動については、ほとんど触れられていないのが実情である。せいぜい、一九六五年に結成された「反戦青年委員会」が学生の運動と――主に「街頭」で――随伴したことが、副次的に触れられる程度なのだ。

二〇〇〇頁を超える量を誇る小熊英二の著作[*2]は、基本的に学生運動と、学生もコミットしたヴェトナム反戦市民運動の記述に終始している。そのことは、同書の副題が、それぞれ「若者たちの叛乱とその背景」、「叛乱の終焉とその遺産」とあることからも知られる。「若者たち」とは、この場合、「学生」（高校生、予備校生を含む）を指しているだろう。同様のことは、小熊の本以前に上梓され、それとは根本的に対立する視点によって書かれているはずの二冊の拙著[*3]についても言える。いくつかの事情があり、拙著においても、「六八年」の労働運動については、まったく不十分にしか触れることができなかった。そのほか、近年、陸続と刊行されている類書においても、事情はおおむね変わらない。

しかし、「六八年」を担った新左翼による労働運動はあった。それについての書物も、戸塚秀夫らによる浩瀚な研究書[*4]をはじめ、それなりに存在してはいる。だが、それらの多くは国鉄、全逓、電力、自治労、水道、教育などの官公労や、三菱長崎造船、全金など大単産（産業別単一労働組合）における左翼反対派的運動に視点が限定されている。それらは基本的には古典的な労働運動イメージのなか

＊1　K. Ross, May '68 and Its Afterlives, Chicago: University of Chicago Press, 2002（クリスティン・ロス『六八年五月とその後』箱田徹訳、航思社近刊）。
＊2　小熊英二『1968』上下、新曜社、二〇〇九年。
＊3　絓秀実『革命的な、あまりに革命的な――「1968年の革命」史論』作品社、二〇〇三年および同『1968年』ちくま新書、二〇〇六年。
＊4　戸塚秀夫ほか『日本における「新左翼」の労働運動』上下、東京大学出版会、一九七六年。

で語られていて、「六八年」とのかかわりが主題化されているとは言いがたい。それは、旧総評が組織しえなかった中小単産における新左翼労働運動を記述する書物の場合でも、そうだったのである。

そのような古典的な文脈においてしか「六八年」の労働運動を把握できなかったところに、「貧困」、「格差」といった視角から「ワーキングプア」、「下流」として語られている現代の「労働」問題が、うまく語りえないでいる一因があるように思われる。新自由主義とも「帝国」とも新帝国主義ともさまざまに規定される現代資本主義が、「六八年」に対する受動的（反）革命の帰趨であるとするなら、「六八年」における「労働（運動）」の問題も一瞥されなければならないだろう。現代の「貧困」は、一九世紀的なそれに還元しえないからである。

2 「六八年」における出版労働争議

日本の「六八年」には、以上にあげたような左翼反対派的な労働運動のみが存在したのではなかった。それを象徴するのは出版社の労働争議である（出版以外では全金本山争議などが有名である）。今では省みられることが少ないが、「六八年」（年代的には、主に一九七〇年代）には、七〇年四月に始まり七年間の長期にわたって展開された光文社争議をはじめ、それに前後する中央公論社、教育社、学習研究社等々の争議を代表的なものとして、大小多数の出版労働争議が、「学生革命」に煽られるようにして展開された。とりわけ、「ベストセラーづくりの神様」と評されていた特異なカリスマ経営者・神吉晴夫（社長、当時）のもと、新書版の「カッパ・ブックス」、「カッパ・ノベルス」を刊行して、一九六〇年代出版ジャーナリズムの寵児の位置を占めていた光文社における、多数の被解雇者を含む全面争議は、「六八年」の象徴的な闘争として展開され、一九七七年の全面勝利とも相まって、当時の新左翼労働運動に大きなインパクトを与えたのである。
光文社争議については当該等による、光文社闘争本部編『光文社闘争 '70年カッパ争議の中間総括(写真版)』(光文社労働組合、一九七〇年)、光文社闘争を記録する会編『光文社争議団――出版帝国の〝無頼派〟たち、2414日の記録』(社会評論社、一九七七年)、光文社三労組情宣部編『光文社闘争(闘争新聞復刻版)』全二巻(社会評論社、一九七七年)をはじめ、当時のマスコミ、ミニコミに多くの記録が残されている。また、他の出版争議についてさえ、単行本化された記録も少なくなく、多数の資料・論考が存在する。しかし、私見の及ぶ範囲では、これら出版争議の意味を、現在的な視点から総括的に論じたものは皆無に等しい。本稿の企図もその責に応えるものではないが、ひとつの問題提起たらんとする目論見を含んではいる(なお、本稿に記された出版争議についての情報は、これら活字化されたもののほかに、一部、関係者からの聞き取りによるものも含まれている)。
出版争議が新左翼労働運動として闘われた背景には、出版資本には、学生運動の経験者が、その心性を維持したまま職を得やすいという事情があった。実際、光文社争議においても、その他の「六八年」の日本の出版労働争議においても、それを領導した者の多くは、主に編集者となった学生運動の経験者によって占められていた。彼らが、その経験から養われた心性によって、長期にわたる解雇争議に耐ええたという側面を否定することはできない。また、一般組合員の多くにも、新左翼のシンパサイザーが含まれていることが出版争議の特徴であり、そのことが、官公労や民間一般企業における新左翼労働運動との大きな相違である。[*5]
一九六〇年代の文化的・知的ヘゲモニーは、六〇年安保を通過することで、知識人界とりわけ学生においては、新左翼的なものに傾いていた。出版労働者の多くは、このヘゲモニー移動に敏感であった。このことは、いまだ「労働者本隊論」が主流のマルクス主義が新左翼においても優勢であった当時の文脈では、出版争議が擬似インテリの観念的な遊戯にすぎないという暗黙の蔑視を受ける理由でもあった。労働者本隊論で言う「労働者」とは、産業資本主義における基幹産業（第二次産業）のそれだからである。出版労働者は、みずからを基幹産業労働者に「自己否定」的に擬することで、争議を持続させていたという傾向があった。しかし、そのことをもって当時の出版争議の意義を否定することはできない。それは歴史必然的に生起したのであり、そこにはポスト・フォーディズムの時代における「労働」問題が萌芽的に懐胎されていたからである。

出版労働者の「労働」、とりわけ編集やデザイン、製作、ライター、カメラマン、コピーライティングなどのそれは、ハンナ・アーレント[*6]の言葉を用いれば、「仕事 work」や「労働 labour」というよりは、「活動 action」に近似的なものと見なされた。それは、労働の実態がそうであるという以上に、社会的にそう見なされ、みずからもそう見なしていたということである。東欧革命やソ連邦の崩壊と前後して、欧米でアーレント再評価の機運が高まった背景には、ひとつには古典的な「労働」概念の失調があったが、その萌芽は、すでに「六八年」の日本にも懐胎されていたと言える。言うまでもなく、そのアーレント的視点は、今日では、「認知労働」（アントニオ・ネグリ）や「クリエイティヴ・クラス」（リチャード・フロリダ）といった言葉で置き換えられ、論議されている。

民間や官公労においても、多くの場合、反戦派労働運動を組織し領導しているのは、学生運動の経験者であった。しかし、彼らが、学生運動的ラディカリズムに拒否反応を示す一般組合員が多数を占める労組のヘゲモニーを掌握することは困難であり、左翼反対派的運動をこえることは不可能であった。端的に言えば、一般労組員には「生活がかかっている」からである。それゆえ、反戦派労働者と呼ばれる彼らは、組合の機関決定を無視して政治スト（マッセン・ストライキを自認する山猫スト）を打つこともあった。学生とともに「武装化」し、街頭闘争へと向かう者も少なくなかった。「街頭」で逮捕された反戦派労働者は、裁判闘争や解雇攻撃にさらされることで、職場からの離脱を余儀なくされ「ルンペンプロレタリア化」する者も稀ではない。それを見越したうえでの決起は、多くの場合、個々の労働者の「決意性」のみによって担保されえたのである。[*7]

そのような環境のなかで、光文社争議は反戦派が個別単産とはいえ組合を掌握し、労働争議として戦われたという意味でも、きわめて特異な「大」争議であった。しかも、それは奇妙にも、「ルンプ

＊5　出版労働者と同じことが、教育労働者についても言える。一九六〇年代から七〇年代にかけて、主に大都市圏近郊の公私立初等中等学校には、都市人口の爆発的な増大にともない、大量の新規教員が採用され、六〇年安保や全共闘運動の活動家が多数流入していた。教育労働者の闘争の代表的なものとしては、一九七〇年に始まった福岡県の伝習館闘争がある。付言すれば、八〇年代後期に言論ジャーナリズムに登場して「保守反動」的主張と見なされた埼玉県の、有名な「プロ教師の会」も、もともとは、伝習館闘争を支援する反戦派教師の集まりだったのである（異議あり！編集部編『下級教員宣言』現代書館、一九七三年、参照）。それはともかく、教育労働者の多くが終身雇用制によって保護されていた当時にあっては、職を賭して、光文社的な「無期限的」闘争へと突き進むことなど、ほとんど不可能であった。その他、学校と出版との職種のあり方が大きく違うことなどもある。光文社争議が可能だったのは、後述するように、出版業界が事実上すでに、「日本的雇用」から逸脱した環境にあったからである。

＊6　ハンナ・アーレント『人間の条件』志水速雄訳、中央公論社、一九七三年。

ロ反戦」路線をもっとも積極的に遂行していると見なされていた新左翼政治党派によって指導されていたのである。[*8] 光文社労組には、争議以前からいくつかの新左翼系活動家が活動していたが、とりわけ、その党派の古参有力活動家がヘゲモニーを握っており、争議は彼らを介して「党」中央が直接に指導に当たっていた。ただし、表面的にはセクト色は極力払拭されており、多くの新左翼諸党派・ノンセクトの学生・労働者の支援が寄せられていた。「六八年」の象徴的な労働争議となった所以である。

光文社闘争は、光文社労組が七〇年春闘において、「神吉体制打破、賃上げ二万円、賃金格差是正金四万円」を要求に掲げて無期限ストに突入したことから開始された。同時に、光文社労組は、光文社記者労組、光文社臨時労働者協議会（後に、光文社臨時労働者労働組合）と共闘関係を構築、これが七年間の争議を担う「光文社三労組」である。

ここでまず注意しておくべきなのは、春闘としては当時としても稀有な「無期限スト」戦術が採用されていること、そして、それがいわゆる「七〇年安保」を直前にした決起だったことである。官公労や民間の左翼反対派的新左翼労働運動において「無期限スト」を実行することは、当時にあってさえ不可能に近い。規模の相違があるとはいえ、動労・国労による一九七五年一一月から一二月にかけてのスト権ストは八日間である。これは、光文社争議が「六八年」における全共闘の無期限バリケード・ストライキ方式をモデルに仰いでいることの証左であり、出版争議という特殊な領域が、それを可能にしたと言える。しかも、意図的であるか否かは不明だが、それは、「六八年」の特殊日本的な決戦時と擬制されていた日米安保条約自動延長時の一九七〇年六月を前にして設定されたのである。これらのことには、巷間知られる新左翼の「ルンプロ反戦」路線とは異なった政治的意思が垣間見られよう。事実、光文社労組の争議突入は、それが所属する出版労協（後の労連）はもとより、総評などの既成勢力からは、要求の「無理スジ」、戦術的な「ハネ上がり」であり、大手企業労組の「殿様スト」と見なされていた。

光文社闘争は、当初は「大衆団交」によって進行し、そのなかで神吉社長の背任横領や不当労働行為の告発がなされた。そのなかで神吉社長らの解任と新社長の就任などもあって、争議はいったん収束に向かったが、新経営陣の雲隠れと、経営陣に雇われた暴力団によるロックアウト、結成された第二組合とのあいだの流血など、争議勃発の一、二年のあいだに事件がつぎつぎと出来し、三労組の活動家や支援労働者が逮捕・起訴されるなど、泥沼化・長期化の様相を呈していった。光文社問題は国会においても取り上げられた。解雇者は最終的に、三労組あわせて三七名に及ぶ。概略この経緯を見ても知られるように、光文社争議は、古田会頭の使途不明金発覚によって大衆的な盛り上がりを見せた、一九六八年の日大闘争のミニアチュアの様相を呈している。[*9]

しかし、それ以上に重要な問題は、光文社争議が光文社労組という本工労組のみの運動ではなく、当初から、記者、臨職という非正規雇用労働者をも含む運動として構築されていたということである。

＊7　新左翼を構成する諸党派のなかでは特異な党派であり、一九五〇年代後期の結成当時から国鉄動力車労組（現・JR総連）に浸透を図り、組合総体のヘゲモニー獲得に腐心していた革マル派（革命的共産主義者同盟革命的マルクス主義派）は、職場・組織から離脱して街頭化する他党派・ノンセクトの労働者を「ルンプロ反戦」と揶揄したが、理由のないことではない。

＊8　中核派（革命的共産主義者同盟全国委員会）である。

光文社闘争を「指導」した政治党派は、一九七〇年七月七日のいわゆる華青闘（華僑青年闘争委員会）告発を契機に「差別問題」が新左翼に主題化される以前から、部落や沖縄などマイノリティ問題にも熱心に取り組んでおり、そのような路線が、非正規雇用労働者を問題化することに向かわせた一因と思われる。そして、このことこそが、その正負をとりあえずおいておけば、光文社争議をきわめて「六八年」的なものにしている理由である。

周知のように、一九六〇年代の日本は、終身雇用制という「日本的雇用」が一般的だったと信じられており、それが崩壊を開始するのは、バブル崩壊の九〇年代に入って以降と考えられている。「一九四〇年代論」の提唱者が指摘したように、終身雇用制という擬制の成立は、一九四〇年代の戦時下総力戦体制に由来する。そもそも終身雇用が実態的に可能な企業は労働者数一〇〇〇人以上の大企業に限定され、それは全労働人口の八・八パーセントにすぎないというデータもある。[*10] 欧米諸国においては、「六八年」以降――あるいは、一九七三年のオイル・ショック以降と言うべきか――労働市場の「自由化」が加速した。ところが、日本においては、巨大資本と巨大労組の「合意」によって、そのレヴェルにおける終身雇用制が守られたのであった。それは、「ジャパン・アズ・ナンバーワン」の担保ともなった。日本で終身雇用制という擬制がおおやけに疑問視されはじめたのは、だから一九九〇年代に入ってからなのだが、今なお、それは理念型のように語られているという現状がある。

しかし、中小零細企業が過半を占める出版業界においては、もともと終身雇用など存在しないに等しいと言って過言ではないし、臨時や非正規雇用も常態である。数からすれば、社会保険も整わない企業がほとんどだろう。さらに言えば、「認知労働者」としての出版労働者は、終身雇用には適合的ではなかった。たとえば、若者向けの出版物の編集者は、その能力を中高年時まで維持していくことは困難であり、中小の企業は、その能力を喪った者を別の職種に移して雇用を維持することが不可能なのである。

光文社は講談社＝野間資本の子会社として戦後に出発したが、争議勃発時には業界六位に位置し、日本工労働者が相対的に高賃金で終身雇用を享受することが可能な大手企業である。争議勃発時は、ユニオン・ショップ制の労組員が一六四名（他に職制がいる）だが、彼らは多くの非正規労働者に支えられており、非正規は収入も不安定で終身雇用とは無縁な存在であった。たとえば、光文社の看板週

＊9　光文社闘争を指導したのは、中核派の指導者であった書記長・本多延嘉（一九七五年、革マル派のテロによって死亡）だったと言われる。本多は、東大闘争よりも日大闘争の意義を顕揚していたことが知られている。中核派による光文社争議の指導は、奇妙なことに、労対ではなく本多直轄でなされていたという。これは異例のことだった。労働争議は、労対によってなされるのが政治党派の常道だからである。光文社争議の勃発当時、本多は六九年四・二八沖縄闘争にかかわって、破防法被告として獄中にあり、七六年の争議解決時には、すでに死亡していた。しかし、本多不在の時期においても、争議は労対によって指導されたのではない様子である（古参の指導者で著名な北小路敏が関わっていたともいう）。これには、光文社争議のさまざまな特殊性がかかわっていると思われるが、本多延嘉が学生時代に早稲田大学新聞編集長も務めた、気質的にも「根っからのジャーナリスト」（小野田襄二『革命的左翼という擬制　1958〜1975』白順社、二〇〇三年）であったことは大きいだろう。本多は、出版争議が官公労や一般企業のそれとは異質であることを知っていたはずである。

＊10　NIRA研究報告書「終身雇用という幻想を捨てよ――産業構造変化に合った雇用システムに転換を」総合研究開発機構、二〇〇九年四月。

刊誌のひとつである「女性自身」（一九五八年創刊）は、初期においては、草柳大蔵や竹中労などフリーランスの著名ライターが多数かかわったことでも知られるが、彼らも、その下の――多くは出来高払いや低賃金の――同様にフリーランスとして契約している取材スタッフに支えられていたことは言うまでもない（彼らフリーランスには、学生運動出身者も多かった）。今日言われるところの「プレカリアート」の問題が、出版業界においては、すでに「六八年」に顕在化していたわけである。光文社争議は、それを「格差」や「差別」の問題として主題化しようとしていたと言える。

このような光文社三労組の提起（そして、その後の全面勝利）は、一九七〇年代の新左翼労働運動に大きなインパクトを与え、いくつかの週刊誌や新聞のフリーランスによる労組・記者会が労働争議に突入した。それらのなかには、解雇争議も多々存在した。また、大手出版社の下請け企業（編集プロダクション）においても労組が結成され、解雇争議へと突き進んだものもある。出版業界以外でも、下請けや臨時職員の争議が頻発した。それらのなかには、今なお継続中の争議も存在する。これら争議は、概して決して大きなものではないが、明らかに光文社争議の影響下にあった（ある）と言える。

しかし、一九七七年の全面勝利で職場に復帰した光文社労組には、労働組合としてのかつての華々しい活動が見られなくなった。経営危機による大リストラが報じられている現在、かつての労組員は全員、定年退職を終えつつあるばかりでなく、光文社労組には争議解決後に新規加盟者が存在せず、同労組は自然消滅を待つばかりとなっている（二〇一〇年一二月に実質的に解散）。光文社のリストラは、大手出版社らしく好条件であることもあって、スムーズに進行している様子である。そのような事態に立ち至ったのが、いかなる理由によるのか詳細は不明だが、光文社争議の全面勝利が残したものが、光文社三労組の否定した出版業界の状況の、それ以上のものとしての「実現」であったという逆説は、ここで銘記しておくべきだろう。そのことは、後に明らかになるように、単純な非難を意味するものではない。

出版業界における下請け化や非正規雇用、「格差」、「差別」の問題は、今日でははるかに深刻化している。それは、今日問題化される「格差社会」を先行的に先取りする産業であったと言っても過言ではない。そもそも、国民国家の誕生とともにある産業資本主義のなかで、出版資本は前者の成立に大きな――主要な！――役割を演じたにもかかわらず[*11]、マージナルなポジションに位置づけられてきた。それは、いわゆる第三次産業にすぎず、基幹産業ではないからである。

しかし逆に言えば、出版資本は、その特異な位置ゆえに、フォーディズムからポスト・フォーディズムへの移行期におけるモデルたりえた。光文社争議は、そのことを示唆する事件にほかならない。光文社争議以降、一九七〇年代、八〇年代から今日にいたる出版業界は、電算化の波を直接にかぶったこともあって、ドラスティックにポスト・フォーディズム的な構造再編が遂行されていった。それは、コンピューターの導入による「認知労働」の深化・浸透と、それに規定された――光文社争議が問題化したところの――雇用形態の、労組の空洞化をも含むさらなる新自由主義化（不安定状態化《プレカリアート》）であると、とりあえずは言える。そして今や、電子書籍の出現による出版業界の危機がささやかれているわけである。「六八年」の象徴的な労働運動として光文社争議を召還し、その意味を問うべき理由も、そこにあった。

＊11　B・アンダーソン『定本　想像の共同体――ナショナリズムの起源と流行』白石さや・白石隆訳、書籍工房早山、二〇〇七年。

3 非物質的労働と労働価値説

アントニオ・ネグリは、ポスト・フォーディズムの時代における認知労働について、次のように言って、その革命的な潜勢力を賞揚している。すなわち、かつて物質的生産において、「生産を可能にする固定資本は、『資本』そのもの（つまり不変資本）によって可変資本（つまり労働力）に提供された」が、「代わって今日では、資本主義的生産において一般知性がヘゲモニーをもつようになる。つまり非物質的労働あるいは認知労働がただちに生産的なものになる。そうなると、知的労働力は以前のような隷属関係から解放され、かつては資本が事前に準備していた労働手段を、生産主体が自分のものとしてしまいます。いわば、可変資本そのものが固定資本として表れる」[*12]ことになる、と。

ネグリが言うような認知労働の性格は、光文社をはじめとする日本の出版争議の解雇争議団体が依拠したところでもあった。一九七〇年代から八〇年代にかけての出版争議においては、争議団が独自に事務所を借りて下請け編集プロダクションを設立し、解雇者全員の経済的な自立を図った。解雇者は、運動担当と労働担当に分けられ（両者は随時フレキシブルに交代することもある）、後者は同業支援労働者とのネットワーク等を利用して編集や校正などを請け負うことで、生活資金を調達するのである。[*13]光文社争議においては、本工労働者といえども、資本から「自由な」認知労働者であるという優位性が、闘争の突出を可能にした。彼らは、労働手段が相対的に安価である出版産業において、「可変資本そのものが固定資本として表れる」かのように振る舞いえたのであり、そこで生産された剰余価値を闘争資金に振り向けることができたのである。これは、物質的生産を担う第二次産業の労働者が固定資本に繋留されて、「生活がかかっている」がゆえにその長期にわたるストライキの遂行が困難をきわめるのと、大きな違いだろう。あえて言えば、「クリエイティヴ・クラス」の特権である。

光文社争議のそのような条件を可能にしたのは、もうひとつ、一九七〇年代から八〇年代における出版業界をはじめとする放送や広告など第三次産業の好景気であった。この時代の出版業界は、すでに存在していた個々のプロダクションやフリーランスの個々人への下請け・孫請け制度をドラスティックに拡大・再編していたが、その利潤は、トリクルダウン理論そのままに、下方へも――相対的に――潤沢に分配されていたのである。編集プロダクションが、その後、大手出版社へと変貌したという例もあるし、普通のフリーランスのライターが輸入ブランド製品で身を包んでいる光景も珍しいものではなかった。

出版不況下の現代においては、下請けプロダクションの設立による労働争議の経済的自立は、光文社のような争議が勃発したとしても（それは今も――縮小され変形されたかたちで――存在しないわけではないが）、大方不可能であろう。かつての争議団が維持していた規模の下請けの中小編集製作プロダクションは、現在では多くの場合、ほとんど利益の出ない――時として赤字の出る！――仕事も、

＊12　A・ネグリ『未来派左翼』下、廣瀬純訳、NHKブックス、二〇〇八年。

＊13　このような分業が可能であるためには、個々の争議団員の認知労働者としての能力が相対的に高いこと（クリエイティヴなこと）が条件となるのはもちろんだが、争議団の人数が一定数（最低一〇人前後？）存在しなければならない。今なお存在する少人数の出版争議や、出版争議に限らぬ「一人争議」では（それが「クリエイティヴ・クラス」のものであっても）、そのことはおおむね不可能であり、まったく別個のセイフティーネット――支援者によるカンパから家族などへの依存等々――が張られなければならない。もちろん、そのような条件は、争議の継続を困難にする。

資本の回転（縮小再生産！）のためには請け負わざるをえない状況にさえ陥っている。親資本の管理・要求は、格段に強化されており、それにともなった労働の内包・外延の強化も常態化している。親会社たる大手出版資本の経営危機も頻繁に報じられている。中小零細については言うまでもない。

このような、誰もが知っている日本の出版労働の現状を見れば、ネグリが言うような、認知労働が資本の隷属から解放されているといった認識は、「知の欺瞞」とさえ思えてくる。そこには、ネグリの言う「共《コモン》」の設立はおろか、かつての光文社争議のような、プロダクションの設立による労働争議の自律的な生成の契機さえ見出しがたい。その理由はいくつかあげられるが、日本においては光文社労組にモデル化されるような「六八年」的な労働争議のスタイルが、すでに新自由主義的な契機をはらんでいたことが指摘されるべきだろう。もちろん、光文社労組は、そのような方向を選択せず、オーソドックスな争議解決（資本のもとへの労働者の復帰）の道を選んだわけだが——。

すでに指摘しておいたように、賃金格差の撤廃を掲げた光文社労組においては、同一労働＝同一賃金として表象される労働価値説が暗黙のうちに前提とされていた。労働価値説は労働組合に存在理由を与える基本的な認識である。それは単に、労働者が労働者として相互に平等であるという相互承認の担保となるばかりではない。労働者が「革命的」であるとする思考へと導くことも可能にする。異なった具体的有用労働によって生産された個々別々の商品が、そのなかに含まれた抽象的人間労働の量を基準として交換され消費されれば、個別の具体的労働に限定されて狭隘な世界に閉じ込められていた労働者は、その「交通」によって「全世界を獲得する」ことができるからである。産別労働組合は、個別資本における労働の同一性を主張し、横断的に組織された労組連合は別個の労働の同一性を表現する。もちろん、資本自体に、このような「革命的」な傾向はインプットされているわけだが、それは同時に、利潤獲得の欲求に沿って労働者を分断支配することで、その傾向を阻害しもするから、労働組合が必要なわけである。[*14]

しかし、「認知資本主義」においては、この労働価値説は維持しがたいものになると、ネグリは考える。「今日では、労働を計測するための基本となるようなモデルなど、どこにあるのでしょう。認知労働における単位とはどのようなものなのか。テイラーシステムにおけるかつての抽象化された労働の場合のように、時間単位にわけることは明らかに不可能です[*15]」というわけだ。ネグリの協働者であるマイケル・ハートが言うところの、「市民社会の衰退」の一面にほかならない。われわれはここで、ついつい宇野弘蔵の価値論研究を想起してしまうわけだが、そのことはしばらくおこう。われわれは、フォーディズムからポスト・フォーディズムへの移行期たる「六八年」に定位しながら、出版争議の「自律的」展開の帰趨を見ているからである。

ネグリに従えば、光文社労組に典型化される労働争議のあり方は、労働価値説に依拠しているがゆえに時代遅れのものであったということになる。時間に規定された労働が不自由でしかないのに対して、非物質的生産を担う認知労働は「自由に満ちあふれたもの」であり、「創り出すこと《イノヴェーション》の源[*16]」であるという。だとすれば、光文社に象徴される出版争議は、認知労働の創造性を以て、会社の自主管理

＊14 言うまでもなく、このように労働価値説を把握しているのは、市場－市民社会に革命的な契機を見出すグラムシ的な立場である。
＊15 ネグリ『未来派左翼』下。
＊16 同前。

とか、争議のために設立したプロダクションの「共《コモン》」への組織化とかをこそ目指すべきだったということになるのだろうか。

実際、日本の「六八年」の労働運動を代表する出版争議は、すでに触れておいたように、物質的生産を担う基幹産業の労働者でないことにひそかな疚しさを抱いていたのだが、それは、基幹産業の物質的生産においては労働価値説が貫徹していると信じられていたからにほかならない。しかし、ポスト・フォーディズムへの歴史的転換をいまひとつ深く認識し、認知労働の革命性を踏まえれば、ネグリ的な論理展開は、日本においても十分に可能だったろう。なぜなら、日本の「六八年」の学生は、「ポツダム自治会粉砕」をスローガンにしていたからである。学生自治会は、この場合、市民社会における労働組合と相似的な中間団体を意味している。市民社会という擬制の衰退は、そこに定位していたさまざまな中間団体の――革命的か反革命的かを問わぬ――無意味化・破壊へと帰結していくからである。復帰後の光文社労組の衰退も、歴史的に見ればこの必然性に沿っている。

疑いもなく労働価値説は古典的な労働組合運動の担保であった。それなくしては、現実の労働運動は根拠を喪失するほかはない。それは、資本主義の廃棄が、労働価値説の実現ではなく、逆に労働価値説の廃棄を意味する――労働価値説は「商品に対象化された人間労働の抽象化」[*17]であり、破棄されるべき物象化にほかならない――という主張であったとしても、そうであるほかはないだろう。物象化は「プロレタリアートが階級へと発展するための不可欠の前提条件」(同)だからだ。今日のアナキズム的水準にある労働運動にしても、現実的には「最低賃金の増額」や「同一労働=同一賃金」といったかたちで、労働価値説に訴えざるをえない所以である。

しかし、誰もが知るように、一八七〇年代における限界革命以降、近代経済学では労働価値説は否定されており、その波はマルクス経済学にまで及んでいると言ってよいだろう。『資本論』における論理的な矛盾を解決したという宇野弘蔵の価値論研究は、その端緒を開いた。だが、マルクスを参照する左派の場合はもちろんのこと、プルードン、バクーニン、クロポトキン以来のアナキズム、あるいはソレルに始まるサンディカリズムにおいても、「労働」は、その核心的な問題である。労働価値説が事実として崩壊してしまったかに見える今日において、ネグリが労働価値説に還元しえないものとして、認知「労働」の意義を顕揚するのも、「労働」が亡霊のごとくつきまとってくるからにほかなるまい。あるいは逆に、「六八年」以降もはや労働価値説が失効した時に、『正義論』(七一年)のジョン・ロールズが「公正としての正義」や「格差原理」を大文字化するのも、その亡霊を振り払う身振りと理解することができる。

ロールズについての議論はおくとして、ネグリが「労働」を「生の生産」として拡張した概念で捉えるときも、それは、労働価値説が左派の担保たりえなくなった(しかし、それを担保とせざるをえない)「六八年」以降の時代の亡霊を、回避・隠蔽する身振りにさえ見えてくるのである。それは、後述するように、その「労働」が、「ディオニュソスの労働」と言われたとき、頂点に達するだろう。

4 新自由主義の「革命」

新自由主義が「六八年」の受動的な(反)革命であるところの所以は、まさしく、「労働」という

*17 G・ルカーチ「物象化とプロレタリアートの意識」『歴史と階級意識』城塚登・古田光訳、白水社、一九七五年。

亡霊を追い払ったところに求められるだろう。かつて、ボードリヤールは「労働が終わり、生産が終わり、経済が終わる」[18]と宣告して、そのポストモダニズムを失笑されたが、新自由主義は「労働の終焉」を実現したのではないか。

『言葉と物』[19]でフーコーは、「われわれの同時代のものであり、われわれが否おうなくそれで考えている」ものとして、「生命」、「言語《ランガージュ》」とともに「労働」をあげ、リカードによる労働価値説を論じた。リカードに対して「マルクス主義はいかなる断層も生じさせはしなかった」というフーコーの断言は、当時、反革命的なスキャンダルとして受け止められた。それはともかく、そのフーコーが「歴史家」としては異例にも、ドイツのオルド自由主義、ハイエク、ミーゼスのオーストリア学派、フリードマンらのシカゴ学派など、一九三〇年代から現代の新自由主義を論じたのは[20]、それが「われわれの時代」のパラダイムを転覆させる(かのようである)からではないのか。

フーコーによれば、新自由主義は労働者を資本に包摂される客体として捉えるのではなく、「能動的な経済主体」として把握する。それは、マルクスの語彙を用いれば、抽象的人間労働ではなく具体的有用労働の担い手として、労働者を捉えることである。そうすることでのみ、「労働の質的差異が経済タイプの効果に何を及ぼすかがわかる」というわけである。しかし、そのとき「労働者」はもはや労働者ではない。労働者もまた、「企業」であり「資本」と考えられるべきだということになるだろう。つまり、労働者は抽象的かつ一般的な存在ではなく、個々さまざまな「資本」を担った「企業」なのである。いわゆる「人的資本」論である。あらためて指摘するまでもなく、見やすいところでは、これは「派遣」なる新自由主義的システムを基礎づけているものだろう。喧伝される派遣労働者のメリットなるものは、労働内容から職場を選べてスペシャリストとして働けるというものだが、それは、派遣が専門的な「資格」や特殊な「技能」、さらにはコミュニケーション能力や手先の器用さ等々といった「資本」の担い手とされているということだ。[*21]

ここにおいては、雇用者・被雇用者の労使関係ではなく、企業間の契約が擬制されていると言える。もちろん、このような擬制は派遣にとどまらず、一般的な労働者にも及ぼすことができる。アントレプレナーシップと称して学生やサラリーマンに「起業」を推奨する風潮も、同様の意味で新自由主義的なものだろう。その「起業」=「企業」は、主に、コンピューター・ソフト開発などの認知労働部門が念頭におかれている。それは、まさに「真の経済主体が、交換する人間でもなければ、消費者でも生産者でもなく、企業であるような自由主義社会」[*22]とフーコーが言うものにほかならない。

今日、(旧)先進資本主義国のブルジョワ・イデオローグが慨嘆するように、若年層の労働に向かうモティヴェーションは衰退の一途をたどっている。それは、不況下で就職不安が叫ばれ、政府・ブルジョワジーはもちろん、学校や親、ジャーナリズムから学生・若年層を就職に駆り立てるバイアスがかけられていても、とどまるところがない。マックス・ウェーバーが言うところの、「労働のエー

---

*18 J・ボードリヤール『象徴交換と死』今村仁司・塚原史訳、筑摩書房、一九七六年。
*19 M・フーコー『言葉と物』渡辺一民・佐々木明訳、新潮社、一九七四年。
*20 M・フーコー『生政治の誕生』槇改康之訳、筑摩書房、二〇〇八年。
*21 ここにおける「資本」という語の用法は、フーコーが註記するように、ブルデュー社会学における――「象徴資本」や「文化資本」といった――それとも近似的である。
*22 フーコー『生政治の誕生』。

トス」が衰退しているわけである。知られているように、旧来のフォーディズム的雇用システムが崩壊したことに起因する労働者の労働のモティヴェーションの低下に対して、企業は、「セミナー」や「コーチング」と呼ばれるシステムを導入し、その再建を図っている。ポストフォーディズムの時代におけるソフトな「監視＝管理」（ドゥルーズ）の方途として、「アーキテクチャ」なる問題系が議論される理由も、ここにあるだろう。

ウェーバーの言う「禁欲」と「勤勉」が、果たして本当にヨーロッパ資本主義の発展の動力であったかどうかはこの際問わず、『プロテスタンティズムの倫理と資本主義の精神』において、それが労働（者）のエートスとしてではなく、まず何よりも資本（家）の「精神」として抽出されていることは注意に値するだろう。もちろん、そのエートスが労働者のものへと転移したのが、労働価値説である。商品の価値を形成する抽象的人間労働の内実が、抽象的な禁欲と勤勉にほかならない。それは、たとえば終身雇用制といったシステムまでは、社会的に承認された「やりがい」の担保であった。

しかし、ウェーバーが分析の対象としたのが、物質的生産を旨とする産業資本主義段階であったことに規定されて、非物質的生産がヘゲモニーを掌握した（かに見える）段階の「資本主義の精神」は禁欲と勤勉ではありえなくなる。代わって、その「精神」となったのが、自由な創造性にほかならない。かつてと同様に、それは、まず企業家の「精神」としてあったものが、労働者のそれへと転用されていくのである。そのとき、労働者は企業家となる。資本のエートスを労働のそれとするウェーバー的発想は、新自由主義の時代においても、有効に機能していると言えるだろう。

アーキテクチャとは、自由な創造性（なるもの）を、いかにして統治のテクノロジーと化すかというウェーバー的な議論である。それは、あるレヴェルで有効に見えるが、所詮は弥縫策の域を出まい。

自由な創造性は、そういつまでも持続可能ではないからだ。アーキテクチャ論議が対象としているのが、「若者」や、せいぜいミドルクラスの壮年「市民」である理由も、そこにある。もちろん、新自由主義にとって重要なのは弥縫策であって、自由な創造性を発揮しえないと見なされた者は、「資本」＝「企業」化に失敗した「下流」やアンダークラスとして、対応すればよいだけだろう。

日本においては、一九八〇年代のバブル期に「際限なく上昇してきた」この「精神」を、宮台真司（ら）は適切にも「専門学校的上昇志向」[*23]と呼んでいる。就職を控えた学生は、地道に働くよりも、自分の才能（資本！）に賭けてクリエイティヴな職業に就くことを望むようになった。とりわけ、大学に入る学力がないゆえに専門学校に入学してきた者も多い彼ら専門学校生には、そういった「一発逆転」のエートスが顕著であったと言える。それこそ、新自由主義が提唱する資本としての個人のエートスにほかならない。それは専門学校生にのみ顕著なことではない。しかし、一九七六年の学校教育法の改正により族生してきた専門学校は、その意味で、先駆的に新自由主義的な教育装置であったと言えるだろう。

＊23　宮台真司・大塚明子・石原英樹『サブカルチャー神話解体――少女・音楽・まんが・性の変容と現在』ＰＡＲＣＯ出版、一九九三年。この概念を宮台は労働のエートスとしているわけではなく、一九八〇年代サブカルの担い手のエートスとして提示しているのだが、専門学校が促成的に労働力を育成することを目的とした高等教育機関であったことを踏まえれば、それが就職を前にした学生のエートスと見なすことに無理はない。宮台自身が目論むように『サブカルチャー神話解体』の続編が書かれるとしたら、そこで求められるのは、八〇年代サブカルの無名の担い手たちが、その後、資本主義市場にどのように参入したかのリサーチである。

だが、「一発逆転」的な労働のエートスは、おおむね、好況時に可能である。たとえば、ある企業がセミナーやコーチングによって非正規労働者の「やりがい」意識――自由な創造性――を触発したとしても、その企業が円高や工場海外移転でリストラを慣行しなければならないとき、真っ先に馘首されるのが非正規の彼／彼女らだというのは、端から分かっているわけだから、そう簡単に労働のモティヴェーションが長続きするはずがない。アーキテクチャは不況に勝てないのであり、アーキテクチャを云々する者の多くが、今日の不況に対してリフレ派である理由も、そこにある。

あるいは近年でも、モデル、ホスト、キャバクラ嬢、お笑い芸人といった職業において、「一発逆転」は可能であると信じられている。しかし、それは「一将功なって万骨枯る」の世界である。「将」となるには、その職業なりの勤勉と禁欲が必要とされよう。しかし、「万骨」たちにおいては容易に、労働することのモティヴェーションの喪失に帰結し、もはや、禁欲と勤勉の精神には帰れない。このような事態に、弥縫的ではないどのような応援が可能なのか。

5 「労働力商品化の無理」と「道理」

ネグリが賞揚するところの、「可変資本そのものが固定資本として表れる」認知労働が、新自由主義の標榜する「自由主義社会」のモデルであるかのように想像されることは、否定しがたいだろう。そこにおいては、資本の（あるいは、認知労働の）自由な創造力が――つまり「差異化」の能力が――価値を生み出すわけである。このとき、ネグリと新自由主義との分岐は、「生の生産」として労働概念を維持することに賭けられるほかはない。もはや物質的生産の労働過程において価値が生まれないのだとしても、すべての人間――男も女も子どもも老人も「障害」者も、ゲイもレズビアンも、一日の大半をコンピュータの前で費やすネットウヨクも、売れないミュージシャンも、親がかりの「惰民」も、等々も——の諸活動が、それ自体として「生の生産」であり、本質的に協働的な「ディオニュソスの労働」であるとすれば、それはかけがえのない「価値」を生んでいるのだから、「万人に対する社会的賃金と保証賃金」[*24]が要求されるべきだ、というのだ。

このベーシック・インカム（ＢＩ）の主張は、一見類似する新自由主義による「負の所得税」[*25]とは、たしかに発想が異なっているように思える。「負の所得税」は、企業（と見なされた個人）が、市場において資本としての自由な創造性を持たないと見なされたときに受け取る給付だからである。[*26]それゆえ、ドロップアウトした企業＝個人は、資本として自由に活動しえない市場の外で最低限の状態に甘んずるか、または、新たな「資本」の導入（職業訓練や新たな資格取得、リカレント教育など）が要求される。もちろん、それは自由な創造性の名において要求されるのである。新自由主義が「反」革命的である所以は、自由と創造性を統治の手段としたところにあるが、それは同時に、ドロップアウト

＊24　M・ハート＋A・ネグリ『〈帝国〉』水嶋ほか訳、以文社、二〇〇三年。
＊25　M・フリードマン『資本主義と自由』村井章子訳、日経BP社、二〇〇八年。
＊26　本稿では論じなかったが、ＢＩを主張する新自由主義派も左派も、ともに、それが行なわれる場を一国あるいは特定地域に限定して考える傾向が強く、世界規模でのＢＩが可能かどうかについての議論は積極的に主題化されていないように思われる（奇妙なことに、とりわけ日本の文化主義的左派において）。しかし、ＢＩは世界規模で——論理的には世界同時的に——行なわれないで、どんな意味があるのか。日本におけるＢＩをめぐる議論の現況については、とりあえず、立岩真也・斉藤拓『ベーシックインカム——分配する最小国家の可能性』青土社、二〇一〇年を参照。

した者も含めて「生きさせる」システムにほかならない。

ネグリと新自由主義との対立は、だから、人間を「労働」の主体と捉えるか、「企業」という主体と捉えるかというところにある、ということになる。ここにおいては、ネグリは頑強にマルクス主義者の立場を堅持しているようである。しかし、ネグリ的主体にしても、新自由主義的主体と同様に、自由な創造性によって作動している。「生の生産」がそれ自体で「価値」を生成するといっても、それは非物質的生産としての認知労働の旧先進資本主義諸国におけるヘゲモニー――それは、特別剰余価値あるいは相対的剰余価値を生産する――がイメージするものに依拠しているからである。

あらゆる「生の生産」それ自体が価値であるというときの「価値」が、経済学的な意味での商品価値と同様のものを意味するかどうかは、きわめて疑わしいだろう。にもかかわらず、ネグリが認知労働の価値生産性を主張するときに、それが生産するのは特別剰余価値であるという経済学的概念のイメージに依拠して論理を展開していることは明らかである。

もちろん、ネグリがイメージしている認知労働者とは、バリバリのディーラーやゲーム作家だけではない。道路にウンコ坐りしてダべっているだけが「生の生産」であるようなプーたちの話のなかから、とてつもないアイディア商品が生まれることもあるわけで、それゆえ、彼ら／彼女らの活動も潜在的に生産的な非物質労働と認められるべきなのであり、等しくBIが支給されなければならない、というわけだ。もちろん、アイディアが実現されたときに限ってではなく、無規定で純粋な潜在力――ディオニュソスの労働！――に対してである。

ネグリは経済学外的な、美学的価値概念のなかに、経済学的価値概念を密輸入している。資本制社会においては、商品は流通過程に投じられ価値を実現されなければ（あるいは、価値が実現されるという「信用」がなければ)、何ものでもないからだ。売れない下手くそなピアニストのYouTubeに公表された演奏は、たしかに「生の生産」かもしれない。認知労働的でもあろう。それを「美しい」と評価することは聴く人間の勝手であり、ディオニュソス的潜在力を認めるのも自由だが、「価値」であると主張することは、商品化する人間がいないと無理なのである。

ところがネグリは、すべての「生の生産」が価値を生むと主張するにもかかわらず、物質的労働だけは価値を生まないと言うのだから、その価値概念は混乱しているというほかない。ネグリに従えば、物質的生産もまた「生の生産」であるはずだからである。特別剰余価値(相対的剰余価値)が絶対的剰余価値を追い払ったかに見えるとき、後者は必ず回帰してくる。認知労働が旧先進資本主義諸国では優勢であるかのようだとしても、それは「蟻とキリギリス」のごとく、中国やインド、東南アジアや中東、アフリカ諸国などにおける工場労働者、あるいは、旧先進資本主義国内では、「下流」、派遣、パート、ワーキングプア等々による物質的生産に負っているのは、誰もが知っている。

そのことを、スラヴォイ・ジジェクは、「労働搾取工場の群衆にとって〈資本〉は、『認知労働』を代表し『認知労働』の成果を物質化するために労働者を雇う力である。『認知労働者』にとって〈資本〉は、『認知労働者』を雇い、その成果を物質的生産の青写真として使う力である」[27]と言っている。このことを、われわれの文脈で言い換えれば、認知労働の自由な創造性と見なされるものは、労働価値説が維持されている(維持されるべき)労働過程の現実的な存在を暗黙の前提にしている、という

---

*27 S・ジジェク『大義を忘れるな——革命・テロ・反資本主義』中山徹・鈴木英明訳、青土社、二〇一〇年。

ことである。中国の日系企業での賃上げ・待遇改善を要求するストライキの頻発は、その背後に中国共産党の指導があるか否かを問わず、今なお、労働価値説が自然発生的な資本主義批判のベースとなっていることを証明している。

周知のように、宇野弘蔵は「労働力商品化の無理」をもって資本主義のリミットとした。資本主義それ自体によっては生産しえない「外部」としての労働力を「無理」に内部化＝商品化することで、資本主義的生産様式は完成する、と。その無理の上に、労働価値説はかろうじて成立しているが（いわゆる「流通浸透視角」）、その「無理」を通さねば資本主義的生産は成立しないという主張である。しかし、新自由主義が労働者を人的資本と言い換えるのは、資本主義を「道理」が通るものへと組み替える試みであったと言える。われわれは、その「道理」が通らないことを主張すべきではないのか。「人的資本」化の無理、である。

繰り返すまでもなく、「六八年」の光文社争議においては、労働価値説がア・プリオリに信じられていたがゆえに、「賃金格差是正」というスローガンが掲げられていた。しかし同時に、その闘争は、労働価値説を論理的に無効にする認知労働の自由な創造性に依拠することで可能でもあったのである。この両価性のなかでのみ、「六八年」の労働運動が可能であったことは、あらためて銘記されなければならない。そして、現在の問題は、この両価性を解決することではなく、それをいかにして新たに回復し、反復するかということである。もとより、それは主には新自由主義によって、すでに「解決」されてしまっているからである。

市民社会とイソノミア

1

一九六九年に漱石論「意識と自然」で群像新人文学賞を受賞し、『畏怖する人間』（一九七二年）や『意味という病』（一九七五年）で文芸評論家として颯爽と登場した柄谷行人が、『マルクスその可能性の中心』（一九七八年）を上梓して、今日、誰もが知る「思想家」としての相貌をあらわしはじめた時、そのマルクス論の導きの糸として宇野弘蔵の価値形態論があることを最初に指摘したのは、ヘーゲル学者の加藤尚武による東京大学新聞の書評だったと記憶している。宇野理論の影響圏域に成立した第一次ブント（共産主義者同盟）の有力な構成員でもあった加藤は、ブント最年少世代に属していた柄谷のマルクス論に、そのことを嗅ぎ当てたと言えるだろう。このようなことは、今や誰もが知ることであり、その後、柄谷自身も宇野理論の意義に繰り返し言及することになる。宇野の価値形態論は

（あるいは、より広く『資本論』は）、柄谷によって、狭義のマルクス経済学のレベルをこえて、その意義を知らしめられたと言って過言ではないだろう。

しかし、ここで主に取り上げたいのは、そのことではない。「意識と自然」に前後する「初期」柄谷のマルクスへの関心には、むしろ、当時盛んに論議された「市民社会論」への接近が、色濃く認められるのである。論点を先取りして言えば、このマルクス市民社会論への深く潜行した関心が、『世界史の構造』（二〇一〇年）の交換様式論をへて、近著『哲学の起源』（二〇一二年）で開示され、スキャンダラスとさえ言いうるほどの話題を呼んでいるところの、古代ギリシア・イオニア哲学をその表現形態とする「イソノミア」の発見にいたるのではないかと考えられる。奇妙なことに（あるいは、当然にも）、近年の柄谷は市民社会という言葉を、ほとんど用いることがないにしても、である（交換様式論を提唱する現在の柄谷が、「資本主義＝ネイション＝ステート」という範疇を主張しているのは周知のとおり）。

宇野理論は「科学とイデオロギー」の峻別を主張し、『資本論』の原理論への純化をとおして、科学としての「マルクス経済学」（マルクス主義経済学ではない）の確立を目指したことで知られている。そして、その場合、マルクス経済学によっては「革命の必然性」は解けないとされた。それは、イデオロギーの領域に属するからである。革命党を自認した第一次ブントにとって、宇野理論の受容は、だから、逆説的なものとなる（ことがある）。科学が「革命の必然性」を論証できないのであれば、革命党は、むしろ科学から解放されていると見なすのである。このような主張は、まず長崎浩によってなされ（『叛乱論』一九六九年、『結社と技術』一九七一年）、柄谷自身も長崎との対談（一九七三年、『ダイアローグ１（１９７０～１９７９）』に収録）以降、それを承認している。六〇年安保世代の、もっとも鋭敏な感性による受け止め方と言ってよいだろう。

このような宇野理論の受容は、日本に市民社会はない(あるいは、未成熟)とする、当時盛んだった「市民社会派マルクス主義」の視角とは対立する。科学の呪縛から解放されていると見なす長崎(柄谷)にとって、それは、近代市民社会の解剖学としての経済学からの解放だから、日本においても、すでに市民社会は爛熟と言えるまでに成立しているのである。一九五〇年代末には大衆社会論が登場し、六〇年安保後はマルクス主義の経済決定論に代わるものとして、アメリカ社会学系のそれが流行した。パッペンハイム『近代人の疎外』やリースマン『孤独な群集』などである。このラインは、『成熟と喪失』(一九六八年)の江藤淳によって導入されたエリクソンのアイデンティティー論にまでつながっていく。

『結社と技術』の長崎が、当時の市民社会派マルクス主義の主導者であった平田清明の微温的な疎外論を唾棄するのは、だから当然であった。類似の視点は、柄谷においては、柄谷の手になると言われる「社学同再建のアピール」(一九六一年、『資料 戦後学生運動5』に収録)で、すでに記されていた。長崎=柄谷のこうした視点は、安保ブント登場の意義を論じた、吉本隆明「戦後世代の政治思想」(『中央公論』一九六〇年一月号)の文脈を継承するものと言えよう。しかし、ここで取り上げたいのは、柄谷の別の文脈である。

市民社会派マルクス主義は、科学としての『資本論』の純化を主張する宇野理論に対して、その歴史理論の不在を批判するものだった。宇野によれば、唯物史観もまた、イデオロギーに属するからである。平田清明とともに一九六〇年代市民社会派マルクス主義の代表的な存在であった望月清司は、その著書『マルクス歴史理論の研究』の冒頭近くで、暗に宇野経済学を指して、「自己流の『マルクス経済学』の案出にふけっ」ていると揶揄している。柄谷の思考が決して単線的でないのは、宇野理論の受容と同時に、それに対立する市民社会派マルクス主義へも関心を向けていたところに見出される。この側面は、後の柄谷の言葉で言えば、「可能なるコミュニズム」への摸索が、すでに初期から懐胎されていたということである。それは、宇野理論のなかに歴史性を導入しようとした岩田弘の世界資本主義論やウォーラーステインの世界システム論への着目となってあらわれ、ポランニーなど経済人類学への着目とともに、交換様式論へと結実する歴史認識にいたった。

一九七一年に書かれた、長文の「現代批評の陥穽」(『柄谷行人初期論文集』、『思想はいかに可能か』に収録)は、初期柄谷の、そのような関心の所在を示している。「現代批評の陥穽」は副題が「私性と個体性」と題されているが、本文中にもその名前が引かれ、『初期論文集』の「あとがき」で柄谷自身も認めるように、平田清明の著作『市民社会と社会主義』(一九六九年)から想を得たものである。「あとがき」で柄谷が言うように、平田の言う「個体性」概念は、後の「単独性」の探求をへて、「可能なるコミュニズム」へとリンクしていったと言える。

平田によれば、市民社会はマルクスの――西ヨーロッパ史に限定された――歴史貫通的な基礎範疇である。つまり、後に触れるフーコーが言うところの「歴史の原動力」としての市民社会概念にほかならない。平田によれば、「市民社会は、私的排他性の制約においてではあるが、自他の区別を確立することによって、逆に、個体と類体との関連と区別を意識させ、個体としての自己を我がものにさせる」(『市民社会と社会主義』)という。私的所有の廃棄と個体的所有の再建という、当時はよく知られた論議であり、そこから、NAM(New Associationist Movement)以降の柄谷も主題的に論じるところの、コミューン主義やアソシエーショニズムという平田の発想も導き出されてくる。そのためには、市民社会という基礎範疇がなければならないわけである。その平田の議論においては、マルクスにおけるプルードン＝フランス社会主義の契機の重要性が指摘されるが（『経済学と歴史認識』）、それは、NAM以降の柄谷にあっても強調されたことである。

平田に倣うかのように、柄谷の「現代批評の陥穽」は、マルクスの『経済学哲学草稿』を引用して、「人間のインテグリティの疎外」の問題を論じていた。ただし、そこでは芸術作品や文学批評を中心に論が進められているので、市民社会という概念は前景化しない。しかし、柄谷の「イソノミア」概念には、平田的市民社会概念に惹かれた、初期柄谷の影が差し込んでいると思う。

2

雑誌「atプラス」一五号特集「『哲学の起源』を読む」には、柄谷と國分功一郎との対談の他、五本の論考（書評）が掲載されている。そのなかで、政治思想史家・大竹弘二の「イソノミアの名、民主主義の名」と、古代ギリシア哲学研究者・納富信留の「古代ギリシアと向き合う」は、「自由と平等の完全な両立を指し示すユートピア的な」（大竹）イソノミア概念が維持しがたいことを、それぞれの立場から「実証」している。現代の「実証」研究からすれば、『イソノミア』は、古代ギリシアの精神というよりも、近現代に構成された理念」（納富）と考えたほうが、妥当なのであろう。

しかし、納富は気づいていると思われるが、「批評という離在の視点を超え、実社会の動きにより直接に関わる態度を取」る柄谷が、つまり、自身を広場に出たソクラテスになぞらえ（國分との対談）、3・11以降の反原発デモに積極的に加わる柄谷が、なぜ突然にも「イソノミア」と言い出したのかについては、それを歴史的に構成された概念としてしりぞけるだけでは、解けない。あえて、市民社会派マルクス主義との旧い接点を持ち出してみた所以である。

近現代に発見された「イソノミア」という概念は、「市民社会」概念の近傍（あるいは「代補」）として構成されたものである。ミシェル・フーコー『生政治の誕生』や植村邦彦『市民社会とは何か』で知られるように、「市民社会あるいは社会」（フーコー）はきわめて曖昧かつ融通無碍な概念であり、「近現代に構成された概念」と言うことができる。アリストテレス『政治学』の「国家共同体」に由来する言葉が、どのような翻訳と転義をへて、アダム・スミスからヘーゲルや初期マルクスに受け継がれ、近現代の市民社会概念へと変わってきたかについては、植村の著作が詳述しているので参看を求めたい。また、同書では、日本の市民社会派マルクス主義の消長についても、見通しのよい記述がなされている。だが、ここではイソノミア概念と市民社会概念の隣接性を示すために、ドイツ・オルド自由主義や新自由主義の問題を論じた、フーコーの著作に即して見ておこう。

ナチス・ドイツを先駆的に批判した、新自由主義の鼻祖の一人ハイエクの『隷従への道』（原書一九四四年）からも端的に知られるように、ハイエクは、「国家」社会主義に対抗するのに、市場原理に根ざす「社会」を以てした。同様に、ヘーゲルの「国家－市民社会」概念を「転倒」した初期マルクスは、市民社会の矛盾が国家によって止揚されていると見なすのは「幻想」であり、あくまで、市民社会という「土台」における闘争（階級闘争）に、その解決を求めた。全く対極的な思想家と見なされるハイエクとマルクスは、しかしともに、市民社会を国家に対抗する領域として構成しているのである。このことについて、フーコーは、それこそが、「統治思想（十八世紀に誕生した新たな形の知の統治性）が、国家の必要な相関物として出現させたもの」（『安全・領土・人口』高桑和巳訳）だと言う。フーコーは国家と市民社会の対立という考えが不適切だと言っているわけである。主に新自由主義を批判的に講じた『生政治の誕生』(慎改康之訳)の最後に、フーコーは不意に言う――「そして結局、マルクス主義とはいったい何でしょうか、それがもし、合理性にもとづく一つのタイプの統治性に関する探究、ただし個人的利害関心の合理性としてよりもむしろ真理として少しずつ表明される歴史の合理性として自らを提示することになる合理性にもとづく一つのタイプの統治性に関する探究でないとしたら」、と。前者「個人的利害関心の合理性」にもとづくタイプの統治性が、新自由主義を指していることは言うまでもない。

では、市民社会概念にとって、なぜ、代補的にイソノミア概念が必要なのか。それは、市民社会なるものが「歴史の原動力」と考えられており、それゆえ、「歴史の合理性として自らを提示する」ユートピアを必要とするからだろう。確かに、マルクスは「イソノミア」とは言わなかったが、「原始共産制」や「コミューン」主義として、共産主義の「真理」を提示した。同様に、『自由の条件II』のハイエクも、新自由主義者としての「合理性」が開示するユートピアを「イソノミア」として指示したのである。そのことについては、エリザベス朝以降「使われなくなった」その概念を改めて呼び出したハイエクも暗に自覚的なのではないかとさえ思われるが、歴史的に構成された概念である。もちろん、ハイエクのイソノミア理解は新自由主義的なユートピアの色に染め上げられている。しかしともかく、市民社会なる「構成された」概念がイソノミア概念を代補的に必要とすること、逆に言えば、イソノミア概念が市民社会概念を前提としていることは明らかであろう。

『哲学の起源』の柄谷は、ハイエクではないがカール・ポパーに即して、新自由主義的なイソノミア概念を厳しく批判している。それに対置して柄谷が高く評価するのは、『革命について』のハンナ・アーレントのそれである。しかし、大竹の指摘によれば、「自由主義的な」ポパー＝ハイエクのイソノミア概念に対立する、「共和主義的な」アーレントのイソノミア概念にしても、柄谷のように「自由と平等の完全な両立を指し示す」ものとして理解することには無理がある、という。

確かに、『革命について』のアーレントが、イソノミアを遡及的に発見されたユートピア的な概念として提示したのかどうかについては、疑念がある。遺著『精神の生活』(下、佐藤和夫訳)の最後で、アーレントは、マルクスのユートピア主義を例に出して批判しながら、「最終の救済をふくんだ未来の観念は、一種の始元の黄金時代を再現しつつ、進歩が歴史の運動を説明する支配的概念となったときに、共感を得るようになった」と言い、その歴史主義的終末論に対して、人間の「始めることの能力」を対置した。アーレントの「イソノミア」とは、この「始めること」の別名であるかも知れず、柄谷のそれもまた――アーレント以上に――同様である。つまり、それは語の正しい意味で「非在郷《ユートピア》」であり、始原においても終末においても発見しえないものなのである。事実、『哲学の起源』において、柄谷はさまざまにイソノミアの輪郭を素描しようと試みながら、最終的には、「資料がほとんどない」ことを前提とした議論であることを認めているからである。この意味で、柄谷やアーレントのイソノミアは、「市民社会」概念の代補たることから免れていると言えるのかも知れない。

このような、柄谷のラディカルな「ユートピア」への志向は、他にも指摘できる。『終焉の時代に生きる』(山本耕一訳)のスラヴォイ・ジジェクは、『トランスクリティーク』における柄谷の地域通貨概念が、貨幣なるものの「フェティシズム的な『超越論的仮象』を回避し、それによって正当に超越論的‐批判的でありつづける形態の貨幣である」と批判している。ちなみに言えば、私見も同様であり、似たようなことを、二〇〇〇年一一月の柄谷も参加したＮＡＭの集会で杜撰に言ったことがあったが、一笑に付された。

このジジェクの指摘が興味深いのは、ゾーン＝レーテルの『精神労働と肉体労働』を参照していることである。そこでゾーン＝レーテルは、柄谷と同様に、「哲学の起源」を古代イオニアと初期ギリシア哲学に求めている。しかし、ゾーン＝レーテルは、それがイオニア社会にもたらされた貨幣のフェティシズムを正当化するものとして捉えている。これに対して、『哲学の起源』の柄谷は、イオニアの貨幣経済を指摘しながら、そのフェティシズム的性格については顧慮することなく、それが自由と平等のなかで流通していたという。貨幣は〈共〉《コモン》だったということだろう。このように、同じ対象を論じながらも、全く相反する見解を主張する両者であるが、それは例えば、エレア派のゼノンの評価の違いとしても、あらわれているだろう。ゾーン＝レーテルにとって、ゼノンは――一般的な通念のとおり――運動の否定によって、西欧形而上学の「超越論的主観性」を切り拓いたと見なされている（その超越論的主観性が貨幣のフェティシズムに相即する）。これに対して柄谷は、運動を否定したとされるゼノンのパラドックスは、逆説的に、「運動を可能にするような思考を要求する」ものだと言う。

柄谷とゾーン＝レーテル（ジジェク）の、どちらが正しいかは、ここで問うところではない。ただ、ジジェクの柄谷批判は、ある意味では奇妙に的を外しているように思えるところがある。『マルクスその可能性の中心』以来の柄谷は、貨幣のフェティシズム的性格を「貨幣の形而上学」として、もっとも主題的に論じてきたのである。だとすれば、その地域通貨論も、イソノミア的な「ユートピア」と見なしてはいけないだろうか。実際、柄谷の貨幣フェティシズム論は、宇野的な価値形態論を推し進めるなかで展開されていた。地域通貨の問題は、それとは相対的に別途な、市民社会論＝アソシエーショニズムの実践的な要請のなかで見出されたからである。

柄谷のイソノミア概念は、確かに、市民社会的マルクス主義に惹かれていた初期以来の歴史認識をへていることがうかがえる。イソノミアを導出する際の「市民社会」主義的な歴史主義は、マルクス主義の歴史認識を端的にしりぞけようとするアーレントのそれにも認められる。詳述はひかえるが、冷戦体制崩壊以降におけるアーレント「公共性」論への世界的な着目は、「市民社会」を「歴史の原動力」と見なすマルクス主義の失権を代替する、「新しい社会運動」の参照先として、であった。また、この時代は、マルクス主義に代わる別種の「市民社会」主義（市場原理主義）として、新自由主義がヘゲモニーを獲得しつつあった。それゆえ、やはり問題は、イソノミアを代補として要請する「市民社会」なのである。

3

日本において市民社会概念が、とりわけ問題化されてきた背景には、明治維新によって出発した日本資本主義をどう位置づけるかをめぐって一九二〇年代から三〇年代にかけてなされた、講座派と労農派による論争があった。いわゆる日本資本主義論争である。私見では、日本資本主義論争で論じられた多岐にわたる問題は、今なお未解決のままに、われわれの思考を規定している。

知られているように、講座派は日本資本主義を、天皇制やその基盤たる膨大な農村を残存させる、「軍事的・半封建的資本主義」（山田盛太郎）と規定した。それゆえ、日本には「近代市民社会」はいまだ未確立であり、作りだされるべきものとなる。これに対して、労農派は、明治維新によって基本的に日本資本主義は成立しているとした。

講座派理論は、狭義の講座派マルクス主義者たちをこえて、絶大な影響力を誇った。それは単に、その理論がコミンテルンや日本共産党の「権威」をバックにしていたという理由ばかりではない。GHQによる戦後農地改革（一九四五年）は、講座派の「半封建的資本主義」という規定を覆すほどの威力を持ったものだったはずであった。いわゆる戦後民主主義をリードすることになる大塚久雄や丸山眞男は、講座派理論の圧倒的な影響下に、戦前、その思想と理論を形成した存在であった。『丸山眞男回顧談』下巻のインタヴュアー松沢弘陽によれば、「大塚先生にとっては、講座派的マルクス主義は学問の方法以上のものではないか」と印象づけられる場面に遭遇したというし、丸山は「労農派理論は、（日本資本主義の――引用者注）軍国主義的要素の過小評価」があり、「講座派理論の方が、当時の日本の現実のいろいろな現象を説明できる」と考えたという。

これに似たことは、労農派の近傍にあり、「資本主義の成立と農村分解の過程」（「中央公論」一九三五年一一月）で論争に介入し、講座派を批判した宇野弘蔵にも言える。宇野の『資本論五十年』上巻で繰り返し回顧されているのは、意外にも、講座派理論に対する――もちろん、限定つきながら――高い評価なのである。「大逆」事件（一九一〇年）以降、はじめて公然と天皇制打倒を謳って講座派理論のバックボーンをなしたコミンテルンによる一九三二年の「三二テーゼ（日本における情勢と日本共産党の任務に関するテーゼ）」について、宇野は、「これは実践的な戦略規定でぼくはむしろえらいものだと思った」と言っている。これは、一九三〇年代に天皇制打倒を掲げることなど全くの空理空論だったと見なされていた、一九七〇年の発言である。

農地改革以降の戦後という時代においても、講座派理論は決して消滅しはしなかった。それは、一九六〇年代の市民社会派マルクス主義にまで延命していった。これは、考えてみれば奇妙な事態である。確かに、農地改革によっても日本の農村は「封建的」な遺制を残したまま残存しつづけていったように見えたかも知れない。しかし、一九五六年の「経済白書」が「もはや戦後ではない」と宣言したのと前後して、石原慎太郎の「太陽の季節」が登場し、「赤いカミナリ族」と呼ばれた安保全学連の跳梁する六〇年安保をへて、一九六四年に東京オリンピックを迎えることになる日本は、ドラスティックなまでに「半封建的」という相貌を払拭していったのである。

このようななかで、安保ブントが日共＝講座派に代わる理論として、労農派に近い宇野経済学に着目したのは、ある意味では必然であったろう。しかし、宇野にとっては、社会主義が天皇制に反対するのは当然としても、社会主義はイデオロギーの領域であるがゆえに、天皇制について論じることはない。いかに農村という基盤が解体していったとしても、天皇制が現実的に存続している以上、天皇制を理論づけ、公然と批判しえた講座派マルクス主義は有効性を主張しうるのである。そのような意味で、平田清明に代表される市民社会派マルクス主義は、最後の講座派理論として、「日本に市民社会はない」と繰り返すことができた。

あるいは、「市民社会派マルクス主義」が隆盛をきわめた当時、いわゆる国家論ブームなるものがあったことも、同様の事態の別の側面だろう。「国家論研究」というリトルマガジンさえ、当時は刊行されており、廣松渉や岩田弘をはじめ多くの左派イデオローグがそこに寄稿していた。もはや、日本に市民社会が未確立だなどとは言えない時代のなかで、では、下部構造を問題としないで（括弧に入れて）、国家を、天皇制を、どのように論証しうるかというモティベーションが、そこにはあったと見なすべきである。知られるように、吉本隆明をして『共同幻想論』（一九六八年）を書かしめたのも、そのような問題意識であった。もちろん、いかに下部構造を括弧に入れて国家を論じようとしても、「国家－市民社会」というヘーゲル的概念を崩さない限り、その思考は、爛熟していく市民社会的なもの（マスイメージ！）に侵食されていくだろうし、当初のモティーフであった天皇制への問題意識も消えていく。柄谷の『初期論文集』は、吉本の「幻想」概念を多用していて今更ながら驚かされるが、そのことは、最後の講座派としての市民社会的マルクス主義への親炙と併せて考えれば、納得がいく。平田清明と吉本は決して相容れるところがない理論と言えるが、その両者をともに受容したところに、初期柄谷の独自性があったのである。

柄谷が日本資本主義論争に深い関心をよせてきたことは、『トランスクリティーク』などの著作からも、うかがうことができる。そのような関心は、初期においては否定の対象だった丸山眞男への肯定的な評価への転回（「丸山眞男とアソシエーショニズム」、「思想」二〇〇六年第八号）や、盟友・中上健次とともに天皇制への批判的考察を放棄しない（「秋幸または幸徳秋水」、「文學界」二〇一二年一〇月号）ところからも知ることができよう。丸山の思想が日本資本主義論争のなかで醸成されたことにも触れる前者によれば、柄谷が丸山評価に転じたのは、日本的ポストモダン（市民社会の爛熟！）が猖獗をきわめた一九八四年頃、それへの懐疑からだったと言われ、そこでは日本における「近代の欠落」も指摘されている。しかし、柄谷がそのような立場に転ずる契機は、初期から存在していたと言えるだろう。このような、あえて言えば講座派的な問題構成への関心の持続が、柄谷の現在の実践性を担保しているのである。

4

冷戦体制の崩壊によるマルクス主義の「失効」以降も、「市民社会」的なものへの暗黙の準拠は、さまざまに形を変えて持続している。柄谷については、これまで論じてきた。また、アーレントやハーバーマスの公共性論のみならず、ポストマルクス主義におけるグラムシ主義の復権などが見やすいところだろう。ハート／ネグリの『コモンウェルス』も、あるいは「市民社会」概念を暗に復権するものではないかと考えられる。「新しい社会運動」は、そのようなものとして存在しているのではあるまいか。今日可能な実践性とは、そのようなものであるほかないのかも知れない。

ネグリとの共著『〈帝国〉』以前に書かれた「市民社会の衰退」（『批評空間』Ⅱ-21などに収録）と題するブリリアントな論文のなかで、マイケル・ハートは、ヘーゲルが『法の哲学』で描き出した「市民社会」の「民主主義的」かつポジティヴな側面をグラムシのヘゲモニー論が、そして否定的な側面をフーコーの規律社会論が焦点化していると論じている。そして、現代社会においては、グラムシ的な市民社会論は失効し、フーコーの言う規律社会も管理社会＝「ポスト市民社会」へと移行しつつあると論じている。言うまでもなくハートは、そこでフーコーが「国家‐市民社会」というヘーゲル的区分をしりぞけ、「統治性」という概念を提出していることも確認している。

しかし、ハート／ネグリが〈共〉《コモン》なる言葉によって、現代の「マルチチュード」の運動を位置づける時、それは広義に市民社会論への回帰であると見える。「搾取とは、〈共〉として生産された価値の一部または全体が私的に領有されることを指す」（『マルチチュード』上、幾島幸子訳）と言われるように、〈共〉を回復するとは、私的・国家的所有を廃棄して、個体的＝共同体的な所有を回復することを意味する（ハート／ネグリは所有の廃棄を所有しているが、それは私的所有の廃棄を意味していると見なすべきだろう）。これは、かつて平田清明が熱心に主張していたことではないか。ハート／ネグリの射程は、〈共〉のレント化というアクチュアルな現代資本主義認識にまで達しているが、同時に、「先住民の共同体で生み出された伝統的な知識」を〈共〉と呼ぶ時（もちろん、それはある正当性を持つ）、

〈共〉が「歴史の原動力」としての市民社会的な意味を担わされているようにも見えるのである。

平田清明は、非西欧人にとって市民社会概念が理解不可能であるとまで言いながら、一方でしばしば、ロシアのミール共同体を賞揚した晩年のマルクスによる「ヴェラ・ザスーリッチへの手紙」を引いて、非西欧世界における個体的＝共同体的所有の存在をも強調した。そして、このことも、平田市民社会論が影響力をふるった理由であった。市民社会派マルクス主義の衰退と代わるように一九七〇年代以降に影響力を行使した歴史学者・網野善彦も、その歴史研究の担保として、「ヴェラ・ザスーリッチへの手紙」の衝撃を言うことがあった（網野善彦対談集『「日本」をめぐって』）。ちなみに、網野史学も講座派出自である。

つまりそれは、非西欧世界にあっても実在する〈共〉であり、「真理として少しずつ表明される歴史の合理性」としての「市民社会」概念の変奏である。このような〈共〉概念は、マルクス主義や新自由主義の言う「市民社会」よりも、アナキズムの相互扶助社会や、それを横領した右翼農本主義の「社稷」概念に近い。しかし、それはやはり「市民社会」論なのである。事実、日本の市民社会派マルクス主義は、「市民社会」が「コモンウェルス」の意であることを、しばしば強調していた（内田義彦『社会認識の歩み』、望月清司前掲）。ハート／ネグリがコモンウェルス概念を歴史貫通的なものに拡張する時、そこに市民社会論の危うさもまた、露呈するのである。

『大塚久雄と丸山眞男』の中野敏男が指摘したように、日本における近代市民社会の不在を批判していた大塚久雄は、総力戦体制の戦時下では、逆に、その不在こそが日本の社会が近代をこえている所以であるとして、戦争協力におもむいたという。端的に言えば、「社稷」主義への転換であり、「半封建的」な社会に〈共〉を見出したのだと言える。このような事情は、何も大塚に限らない。戦前・戦時下においてインテリゲンツィアのみならず多くの共産党系マルクス主義者が天皇制農本主義へと転向したことは、歴史が示している。これは、アナキズム陣営でも同様であった。前衛的な詩集『死刑宣告』（一九二五年）で知られる萩原恭次郎は、クロポトキン主義をへて農本主義へと転向していった。

それゆえ、柄谷も的確に批判したように（朝日新聞二〇〇五年一二月一一日『マルチチュード』書評）、ハート／ネグリはマルクス主義的というよりはアナキズム的である。しかし、「新しい社会運動」は、市民社会概念に準拠することなしに、存在できない。それは、新自由主義が市民社会概念を必要とすることと、実は相補的である。アナキストであるらしいレベッカ・ソルニットがハリケーン・カトリーナの後に見出した「災害ユートピア」は「市民社会」と呼ばれたが（これは「社稷」概念に近い）、同じ事態において新自由主義者ミルトン・フリードマンもまた、そこに理想的な「社会」の到来を見たのである（ナオミ・クライン『ショック・ドクトリン』）。

ソルニットの『災害ユートピア』を評価した（朝日新聞二〇一一年二月六日書評）にもかかわらず、『マルチチュード』をアナキズムと批判した柄谷が、日本において3・11以降に改めて開花した「新しい社会運動」に加担する時、そのことを知悉しているはずである。言うまでもなく、「新しい社会運動」の限界は、それが新自由主義の「政治」に抗する政治性を提示できないところにある。そのことも安倍政権の誕生以降、明らかになりつつある。市民社会論に寄り添いながらも、それを切断してきた柄谷の「政治哲学」は、『哲学の起源』以降、どのような展開を見せるのだろうか。

「プレカリアート」の食

「私はマックとコークで十分だ」（M・フーコー）

フェミニズムとエコロジー

「六八年」が提起した多様な問題のうちでも決定的なものがフェミニズムとエコロジーだとして、この二つに対する社会一般の反応には、現在、大きな違いが見られる。確かにこれらは、どちらも「政治的には正しい」（いわゆるPC）提起として、支配層によっても、その後の政策のなかに組み入れられることになる。しかし、フェミニズムが社会的に認知されていくにつれ、それに対するバックラッシュも露骨に顕在化してきた。最近の日本においては、「男女共同参画法」が成立しているにもかかわらず、内閣総理大臣時代（第一次）の安倍晋三がフェミニズム的風潮の「行き過ぎ」を指摘したことは記憶に新しい。それと前後して保守派オヤジ（女性論客もいたが）からのイチャモンが噴出した。いわゆる「荒川区問題」[*1]として典型化＝焦点化されたものがそれである。これについては、宮台真司他著『バックラッシュ』（双風舎）が詳しい。ところが、エコロジーについては、今やおおむね反論の余地なく、その提起が認知されているといってよいのではないだろうか。エコロジー問題についての「学問上の」論争があることは承知している。しかし、それは決してエコロジーに対する「バックラッシュ」とはならないのである。この違いは、いったい何だろうか。

ヘーゲルは「女は国家共同体永遠のアイロニーである」（『精神現象学』）と言った。それと同じく、農業労働をも、近代資本制が包摂しきれないアイロニカルな領域と見なしていた（『イエナ実在哲学』、『法の哲学』）。

労働を人間の「本質」とするヘーゲル哲学において、「労働」は、その「具体的」有用労働の側面が「抽象的」人間労働に止揚されることが、革命的なことだと見なされる。近代市民社会では、個々の具体的な労働によって生産された物は、「商品」として流通過程に入ることによって互いに交換され、そのことで「抽象化」される。そこにおいては、鉛筆もリンネルも抽象的な商品一般として流通するからである。そして、この抽象化を通じて、市民社会全体に（ひいては世界的に）富が普遍的に分配される。このことは同時に、個々の具体的な労働に従事する労働者が、普遍的な市民として教育（フーコーの言う規律／訓練）される過程でもある（もちろん、ヘーゲルにとって普遍的なのは「国家」であり世界化することはないが、それを拡大してみせたのがグラムシである）。

労働と市場原理こそが普遍性である。労働者は自分の労働で得た賃金で、他の労働者が作った商品を購入する。その過程自体が、自らの労働が抽象的であり、ひいては普遍的なものであることを反省的に認識し意識する、労働者の自己陶冶なのである。もちろん、この抽象化の過程は、近代資本制における科学的テクノロジーの絶えざる導入によって不断に促進される。アントニオ・ネグリが強調してやまない、資本による労働の、形式的包摂から実質的包摂への転換にほかならない（労働の資本への実質的包摂は、抽象的人間労働に基づいた労働価値説を破壊することにもなるが、それは後の話である）。

ところが、農民は、このような抽象化＝普遍化の過程から不断に逸脱する契機を含んだ存在である。ヘーゲルにとって直接に自然に働きかける農業労働は、きわめて具体的な（ヘーゲルは「野獣」のような、と言っている）「行動」（労働ではない？）であって、容易に抽象化＝普遍化されえない。それゆえ、農民は一般的な労働者と較べて「反省やおのれの意志によって媒介されることの比較的少ない」（『法の哲学』）存在だとされる。つまり、農業はいかに資本主義化したとしても、実質的な包摂が困難な領域だということである。もちろん、ヘーゲルは農業が「自然」と同様に市民社会の基盤をなしており、否定できないものであることは十分に承知している。そして、それゆえにこそ農業は近代市民社会のアイロニーなのである。

このような視点は、決して偏見とは言い切れない。独自のマルクス経済学をうち立てた宇野弘蔵は、「労働力商品化の無理」に資本主義の矛盾を見たことで知られているが、同時に、農業が決して十全に資本主義化できないというところにも、資本主義の「限界」を見ていた。宇野経済学の出発は農業問題であった。

上野千鶴子のベストセラー『おひとりさまの老後』（法研）を見るかぎり、昨今のフェミニストは、資本主義下における女性の労働問題を基本的にクリアーしたと考えているようだ。上野によれば、それなりの労働とキャリアを積んだ女性であれば、老後のための貯金やマンションくらいは所

＊1　二〇〇四年、東京都荒川区は「男女共同参画基本法案」を破棄して「荒川区条例案」を提出した。これが、反フェミニズム的なものであるとして反対論が勃興し、荒川区を支持する保守派との論争があった。

有しているというからだ。この現状認識が果たして正鵠を射ているかどうかについては、斎藤美奈子や金井美恵子も指摘しているように、疑問がある。私見の及ぶ範囲においてさえ、三〇年、四〇年とコツコツ働いてきた女性でも、せいぜい、多少のたくわえがあるか、小さなマンションを持っているかのどちらかであって、両方を具備している人間は皆無である。まあ、上野千鶴子の属するアッパーミドル・クラスとは違うのだろう。ただ、『おひとりさまの老後』のような本がベストセラーになるということは、フェミニズムが資本主義と「和解」したことの証左ではある。偏見かも知れないが、『おひとりさまの老後』に象徴される昨今の日本のフェミニズム的言説の弛緩ぶり（証拠は他にも幾つも挙げられる）は、フェミニズム「勝利」の裏面であろうし、フェミニズムへのバックラッシュは、オヤジたちの、それへのちょっとした苛立ち以上を出るものではないのかも知れない。「永遠のアイロニー」であるにもかかわらず、資本主義はフェミニズムを、とりあえずは包摂しえたと言えるのであろう。

資本主義は拡大再生産を旨としている。そしてそのためには、エコロジーは障害であると思われてきた。とりわけ、六〇年代に公害問題が顕在化してきた時は、そうであった。公害を生み出している企業内労働者たちは、企業を取るか反公害に加担するか真剣に悩みもした。しかし、今やエコロジーに対するバックラッシュは、基本的にない。資本は自分たちがエコロジーに反対しないことを表明するに――少なくとも表面的には――きわめて熱心である。資本はエコロジーも包摂しえたかのようである。

「エコ」という言葉は、今や幼稚園児でも知っている。地球が温暖化の危機にあると特集番組が組まれる。「地球にやさしい」という言葉は、一日テレビをつけていればイヤというほど耳に入ってくる。夏になればクールビズ、冬になればウォームビズとかいって、ノーネクタイのリーマンが跋扈する。遺伝子組み換え食品が排斥される。有機農法が資本と提携して成功しているというレポートが、あれこれと放送される。世界周辺地域のヴァナキュラーな医療をアメリカなどの資本が特許取得して独占するといったことも頻繁である。エコロジーは「金になる」というのが、資本の認識である。

　エコロジーがこれだけ「全体主義」化しているにもかかわらず、かつてはバックラッシュ的に言われた「エコファシズム」という揶揄は、今や影を潜めている。誰もが地球のエコロジー的危機について心配しているらしい。そのくせ、ガソリンが二〇円下がったといってはタンクを満タンにして、排ガスを撒き散らしているのだから、本当のところは意味不明である。確かリオタールだったと思うが、現在、人間が心配すべきことは太陽の消滅であると言った。そう言ってもかまうまい。現代のエコロジー的不安は、太陽の消滅にいたる緩慢なレッスンであるのかも知れない。

ファシズムと農業

　かつて、「エコファシズム」という言葉が囁かれた時、それはエコロジーの「いかがわしさ」を言い表すものであったが、当時、ナチスのエコロジカルな農業政策が話題となった。そこに、現代の「エコファシズム」の淵源するところを見出そうという者もいた。

　リュック・フェリー『エコロジーの新秩序』や藤原辰史『ナチス・ドイツの有機農業』が明らかにしているように、ナチスの政策は、資本主義から逸脱する契機を内包した農民（とりわけ独立自営的な農民）を、「血と大地」のイデオロギーによって、国家総動員体制に組み込むという目論見を持っていた。国家総動員体制は、国家による徹底した資本主義的合理化政策としてあらわれる。グラムシに倣えば、ファシズムはフォーディズム＝テーラー・システムに対する遅れた資本主義からする受動的な革命であった（「アメリカニズムとフォーディズム」）。しかし、それは国家による国民総動員であるかぎりにおいて、単に、市民社会的＝資本主義的な市場経済の運動にのみ依拠できるものではなく、それとは相反する論理をも必要としたのである。それが、資本への実質的な包摂の困難な農業を、それ自体として肯定するということであり、その側面によって、ナチスは「資本主義の超克」を主張することができた。

　ヘーゲルが言ったように、農民は自然に隣接しているがゆえに、資本制の抽象化＝普遍化の運動から相対的に隔てられているところの、「遅れた」存在だが、その「遅れ」をナショナル・アイデンティティーとして肯定することで、国家による国民的総動員が可能になるのである。それは、農村から離脱してきた都市労働者の「故郷喪失」意識に訴えると同時に、農民こそが「血と大地」を表象＝代表するものであるという美学化にほかならない。美学化とは、同時に、国民を「有機的に」組織することでもある。ゴッホの描いた「農夫靴」を論じたハイデッガーの『芸術作品の起源』は、そのことを端的に語っているだろう。もちろん、資本主義の徹底化と農民の重用は、潜在的には鋭く矛盾する。しかし、それを糊塗するのが美学化＝有機化という働きなのである。このような農民の美学化をナチ党内で主張したのが、ヒトラーに粛清されたことで名高い突撃隊に近い、ナチ党左派のシュトラッサー兄弟らのグループであったのは興味深い（ハイデッガーも突撃隊に近い思想を持っていた）。彼らは、「大土地所有の解体、土地の国有化、重工業の社会化、反西欧、親ソ連、そして田園都市建設と農村人口の増大を唱え」（藤原前掲書）、ヒトラーから粛清されていった。

　概略このように見てみれば、現代のエコロジー的風潮に「エコファシズム」という規定が当てはまらない理由も明らかであろう。ナチスのエコロジーと現代のそれを隔てるのは、現代において、ナチス＝ハイデッガー的な「国民審美主義《ナショナル・エステティズム》」（ラクー＝ラバルト）が不可能なところにある。つまり、現代のエコロジーが「いかがわしい」と感じられるとすれば、それはむしろ、農業に大文字の美学化がほどこせないところにあると言えよう。

もちろん、現代のエコロジーも、さまざまに「美学化」を試みてはいる。農業に限ってみよう。田園生活は都市での生活より人間関係が豊かで健康で楽しいといったことから始まり、有機で栽培した不ぞろいの蜜柑や不恰好な人参は甘くて美味しいとか、ついには、安全で高級な米を作れば中国で売れて、むしろもうかる、といった具合である。しかし、それらのことが本当だとしても、そのことは今や決して「国民的」な理念型とはなりえないだろう。そう思う人間はそう思えばいいし、そのことを否定しはしないが、自分はあえてそうすることは控えると考える者が大半なのではないだろうか。なぜか。エコロジーがすでに資本主義に――実質的ではないにしろ形式的には――包摂され、市場依存的だからにほかならない。農業が資本主義に対抗しうる基盤を喪失していることを、誰もが知っている。だからこそ、農業の美学化は「いかがわしい」と感じられるのである。

知られているように、戦前までの日本にも、農本主義という農業を美学化する国民審美主義イデオロギーが存在して、二・二六事件の青年将校をはじめとする「昭和維新」運動（保守革命）を牽引した。しかし、そのことを可能にしたのは、農村の疲弊や小作農の貧困であった。いわゆる農本主義の基盤は農民の「疎外」なのである（これは、ドイツや帝政ロシアといった農本主義が隆盛であったところでも同様であろう）。国家の大本であり、「故郷」のはずの農民が「疎外」されていると見えた時、農村を「郷愁」として「有機的に」組織化し美学化するイデオロギーが立ち上がる。そして、その「疎外」が一応解消された時に、農本主義も基盤を喪失する。その意味で、戦後の占領軍による農地改革は、農本主義の思想的な基盤を根こそぎにしてしまったと言ってよい。三島由紀夫は農地改革を、戦前の保守革命のなしとげるべき課題だったと言った。確かにそうだが、それがなされてしまえば、保守革命の基盤もおおよそはなくなってしまうのであり、事実、そうなったと言える。三里塚闘争は戦後最大の農本主義運動のように語られることが多いが、おそらくは別の視点で論じることが必要だと思われる。

成瀬巳喜男のフィルモグラフィーのなかで画期をなす『鰯雲』（一九五八年）は、農地改革で変貌する神奈川県厚木あたりの農村を舞台にして、淡島千景の演ずる戦争「未亡人」の恋愛（「不倫」！）を中心に、農村の新旧の世代間ギャップを描いた作品だが、農民作家・和田伝の同名の作品に原作をあおいでいるにもかかわらず、驚くべきことに、そこに農民の誇りやエートスは全く描かれていない。彼ら／彼女らには「郷愁」がないのだ。淡島千景は淡々と農業をこなしてはいるのだが、どういうわけか日に焼けてもいなければ、体型が農民らしくなっているわけでもない。女学校出の彼女の関心は木村功との「不倫」であり、そのことに彼女自身何の疚しさも抱いていないし、周囲も「不倫」を賞賛しこそすれ、非難の一言も言わないのである。つまり、農民でありながら農民的エートスが不在であるところに、『鰯雲』は成立しているのである。

成瀬の傑作『乱れる』（一九六四年）も「戦争未亡人」高峰秀子と義弟の加山雄三の恋愛を主題にするものだが、後期成瀬のエロティックなメロドラマは、ポスト農本主義的な——その意味で「戦後」的とも言いうる——磁場において可能となった。ここでポスト農本主義と言うのは、農本主義がいざなう美学的「郷愁」がもはや不可能になった、起源を欠いた宙吊り状態のことにほかならない。

ルンプロの美学化

現代では、ヘーゲルのように労働と市場原理が人間的普遍性を陶冶すると考える者は、まずいない。確かに、ネオリベラルな市場原理主義者はそう主張するが、それが生み出しているのはヤリガイ詐欺でしかない。つまり、そのカリカチュアであるディーラーやベンチャー起業家と、ドロップアウトしつつあるルンペンプロレタリアや圧倒的な「下流」であることは誰もが知っている。そしてそれと相即的に、現代のエコロジカルな農本主義も、ファシズム的なそれのカリカチュア以上ではありえない。有機農業は確かに農業の資本による包摂に抵抗しているが、その抵抗は国民的に共有されえないのである。

われわれが一般に接することのできるエコロジカルな食物はと言えば、たまに行く「和民」の自称有機野菜くらいであり、後は、産地も遺伝子組み換えかどうかも見ずに安い食品を買いあさる以上のことができない。集会とかビラ撒きに行けば、その空いた短い時間に腹を膨らませるには、近所のわけの分からないほか弁を美味い美味いと言って食うだけである。ジョゼ・ボヴェなる男がフランスのマクドナルドを襲撃して反グローバリズムの旗手となったことは知っているが、マクドナルドしか食えない者はどうしたらいいのか。チャンコ鍋にはクエが最高だとマンガ『美味しんぼ』にあったので近所のスーパーで安く買ってみれば、アブラボウズなる聞いたこともない魚であると言われても、そんなことは関係ない。ましてや、たまに行く回転寿司の真鯛やエンガワがニセモノであることくらい百も承知である。

このような生産－流通過程が、もはやヘーゲルの記述したような抽象化＝普遍化を意味しないことは自明である。現代のネオリベラリズムが、市民社会の抽象化＝普遍化の装置が機能失調をきたしたところにおいて、その空洞化した機能を隠蔽することで顕揚しているという背理を犯していることは、誰でも知っている。現代の、ジャンクフードしか食うことのできぬまでにジャンク化させられたルンペンプロレタリアが、農業の資本主義化に抵抗するエコロジカルな農業とリンクする環を見出せないとすれば、そのことをこそ肯定する視点が必要なのである。

現代のルンペンプロは、しばしばコジャレて「プレカリアート」とも呼ばれている。この言葉は、今や、ある種の人々に好んで用いられているようだ。昨年（二〇〇七年）、ある大新聞が連載する貧困格差問題のシリーズで、どういうわけか取材を受けた時、その記者が「プレカリアート」という言葉を無闇に連発するので、こちらは嫌味で「ルンプロ」という言葉を使ってみたら、三〇代前半であろう男の記者は「ルンプロ」という言葉を知らないのであった。もちろん、「ルンペンプロレタリア」と言い直しても知らないのである。彼と待ち合わせたのはミスタードーナツというジャンクフードで著名なところで、われわれの周りはルンプロや「下流」の客でいっぱいだったのだが、彼は、「この人たちは『プレカリアート』という言葉なんて知らないんでしょうね」とも言っていた。しかし、貧困問題を取材する記者（いちおうは貧困問題に切り込むプロであろう）が「ルンプロ」を知らずして「プレカリアート」という言葉だけは知っているということは、逆に、現代の日本で論じられている貧困問題のある種の危うさを象徴していないだろうか。それは貧困問題が美学化されているということなのである。文化主義的な左派がよく言うことだが、ルンプロという言葉は手垢にまみれていて古い、新しい概念が必要だ、という。確かに新しい概念は必要だが、それは時として悪しき美学化を推進するだけに終わる。プレカリアートに（雨宮処凜という）「女神」はいるかも知れないが、ルンプロの女神は存在しないだろう。

たとえば、「生きさせろ！」というプレカリアートのスローガンがある。資本主義に媚びているという含意さえ感じられて多々問題含みのこの言葉について、これまでの文脈に即してコメントすれば、これを延長していけば、マクドやミスドのジャンクフードでとりあえず生きていることは、結局は自ら「死ぬ権利」（ブランショ／フーコー）を行使していることでもあり、否定されることになるだろう。で、「生きさせろ！」は健康増進法とどう違うのか。

容易に想像がつくことだが、ルンプロという言葉を知らずに貧困問題を取材する大手新聞の記者は、ジャンクフードを避けて有機農業の恩恵に浴することのできる収入と情報を持っているはずである。そのような人間が「プレカリアート」と言う時、エコロジーと都市ルンプロという接合困難な二つの問題は、美学的に合一されるかも知れない。どちらも「資本主義の矛盾」という問題ではあるから、たとえば、都市で食えないなら、田舎の休耕地を借りて有機農業をやればいい、とかである。しかし、現代はポスト農本主義の時代である。都市ルンプロに「郷愁」の感情はなく、「血と大地」へのフェティシズムは希薄だから、そう言われて農業を始める者は皆無に近いだろう。それは、現代資本主義では衰退しつつあるミドルクラスの弱い美学イデオロギーにとどまるほかあるまい。

フーコーは、カリフォルニアのゲイ・コミュニティーへの移住を真剣に考えた時、「わたしはグルメではない。マックとコークで十分だ」といった意味のことを言った。そう、とりあえずそれで十分なのだ。もちろん、好きで有機農業をやっている人間を否定するわけでない。

世界資本主義下のベーシック・インカム

「働かざる者、食わざるべからず」の視点

ネオリベラリズム的な経済政策の結果、先進資本主義国においても「貧困」が顕在化するにつれ、ベーシックインカム（基本所得、以下ＢＩと略）についての議論が活発になっている。ＢＩにはさまざまな方途と考え方があるが、ここでは、ごく簡明に全ての人間に同額の所得を配分するものとしておこう。日本では八万円ほどのＢＩが十分に可能と算定されているらしい。ＢＩは、欧米では一九七〇年代から提起されてきたが、「働かざるものの食うべからず」という近代資本主義のエートスからは、全ての人間に生存に必要な基本所得を、というＢＩの主張を、いかがわしいものとする気分がいまだ払拭されない。身体的な理由その他で貧困におちいっている者に「ほどこし」をするのはいい、しかし、働ける能力を持っている者にまでＢＩを支給するというのは、おかしいではないかという次第である。いわゆる「フリーライダー」論である。

それに対して、左派の側から有力な反論を提供したのが、マイケル・ハート／アントニオ・ネグリの世界的なベストセラー『〈帝国〉』であった。すでに『マルクスを超えるマルクス』で『経済学批判要綱』の独特な読解などをつうじて「労働」概念の転換を図っていたネグリ（と、ハート）は、『〈帝国〉』の結論部分で、次のように言って「万人に対する社会的賃金と保証賃金の要求」を掲げた。

《産業労働者階級が表象＝代表したのは、プロレタリアートとその革命の歴史のなかの、資本が価値（労働の――引用者注）を尺度（時間という――引用者注）に還元できた時代の、ほんの一部分のみである。この時期には、賃金労働者の労働のみが生産的であるかのように、したがって、それ以外のさまざまな種類の労働はたんに再生産的性格を帯びたもの、または不生産的性格を帯びたものですらあるかのようにみえたのである。しかし〈帝国〉の生政治的な文脈においては資本の生産は、社会的生それ自体の生産と再生産にますます収斂していく。それゆえ生産労働、再生産労働、不生産労働のあいだの区別を維持することはますます難しくなっていくのである》（水嶋一憲他訳、傍点原文）。

ある商品の交換価値は、その商品に投下された労働量によって決まるという労働価値説は、いわゆるポスト産業社会の出現によって、リアリティーを喪失した（ように見える）。一〇〇円ショップで売っているＴシャツとブランドもののＴシャツは、その使用価値において、ほとんど大差がない。投下された労働量にしても大差はなかろう。にもかかわらず、その交換価値は一〇〇倍も違っているというのは誰でも知っているからだ。「認知労働」と呼ばれる新たな労働形態は、労働時間と非労働時間の間の区別も曖昧化している。たとえば、エディターは、単に会社で仕事をしている時だけでなく、酒場でのバカ話も仕事の糧である。

しかし、労働価値説への疑惑は好況時の消費社会やケインズ主義的福祉国家のなかでは、概ね隠蔽される。端的に言って、そのような時代にあっては「食える」からである。あるいは、社会的な気分が「食える」という方向に流れているからである。働こうと思えば仕事はあるし、働けなければ社会保障が充塡してくれる（ように思う）。労働価値説への懐疑が決定的になるのは、ワーキングプア（ワープア）と呼ばれる、働いても食えない者が「層」として顕在化してきた時であろう。

言うまでもなく、産業資本主義以降の資本主義は、人間を労働力商品として捕捉したことで成立している。人間は、もはや労働力商品として自分を売る以外に生存の道を持たなくなる。地縁・血縁といった旧来の生存基盤（セーフティーネット）は資本によって、ほぼ破壊されるからである。しかし、労働力商品の価値は、他の商品一般と同様に市場の需給関係のなかで決定されるとはいえ、他の商品とは異なった側面を持つ。労働力は資本が自ら生産することができない。労働力商品は自らを生産し再生産しなければならない。端的に言えば「食う」ことができなければならないのである。食うことができなければ、人間は労賃をもらっても次の日は――あるいは数日後は――仕事に行けないだろうし、新たな労働力（子供）を再生産することもできないだろう。ところが、資本は自身で労働力商品を生産しえない。労働力商品が全てのモノを商品化する資本主義世界のなかの特殊な一商品（商品世界の中の唯一の「単純商品」）であるゆえんは、ここにある。

ワープアと呼ばれる存在が「層」として顕在化してきたということは、資本が労働力の生産と再生産の責任を放棄しつつあるということを意味する。人間を労働力として商品化することによって成立したにもかかわらず、そのことの責任を放棄しつつあるのが、ネオリベ以降の資本主義だといえる。一九八九／九一年の社会主義国の崩壊以降、資本主義は永遠であるかのような幻想が広まった。しかし、資本主義が労働力商品化の「無理」（宇野弘蔵）を抱えている。その「無理」が今や顕在化している。長原豊の著書『われら瑕疵ある者たち』は、その現況を思考するための実践的な手がかりとなるだろう。

　このような資本主義に対して、その無責任を糾弾し「生きさせろ！」と叫ぶのは、気持ちは分からなくはないが、やや論理的な不整合があると言わなければならない。労働力商品の価値が、その生存に十分な生活資料だとすれば、それは一種の労働価値説にほかならない。人間が生存（生産と再生産？）に十分な生活資料を諸商品として購入しうる十分な賃金を得るということは、その諸商品（生活資料）に、賃金と同程度の労働量が投下されているという擬制が成り立っていなければならないからである。それが、労働力商品化の「無理」の理だろう。そのような擬制を前提としてのみ、資本主義は存続しうる。しかし、今や誰もが労働価値説を信じえない時代だとすれば（本当にそうか、という疑問は、ここでは措く）、労働力商品にだけ労働価値説の適用を求めるのは筋違いということになるほかはない。

　ハート／ネグリのＢＩの主張は、労働概念を資本の包摂から解放しようという意図において、労働価値説をまぬかれており、資本に「生きさせろ！」という要求をつきつけているのではないように見える。そのＢＩ概念はフリーライダー論をも批判しうる。『正義論』で、最も不遇な人々に手厚い財の分配を求める正義について論じたジョン・ロールズは、ＢＩを批判して、海辺のサーファーにもＢＩが支給されるのか、と問うた。ＢＩにただ乗りする者に所得を分配すべきではないとしたのである。しかしサーファーとて、そのことによって「生活を生産し再生産する」（『〈帝国〉』）のであれば、当然にもＢＩは支給されなければならない。このような意味において、ロールズはいまだに産業資本主義のイデオロギーにとらえられていると言える。

　では、ハート／ネグリは資本の論理をこえているだろうか。彼ら自身、そう主張することに、きわめて慎重であるように見える。海辺のサーフィンをも含めた「労働」は、確かに「生活を生産し再生産する」が、「その過程で資本によって搾取される」と、彼らは慎重にも指摘するからである。

では、BI自体が「資本によって搾取される主張」ではないのか。

ネオリベが生み出した貧困問題に応接するに、右派左派両派からBIが提起されている(右派のものは、主に「負の所得税」として知られている)。左派の主張するBIは、概ね、ヨーロッパ社民の福祉主義の流れを汲むものだが、それもまた右派と同様に、資本主義それ自体を問わないことでなされているようである(トニー・フィッツパトリック『自由と保証——ベーシック・インカム論争』などを参照)。ハート/ネグリのBI論も、その問題について明確な資本主義批判の論点を提出しえているとは言いがたい。だが、私見によれば、今日のBI論は、それが実現されるとはとうてい思えない「思考実験」であるにもかかわらず、その枠をこえて、最悪の資本主義イデオロギーに加担しかねない契機を内包していると考えられる。もちろん、われわれは、かつて吉本隆明が直感的に主張したように(『自立の思想的拠点』)、「働かざる者、食うべからず」ではなく、「働かざる者、食わざるべからず」と主張しなければならないが、それがBIとして提起される時、まったく別種のものへと変質してしまうことが多々あるのではあるまいか。

ワープア的高学歴貧困層の増大

日本においてBIのプロパガンダが一般に向けてなされ始めたのは、大学非常勤教員たちによってであると言っていいだろう(白石嘉治・大野英士編『ネオリベ現代生活批判序説』二〇〇五年)。BIについて研究者や小さいサークルでの紹介・主張はあったが、そのリアリティーを非常勤講師たちに負ったのである。白石嘉治は、続いて雑誌「VOL」二号のBI特集をも編集同人として主導し、その普及に貢献した。それは「専業」非常勤、オーバードクター(OD)、ポストドクター

（PD）といった不安定な身分の高学歴貧困者（ワープアに近い）が、日本においても「層」として社会問題化してきたという事態を背景としていた。

「専業」の大学非常勤講師たちが、あるいは、それ以上にODやPDと呼ばれる存在が、その生活を維持するだけでも困難をきわめているということは承知している。年収三〇〇万円以下を貧困層と規定する日本社会の通念に則ったとして、大学の非常勤でそれだけ稼ぐには、大学によってコマあたりの単価が違うにしても、最低週一〇数コマをこなす必要があるだろう。もちろん、それだけでも過酷な労働時間であり、大学教員としての労働力の質を維持するための「研究」の時間確保などはおぼつかなくなる。しかも、一人の非常勤が一〇コマを掛け持ちできるということは、「大学改革」以降の時代において、ほぼ不可能になっている。一〇コマ以上を確保するためには、高学歴の男女が結婚し、二人のコマ数を合わせることでのみ、かろうじて可能であるだろう。これは、まさに三浦展の言う「下流」の生活スタイルである。

では、彼ら非常勤やOD、PDが専任教員などの職に就ける可能性はといえば、これまた「大学改革」以降は、専任職のポストが、どんどん縮小傾向にあり困難をきわめる。とりわけ人文系のポストはそうである。しかも、文科省の大学院重点化政策以来、大学院は増え続けているのだから、非常勤、OD、PDもまた爆発的に増大している。今や、博士号を取得していても研究職に就けないのは常識と言っていい。狭い私見の及ぶところでも、博士号を取得して一〇年ほど経っているにもかかわらず、一度たりとも非常勤講師さえやったことのない人間がいる（しかも、これがなかなか優秀なひとなのだ）。彼は研究領域とは無関係な肉体労働によって生計を立てている。

かつて、貧困問題は相対的に教育資本を持たぬアンダークラスにおいて（のみ）存在すると考えられてきた。しかし、今や貧困問題は教育資本の有無を問わぬところにまで来ている。あるヴォランティア・ネットワークは、月々数百円のデポジットを支払っていれば、一回につき三万円の貸付を無利息で行なうという互助システムを作っている。言うまでもなく、このシステム構築の際に想定されていた利用対象は、フリーターや派遣、ホームレスといった人間であり、彼らは教育資本が相対的に少ないアンダークラスと考えられていた。

しかし、仄聞したところによると、最近、独身の大学非常勤教員が、その制度を利用して三万円を借りていったという。一般的に想像すれば、高学歴の者は、それだけセーフティーネットを有していたがゆえに教育資本を蓄積できたと考えられる。いかに奨学金とアルバイトを駆使したとしても、ある程度の近親者からの援助がなければ大学教員を務めるまでの教育資本は蓄積しがたいだろう。教育資本の本源的蓄積の秘密は、概ね、ここにしかないはずである。だから、たかだか（?）三万円程度の金であれば、親、兄弟、親戚、友人、同僚などから借りられるのではないかと思うのが、ミドルクラスの人間の発想である。しかし、この事例は、高学歴者においても、それを可能にしたセーフティーネットが今やほころびつつあるということを示している。

ところで、大学の専任教員が、非常勤に数倍（いや、実質的には十数倍以上であろう）する収入を得ていることは知られている。かつて、大学教員は同年代のサラリーマンに較べて、相対的に収入が低いと言われてきたが、現在では、そういった声は聞こえない。大学教員は雇用制度が崩壊した現代において、もっとも優遇された職であると見なされている。しかも、専任教員は今や政府からタレ流される——過半は無駄金と言っていい——科研費やCOEによって潤沢な研究資金を得ることができる。いや、研究費を得ることが勤務校のステータスにつながるというので、強制的に、それらを取得するよう使嗾される。

もちろん、そのような所得の上昇に比例して、専任教員の「校務」と呼ばれる仕事も爆発的に増大してはいる。漸進的に増大する担当コマ、入試業務や学生管理、それに何につけても提出を義務づけられる瑣末・煩雑な書類作成等々である。それゆえ、「研究をせよ」との命令と、研究を阻害する要因がダブルバインディングな状況を作り出している。「研究」と「校務」のディレンマが、相対的な高賃金によって隠蔽されているわけである。

昨今の大学では、減少する受験生を確保するためにオープンキャンパスなるものが盛んに開催されているが、そこで受験生向けに焼きそばやたこ焼きを焼いている若手専任教員の姿を見出すのは、それほど困難ではない。もちろん、彼ら若手教員は、一方では研究成果を出せとも促されており、数人で科研費を取得したと思えば、今度は、その対外的な発表をというので、ワークショップやシンポジウムを無理やりでっち上げ、締めの研究発表としては、誰も読まないような冊子・書籍の刊行まで義務づけられることになるのである。

専任教員と非常勤教員との間の格差を労働量の多寡という基本的なレベルで捉えてみれば、そのことを「解決」するもっともアクチュアルな方途はBIではない。ワーク・シェアリングであるはずである。やや多すぎる専任教員の所得を、その過重な労働を非常勤に分配することでシェアすることが、もっとも早く実現できる資本主義的「解決」だろう。もちろん、ドブに捨てるような研究補助金の非常勤給与への還元も必要だろう。その上で、山積しているさまざまな不合理を「改善」していければよい。そのようなことは、かつて二〇〇二年に「じきに博士のホームレス!?」(『JUNKの逆襲』所収)という戯文その他で指摘したことがあるが、最近では小泉義之も『「負け組」の哲学』などで、大学におけるワーク・シェアリングの必要を主張していることを知った。

その拙稿を書いたのは、私が一、二コマの非常勤と原稿料収入で糊口をしのいでいる時期だったが、専任職にある今もなお、大学でワーク・シェアリングを行なうべきだという考えに変わりはない。もちろん、その程度のワーク・シェアリングでも、実現には多大な困難が伴うことは承知している。しかし、BIなどよりは、はるかに実現可能性のある方途だろう。アカデミックな研究者が

「貧困研究」と称してアンダークラスの社会学を喋々するのもけっこうだが、先ずは、自分たちの置かれている大学という制度内のワーク・シェアリングを専門的に研究してもらいたいと思う。もちろん、それは自分たちの「痛み」をも伴うものとなるだろう。

BIは資本主義存続への請願!?

BIの最大の問題は、それが一国的に実現されたとしても、何の意味もないどころか、むしろ、最悪の資本主義に帰結するということにある。BIは市民所得とも言われ、市民的権利であるとされている。しかし、それは世界資本主義が廃棄され、市民が「世界市民」として具体的に実現されているのでない限り、むしろ、反動的なものに帰結するほかはないのである。

簡単に例証しよう。もっとも可能性の高いところで、先進資本主義の某国でBIが実施されたとしよう。それが、生存に十分な金額ではなく、日本円にして六万円程度であったとしてもよい。生存に必要十分の金額が三〇万円(とりあえず、平均的な労賃とする)だと仮定して、その五分の一が支給されるものとする。もちろん、その某国では、在留外国人労働者にもBIが支給されているとしよう(「不法入国」した外国人労働者の問題は重要だが、それも、この際は問わない)。その某国の「市民」は、BIを世界的に敷衍すべきだとして国連に提起し、それが可決されたとする。だが、その時、後進資本主義国の「市民」には幾らの額のBIが支払われることになるのであろうか。某国の資本が生産工場を設置して莫大な利益を上げている後進資本主義国Xでは、六万円の月収は半年分の収入に匹敵するとする。だとすれば、そのX国に六万円の月収入を支給することを資本が了承するはずはあるまい。では、某国とX国の賃金格差に比例して二五〇〇円のBIでよいのであろうか。それは、資本による後進国と先進国の格差を固定することになってしまうのではないか。もちろん、その格差がなければ資本は利益（特別剰余価値）を上げることができないのである。

ＢＩの議論は、概ね、一国的な枠内におけるものを出ない。多少の議論はなされているようだが、それは、ある国が先ずＢＩを始めて、それを各国に普及していくとか、せいぜい世界連邦の下の単一的な世界通貨体制で等々、という空想を出るものではない（「世界規模のＢＩ」については立命館大学大学院先端学術総合科ホームページ内の http://www.ritsumei.ac.jp/acd/gr/gsce/d/b03003.htm を参照）。その理由は、左派のＢＩについての議論が、ヨーロッパ社民的福祉国家論から出発しているというばかりではなく、そして、それが資本主義を前提としているものであるという以上に、資本主義に加担しているからである。資本主義批判の上でＢＩを提起しているハート／ネグリにしても、その点は曖昧である。彼らの言う「帝国」は国民国家の役割が逓減しつつある時代のことだが、しかし、逓減しつつあるとはいえ、国民国家の枠組みは資本主義にとって必要なのであり、そのことによって資本は利益を得ている。そのことを抜きに世界資本主義は存続できない。それは、冒頭で引用したところを再び引けば、生産的か不生産的かを問わず「社会的生それ自体の生産と再生産にますます収斂していく」ところの「帝国」の傾向的な問題であり、「帝国」自体が国家を廃絶するわけではないということである。国家が廃絶されない時、世界資本主義も国家間の格差から利益を得る。「帝国」における国家の役割は、ＢＩという「思考実験」において、それを突き詰めた時に露呈するものだろう。資本主義を前提とする限り、ＢＩは資本主義の利益に加担するほかない。それは、資本主義の「悪」を緩和するものではなく、むしろ、その固定化・累進化にさえ貢献するだろう。なぜなら、ＢＩは世界規模で実現されなければ何の意味もないにもかかわらず、世界資本主義が、それを許さないからだ。

非常勤講師に代表される日本の左派知識人たち

が、ワーク・シェアリングのリアリティーに目もくれず、BIという空想に就いたことの問題もそこにある。もちろん、彼らの日本の議論においてもBIの世界化の可能性などはほとんど問題とされず、実質的には一国主義の枠内にとどまっている。しかし、一方で、ネグリやアンドレ・ゴルツを援用する彼らの議論は、世界的である（「VOL」二号参照）。BIは世界的な課題として提起されているのである。しかし、その世界性は、資本主義の世界性を隠蔽することで可能な世界性であるという意味で、排外主義に転化する可能性を胚胎している。かつて、日本の新左翼がインターナショナリズムを掲げたナショナリストだったように、である。日本の新左翼は、そのディレンマのなかで、思想的な役割を終えていった。

繰り返して言うが、非常勤講師の置かれた条件が劣悪きわまりないことは何度強調してもし過ぎることはない。しかし、その条件を踏まえて提起されるべきは、少なくともBIではないだろう。それは、大学という、自らが置かれた――資本主義下の――制度を問わぬことであり、すなわち、資本主義に加担することに帰結するほかはない。さしあたっての問題は、制度のなかで制度を利用しつつ、それを批判するスタンスを確保することである。BIには、そのことが不可能ではないのか。それは、資本主義に従属すること（あるいは、資本主義に「お願い」すること）ではあっても、それを批判するという視点を採ることを不可能にさせる思考に帰結するからである。

しかし、時代はBIの最悪の実現に向かっているかに見える。リーマン・ショック以来、ネオリベラリズムへの反省を誰もが口にするようになると同時に、国家独占資本主義という昔懐かしい言葉さえ復活しようとしており、確かに日本も社民的かつ福祉国家的な政策を打ち出している。麻生首相の政策の目玉とされ、徳川綱吉の「生類憐れみの令」以来の愚策とも言われる定額給付金は、間違いなくBIの初期的なものだが、BIの左派系の提唱者はこれを歓迎しているのであろうか。

第III部

文学の争異《ディフェラン》

フィクションの「真実」はどこにあるか

キャラクター小説と1968年

1

アーカイヴの学という意味の「アルケオロジー」を標榜するミシェル・フーコーは、自身をしばしば「歴史家」（に過ぎない）と規定したが、同時に、それが「小説家」とどこか似かよっていることも否定しなかった。

わたしは正真正銘の歴史家などではありません。そして小説家でもない。わたしは一種の歴史的虚構（fiction historique）を扱っているのです。ある意味では、自分の言っていることが本当ではないことはよく分かっています。たとえばひとりの歴史家が、わたしが書いたことについて「これは真実ではない」と指摘することも、十分ありうるのではないでしょうか。（…）けれどもわたしの本(『狂気の歴史——古典主義時代における』を例にとれば——引用者注)は、人々が狂気を見るその見方に影響を及ぼしました。だからわたしの本や、そこで展開したテーゼは、今日の現実におけるひとつの真実を含むことになるのです。(…)わたしの望みとは、わたしの本がひとたび書かれるや、それまでになかった真実を抱くようになる、ということなのです。

(「フーコー、国家理性を問う」坂本佳子訳、原文初出一九八〇年、『ミシェル・フーコー思考集成』第八巻)

歴史家でも小説家でもない、しかし、それらと似てもいる存在——それは何者なのか。フーコーの方法論と、筆者のそれの隣接性や近似性を主張するつもりは毛頭ない。しかし、やはり歴史家でも小説家でもなく、便宜上「文芸評論家」を自称し、「一九六八年」について二冊の本(『革命的な、あまりに革命的な——「1968年の革命」史論』〇三年、『1968年』〇六年)を書いてしまった者として、フーコーのこの発言に接すると、拙著もこのようなものでありたいと願う気持ちはいかんともしがたい。もちろん、「六八年」の歴史叙述である拙著も、成功しているかどうかは問わず、フィクションでありながら、「そこで展開したテーゼは、今日におけるひとつの真実を含む」べくは書かれているからである。

しかし、フーコーの言う「それまでになかった真実」とは何か。狭義にはフーコー以後とも、広義には「六八年」以後とも言えるところの、現在にいたる状況のなかで、歴史的「真実」は、むしろ大きく動揺をきたしている。幾つかランダムにあげてみても、「アウシュヴィッツはなかった」とする歴史修正主義をめぐる論争、フーコーの言表分析を相対主義として受容したニューヒストリシズムの旗頭ヘイドン・ホワイトと、相対主義とも実証主義とも異なる「第三の道」を主張するカルロ・ギンズブルグとの論争など、が想起される。日本においても、いわゆる「従軍慰安婦」や「南京大虐殺」の歴史認識を問う議論がある。

これら歴史的「真実」を再審する土壌が、日本においては、一九七〇年の七月七日、盧溝橋事件三三周年の記念集会で華僑青年闘争委員会(華青闘)によってなされた、新左翼の自民族中心主義への批判(いわゆる「華青闘告発」)に端を発して出現したことは、「六八年」をめぐる二冊の拙著が強調してきたとおりである。入管闘争を闘う在日中国人・台湾人学生グループによってなされたこの批判は、単に日本の新左翼が懐胎していた歴史観に向けられたものという射程をこえて、歴史認識のパラダイムを転換する「事件」となった。ここで転換された認識論的切断を、筆者は、その記念碑的な事件性を刻して「七・七パラダイム」と呼んできた。その事件性は、もちろん当時のほとんどの人間には気づかれなかったが、デリダが『グラマトロジーについて』のなかで、レヴィ=ストロースのルソー主義を自民族中心主義と批判したことと、はるかに呼応してもいた。それが「六八年」の世界性である。当時の入管闘争を担った日本人の側の最良の部分(津村喬など)は、その思想的な担保として、レヴィ=ストロースのルソー主義を参照することがあったが、「七・七パラダイム」の誕生は、事実として、これをこえる「事件」であったのだ。拙著でもある程度は行なっているように、七・七華青闘告発へといいたる歴史的系譜を追うことは可能だが、その事件性は、ついに系譜的な論述をこえてしまう。

フーコーの記述する「歴史」は、女性やクイア、精神「障害」者たちの運動に寄与したが、華青闘告発もまた、在日や少数民族をはじめとする、さまざまなマイノリティー運動の震源となる。七・七華青闘告発以降、日本の一国的な近現代史がさまざまに再審に付されることになった。その営みは、アカデミズムの枠をこえて、今なお続いている。それは、狭隘なナルシシズム的「自己」からの解放だったはずである。だからこそ、日本の新左翼は華青闘告発に「自己批判」したのではなかったか。

しかし、同時に、アイヌや沖縄などのマイノリティーを中心化することで、修正主義的かつ荒唐無稽な――SF的とさえ言える――「偽史」が族生することにもなった。「七・七パラダイム」によって、歴史叙述の「真実」は、レトリカルな効果の問題となったからである。かつて「正史」と信じられていたものは、マジョリティーの言説上のヘゲモニーによって担保されたフィクションであることが、華青闘告発を端緒として暴露されたことと、それは、表裏一体なわけだ。ここにおいて、歴史はフィクションにほかならないとする認識が、否定しがたいものとなった。このような「七・七パラダイム」のありようは、最近では、村上春樹の『1Q84』においてもフルに作動し、大衆的に消費されているだろう。すでに指摘されているが、そこに蠢動している「リトルピープル」とはマイノリティーのことではないのか。

ホワイトとギンズブルグの論争に即して言えば、確かに、相対主義を否定し実証主義の隘路にもおちいるまいとするギンズブルグの「第三の道」は良心的に見えはするが、それは、ギンズブルグが政治的に加担した――サッチャリズムを「完成」したとさえ評される――イギリス労働党ブレアの「第三の道」と同様、いかがわしさを払拭できない。われわれは否応なくホワイト的相対主義のなかに身を置き、修正主義の脅威に不断に身をさらしているからだ。それが、今なお作動している「七・七パラダイム」の両義性である。アウシュヴィッツはなかったし、南京大虐殺も幻であった、日本人の祖先はユダヤ人である、等々。

しかし、歴史叙述の「真実」がレトリカルな効果の問題だとして、その効果の強度は何によって担保されているのか。まさか、声の大きさや多数決の喝采が「真実」を決定するというわけ（だけ）でもあるまい。フィクションとしての歴史叙述の「真実」が問われている時、フィクションとしてある近代小説の「真実」が、どのように担保されているかという問題へと迂回してみることが、さしあたり有効だろう。

2

一八八九年の帝国憲法発布と国会開設を前にして近代小説の必要性を政治的に痛感していた坪内逍遥が、滝沢馬琴の『南総里見八犬伝』を仮想敵とし、「八犬伝中の八士の如きは仁義八行の化物にて決して人間とはいひ難かり」(『小説神髄』)と斥けたことは知られている。逍遥が求めたのは、近代小説における「化物」ならざる、普通の人間の市民的「真実」だった。そのような「人間」を醸成することができるのは、近代的リアリズムにもとづく小説以外にありえないというのが、改進党の人脈下にあった逍遥の考えであった。国会開設を求める自由民権運動を推進したのが「壮士」という化物性を帯びた存在であったのに対して、普通の市民を代表=表象する舞台が代議制民主主義の府たる国会だからである。そして、そのような市民的=人間的「真実」は、レトリカルな効果というよりは、レトリカルな効果をできるだけ抑圧・隠蔽することで得られると見なされた。逍遥もまた最終的には要請していた、近代リアリズムと言文一致体とは、そのことを理想としたものである。

『八犬伝』の「化物」は「仁義八行」という「真実」を表現している。では、それに代わる「人間」の「真実」とは何か。そのような市民=人間は、二葉亭四迷がただちに「内海文三」として提示してみせたように、ただただ凡庸な日常を生きているだけで、そのことのなかに「真実」があるとは俄かに主張しがたい存在である。市民的=人間的な生は、ジュリアン・ソレルや東堂太郎のように、個々に幾分かは卓越的であったりもするが、それとても相対的なものに過ぎない。そのような、ありふれた孤立的な人間的生を「真実」のものとするのは、各人にとって固有で取り換えのきかない一回的な死なのである。「化物」の生は、逆に、独特で荒唐無稽なものだが、何度でも死んでは再生してしまうという意味で、固有な死という「真実」を持たない。「化物」は何も『八犬伝』のような伝奇物語に存在するのみではない。オデュッセウスや光源氏のように、死すべきものとして描かれているように見えるとしても、その「真実」は死によって担保されてはおらず、絶対的に卓越的な存在である。中世民間説話の有力なネタとなった空海は、今なお高野山の奥で生きているというではないか。「化物」の生は「真実」を表現すべく、レトリカルに誇張されて叙述されなければならないわけである。近代リアリズムは、理念的には、レトリックの否定という、パラドキシカルなレトリックだと言うことができよう。それが、いわゆる近代リアリズムであり言文一致体にほかならない。書き言葉は話し言葉に較べて、相対的にレトリカルな——代補的《はいし》=技術的な——ものと見なされるからである。

もとより、近代小説と、それ以前の戯作・稗史、神話、物語の、概略以上のような時代区分は相対的なものに過ぎない。近代の文学においても「化物」が跋扈する小説は幾らでも存在してきたし、聖書や仏教説話においては死すべき凡庸な生も描かれてきた。しかし、近代小説が、国会という凡庸な人間=市民の代表=表象システムの誕生に寄り添って誕生してきた表象=表現ジャンルである限り、「化物」たちの跳梁する作品は、周縁部に抑圧されるほかはなかったのである。

現代の問題は、「キャラクター」と呼ばれる「化物」たちが、「ゲーム的リアリズム」(東浩紀)という掛け声のもと、あたかも抑圧を解かれたとでも言うかのように、時ならず族生してきたところにある。いわゆるキャラクター小説(ライトノベル)と呼ばれるものにほかならない。それは、歴史叙述の「真実」がレトリカルな効果であるとするところの、抑圧されてきたレトリックの回帰という「六八年」以降の事態と通底している。しかし、現代の新しい「化物」たちはどのような「真実」を伝えようとしているのか。確かに、それは「仁義八行」ではありえないし、そうでない限りにおいて、ポストモダン的な新しい「真実」を主張しているようである。だが、代議制民主主義の勝利としての民主党政権の誕生が、明治期国会開設以来の「革命」であると一部でことほがれているこの時代の現象として、それは新たな「真実」なのだろうか。「戦後民主主義批判」を掲げた日本の「六八年」が、小説論の文脈においても問題化されねばならない理由も、ここにある。

キャラクターと呼ばれる「化物」の化物性は、それがインターネットやコミケ等の市場をとおして、二次創作と呼ばれるメタフィクションを族生させるところにある。この事態は、代補的＝技術的領域の肥大化した電脳的環境が人間的「真実」を凌駕していると見なす状況認識において、全く新たな文学が誕生する予兆と考えられている。よく知られた例としては、清涼院流水の諸作品に登場する探偵「九十九十九」を舞城王太郎が『九十九十九』として横領したことがあげられるが、このような例は枚挙にいとまがない。そして、九十九十九をはじめとするキャラクターたちは、近代小説が前提としてきた凡庸な生と固有の死という「真実」をこえた「化物」として、新たなフィクション（メタフィクション）のインターテクスチュアルな「真実」を主張しているかのようである。現代の生命科学が一回的な固有の死という概念を曖昧化していることと相まって、ＳＦ小説の相貌を持つそうした小説作品は膨大に生産されている。

確かに近代小説は、かかるメタフィクションを抑圧してきたように思われる。幾つかの例外は存在するといえ、『感情教育』についても『暗夜行路』についても、二次創作が（頻繁に）なされたという形跡はなく、その意味で、フレデリック・モローも時任謙作も「キャラクター」とは言いがたい。ハイデッガーに倣えば、彼らは、「ダス・マン」でありながら固有の一回的な死に先駆しているかけがえのない存在と見なされているがゆえに、メタレベルには立ちがたいかに見えるし、インターテクスチュアルで自在な横断性にも欠けるのである。このような、メタフィクションを抑圧する近代文学の環境にあって、メタフィクション的な作品が、その希少性ゆえに賞揚されることが、「六八年」以降のポストモダン的な議論において顕著であった。

しかし、二〇世紀のポストモダン的な議論において見出されたメタフィクションが、まず、『ドン・キホーテ』や『トリストラム・シャンディ』といった近代文学創生期の作品であったことからも知られるように、抑圧されていたとはいえ、メタフィクションはフィクションの条件であったわけである。ドン・キホーテは中世騎士道物語のキャラクターに「萌え」ていた存在であったし、トリストラム・シャンディは生／死の一回性をこえた語りを駆使していた。

近代以前の神話や口承説話においては、登場人物はすべて「キャラクター」であり、偽書やヴァリアントとして二次創作がなされることは、むしろ常態である。いや、古代・中世においては、むしろ、ヴァリアントが正典・正史に先行していたことは、ギリシャ神話や聖書、記紀・語り物などに即しても明らかだろう。コピーがオリジナルに先行していたわけである。スピノザが無神論者として攻撃されたのは、聖書におけるヴァリアントの先行性を説いたところにあった。オリジナルに対してメタフィクション的二次創作（コピー）がなされるようになるのは、ずっと後のことに過ぎない。

近代文学においても、同様のことは、実は、さまざまに行なわれている。いわゆる歴史小説においては、ロビン・フッドも豊臣秀吉も、キャラクターとして自由に二次創作に供されてきた。それらは、今日なら「データベース」と呼ばれるであろう言説のアーカイヴ（それは、口承的であるか書記的なものであるかを問わない）から自在に取り出され、書き換えられる。ただし、歴史小説が近代小説として書かれる限り、それらの登場人物たちは、一回的な固有の死を持つ存在でしかありえないだろう。歴史小説が、近代文学のなかで相対的に劣ったジャンルと見なされてきた理由は、登場人物がアーカイヴからピックアップされて、それなりに自由に書き換えられうるというところにあった。フレデリック・モローに対しても、時任謙作に対しても、そのような介入は不可能であると思われたからである。

「六八年」に再び見出されたロシア・フォルマリスムの文学理論は、レトリックを抑圧しているかに見える典型的な一九世紀リアリズム小説を論じて、そこに、「非日常化《オストラネーニエ》」というレトリックの優位を見出した。「何を書くか」ではなく「いかに書くか」こそが文学の文学性を担保しているというわけである。つまり、近代リアリズムの書くべき唯一の「内容」としては、すでに、「いかに書くかについて書く」ということでしかありえず、「手法の露呈」＝メタフィクションが問題だったのだ。ただ、そのことを抑圧・隠蔽する身振りにおいて、近代リアリズムはフィクションとしての真実性を保証しようとしていたと言える。このことにかかわって、前近代か近代かを問わぬ「翻訳」（メタ言語であり二次創作である）の先行性という巨大な問題が存在しているが、ここでは、そのことを指摘しておくにとどめておく。

ゲーム的リアリズムという主張は、インターネットに代表される電脳メディアがもたらしたオリジナルと二次創作の双方向性が、近代文学による抑圧を解除し、自在なメタフィクションが容易かつ頻繁に可能になったという事態に支えられている。そこ（ゲームやマンガを含む）において、「キャラクター」は複数的で荒唐無稽な化物的生を獲得することができるし、さまざまな「可能的世界」を横断して何度でも死んでは生き返ることもできる。繰り返して言えば、そこでは、レトリックの効果によって「真実」が決定されると見なされ、ほとんど「偽書」＝「偽史」以外には存在しえないことになるだろう。それゆえ、曹操も劉備も、織田信長も直江兼続も、そこでは、近代的歴史小説においてそれらが存在していた時とは異なる、一回的な死をも克服した化物性を帯びることができるだろう。だが、その「化物」は、もはや「仁義八行」といった「真実」を担いえないポストモダン的な存在である。

　そのような「化物」が、アレクサンドル・コジェーヴに倣って「動物」と呼ばれていることは知られている。しかし、われわれは本当にポストモダン的な「動物」という多幸的な存在になりえたのか。つまり、人間的な固有性の担保であった一回的な死を放棄しえたのか。キャラクター小説においては、いまだ正典・正史（オリジナル）と二次創作（コピー）との間の序列が、のりこえ不可能であるように見えるではないか。ゲーム的リアリズムが、「現実がゲーム的であることを受け入れたうえで、私たちひとりひとりが単一の物語しか語れないし生きられないことを描く、解離的でアイロニカルなリアリズム」（『文学環境論集 東浩紀コレクションL』）と定義されているとすれば、それは、いまだ近代的リアリズムの範疇に収まることで、その真実性を担保しているからである。

　そして、同様のことは今日の歴史叙述のあり方にも通底しているように見える。小熊英二の『1968』（上下、〇九年）は、「六八年」の歴史を叙述することにおいて、期せずして、その問題へと導く書物だと思われる。

3

小熊英二の『1968』については、主に日刊紙・週刊誌の書評での「浩瀚」、「労作」と評する多くの賞賛とともに、田中美津（「週刊金曜日」一二月二五日号、〇九年）、府川充男（「悍」三号、〇九年）、安藤紀典（「先駆」一一号、〇九年）、市田良彦（「情況」一二月号、〇九年）などから、実証的な検証を踏まえた「これは真実ではない」とする批判が頻々となされている。田中美津によれば、彼女を主要な登場人物とする第17章「リブと『私』」中六四頁内で五三箇所の事実関係についての間違いが指摘されるというが、それを敷衍すれば、同書上下巻本文一二〇〇頁全体では一〇〇〇箇所になんなんとする間違いが存在するということになろう。実際、田中たちの評を読み、私見をも勘案して、その数値もあながち誇張ではないと思わざるをえない。小熊は同書を「社会科学的に検証し」た「研究」であると謳っている。しかし、それだけの間違いを予想されうる本が、果たして研究書たるに堪えられるかどうか、これはかなり疑問と言わなければならない。しかし、奇妙なことに、同書の浩瀚・労作を賞揚する多くの書評のうち、北田暁大の穏健な書評（「週刊文春」一〇月一四日号、〇九年）をほとんど唯一の例外として、小熊と田中らとの「対話」を促す者は存在しない。

小熊にしてみれば、実証的批判は自著の「真実」を傷つけるものではないと見なされているようである。「事実関係の明らかなまちがいについては、確実な根拠を示したうえで指摘をしていただければありがたく思う」としながらも、「事実関係ではなく、本書の位置づけや解釈に納得できないという方は（…）、本書全体を通読し全体のテーマ設定のなかでのその章の位置づけを把握したうえで批判してほしい」とも言い、ついには、文句を言うなとまで居直る（「あとがき」）からである。田中らの検証は、とりわけ市田の評が強調しているように、事実関係のまちがいが「全体のテーマ設定」に深く依存していることを指摘している。小熊が、これらの批判的検証に応接した形跡は今のところ(〇九年一二月末現在)ないから、さしあたり、そう考えてよいだろう。フーコーに倣って小熊も、うんざりしながら「自分の言っていることが本当ではないことはよくわかっています」と言っているかのようだ。そうであるなら、『1968』は歴史研究ではないのかも知れないが、「歴史的虚構」のみが持ちうる「真実」を提示しているということになる。しかし、それは小熊の本に登場する「六八年」のひとびとが、キャラクター化した「化物」であるということと同義ではないだろうか。

事実、小熊の『1968』を研究書として高く評価する者にしても、一方では同書を「現代の『太平記』」(佐藤優、「AERA」一一月九日号、〇九年)と評し、「前衛」小説(栗原裕一郎、メルマガ「週刊ビジスタニュース」一〇月二一日号、〇九年)とも言う。否定的に評価する府川充男にしても、同書を——できの悪い——「講談本」と規定している。だとすれば、本書からはフィクションのみが提示しうる何ものかが読まれるべきだと言えようか。実際、小熊の本において「六八年」は「あの時代」と呼ばれており、それは、中世説話や戯作が「今は昔」を語ることと同義だからである。小熊の一義的な企図としては研究書として書かれたに相違ない『1968』は、それ以上にフィクションとして読まれてしまう(読まれねばならない?)という側面が否定しがたいわけである。しかし、それはフーコーの言う「歴史的虚構」なのか、どうか。フィクションとしての同書が伝えようとする「全体的なテーマ設定」が、いかなる「真実」なのかが、まず問われなければならない。同書が「前衛」小説のように読めるという者がいるとすれば、その前衛性とはキャラクター小説のようなものを指すと捉えてのみ、理解できよう。そのことは、すでに論じてきたように、同書が講談本や太平記とアナロジーする者がいるということと相即的だからである。そしてそれは、現代のキャラクター小説には直接的に見出しがたい「真実」が、好都合にも、「仁義八行」的に露呈していることを意味している。『1968』の「全体のテーマ設定」は、小熊が「あとがき」で言うとおりのシンプルなものであり、記述される膨大な「事実関係」は、そのことの例証としての役割を担っている。

当時は、戦争・飢餓・貧困といった途上国型の「近代的不幸」は日本では解決されつつあった。しかし「あの時代」の若者たちが直面していたのは、アイデンティティの不安・リアリティの稀薄化・生の実感の喪失といった、先進国型の「現代的不幸」だった。そしてあの叛乱は、そうした「現代的不幸」に日本では初めて集団的に直面した世代が、言葉にならない不安や閉塞感を、政治運動の形態やマルクス主義の言葉を流用して、何とか表現し突破しようとした行為だったのではないか、と考えたのである。

別名「自分探し」として設定されたこのような「テーマ」自体は、「現代人の疎外」(この言葉をタイトルにしたアンソロジーが「あの時代」にあり、よく読まれた)というタームによって当時も繰り返し語られていたもので、こと改めて小熊が主張することにいかなる意義があるのかどうかは疑わしい。小熊の本が膨大に引用する、疎外状況=「現代的不幸」についての言説は、確かに当時も猖獗をきわめていた。しかし、それが「六八年」に初めて現出した事態ではないことも容易に指摘できる。一九五〇年代後期においてすでに、石原慎太郎や大江健三郎といった作家の登場によって、「先進国型の『現代的不幸』」は若年層広範に認識されており、「太陽族」や「怒れる若者たち」といった世代規定も、ジャーナリズムで話題となっていた。しかも、それはアメリカやイギリスの「若者たち」との共時性として語られていたのである。一九六〇年の安保闘争を牽引したことで知られる全学連は、「赤いカミナリ族」と呼ばれた。つまり、「六八年」における「現代的不幸」についての言説は、少なくとも「あの時代」の一〇年以上前から惰性的に継承されてきたものだったわけである。それゆえ当時から、それは「六八年」を説明するのに安易ではあっても、どこか妥当性を欠くチグバグなものであった。そもそも、「先進国型の『現代的不幸』」の日本における露呈は、近くに見積もったとしても、一九二〇年代に求めるべきだろう。ルカーチ、ハイデッガー、クラウカウアーらの仕事と同時代的なものが、日本にも多々存在していた（ハリー・ハルトゥーニアン『近代による超克』などを参照）。

「六八年」において、むしろ注目すべきことは、「あの時代」に小熊が『１９６８』で指摘しているようなアイデンティティー・クライシスを積極的に指摘してみせたのが、すでに保守派に転向していた江藤淳のようなひとだということである。しかも、その『成熟と喪失』といった書物が論じている対象は、「若者」ではなく、安岡章太郎や小島信夫ら、「第三の新人」と呼ばれた当時の中年作家たちだったのだ。「あの時代の若者」であったらしい上野千鶴子（小熊の師であるという）が、一五年以上前であったか、「涙なくしては読めませんでした」と言って『成熟と喪失』を時ならず礼賛し、江藤もそのことを歓迎したとしても、である。上野のそれは、むしろ「おひとりさまの老後」へと向かう過渡の発言であったと思う。中年作家たちの私小説的作品を「アイデンティティーの崩壊」の一語で論じてしまう江藤の著作が、まぎれもなく一九六八年に上梓されていることの意味は、むしろ、学生による「六八年」が「現代的『不幸』」なる問題系からずれていたということの証明なのである。小熊がいかに「若者」のアイデンティティー・クライシスや「自分探し」の真実性を真摯に主張したとしても、それは、いかなる意味でも「歴史的虚構」の叙述でさえない。むしろ「嘘」である。だとすれば、『1968』という書物は、どのような「真実」を伝えようとしているのか。この問いは、しかし、しばらく措いておくことにしよう。

「六八年」が、当時は「疎外」と呼ばれたところの「現代的『不幸』」の、「政治運動という形を借りた一種の表現行為」ではないことを、学生たちは意識せずとも知悉していた。そのことは、日本の「六八年の思想」ともいうべき岩田弘、廣松渉、津村喬を見ることによって知られる。彼らは、「疎外」論から、可能なかぎり遠ざかろうという志向性によって、日本の「六八年の思想」となった存在であり、そのことによって六〇年安保を「現代人の疎外」の発露として意味づけた一部の社会学者や吉本隆明、梅本克己、黒田寛一といった先向する思想家とは異なっていた。

そのような事態を認めない小熊にとって、当時の学生活動家は不勉強であり——確かに、そのとおりだろうが——彼らの著作の意義を理解していなかったという一語でかたづけられる。小熊の本で、日本の「六八年の思想」が検討されることは全くない。とりわけ、岩田、廣松についてはそうである。つまり、彼らはたまたま「岩田弘」や「廣松渉」という固有名を持っているが、「六八年」において何ら固有性を有しない、置き換え可能な存在だということになろう。それらは、小熊が「六八年」のアーカイヴ（データベース？）から拾い出したどうでもよい名前に過ぎず、思想を検討する必要もない「キャラクター」だということになる。つまり、「あの時代」の学生たちは、岩田弘や廣松渉に「キャラ萌え」していただけであり、学生が彼らの著作をビラやアジテーションで頻繁に引用したとしても、それはキャラクターの二次創作にほかならないというわけだ。『1968』が、それ自体として戯作・稗史的あるいはキャラクター小説的なものだということは、すでに多少なりと論証したが、その構造が、その書物のなかで反復・叙述されることで、メタフィクション化されているのである。これは、周到な「手法の露呈」というべきだろうか、馬鹿馬鹿しい冗談というべきだろうか。

　もちろん、小熊自身も同様の「キャラ萌え」によって、『1968』を結論へと導いている。「en-taxi」（秋号、〇九年）時評の拙稿で指摘しておいたことだが、小熊は最終章「結論」において、「六八年」を映画批評や魯迅的雑文を書くことで積極的にコミットした「上野昂志《ママ》」の発言を一頁以上にわたって引用し、それをそっくり肯うことで、『1968』の論述を着地へ向わせる。しかし、この発言は、実は「上野宏志」なる人物の発言であり、端的な誤記だった。そこで引用された対談での発言は、上野昂志の仕事を多少なりとも知っていれば首を傾げるほかないものである。小熊は上野昂志が日本の「六八年」と深く関係していることの漠然とは情報はえており、上野昂志が小熊に都合のよい発言をしていることを奇貨と見なしたのだろう。しかし実質的には上野昂志について全く無知な故に、その常識ではありえない誤記が生じたと考えられる。この誤記は、上野昂志の抗議によって、版元のＨＰなどで、現在では誤植扱いで訂正されている。

　しかし、ここでの問題は、誤記を誤植として訂正したとして、本当の発言者たる「上野宏志」なる人物が、実は存在しないということなのだ。調査の詳細ははぶくが、それは、引用された対談での、その場限りでの、誰かの変名であった様子である。つまり、小熊はその人物を、自分のテーマ設定を結論づけるにふさわしい上野「某（宏？　昂？）」志なる「化物」に「キャラクター化」したわけだ。「化物」なのだから、「宏志」であろうが「昂志《ママ》」であろうが、小熊にとってはどうでもよいのである。戯作やキャラクターの二次創作において、しばしば登場人物の固有名が変化するのと同じことが、ここでも起きているかのようであり、それは「あの時代」の学生たちが岩田弘や廣松渉にキャラ萌えしたという同書の記述の反復なのである。それは八犬士が「仁義八行の化物」であったのと同様な意味で、叙述のための傀儡にほかならない。[*1]

近代リアリズムがゲーム的リアリズムへと溶解している(と見なされている)のと同じように、『1968』にあっても歴史研究の叙述が前提としてきたモダニティーが、別のものへと変貌しはじめているように感じられる。一〇〇〇箇所と予想されもする、しかも、かなり深刻なものも多々含んだ誤記の存在にもかかわらず、「仁義八行」のごとく現代ではほとんど信じがたい——信じている者もいるらしいが——「自分探し」のテーマで、小熊が「あの時代」を描き切っているというのであれば、同書が荒唐無稽な「化物」たちの跋扈するキャラクター小説のように見えてくることは避けられない。そして実際、すでに同書を『太平記』や「前衛」小説と評する向きもあるのだから、そのように読んで楽しんでいる読者も多いのかも知れない。しかし現代において、そのような書物は本当に可能なのだろうか。

4

『1968』は日本の「六八年」を「現代的不幸」からする「若者」たちの「自己表現」(=「自分探し」)であるというトーンに染め上げながら、そのチャイルディッシュで過激な闘争戦術=表現行為ゆえに「失敗」であったと結論づけ、『「大人」』たちが指導したべ平連(「ベトナムに平和を! 市民連合」——引用者注)をのぞいて、学ぶべき遺産はほとんどない」として終わる。「大人」においては、あらかじめ叡知的な「真実」が確保されているのだから、それへの反抗を含意する「若者」たちのチャイルディッシュな行為に反省を求め、「大人」との和解を勧めるという身振りは、小熊の本の少し前に刊行された村上春樹の『1Q84』との類似を想起させて興味深い。この隣接は、きわめて症候的だと思う。すでに述べておいたように、『1Q84』には「七・七パラダイム」が圧倒的に浸透しており、後述するように、『1968』もまた、そのパラダイム・シフトを日本の「六八年」の重要な契機として確認している。

しばしばキャラクター小説の鼻祖と目される村上のその作品も、「青豆」、「ふかえり」、「天吾」といった「名」を持つキャラクターめいた「化物」たちが、「六八年」以降の「偽史」的環境（＝「七・七パラダイム」）のもとで跋扈するが、その中心的なキャラクター「天吾」は、凡庸ゆえに叡知的な「父」との和解を果たすことで、「化物」たちのホッブズ的暴力の世界から現実的な「人間」の世界への帰還を果たすことになる（とりあえず、刊行されている二冊までにおいて）。そのことは、舞城王太郎の『九十九十九』を念頭に置きながら、「現実がゲーム的であることを受け入れたうえで、私たちひとりひとりが単一の物語しか語れないし生きられない」（東浩紀）とアイロニカルに語ることと同義でもある。「単一の物語」は、「化物」的キャラクターとは異なる、「父の名」の固有性によって担保

＊1　小熊が第14章「一九七〇年のパラダイム転換」において重視する津村喬もまた、同書では「自分探し」の「化物」と化している。津村については、前掲二拙著において、すでに——あらかじめ——反証を幾つも記しているので、本稿では取り扱わない。ただ、津村をそのような「化物」として描くことによって、「七・七パラダイム」（小熊の言う「一九七〇年のパラダイム転換」）が、きわめて矮小に捉えられていることは指摘しておかねばならないだろう。それは、せいぜいPCかカルスタのことなのである。

されている「子」であるところの、「人間」＝「市民」が語るものだからだ。『九十九十九』が村上春樹の『世界の終りとハードボイルド・ワンダーランド』の二次創作だとしたら（東浩紀『ゲーム的リアリズムの誕生』）、『1Q84』は、『九十九十九』のさらなる二次創作だということになろう。

繰り返して言えば、その「父」＝「大人」は、決して全能の不死なる存在ではなく、凡庸で死すべき生である——あるいは、『1Q84』のごとく、すでに死んだ——ことを隠さないがゆえに、叡知的で固有な普遍性だと見なされている。実際、フロイトが『トーテムとタブー』で明らかにしたように、「父」は死んだから事後的に叡知的だと「子」から見なされるのだ。あたかも、小熊の言うべ平連の「大人」のように、である。そのような存在であるがゆえに、「化物」たちはホッブズ的（ルソー的）自然権としての暴力を「大人」＝「父」に移譲してみせる。『1Q84』にあっては、「父」は「子」との生物学的血縁さえ定かでない、よるべない存在だが、そのことを「子」が肯定することによってのみ、「父」－「子」という世俗的なモダニティーの系譜的「真実」が回復される。それは精神分析的に言えば、生物学的・血縁的「父」であることを否定された存在を、代表・指導者・権威・権力を含意する制度的・象徴的「父」として、改めて選び直すことにほかならない。

そして、そのことこそ近代代議制という代表＝代行制度を保証している表象のフィクションではないか。ゲーム的リアリズムの主張も、小熊英二のそれも、おおむね、ここに回収されるといって大過ないだろう。べ平連の「大人たち」と「あの時代」の「子どもたち」との間に思想的血縁は見出せない。そして、べ平連の濫觴が通説どおり六〇年安保にあるとして、そこで彼ら「大人たち」は「民主か独裁か」（竹内好）のスローガンのもと、当時の首相・岸信介によってもたらされた（とされる）、失調した代議制民主主義の機能回復を目論んだのである。

しかし、「大人」＝「父」は、果たしてそのような存在なのか。べ平連が、小熊が言うような「大人」によって運営されていた運動体でなかったことは、幾らでも例をあげることができるが、ここでは、拙著ともかかわる「事実関係」で指摘しておこう。

『1968』において吉川勇一（べ平連事務局長）や小田実とともに「大人」の役を演じている、べ平連の中心的な存在・鶴見俊輔について、筆者は、小熊が上野千鶴子とともにインタヴュアーとなって鶴見が語った回想録『戦争が遺したもの』に即し、ある疑問を提出したことがある（拙著『吉本隆明の時代』〇八年、など）。その回想録では、六〇年安保時に吉本隆明が学生たちを使嗾して東海道線の列車転覆を企て、それを鶴見らが阻止したと語られている。しかし、そのような「事実関係」は確認しえず、むしろ、鶴見が藤田省三とともに、東海道線特急「こだま」転覆を、当時から国鉄労働者の組合に組織的基盤を持っていた黒田寛一に依頼し断られたという指摘が、黒田の著作において繰り返しなされている。その事実については別に証言する第三者も存在するし、鶴見らの計画が当時の歴史的文脈において十分にありえたことも指摘しておいた。もちろん、鶴見らは主観的には代議制民主主義の機能回復のために「こだま」転覆を目論んだのである。筆者が、鶴見や、インタヴュアーの小熊らに問うたのは、この「事実関係」の正否である。

黒田の証言がデマゴギーなら、正すべきである。もし、これが事実であれば（筆者の信憑としては、そうなのだが）、鶴見は「大人」というよりは、「あの時代」の若いキャラクター以上にチャイルディッシュな存在と見なせよう。鶴見らの列車転覆要請を拒絶した黒田のほうが端的に「大人」なわけである。そのことを隠して鶴見俊輔の「大人」の叡智を顕揚することはできまい。「こだま」転覆計画がいまだに正しかったと思うなら、そう言えばいいし、間違いだったと考えるなら、最低限、その事実を認めるべきである。それが「大人」というものだろう。

この問題について、鶴見が回答していないのはもちろんだが、小熊も公然とは答えていない。しかし、筆者の問いを十分に意識していると思われる記述は、『1968』に存在する。黒田寛一が鶴見らの「こだま」転覆計画を暴露している本は幾つかあるが、代表的なものは、「あの時代」においてもポピュラーな読み物であった論集『民主主義の神話』(谷川雁、吉本隆明、埴谷雄高らとの共著)所収の「党物神崇拝の崩壊」での、鶴見、丸山眞男らを「市民主義」として批判する箇所においてである。その黒田の文章について、小熊は『1968』のなかで詳しくとりあげ、鶴見の名前はあげず、丸山眞男のみを引き合いに出して、丸山にとって「黒田の主張などは、およそ古典的なマルクス主義の『民主主義』『近代』批判の典型」であり、「何の新味もない」と斥けている。黒田の批判が、鶴見の「こだま」転覆計画を典拠としていることを、小熊は意図的に隠蔽しているわけである。

黒田の主張がウンザリする代物だということは、そのとおりである。そのことは、「あの時代」にも繰り返し言われたことだ。黒田のひきいる政治党派は、「大人」であることにおいて、ウンザリされていたのである。しかし問題は、鶴見俊輔という「市民主義者」が、「大人」の闘を逸脱してしまった事実を、そこで指摘されているということなのだ。それは、単に六〇年安保だけでのことではなく、「六八年」においても、良くも悪くも繰り返された。北大教官の哲学者でベ平連のリーダーでもあった花崎皋平(共産主義労働者党党員)は、今は非暴力主義を謳っているが、かつては、北大全共闘の闘争を、ベンヤミンの「神的暴力」の概念を用いて積極的に肯定してみせた。言うまでもなく、このようなことを認めてしまえば、小熊の賞揚する「大人」の論理は成立しない。だからこそ、小熊は『1968』で、鶴見の名前を隠蔽しながら、丸山眞男に依拠して、奇妙な執拗さで黒田を批判してみせたわけだろう。*2

「大人」＝「父」との和解を求めることで、フィクションとしての「真実」を伝えようとしているかに見えた小熊の本の「真実」は、ここに瓦解する。小熊が言うような「大人」など、「六八年」においては存在しないからだ。それは、事後的に捏造された微温的妄想に過ぎない。われわれは狂った「父」に対して、イエス・キリストのように「我が神《エリー》、我が神《エリー》、なんぞ我を見捨てたまいし《レマ・サバクタニ》」と嘆くことができないのはもちろん、「六八年」をかすめた三島由紀夫のように「などてすめろぎは人間《ひと》と

*2　拙著での小熊への問いに答えていないと言うばかりで、小熊からの批判に筆者が答えないのはアンフェアーだから、拙著『1968年』等に対する小熊の批判に簡単に応接しておこう。小熊の批判は、拙著で指摘した、ベ平連と、その幹部の多くを構成した政治党派・共産主義労働者党（共労党）との関係についてである。小熊は、その関係を、彼のインフォーマントとも言うべき元ベ平連事務局長・吉川勇一（共労党員）らの、主に拙著への反論をもとに否定し、その無関係は素晴らしいことだったと賞賛している。吉川ら旧共労党関係者の多くが、今や穏健な無党派市民運動に左派の活路を見出し、そのモデルとして昔のベ平連を理想化することに腐心しているのであれば、彼らが歴史をそのように語ろうとするのも当然だろう。だが、拙著であげておいたように、さまざまな状況証拠のみならず、ベ平連内共労党フラクション（細胞）の存在を、吉川らとは違った立場から証言するベ平連関係者（非共労党員）の証言さえあるのだから、それをも否定する資料がなければ疑問は解消されない。そもそも、小熊に好意的な長崎浩も『1968』の書評（「情況」一二月号、〇九年）で言うように、コミュニストが党とベ平連との無関係を誇っているのは「あまり自慢のできる態度ではない」はずである。

なりたまいし」と呪詛することも禁じられている。「父」なる存在は、「市民」的=「人間」的に凡庸化していようと（あるいは、死んでいようとも）、あらかじめ狂っており、それが、われわれの「六八年」以降の条件だからだ。狂気を不可避に内包する「七・七パラダイム」は、「父」の叡知では癒されない（もちろん、それは「解放」でもあったのだ）。われわれの歴史的「真実」は、その条件を受け入れたフィクションにおいて叙述されなければならないのである。

〔後注〕以下のことはあまり言いたくなかったので本稿初出時には記さなかったが、ネットでの議論のある機会に、研究者によるパクリの一例として引いたので、ここでも触れておく。小熊は『1968』下巻で一章を設けて、華青闘告発に発する「一九七〇年のパラダイム転換」（第14章）を論じている。それに際して、「この時期に起きたパラダイム転換について、背景を含めた分析を行なった先行研究は見当たらない」とまず先見の明を誇り、続いて、絓の『1968年』はそれを「重視している」と言いつつ、しかし、絓には小熊が指摘する何々の視点は欠けていると言って斥けようとする（下巻八八四頁）。小熊は一体なにが言いたいのか。拙著からのパクリを告白し、なおかつ否認しているだけである。なお、私が華青闘告発によるパラダイム・チェンジを論じたのは、本文中にも記したが、二〇〇六年刊の『1968年』が最初ではない。そして、小熊はそのことを知っている。小熊本には二〇〇三年刊の拙著『革命的な、あまりに革命的な』からの引用もあるからである。同書もまた、華青闘告発によるパラダイム・チェンジを「重視している」。

陳腐な「悪《ワル》」について

本紙「週刊読書人」2955号（二〇一二年九月七日）掲載の小熊英二インタビュー「持続する運動はどこへ向うか――『社会を変えるには』（講談社現代新書）刊行を機に」には、看過しえない幾つかの発言が含まれていた。この問題は、相当程度に普遍性を持っていると信ずるので、論点を二点に絞り最低限のところを記す。

第一点。同インタビューで、小熊は彼の著書『1968』に向けられた多くの批判に対して、ほとんど初めて包括的な反論を行なっている。同書への批判は、固有名についての誤りを指摘するものが多かったという（確かに、実に誤りが多いのだが）。しかし、「固有名は、本当は内容に関係ない」というのが、小熊の反論である。同書は、「社会構造と社会意識の分析」が「メインテーマ」であって、「英語圏の読者にとっては、柳田國男だろうが和辻哲郎だろうが、べ平連だろうが中核派だろうが（…）、固有名はみんなただの記号」だからだ、というのだ。

しかし、本当にそうか。これは批判を封じるための――古典的なレトリックを用いれば「スターリニスト」的な――詭弁ではないのか。私は一〇年以上前からいわゆる「六八年」についての文章を発表しているが、その一つのきっかけは、日本の「六八年」について研究しているアメリカの若い研究者から質問を受けたことであった。彼は、その後、そのテーマで博論を書いたが、彼にとって固有名がどうでもよいと考えられているとは思えない。海外には日本の「六八年」に関心を抱く研究者もある程度存在する。そして、小熊『1968』は「研究」であることを自称しているのである。

もちろん、小熊は「謙虚に個々の現象や人物の具体性を調べて掘り下げるのは」、「より深く普遍性に至」るために「大切」だと、多少の留保はつけている。しかし、これがおざなりなものでしかないことは、小熊『1968』に即しても明らかだと思われる。

とうに指摘してあることだが（本書所収「フィクションの『真実』はどこにあるか」）、小熊が同書「結論」で長大に引用し、その「観察は当たっていた」として自説の有力な参照先に使っている「ジャーナリストの上野宏志」なる人物のことである。この「上野」なる人物は、安東仁兵衛（言うまでもなく、存在した）との一九七二年六月号の「世界」の対談に登場しているが、それ以外は一切不明である。小熊には、自説の「普遍性」に至るためにも、「上野宏志」なる「人物の具体性」を明らかにする義務があろう（私の調査では、何らかの理由ででっち上げられた架空の人物である）。

第二点。このインタビューで、小熊は自身も深くコミットしている様子の、首相官邸前デモ＝首都圏反原発連合の運動の画期性を繰り返し主張している。そのデモの量、持続性、多数性、影響力を賞揚して、「誰もが声を自由に上げられる社会に、一歩近づいた」と言う。『社会を変えるには』は、その種の運動の理論的裏打ちを目論んだものであろう。

しかし、同書を読むと、むしろ、「自由に声を上げ」ることを禁じようとしていることがわかる。リスク論・コスト論で反原発運動を組織・持続すべきだとして、小熊は、「『原発問題は人を集めるために掲げるが、本当は資本主義を変える運動をおこしたい』というのなら話は別ですが、そうでないなら、やらないほうがいい」と言う。つまり、反資本主義を反原発運動で主張してはいけないというわけである。この種の言説は、小熊個人のみならず、首都圏反原発連合にもしばしば見られるものだ。

私は運動で「人を集めること」を一義的に重視する者ではないが、反原発運動が反資本主義でなければ成り立ちえないことについては、拙著『反原発の思想史』をはじめとして、繰り返し主張してきた。端的に言って、首都圏反原発連合等の単調な主張（シングルイシュー！）を見る限り、それは日本一国の脱原発（あるいは脱原発依存）の要求にとどまっている。だが、日本一国でそれが達成されたとしても（それは、濃淡はあれ、自民党や維新の会にも共通のスローガンである）、旧第三世界諸国での原発は間違いなく増える。日本の重電企業も原発輸出の目論見をやめていない。世界資本主義の要請だからである。つまり、資本主義批判という視点がない時、反原発運動は無意味なものになるほかないのである。

私見の当否はともかく、反資本主義の主張を封じることで推進される小熊＝首都圏反原発連合の運動が、多様な意見を闘わせることを通じて、行動をリアルなものにするという志向を斥けていることだけは確かである。「スターリニズム」と言うゆえんである。『社会を変えるには』によれば、スターリニズムへの反省が運動に繰り込まれていたことをもって、これまでも小熊が賞賛してやまなかったべ平連運動では、反資本主義の主張が許容されていたという。では、反資本主義の言説を禁じる現在の小熊的運動論は、そのことをもってべ平連以前なのであろうか、それともべ平連をこえているのであろうか。これについても、小熊の考えを聞きたいものである。

私見では、小熊の言説は、彼が好きな様子のハンナ・アーレントを横領して言えば、「悪の陳腐さ」とも評しうるものにほかならない。

下流文学論序説

文化概念としての女系天皇制

最近の流行語である「下流社会」（三浦展）が、その鏡像として「上流社会」を持っており、しかもその「上流社会」なるものが「女系天皇制」によって（再）構築されるだろうことは、すでに別のところ（『en-taxi』一二号）で指摘しておいた。「開かれた皇室」という戦後天皇制のコンセプトは、飛躍的な宮家の拡大を伴う女系天皇制が成立することによって、それを「社会」として実現するという信憑を与えるだろう。ところで、それがいかなるイメージとなるかについては、東京のあるターミナル駅で聞いた右翼街宣車の演説がきわめて示唆的であった。これほど笑えて、なおかつ説得的・刺激的なプロパガンダに接したことは絶えてなかったので、できるだけ正確に、再現調で記しておく。

ご通行中の皆さん！　世界に誇る万世一系のわが国の歴史のなかに、女性の天皇陛下は推古天皇をはじめ皇極、斉明、持統から後桜町にいたるまで、確かに多くいらっしゃった。しかし、それらの方々は「女性」天皇ではあっても「女系」ではない。お父上は男性の皇族であり、だから男系の天皇なのです。女系天皇になると日本はどうなると思いますか。愛子さまが天皇におなりになることを、われわれは否定しているのではありません。愛子内親王は現在の皇太子殿下のご長女でいらっしゃるわけですから、れっきとした男系の天皇となられるわけなのです、しかし、その次が問題なんですよ、皆さん！　もし愛子さまがホリエモンと結婚されるようなことがあったらどうしますか。ホリエモンの子供が天皇になってしまうんですよ。それが、女系天皇ということなんです。そんなことで、いいんですか！

男系のみが万世一系を保証して女系がそれを保証しないというのはなぜか、などというフェミニズム的（？）な批判は、ここでは問題とすまい。かつて女系（女性？）天皇制を、それが「民主的」であるという理由で擁護していた、上野千鶴子をはじめとする日本のフェミニストといえども、このことを問題にしてしまったら、今や、ちょっとヤバイことぐらいは、実際に女系天皇制が小泉首相らによって容認されつつある現在では、理解するはずだ。それは、小泉の、いわゆるネオリベラリズム路線を追認することにしかならないからである。右翼によるこの女系天皇制への批判が興味深いのは、そこにあらわれている、反ネオリベ的な心性とも言えるところの、「文化概念としての天皇（制）」崩壊（変質）への危機意識であり、「悪夢」のごときネオリベ天皇制のイメージなのである。

先の郵政解散＝総選挙では、ニート、フリーター、派遣社員など「下流」の若年層が大量に小泉支持に回ることによって、自民党が圧勝したという。「郵政民営化、是か非か」という問い、あるいは「官から民へ」というスローガンに接して、低賃金・重労働・不安定雇用に従事する「下流」は、下級公務員への嫉妬にかられて自民党に投票したらしいのである。つまり、宅配便の配達をやっている人間が、郵便配達の下級公務員に対して、「おれたちは奴らと同じような、しかし何倍もメチャきつい労働をやっている。にもかかわらず、奴らはおれたちの数倍の年収をもらっている。しかも、奴らだけ終身雇用というのは、おかしいじゃないか」という憎しみを抱いていることが明らかになったと言える。彼ら「下流」は、そのようなかたちで「分配的正義」(つまり、楽してうまくやっているように見える者の格下げ)を求めたのだった。安定したロウアーミドルを下流に落とせ、というわけである(だが下流は果たしてアンダークラスなのか? この問題は後に問おう)。

しかし、これまた言うまでもないが、「官から民へ」というスローガンは、下流が一挙に「上流」へと参入しうるチャンスを与えるかのごとき幻想をも供給している。それがロトに当たる程度の確率でしかないことを誰でも知っているにもかかわらず、その幻想こそ下流を上流の鏡像とする契機にほかならない。ホリエモンが、小泉首相の「偉大なるイエスマン」武部自民党幹事長に使嗾され、郵政民営化に反対する亀井静香の「刺客」として先の選挙に立候補した時、ホリエモンをボランティア的に支援・支持したのも、下流の若年層であった。実際、ホリエモンは――育ちもよくハーバードだかのMBAを取得している、ライバルの三木谷楽天社長とは異なって――ロウアーミドルの出身であるらしく、しかも、大学中退(東大だが)のフリーターから這い上がった存在である様子だ。ホリエモンが愛子内親王と結婚し(二〇歳や三〇歳の年齢差は今の時代では問題となるまい――例・篠原涼子 etc.)、その子供が天皇に即位するという「悪夢」が現実のものとなったとしたら、そこにおいて、下流社会が上流社会の鏡像であるという事態は完璧に完成するであろう。女系天皇制とは、そのことを実現可能にする装置にほかならないのである。その意味で、小泉首相のネオリベ政策の一環である女系天皇制容認は——確かに、それは「民主的」だが——「不敬」なのだ。その時、「文化概念としての天皇」はまったき変質をとげるだろう。しかし問題は、その変質にもかかわらず、天皇制は護持されるだろうということだ。では、それはどのような変質であろうか。文学という範疇でいうならば「下流文学」というかたちで、それはあらわれるはずである。

花柳文学から下流文学へ

かつて「花柳文学」と呼ばれるジャンルがあった。『腕くらべ』や『濹東綺譚』の永井荷風を筆頭に、高見順や吉行淳之介らが代表的な作家としてあげられる。それは、相対的にアッパーな作家が身をやつして花柳界や色町を徘徊するという意味で、折口信夫の言う「女房文学から隠者文学へ」の系譜に位置づけられるものであり、なおかつ、隠者文学が「貴種流離譚」の伝統から糧を得ているのであれば、花柳文学も正しく「文化概念としての天皇(制)」に包摂される。「ファミリー・ロマンス」(フロイト)の一変種にほかならない貴種流離譚は源氏物語を頂点として、日本文学にあっては「文化概念としての天皇(制)」が独占的に流布してきた。その意味で、「大逆」事件に発するという永井荷風の花柳文学的「反抗」も、「則天去私」(天皇に則して私を去る)のヴァリエーションだったと言えるだろう。夏目漱石の「則天去私」もまた、「大逆」事件=「修善寺の大患」に接して、「思ひ出す事など」において、おおやけに発せられた言葉である(「幸生天子国/願作太平民(幸いに天子の国に生まる/願わくば太平の民とならん)」)。花柳文学から下流文学への転換は、このような天皇制の伝統の危機としてあらわれたと、ひとまずは言うことができるだろう。それは、「則天去私」ではなく、「天即私」の境地と言えようか。

花柳文学が、いわゆる「サロン文学」の一種であり、花柳界——あるいは、その衰微した形態としての銀座や浅草のバー、あるいは新宿の赤線・青線——の消滅によって現在は不可能となっているとしても(福田和也や坪内祐三がその残像を追いかけているが)、下流文学も一種のサロン文学であることに変わりはない。「下流」の命名者である三浦展の著書のタイトルが下流「階級」ではなく下流「社会」となっていることは、その意味で示唆的だろう。その「社会」は、むしろ「サロン」というに近いものなのである。

そこで三浦が典型的な一例としてあげているのが、東京近郊の若年層や主婦層である。彼らは携帯メールでコミュニケーションをはかり、コンビニやファミレス、マクド、ミスドに小さな群れをなしてたむろしており、カラオケやゲーム、パートといった「文化」や「労働」を介して小さなサロンを形成している。桐野夏生の『OUT』は大都市近郊の下流主婦層を描いたエンターテインメントの傑作だが、そこに描かれているのは「サロン」というよりは「秘密結社」であった。もちろん、サロンが秘密結社に発展することも、なくはあるまい。

他にもさまざまに多様な、小さな下流サロンが存在しているだろう。三浦が言うようにパソコンが下流に必須のコミュニケーション・ツールであるとすれば、それが作り出しているのも、「社会」というよりは「サロン」であると言うほうが正鵠を射ていよう。その意味で、2ちゃんねるからうまれた『電車男』は花柳文学から下流文学への変質=切断を刻すサロン文学にほかなるまい。その物語も、アキバ系下流の冴えない男が上流っぽい女を恋人にするといった他愛ないものだが、そこでも上流と下流の鏡像的な関係が正しく示唆されてはいる。2ちゃんねるという「文化」サロンが、上古や中世の宮廷サロンとは似ても似つかぬものであるとしても、伝統は危機を介して、きわめてヌルく継承されているとは言えるのだ。

下流のシンボルがＩＴであるならば、そのＩＴ時代の代表的な成功者がホリエモンであり、ホリエモンが愛子内親王と結婚して天皇の父親となるという悪夢こそ、現代の源氏物語なのである。冒頭で紹介した右翼の街頭演説は、この二一世紀の源氏物語の出現を予料しているという意味で、きわめて鋭敏な感性に裏打ちされているというべきである。もし、そのような物語が書かれたとしたら、大江健三郎の『セヴンティーン』を凌駕し、深沢七郎の『風流夢譚』に準じる程度の「不敬文学」（渡部直己）にはなるに相違ない。下流と天皇制との関係を先駆的に予料した阿部和重の『ニッポニアニッポン』にしても、先の右翼のグロテスク・リアリズムの足下にも及ぶことはない。その主人公であるヒキコモリ系下流は、自らが天皇制という上流社会の鏡像であることに気づいていないからである。ホリエモンを主人公とする現代の源氏物語を書きうる作家を指名するとしたら、『家畜人ヤプー』の沼正三、あるいは沼の「代理人」としても知られる『女帝ジャクリーンの降臨』の天野哲夫であろうか（ともに故人だが）。

それはともかく、現代に批評家・三島由紀夫が生きていたら、と考えずにはいられない。『風流夢譚』の最大の支持者で、『家畜人ヤプー』も高く評価していた三島が、そのような文学の出現の必要性をもっとも知悉する存在であろうことだけは確かである。そして、ホリエモンと愛子内親王との結婚を危惧するあの右翼のアジテーターは、その三島の何分の一かの批評的感性に恵まれた存在であるとは言えるだろう。

一九七六年に『限りなく透明に近いブルー』で芥川賞を受賞した村上龍の登場がエポックメイキングであったゆえんは、主に、「文壇」というサロンの破壊にあった。村上の文化資本や教育資本は、それまでの文壇的文学者のそれとは断絶しており、現在では明白なことだが、それは、下流と呼ばれることになるロウアーミドルのものであった。当時の村上龍への文壇の驚嘆の多くは、そのことに発している。それは、文化資本の欠乏したアッパーミドルの文学である石原慎太郎の登場（五五年）とは、似て非なる事件であった。村上龍は、花柳文学から下流文学への最初の転換者だったのである。『希望の国のエクソダス』や『共生虫』で、あるいは『半島を出よ』においても現代の下流を積極的に描いてきた村上は、同時に、『愛と幻想のファシズム』以来、現代資本主義のネオリベラリズム的傾向に対しても親和的であるように見える。その意味で、村上は下流と上流の鏡像関係について、もっとも敏感な作家であってしかるべき存在だと言えよう。しかし、『五分後の世界』や『ヒュウガ・ウイルス』といった作品でさえそうであるように、村上龍には天皇制という問題系を導入する契機が決定的に弱いのである。それゆえ、村上においては、上流と下流の鏡像関係は、あいまいなままにとどまっていると言えよう。

ファシズムへの道？

ホリエモンが光源氏となった時、ホリエモンは天皇のご落胤であるという「不敬な」神話さえ生じることになろう。女系天皇制とは、そのような神話を誕生させうる装置であり、繰り返して言えば、そこにおいて、下流が上流の鏡像となる契機が存在する。下流は上流から流れてきたという意味で、真に「下流」と見なしうるからである。そして、下流「階級」の誕生が中曽根から小泉にいたるネオリベ政策の帰趨だとするならば、女系天皇制は、そこで生み出されたニート、フリーター、契約社員等々を「天皇の赤子」と化す装置なのである。「股肱の民」という言葉が女系天皇制にこそふさわしいことはいうまでもない。もとより、それは永井荷風から吉行淳之介にいたる花柳文学が、『電車男』のごとき下流文学へと、文学的に失墜するという代償を伴うことではあるが——。

今日、「プチナショナリズム症候群」（香山リカ）とも言われ、映画『凶気の桜』の窪塚洋介を典型的なキャラクターとするところの、若年下流における奇矯な右翼ファシズム的心性は、ホリエモンが女性天皇の夫として皇室入りするという現代的ファンタスムにとらわれている「天皇の赤子」のものであると言えよう。それは、あの右翼アジテーターが危惧するほどにはリアリティーのあるファンタスムなのである。かつて「3つのJ」として記したように（「Junk的なものをめぐって」など、拙著『JUNKの逆襲』）、プチナショと呼ばれる現代の日本的ファシズムとはJunk（クボヅカ）がJapan（天皇）をJoy（享楽）することだが、今や明らかなのは、そこには古典的な右翼にとっても許しがたい矛盾が存在しているということなのである。いったい、享楽の対象である天皇が「ホリエモンの子供」でよいのであろうか。

すでに、三島由紀夫にしてから、天皇が無であり「ジョーカー」であることを知っていた。しかし、それがまさか「ホリエモンの子供」の姿であると知ったら、三島は果たしてそれを享楽する気になっただろうか。現代の小泉ネオリベ政策は、三島が四〇年前に危惧したように、「文化概念としての天皇」という最後の基盤さえ掘り崩してしまっているのだ。いや、それは三島が想定しなかったような「文化」の変質としてあると言ってよい。下流というサロンもやはり「文化」を媒介にしているということは、すでに述べたとおりだが、それをも統括する象徴的な「文化概念としての天皇」がホリエモンと化しているからである。
ファシズムが、没落の危機に直面した中産階級のイデオロギーだという古典的な定義は、今日もなお妥当する。改めて言うまでもなく、日本的下流（年収三〇〇万？）とは、グローバルスタンダードで言えば、先進資本主義国においても、明らかにミドルクラスにほかならない。下流とは、そのミドルクラスがゆるやかに没落する時のアイロニカルな意識以上のものではない。そのアイロニーがいかにバカげたものであるかは、彼ら下流が小泉郵政解散＝総選挙の担い手であったという一事をもってしても明らかだが、ここではもう一つ、その近傍に位置する、トンデモないアイロニーの例をあげておこう。

日本における国民健康保険制度の危機を報じるＴＶ番組で見たことである。若い男のフリーターが、なぜ国保を納めないかと問われて、彼はもちろん金銭的に余裕がないからだと言うのだが、その男は民間の保険会社に、さまざまな特約をつけて月に一万円ほども払っているというのである（このフリーターを見た時、私は私と同世代の、アナルコ・キャピタリストを自称する作家を想起した。彼もまた、作家デビューの時、国保に入らないことを――子供を作らないこととともに――自分の倫理だと公言していた。その後、彼にはめでたく子供が生まれたが）。

ＴＶをちょっとつけてみれば、アメリカの保険会社が、「国賊的」な日本のタレントたちを使って、「50、60ヨロコンデ」とか「手ごろでガッチリ」とかというおびただしい量のコマーシャルを流している。郵政民営化はアメリカ政府の強い圧力でおこなわれるわけだが、それが郵貯・簡保のジャパン・マネーを狙うアメリカの保険会社の要請であることも、すでに指摘されているとおりだろう。日本に進出しているアメリカの保険会社の有名なキャッチコピーが「お金は大事だよ～」だったことはブラックユーモア以外の何ものでもあるまい。国民健康保険制度がないアメリカでならいざ知らず、いかに劣化しているとはいえ、現在の日本において国保に入らず民間の(それも、おそらくはアメリカの)保険会社に特約つきで入っているとは、バカなリバタリアニズムもここにきわまるという日本の下流の意識だが、言うまでもなく、そのフリーターは客観的にはロウアーミドルであるがゆえに月に一万円も払えるのであり、その高額さは没落へのむなしい「保険」という意味以上でないことは、彼が実際に病気にかかって入院でもしたらわかることだ。このようなマヌケなリバタリアンが小泉民営化の支持者でありホリエモン信者であろうことは想像にかたくないが、それを「ファシズムの温床」と呼ぶことは今や誇張でも何でもないだろう。もちろん、そのファシズムは、かつてのそれのような——ニーチェやハイデガーとともに語られる——「高貴さ」のかけらさえない、検討の余地なく愚劣なものである。

日本において、若年層下流は「パラサイト」という言葉とともに語られてきた。保険会社に月に一万円も支払って疑問を抱くことのないフリーターも、あるいはパラサイトであるのかも知れぬ。しかし、日本のパラサイトがポジティヴな意味で語られたことは決してなかった(かすかに、「だめ連」というものがあったにしろ)。パラサイトの積極性とは、かつてミシェル・セールが言った次のようなことである。

(…)病気とは人間に寄生し人間を食いものにして衰弱させる寄生生物によるものとはもはや考えられない。病気は、当初は微小な逸脱《デヴィアシオン》なのだが、生理的秩序からの逸脱の結果と見なされる。この逸脱は結局、生理的な新しい秩序であり、治療法はこの新たな秩序に患者を適応させなくてはならない。(『パラジット』)

しかし、今やセールのロマンティックなパラサイト礼賛には、かなりの留保がつけられなければならない。日本において、セールの言う意味でもっとも積極的なパラサイトとしてあるのが天皇だとすれば、そのことは明白だろう。それは、下流というパラサイトの鏡像と化すことで、新たな「文化概念」を獲得しつつあるからだ。下流文学とは、その文化概念に対応するものでしかない。

この時に必要なのは、『無限カノン』三部作の島田雅彦のようにアッパーミドルとして上流社会に接して、雅子妃を皇室から救出することではない。巷間ささやかれているように、雅子妃が万に一つ離婚したとしても、女系天皇制という制度が成立する可能性は十二分に残るだろうからである(それゆえ、島田のパフォーマンスは、阿部和重が言うように――文壇という? あるいは皇室という――サロンの「課長島雅彦」としてふるまうことでしかないだろう。社長の愛人を誘惑する島耕作のように、である)。それは下流という名の中流文学の補完物でしかありえない。むしろ、中原昌也のように、「課長」島田雅彦の圏域を振り切って、小説を書かなくなる(書けなくなる)という消尽(享楽!)への道を選択することが、下流文学から脱出する真のジャンクたる者の方途だろう。かつてJ文学と呼ばれたものが真にジャンク文学であるとしたら、それは下流文学に包摂されないというところにしか、存在の余地はないはずである。

(肩書などは当時)

フォルマリズムは政治を回避できるか

書評・渡部直己『日本小説技術史』

本書の第一の主題である「技術」は、昨今かまびすしい、いわゆる「テクノロジー」とは、さしあたり距離を取った概念である。文学を読み論じる近代的磁場にあって、いまだ書かれた「内容」に即す傾向が強力な趨勢に苛立つ著者は、二〇世紀初頭に発せられたロシア・フォルマリズムのマニフェスト「手法としての芸術」（シクロフスキー）に倣って、「形式」＝「手法」に就くことを宣言する。本書帯文にも引かれた、「小説から技術を抜き去ったら、一体どれほどのものが残るというのだろう!?」という挑発的な言葉は、そのことを言っている。それゆえ、「テクノロジー」概念が、今日ますます政治的な文脈を抜きにしては語りえなくなっているのに対して、『日本近代文学と〈差別〉』や『不敬文学論序説』の著書を持つ著者であるにもかかわらず、本書の「技術」概念には、政治的な色彩が希薄であり、狭義の――私的な――「手法《スキル》」という概念に近いように見受けられる。

ロシア・フォルマリズムがスターリンによって政治的に圧殺されたという――現在では、やや疑問に付されている――通説に従うとして、その再評価がヨーロッパで始まった一九六〇年代以降(日本では、七〇年代以降というべきか)、内容に対する形式の優位という了解は、ある意味で常識と化し、形式を読む方法はさまざまに案出されてきた。にもかかわらず、日本においてフォルマリズム批評が、まっとうに定着しないのは、なぜなのか。少なくとも日本では、フォルマリズム批評は適度に横領されながらも、その徹底性だけは回避され、「内容」と折り合っているかに見える。著者の苛立ちには、十分な理由がある。

その著者の野心が、とりわけ発揮されているのは、馬琴から逍遥、二葉亭にいたる、戯作・稗史《はいし》から近代小説への転換期を論じた、第一章、第二章であることは衆目の一致するところである。

著者は、「小説技術にかんする本邦初の実践指標」たる、馬琴の「稗史七則」(『八犬伝』に付記)に記された「偸聞《たちきゝ》」という技法が、『小説神髄』(一八八五〜八六)で馬琴的稗史をしりぞけ近代リアリズム小説に向かったはずの逍遥の人情・風俗小説たる『当世書生気質』(一八八五〜八六年)や『妹と背かゞみ』(一八八六年)などにおいて頻出していることを指摘する。「偸聞」とは、ある場面から別の場面に転換するために、偸《ぬす》み聞きしていた人間を媒介する方法であり、芝居などでも頻繁に用いられる。そして、「偸聞」という手法を潔癖に排したところに、二葉亭『浮雲』(一八八七〜八九年)の近代小説たるゆえんが賞揚されるわけである。

いわゆる近代リアリズムの成立をめぐって、馬琴から逍遥、二葉亭を辿る際の著者のフォルマリストとしての面目は、それを俗語革命=言文一致体の成立として論じないところにある。逍遥が『小説神髄』で言文一致体を近代リアリズムに必要不可欠の契機としながらも、その導入を時期尚早として躊躇したのに対し、二葉亭が、それを強行したところに、近代文学のメインストリームが拓けたということは、それに対する幾つかの留保が付けられるにしても、おおむね否定できない、文学史上の決定的なエピソードとして知られている。

そのことを、あえて括弧に入れる著者の意図を忖度すれば、いわゆる言文一致運動が、形式ではなく内容に就くことを要請するものだからである。事実、『神髄』においても、文は「形」に過ぎず、言こそ「魂」（内容）であるがゆえに、言文一致体が要請されていた（言うまでもなく、ここに、逍遥における音声＝ロゴス中心主義の導入を見ることができる）。

では、「偸聞」という技法＝「形式」に着目することによって、言文一致運動という「内容」中心主義の呪縛を解くことは可能だろうか。

近代国民国家の成立における俗語革命の重要性を説いて、今なお影響力をふるう『想像の共同体』のベネディクト・アンダーソンは、俗語革命という文脈で「偸聞」的な技法も消滅することになるゆえんを記している。言文一致体によって、ネーション・ステイトの範囲で均質的な時空間が誕生するとすれば、「偸聞」という技法は不要となる。それは不均質な時空間を登場人物たちが移動するための、縫合の技法だからである。近代リアリズム文学において、登場人物たちは、「偸聞」という技法を用いずとも、自在に並存できるのだ。だとすれば、逍遥における「偸聞」という技法の残存・頻出も、二葉亭におけるその消滅も、言文一致運動の一環として、近代ナショナリズムの成立期の政治問題として捉えられるべきなのではあるまいか。逍遥の言文一致体回避も、それに付随する「偸聞」の頻出も、単に馬琴的なものの残存として捉えられるべきではあるまい。

私見によれば、『小説神髄』は、単に戯作稗史の近代的小説への改良を謳った文学的な文書ではない。それは、自由民権運動と明治政府との闘争のなかで発せられた、「国会開設の勅諭」（一八八一年）から帝国憲法の施行と国会開設（一八九〇年）のあいだの、つまり、ネーション・ステイトが基本的に成立する時期における、俗語革命の重要な一契機として捉えなおされるべきである。『神髄』は、文学によって「国民《ネーション》」をいかにして創設していくかを目論んだ、きわめて政治的な文書だと言える。なお、先行する同様の文書としては、憲法発布の「勅諭」の翌年に書かれた『新体詩抄』があることも確認すべきだろう。『新体詩抄』の編著者たちは、明らかに文学者ではない。官僚である。日本の近代文学の端緒は官僚主導によって政治的に拓かれた。『神髄』の記述は『新体詩抄』を継承している。

逍遥が目指すのは、まず、馬琴の八犬士のような「化け物」の排斥である。それは当時、『経国美談』(矢野龍渓)や『佳人之奇遇』(東海散士)など一部のヘゲモニー的な政治小説や、自由民権運動に跋扈する「壮士」として残存していた。しかし、来るべき国会では、そのような「化け物」はしりぞけられねばならず、ごく普通で匿名的な「市民」=「国民」によらねばならない。これが『神髄』の政治的なメッセージであり、その「国民」は『書生気質』などによって端緒的なモデルが示された。しかし他方、この時期の逍遥は「清治湯の講釈」(一八八二年)、「内地雑居未来之夢」(一八八六年)、「京わらんべ」(同年)など、戯作的であることを隠さない、風俗的な政治小説も多く発表しているのである。これまでも多くの指摘があるように、『神髄』は「化物」小説としての『八犬伝』は否定したが、その他の「技術的」な側面では、馬琴をはじめとする戯作者に、むしろ好意的である。

これらの政治小説を読めば、逍遥は国会開設にはネーション・ステイトの基礎がいまだ固まっておらず、時期尚早という考えを持っていた様子である。これは、『神髄』における言文一致体採用の時期尚早論と対応しようし、それゆえ、「偸聞」なる戯作的技法についても、許容的であった。こうした逍遥の漸進性に対して、急進的だったのが二葉亭だと言えよう。

以上、簡単に記した日本の俗語革命期の政治的な文脈を踏まえて知られることは、文学的な「技術」と見なされるものが、そのなかで自足しえず、より広い、政治的文脈も考慮に入れざるをえないということである。それは単に「手法《スキル》」という私的なものではなく、逍遥や二葉亭といった個人の問題をこえている。

匿名的な普通の「市民」＝「国民」のありふれた自明性を描くことを旨とする近代リアリズムは、むしろ技術＝形式の否認を一義的には目指す。技術を露呈させるのは近代以前のパラダイムなのだ。日本においても、戯作者たちは、自らのギルドによって手法を磨き競うことを旨としていた。「異化」＝「非日常化」の手法をトルストイに見出したシクロフスキーの「手法としての芸術」の意義は、技術を顕在化させないはずの近代リアリズムにおいても、実はそれが生き生きと躍動しているのを暴露したことにあった。本書で扱われた「偸聞」についても、同様である。戯作とは概して非日常性を描くものであり、「偸聞」も、それ自体として非日常的な手法である。二葉亭の近代性は、その種の手法を使うことを肯《がえ》んじえなかったと言える。繰り返せば、それは単に二葉亭個人の作家的才能の問題ではなく、近代という時代の政治的な要請であった。強いて言えば、「手法」を否認する匿名的な「技術」が要請されることになったと言えようか。技術の概念が変わったのである。

本書は、文学における技術を問おうとする野心的な意図にもかかわらず、その歴史性と政治性が問われていないところが、「技術史」というタイトルを裏切ってしまってもいる。では、どのようにして、それを問うことが可能なのか。今や、3・11以降の歴史性の中で「技術」が問われなければならないのは明らかだが、それは「文学」の問題でもある。この短い書評が、その解答の端緒さえ示しえているわけでは、まったく、ない。

（渡部直己『日本小説技術史』新潮社、二〇一二年）

断固とした詩的決断主義を宣言したロマン的イロニーの書

福田和也『日本の家郷』解説

1

ヴィクトル・ファリアス『ハイデガーとナチズム』のフランス語版(一九八七年)が刊行されたのを契機にして、ジャック・デリダからユルゲン・ハーバーマスまでをまきこんで八〇年代後半のヨーロッパを席巻した「ハイデッガー論争」は、日本でもかなり詳しく紹介されており、記憶に新しい。日本でもファリアスの本の翻訳をはじめ、幾つもの関連書籍が刊行されている。『ハイデガーとナチズム』が同種の先行研究に比しても杜撰なものであることは当時から指摘されているが、にもかかわらず、それがヨーロッパを中心にして世界的な論争を惹起しなければならないことには、理由があった。それは、ほぼ同時期に生起していた「歴史家論争」(アウシュヴィッツはなかったとする歴史修正主義をめぐる論争)とともに、その後のポスト冷戦時代のイデオロギー的布置を決定するものであった。

ファリアスの著書は、「ドイツ大学の自己主張」(一九三三年)で知られるハイデッガーのナチス加担が決して一時的なものではなく、一九四五年の敗戦にいたるまでナチ党の熱烈な党員だったことを「実証的」に暴いてスキャンダラスなものだった。その論争を詳しく紹介する余裕はないが、時はあたかもベルリンの壁崩壊の前夜である。いわゆる社会主義体制の「悪」については、すでに一九五六年のスターリン批判以来、さまざまに分析的批判がなされ、その神秘化は払拭されつつあったが、二〇世紀最大の哲学者が二〇世紀最大の「悪」に加担したという「神秘」は、ほとんど解明されてこなかったのである。ファリアスの著作を歓迎する者たちにとって、フランス現代思想と言われるジャック・ラカンからデリダにいたる一群は、現代のハイデッガー主義者と見なされていた。社会主義体制が崩壊しアメリカニズムをも含む現代の「ヨーロッパ的普遍主義」(ウォーラーステイン)が凱歌をあげるためには、ファシズムとハイデッガーは是非とも厄払いしておかなければならない対象だったのである。

ファリアスの書物に端を発するこの論争は、それゆえハイデッガーとファシズムが今なお、「ヨーロッパ的普遍主義」の普遍性を問う試金石であり続けているということを意味している。「歴史家論争」と「ハイデッガー論争」以降、ソ連邦は崩壊し、「歴史の終焉」(フランシス・フクヤマ)さえ宣言された。「ヨーロッパ的普遍主義」は勝利したかに見えた。しかし、湾岸戦争からイラク戦争への過程——その間には、アメリカのアフガン介入や「9・11」がある——、そして最近のサブプライム・ローン破綻に発する世界的な経済危機におけるアメリカ合衆国の「没落」は、「ヨーロッパ的普遍主義」の普遍性が、現実的に危機に瀕していることを教えている。それは、ハイデッガー論争が、今なお問われなければならない問題であり続けていることを、間接的にではあれ告げているのである。

2

フランスの対独協力作家(コラボラトゥール)を論じた『奇妙な廃嘘』(一九八九年)で出発した福田和也は、まさしく「ハイデッガー論争」の時期に、以上のような世界史的文脈を日本において問うことを使命とすることで登場した批評家である。『奇妙な廃墟』において、強制労働収容所を体験したユダヤ人の詩人パウル・ツェランが、戦後にハイデッガーのもとを訪れたという有名なエピソードが語られ、ナチスへの加担を決して自己批判しなかったハイデッガーの思想的優位が、その核心に据えられていた。また、続く『遥かなる日本ルネサンス』(一九九一年)においては、それが日本の一九三〇年代へと転写された。福田の三冊目の著書にあたる本書でハイデッガー、ガダマー(ハイデッガーの弟子)からの「影響」が明言されているように、福田はハイデッガー=ナチズムという決定的なアポリアを正面から受け止めることで、その批評的営為を開始したと言える。それは同時に、本書の歴史的=理論的パースペクティヴの焦点となっている一九二〇、三〇年代の萩原朔太郎や保田與重郎をとらえた「日本」という問題構成を明晰に認識しなおすことでもあった。本書の直接的な続編としては、『保田與重郎と昭和の御世』(一九九六年)が書かれている。福田以前に「日本」という問題構成を思考した批評家はいる。しかし、福田ほど明晰かつ広く、しかもアクチュアルに、それを思考した者はいなかったと言える。

本書をもじって言えば、「日本」という場所は、一九八九/九一年という歴史の転換点において、福田和也という批評家を必要としたと言ってさえよいであろう。「日本」が福田和也を必要としたのである。批評家を名のる人間は数多くおり、彼らは自分が必要な人間であることを僭称しているが、福田のように、対象から必要とされる人間は稀有である。後世、一九九〇年代以降は「福田和也の時代」と呼ばれることになろうが、それは「日本」が福田を必要としていたからにほかならない。一九九三年に刊行された本書は、福田がその要請を一身に受け止めたことを示す記念碑的な著作である。

本書以降(あるいは、本書と前後しての)、ジャーナリズムでの福田の才能の濫費・蕩尽とさえ見える活躍は周知のことだろう。それは、文学や歴史・人物評伝のみならず、政治情勢から落語、ワインやサブカルチャー、人生訓にまで及んでいる。その「濫費」は最盛期の保田與重郎さえとうてい及ばないものだろう。しかし、それが単なる濫費でないのは、本書の言葉を用いれば、「虚妄としての日本」が福田にそれを求めているからであり、その営為は「崇高」とさえ見える。

「アウシュヴィッツの後で詩を書く事は野蛮である」というアドルノの高名な言葉を引いて、福田は、これに「同意しつつ、人類の大義や文明に反しても詩の側に立つことが、私の批評的立場である」と、本書「あとがき」で記している。周知のように、『プリズメン』に記されたこの言葉は、アウシュヴィッツ以降の芸術を決定的に規定してしまったものとして知られるが(アドルノ自身は、この言葉を『否定弁証法』において多少修正したが)、ある意味では、アウシュヴィッツを人間の詩的・芸術的営為の及ばぬ崇高さとして屹立させてしまう弱々しいニヒリズムへと帰結する。福田は、そのようなニヒリズムを排して、断固とした詩的決断主義を標榜するのである。もちろん、その決断主義は、アウシュヴィッツという「崇高」に直面した時の、人間的卑小がなしうるロマン的イロニーにほかならない。ジャーナリズムにおける福田の言葉の濫費・蕩尽は、まさに、アウシュヴィッツの後に詩を書くことにおいて必然的に要請される「崇高さ」の一端だが、そのことを明確に宣言した三〇〇枚にも満たないであろう本書もまた、膨大な思索が惜しげもなく費やされているという意味でも、詩的かつ崇高な書物だと言えよう。繰り返して言えば、それが、保田與重郎を継承する福田のロマン的イロニーなのである。

3

本書で鮮明にされた福田の立場に対する批判は可能であろうし、また、実際になされている。それらについて個々紹介することは、その任に堪えないということもあり省略するが、にもかかわらず指摘しておかなければならないのは、ありうべき批判にもかかわらず、本書で示されたハイデッガー的な詩的決断主義が、今なお（今こそ）すぐれて問題的だということである。

周知のように、福田も問おうとする「近代」とは、何よりも「散文」の時代であり、「詩」は、そのなかで相対的に抑圧されてきた。しかし、ヘルダーリンに「詩作の本質」を見るハイデッガーとともに、福田は断固として「詩」の側に就く。本書が保田＝朔太郎をもって終わっているのは、その一例だが、本書以降に書かれた「散文」を論ずる福田の優れた文芸評論にしても、そこでは小説家を「詩人」として論じているという印象が強いのである。そしておそらく、福田の視点からは、朔太郎以降の近現代詩は射程に入らないのではあるまいか。もちろん、その当否を言うのではない。それが福田の「決断」なのである。近代は否が応でも小説的散文の時代であり、詩は小説＝散文との相関関係のなかで、その本質を問うことを余儀なくされてきた。ハイデッガーと同じくヘルダーリンを論じたベンヤミンは、「詩《ポエジー》の理念は散文である」という謎めいた言葉をのこしている。「アウシュヴィッツ以降」において、決定的に詩が敗北したとすれば、詩はより鋭く散文という問題に直面せざるをえなかったのである。

「ハイデッガー論争」において、ハイデッガー主義者と名指された者たちの多くは、ハイデッガーの意義を認めつつも、その詩的決断主義に持続的な「散文的抵抗」を対置することで、ハイデッガーへの批判と差異化を図ったと言える。そこにおいては、ヘルダーリンについても、その「散文的」側面が強調されることになる。しかし、「散文的抵抗」とは言っても、それは決断を永遠に引き伸ばし、ふたたび弱々しいニヒリズムに回帰してしまうのではないのか。そのようなニヒリズムは、革命とコミュニズムを放棄したリベラル左派のあいだに、今や蔓延していると言ってよい。おそらくは、このような近代のディレンマを鋭く意識しているからこそ、福田は断固として詩の側に就いた。もちろん、その決断の時も遅延され続けることを百も承知の上で、である。『日本クーデター計画』（一九九九年）のような、一般には冗談とも本気とも捉えかねる著作が書かれなければならないのも、そのためである。

近年の福田は、『地ひらく――石原莞爾と昭和の夢』（二〇〇一年）から『昭和天皇』第一部・第二部（二〇〇八年）にいたる膨大な評伝もの（散文！）を書き継ぐことで、詩的決断主義が負わなければならない近代のディレンマを生きているように思われる。それもまた、本書で闡明された「日本」が要請するところだが、それは、詩的決断主義を散文的に持続するという、ほとんど不可能で果敢な試みにほかならないからである。

（福田和也『日本の家郷』洋泉社MC新書、二〇〇九年）

女たちの欲望と「大逆」

書評・福田和也『現代人は救われ得るか』

本書のタイトルは、言うまでもなく、福田恆存訳によるD・H・ロレンス『アポカリプス論』の邦題「現代人は愛しうるか」のパロディーである。ロレンスのそれが、ニーチェにも似たアポカリプス批判だったように、本書もまた、しばしば終末論を受け入れた上で生の否定が語られる現代に対する、真摯な批判の書として書かれている。しかし、現代を「平成年間」として語り、そこにおいて生起したオウム真理教、阪神大震災など、広義に「悪」と呼称しうる諸事件を論じるとともに、村上春樹をやや特権的な対象としつつ、舞城王太郎、佐藤友哉、保坂和志、島田雅彦、長嶋有、堀江敏幸、川上弘美、江國香織らの諸作品を取り上げて、時には思いもかけぬ内外の文学作品さえそこに召喚し、それらと比較しながら、微細に分析していくことで目論見を達しようとする本書が参照しているのは江藤淳であり、とりわけ『成熟と喪失』にほかならない。いわゆる「第三の新人」の代表的な諸作品を、E・H・エリクソンの自我心理学を援用することで論じて一九六〇年代日本の「時代精神」を明快に浮かび上がらせることに成功したかに見える『成熟と喪失』、である。

しかし著者は、今日において『成熟と喪失』を書くのが不可能なことも知悉している。高名な「治者」の概念を提出した箇所を引用して、著者は、「震災後の江藤淳において、黙って耐える『治者』のストイシズムは、はかないもの、おぼろげなものになった」と指摘する。いや、そこでは江藤が依拠していた自我心理学（社会学）も無効になったと、明確に言われる。しばしば『成熟と喪失』の文脈で語られる富岡多恵子の『波うつ土地』を、『真鶴』の川上弘美と隣接的に論じて、『母の崩壊』とか『不機嫌な娘』といった切り口での分析を無意味にしてしまう力をもっている」としたところが、それである。言うまでもなく、「母の崩壊」は『成熟と喪失』の副題であり、「不機嫌な娘」は、上野千鶴子が江藤をうけて近代文学の女性像を特徴づけた概念にほかならない。

六〇年代初頭の江藤のアメリカ合衆国への留学体験は、政治的な「転向」と見なされることが多いが、そこでの、エリクソンの自我心理学との遭遇は、五〇年代の初期江藤の文芸批評の方法論から、無理なく受容しうるものだった。江藤自身、自筆年譜その他で何度か認めているように、初期江藤は、サルトルのいわゆる実存的精神分析の圧倒的な影響下にあった。アメリカ滞在をまたいで完成された『小林秀雄』は、その集大成と言える。ところで、サルトルの実存的精神分析がフロイトの精神分析と異なるところは、無意識を認めないところだが、アメリカに渡って自我心理学として展開したフロイディズムも、また、無意識から自我へと分析の重点を移したところに、その大衆的な「成功」の原因があった。この意味で、江藤は無理なくサルトルからエリクソンへと移行しえたわけである。

ところで、無意識を括弧に入れて自我に就く時に陥る困難は、いわゆる「悪」と呼ばれるものへの応接であり、より正確に言えば、無意識的な知である超自我を問題化できないことにある。それが問題にするのは、自我理想（大文字の他者、父、天皇等）であり、理想自我（自分探し）でしかなく、自我理想の猥褻で残酷な裏面である超自我については手つかずのままなのだ。江藤に親炙したことを公言してはばからない本書の著者が、にもかかわらず、「江藤淳氏と文学の悪」という批判を書かなければならなかった所以でもある。本書においても、フロイトの名前は無意識とかかわって二度援用されているが、それも以上のことと無関係ではあるまい。

本書の冒頭は「葱華輦《そうかれん》は静かに遠のいていった」というふうに、荘重なともカリカチュアめいたとも評しうる昭和天皇「大喪の礼」の描写に始まり、江藤淳が「父」＝自我理想としての天皇を喪ったことを嘆く発言が引用される。そして続く「平成」の時代には、新天皇が即位したものの、大文字の他者は不在のまま、オウム真理教事件をはじめとする（終末論的な？）「悪」が跳梁跋扈するのを始め、「平成の時代精神」は見出されぬまままだとされる。もちろん、時代への部分的な抵抗の試みはさまざまに見出されるし、著者はそれを丁寧に拾い出していくわけだが、大文字の他者が不在であるとすれば、「平成の時代精神」を掘り出すことができないことは自明である。

しかし、江藤淳＝エリクソン流の自我心理学をしりぞける著者は、大文字の他者を回復せよといった、相も変わらぬ俗論に与するわけではない。阪神大震災に対しての皇室の、大文字の他者としてはふさわしからぬ対応に、江藤が耐えかねたように苦言を呈したことを、切実な行為であると本書が肯定的に描くとしても、それは江藤淳その人だから許されるのであって、大文字の他者が回復不可能であることは、あらかじめ前提にされている。そもそも、大文字の他者が存在したと懐古的に考えることは、いわゆる「悪」を、つまり無意識を思考しないことでのみ可能なことなのではないのか。

そうだとして、では本書は、どこに現代からの脱出を見ようとしているのか。江國香織の『神様のボート』を論じたところで、著者は、「子が親を殺すことで成熟した昭和の小説と、母が子に殺されることで成熟する平成の小説。一体、何がこの逆転を生みだしたのであろうか」と問い、それを宙吊りにする。『神様のボート』が、はたして母親殺しの小説か否かについては異論もあろうが、ここでは措く。『成熟と喪失』では「母の崩壊」が言われていたが、実は、いまだ母は抹消されていなかったわけだ。前者の「親」が父親を意味するとすれば、それはつまり大文字の他者の抹消ということだが、後者の母親を精神分析の知見を踏まえて超自我の意味で捉えてみるべきだろう。自我理想の裏面としての超自我であり、いわゆる「悪」として、である。だとすれば、本書の隠されたテーマは「大逆」であるほかはない。

事実、昭和天皇の「大喪の礼」のカリカチュアライズしたとさえ読みうる描写から始まる本書の記述には、さまざまに「大逆」(事件)を示唆する人名・語彙が散見される。管野スガ、幸徳秋水、大杉栄、大塩平八郎、深沢七郎、三島由紀夫、中上健次、著者の旧著『日本クーデター計画』、等々。しかし何よりも注目すべきなのは、本書第三章の末尾で、『神様のボート』を論じた後、唐突にも(唐突ではないことはすぐに言うが)、森鷗外の『かのやうに』を引いてきていることである。

言うまでもなく、この作品は一九一〇年の「大逆」事件を一契機に書かれた。しかも本書は、鷗外の「かのやうに」哲学の——巷間言われる「傍観者性」とは対極的な——実践性を賞揚し、それが江國香織に親近的であり、江藤淳の『『ごっこ』の世界が終ったとき」以上に今日的であることまで指摘する。鷗外の「傍観者性」を言う者として本書で召喚されるのは、『明治大帝』や『幸徳秋水』の著者・飛鳥井雅道である。だとすれば、鷗外の実践性とは、つまるところ『神様のボート』で「母殺し」として現出しているものにほかなるまい。それを担うのは、「大逆」事件の主体が幸徳秋水ではなく管野スガであったように、欲望に忠実な女たちである。彼女たちは、大文字の他者が存在しないと認識していると同時に(管野の「大逆」は、何よりも明治天皇が神ではないと証明することだった)、欲望をあきらめないことで(彼女は、それがために左翼の男から性的放縦を揶揄された)、超自我の残虐な法を逃れてしまうがゆえに、

「大逆」的な――しかも倫理的な――存在なのだ。本書にあっても、富岡多恵子が引かれて、管野スガや伊藤野枝は欲望をあきらめない女であったことが強調され、その系譜のなかに川上弘美や江國香織の作品の登場人物たちが位置づけられている。

「現代人は救われ得るか」と問う、「大逆」事件から一〇〇年をへて刊行された本書の隠された主題が、「大逆」であると考える所以にほかならない。

（福田和也『現代人は救われ得るか――平成の思想と文芸』新潮社、二〇一〇年）

「沢山」からゼロへのフェティシズム的転回

小川洋子小論

今はない「スーパーエディター」安原顯が、「揚羽蝶が壊れる時」で第七回海燕新人文学賞（八八年）を受賞したばかりの――『妊娠カレンダー』で芥川賞を受賞（九一年）する以前の――小川洋子を抜擢して、雑誌「マリ・クレール」に最初の長篇小説『シュガータイム』を連載させたことは、果たして安原の慧眼を証すものであったのか否か、今なお即断しかねるところではある。安原が凡百の編集者と比較して優れた小説の読み手であったことは疑いえないが、それでも安原の評価する作家を見てみると首を傾げざるをえないところが（多々？）散見されるのであって、小川洋子の抜擢もその一つではないかという疑問が拭えなかったのだ。

にもかかわらず、小川洋子をありふれた少女趣味のファンタジー小説家としてのみ遇することは、ふとためらわれてしまう。このままでは決して支持できないが、もしかしたら、この作家はいつか大バケするのではないかという気持ちに、小川洋子の小説を読んでいると、時として襲われることがある。たとえば、ほとんど去勢（とフェティシズム）という事態そのものを、あまりにもあからさまに書いてしまった『薬指の標本』などは、まかり間違えば途方もない傑作になったのではないかと思い、時評家としてその作品に接した時、懸命に否定しようとした記憶がある（拙著『文芸時評というモード』参照。しかし、あれは「否定」というよりは「否認」という、こちら側のフェティシズム的振る舞いだったような気もする）。この小説が傑作として遇されたら困るという観念が先に立ったのだ。幸いと言うべきだろうか（そうではあるまい）、『薬指の標本』は、当時、それなりの評判を呼んだはずだが、傑作と評されることもなく、ありふれた文学作品としてそれなりに評価されながら適当に位置づけられて、今日に至っている様子だ。

『薬指の標本』ほどではないにしろ、昨年（二〇〇三年）の話題作であった長篇『博士の愛した数式』についても、ちょっとした驚きがあった。しかも、それは安原顯の編集者としての慧眼を、証明してしまうような作品とも思えたのである。

周知のように、この作品は、世界を数字で解釈することに憑かれた──しかし、自動車事故の後遺症によって八〇分しか記憶と思考の持続しない──「博士」と呼ばれる数学者と、彼の家に通う派遣家政婦（と、その息子）との、まあ、魂の交流を描いたとでも言えそうな物語であり、それ自体としては、松本幸四郎が主演してテレビ・ドラマにもなった何とかという山下和美のマンガと似ていなくもないという代物で、仄聞するところでは、この小説に対してすでに映画化の話が何本も来ているということも分からないではないのだが、軽い驚きを覚えたのはそのことではない。『博士の愛した数式』の主題が、すでに『シュガータイム』において胚胎していたことを思い出したからなのである。『博士』が『シュガータイム』を反復していることは、さまざまに言えるのだが、ここではフェティシズムという問題に絞って見ておこう。

『シュガータイム』の話者であり主人公でもあると言える「わたし」は、大学の四年生だが、ある時、「未開民族における数の概念について」という文化人類学の講義を受ける。そこで教授は、「……ですから彼ら（未開人のこと――引用者注）にとって数は、一つか沢山かその二種類しかないのです。槍が一本あれば、それは一本の槍。二本あれば沢山の槍。百本あっても同じ沢山の槍です」という講義をする。果たしてこれがどこの未開社会を指しているのか定かではないし、そもそも未開社会という呼称が正当なのかどうかも疑わしいが、『博士の愛した数式』のモティベーションはここに発していると言えるだろう。『シュガータイム』で言われている「未開社会」と、数字によって解読される博士の現代の世界は、ポジとネガ、あるいはメビウスの帯のごとく連続していると言えようか。

周知のように、小川洋子は最初から数に憑かれていた作家である。過食症である『シュガータイム』の「わたし」が書く奇妙な日記には、食べ物の数や量があれこれ記されているし、その他、数への執着は――あれこれの作品においても――幾つも挙げられる。そもそも、初期の小川洋子の主題であった過食症とは、まず数字として表現されるものだろう。しかも、ついには「沢山」というかたちでしか言い表せなくなる事態でもあるはずである。小川洋子における過食症という主題は、私的体験を背景にしているか否かは問わず、バブル経済が崩壊する前後の日本の時代的な病として捉えられることが多いが（過食症を主題化する作家は他にも多くいた）、それ以上に、数量化されて捉えられるはずのものが、その閾をこえた「沢山」と化してしまう、一種の「モノ」化＝フェティシズム化という事態を指していたのではあるまいか。

あるいは、すでに『シュガータイム』において登場する小川洋子のアンネ・フランクへの奇妙な関心も、過食症的事態にかかわっていることに注意すべきだろう（小川洋子はアンネ・フランクについて、後に一冊の本を書く）。「わたし」の弟はアンネが「隠れ家で作った献立表」のことを、「姉さんの献立表を見ていたら、そのことを思い出した」と言って、その存在を教えるのだが、フランクフルト学派が言うところの「文明が野蛮へと転化する」ナチズムの犠牲になったアンネ・フランクにおいて、すでに「未開」と「文明」がメビウスの帯のように接続していることを、過食症という隠喩をとおして示唆するこの作品が、その「あとがき」で小川洋子が言うように「わたしがこれから書き進んでゆくうえで、大切な道しるべ」であることは、間違いない。

しかもそれは、同じく「あとがき」で言われているごとく、「皮の手触りや、小さな丸い形や、青々しい色合い」といった物質性を「味わってもらいたい」清新な作品ということではなく、そのような物質的なイメージが、イメージを破棄された「数」という物質性へと還元されてしまうという事態を指し示しているがゆえに、まず「残酷」なのである。別の言い方をすれば、小川洋子の作品は、巷間言われるごとく少女趣味的なイメージの残酷さにその特徴があるわけではなく、数へ、そして数さえこえた「沢山」へと読む者をいざなおうとしていると言えようか。それこそがサド的「残酷さ」にほかなるまい。

「拷問博物館へようこそ」といった作品を収めた短篇集『寡黙な死骸みだらな弔い』といったサディズムのイメージに依拠した作品を持つがゆえに小川洋子は残酷なのではない。「数」という文明から「沢山」という野蛮へと転化することが残酷なのであり、そこにはアドルノ／ホルクハイマーに着想を得て、それにフロイトのフェティシズム論に捻りを加えたラカンの、いわゆる「カントとサド」という問題系が開けているのである。

周知のように、マルクス主義的フェティシズム論の圏域にあっては、商品／貨幣のフェティシズム的性格のメルクマールは数量化にあった。しかし、かかるフェティシズム論がナチズムに抗しえなかったのは歴史的な事実であり、アンネ・フランクも、その犠牲者の一人であったことは言うまでもあるまい。小川洋子という作家の現代的な意味は、まさに、数量化の先においてフェティシズムの問題を捉えようとしているところにある。『博士の愛した数式』は、そのような作品ではなかろうか。

数によって世界を解釈する『博士』において「沢山」に該当するのは、言うまでもなくゼロという数字である。「古代ギリシャの数学者たちは皆、何も無いものを数える必要などないと考えていた。無いんだから、数字で書き表わすことも不可能だ。このもっともな論理をひっくり返した人々がいたのだよ。無を数字で表現したんだ。非存在を存在させた」と博士によって啓蒙的に語られるゼロが、文明化された社会における「沢山」であり、数量化された世界を支えるフェティッシュでもあることは明らかである。

しかも、このゼロをめぐる博士の説明が、話者である家政婦の「私」にとっての一種のフェティッシュであるところの「ルート」と呼ばれる息子（の不在）について言われたものであることは、興味深い。「私」と「ルート」の母子には、早くから父親が不在である（「二」が、あるいは「根」が不在である?）。「私」が「ルート」を生んだ直後、学生だった父親は二人のもとを去ってしまったのだが（これは『シュガータイム』において語られる物語の一種の反復でもある）、「私」は「ルート」の存在があるがゆえに、そのことに十分に耐えてきたという。1の代補としての$\sqrt{1}$？ もちろん、数学的には$\sqrt{1}$＝1であるのだから、この代補は、それなりに理にかなっている。

しかし、「ルートがいないと、心の中が空っぽになったような気分です」と、「私」は博士に言う。

博士は、それが「今君のなかには０が存在する」ということだと言うのだ。そして、「1-1=0／美しいと思わないかい?」とも。つまり、父親も息子ももともとが不在であったのではないかと、博士は言っているのではあるまいか。フェティシズムの秘密としての$\sqrt{0}$。しかし、「私」はゼロの残酷さに耐えられない。物語は、どこかに行ってしまった息子「ルート」が発見され、ゼロという事態は回避されてしまうからである。

小川洋子のある種の作品においては、ここまでフェティシズムの秘密が論理的に追いつめられる。しかし、それは論理であるがゆえに、フェティッシュと拮抗することができない。もちろん、フェティシズムに拮抗しうるのはイメージでも物語でもないだろう。しかし、小川洋子は、そんなことを百も承知であると思う。フェティッシュに抗するなどといった男一般の不粋な境位などとは無縁に、あるいは、そんな境位をこええた川端康成という、小川洋子も敬愛する作家のような切迫感もなく、彼女は易々とフェティッシュと戯れうる希有な存在なのかも知れない。

「私小説から風俗小説へ」とは何か?

角田光代小論

1

かつて猛威を振るいながら、今やほとんど顧みられることのない文学観の一つに、中村光夫の『風俗小説論』(一九五〇年)がある。島崎藤村の『破戒』ではなく田山花袋の「蒲団」がヘゲモニーを握ったところに、日露戦後の日本自然主義が「私小説」へと歪曲された理由を見出し、「私小説」が戦後の「中間小説」的「風俗小説」を生み出したと断罪する中村は、この史観をバックグラウンドに、第二次大戦後の風俗小説の第一人者であった丹羽文雄との論争を戦い抜いた。いわゆる「風俗小説論争」(四九年)である。この論争は、続いて、苛烈な否定に貫かれた『谷崎潤一郎論』(五二年)、『志賀直哉論』(五四年)、『佐藤春夫論』(六二年)の、いわゆる「大正作家論」三部作へと結実していく。やはり代表的な大正作家である広津和郎とのカミュ『異邦人』をめぐる論争(五一年)も、その文脈に位置づけられるだろう。

中村にとって、「大正作家」とは、それがモダニズム的なものであれ直に私小説的なものであれ、「風俗小説」へと帰結していく「蒲団」の系譜のなかで捉えられるべき、否定的なものだったのである。「大正文学」は、その「大逆」事件以降の——アイロニカルであれ、神経病的であれ——能天気な小春日和を、関東大震災によって、新感覚派によって、そして何よりもマルクス主義文学によって否定されたが、中村光夫のそれは、マルクス主義が「『敗北』の文学」（宮本顕治）と言うのに近い。中村の史観が、小林秀雄の「社会化した私」の延長上にあるという理解が一般的であるゆえ、あえて強調しておく。

しかし、中村の文学史観は、現在では、実証的にも現実的にもおおむね否定されている。文学研究の側からは、「蒲団」が中村の言う意味で「私小説」でないことは、すでに証明され尽くしていると言ってよい。それは、田山花袋の「体験」をベタに記述したものでは全くないのである。しかし、それ以上に、一九六〇年代に登場した後続の作家・批評家からは、中村の批評的スタンスへの批判が襲ってくる。それは、日本的「私小説」を否定しながらも、たとえば一九世紀イギリス市民小説をイデアル・ティプスとすることで「風俗小説」を肯定するものだったと言ってよい。丸谷才一を代表的な存在とするこの傾向は、「大正期」のモダニズム文学への再評価をも伴うものであり、今なお続いていると見なしてよいだろうし、それは村上春樹以降の文学に対する担保ともなっている。荷風や佐藤春夫がボードレール的憂愁《スプリーン》やベンヤミン的遊歩者《フラヌール》と重ね合わされて評価されるというケースもある。

今は、両者の論理の優劣を決する場ではない。「私小説」や「風俗小説」の厳密な概念規定も、ここでは措こう。中村光夫の否定する日本的「私小説」概念が一種の混乱を呈していることは事実であり(「私小説」の定義などできまい)、そのことと相即するように、後期中村が書いた『ある女』(七四年)や『グロテスク』(七九年)その他の幾つかの小説が「私小説的」であることも、つとに指摘されてきた。

しかし同時に、丸谷才一の幾つかの、とりわけ初期作品が「私小説的」なのも事実であり、それを、『たった一人の反乱』(七二年)以降のベストセラー化した「風俗小説」より高く評価する向きも存在する。そのように見れば、村上春樹とて、私小説的な『風の歌を聴け』(七九年)や『1973年のピンボール』(八〇年)で出発して、『羊をめぐる冒険』以降は風俗小説に向かったと言えるのだ。

2

「私小説から風俗小説へ」という方向性は今なお生きている。それは、丸谷や村上がそうであったように、作家が大衆化する際の、ありうべき一つの方向性であり続けているのではないか。今や、もっともポピュラーで代表的な現代日本文学の女性作家と見なされるようになった角田光代も、「私小説」から「風俗小説」へと向かった、典型的な存在と言えよう。

とりあえず文壇的な評価に沿って見ても、「幸福な遊戯」で海燕新人文学賞を受賞(九〇年)して以降、「ゆうべの神様」(九二年)、「ピンク・バス」(九三年)、「もう一つの扉」(九三年)が芥川賞候補になり、単行本『まどろむ夜のUFO』(九六年)が野間文芸新人賞を受賞している。九〇年代の初期角田は、それらが現代的な風俗を背景にしているにもかかわらず、おおむね「純文学作家」として遇されていたと言ってよいだろう。角田が私小説的な作家と思われていたということも、まぎれもない。おバカなフリーターであったりプーであったりする初期角田作品のヒロインや話者の「私」たちは、生身の角田自身と、ほぼ等しいと見なされてきた。

しかし、『空中庭園』が二〇〇二年（下期）の直木賞の候補になり、『対岸の彼女』で二〇〇四年（下期）の同賞を受賞するのを契機として、角田は私小説的な純文学作家というよりは、中間小説的な風俗小説作家として遇されるようになる。自身もそのことを私小説的に狭隘な不自由からの解放と見なし、肯定しているようである。ちなみに、中間小説とは、純文学をも包摂する概念だから、二〇〇六年には「ロック母」が「短篇小説として、その年度における最も完成度の高い作品」に与えられる川端康成文学賞を受賞している。しかし、『八日目の蝉』（〇七年）も『ツリーハウス』（一〇年）も、続いて述べる初期「純文学」時代以来の角田的主題をある程度維持しながら私小説的とは言えず、明確に中間小説的・風俗小説的な長篇小説になっている。それは、これらが単に新聞小説として書かれたためだけではないだろう。

では、初期角田を私小説的かつ純文学的と見なさせていた所以は何だろうか。

現在は幸福そうな主婦だが、大学時代に、贋学生として大学に出入りしていた若いホームレスとの共同生活を経験しているサエコを主人公とし、そのサエコの家庭に、やはりホームレスである夫の姉が居つく「ピンク・バス」（九三年）が、私小説的だとは、ちょっと言えまい。同様のことは、「まどろむ夜のＵＦＯ」（九四年）にも、「草の巣」（九七年）にも、その他多くの初期作品について言える。もちろん、東南アジアを旅行するバックパッカーたる「私」を描いた「真夏の花」（九五年）は、私小説的と規定できないことはないが、それにしても、角田作品には狭義に私小説的と見なしうる作品が、意外に少ないのである。

角田の良き理解者である石川忠司は、角田作品の中心にあるものを「荒んだ〝疲労感〟」（角川文庫版『ピンク・バス』解説）と規定した。しかし、石川がその例証として引く作品の一節に「ものすごく嫌な夢を見た。身体を起こしたとたんにサエコは具体的な内容は忘れたが、気分がずっしり沈み込むような嫌な夢だった」（傍点引用者）とあるように、むしろより広く、「気分」が主体となった小説と捉えることができるだろう。かつて、柄谷行人（「私小説の両義性」、『意味という病』）や山崎正和（『不機嫌の時代』）は、ハイデッガー的現存在分析を援用し、志賀直哉らの「私小説」について、そこには「私」ではなく「気分」が主体となっていると指摘したが、角田の「純文学」もまた、「気分」が主体となっているがゆえに、「私小説的」と見なされたと言える。角田にあっても、「気分」という主体は、論理をこえた理不尽な多方向へと主人公や登場人物を誘なうが、その底には、山崎正和が志賀直哉に指摘したところの、時代的な「不機嫌」に似た現代的な「疲労感」が漂っているのである。

そのことは、初期角田の登場人物たちの設定や表記にも表れている。そこでの登場人物たちの姓名は、多くの場合、片仮名表記であり、ファーストネームかセカンドネームのどちらかしか持たない（多くの場合、ファーストネーム）。つまり、彼ら彼女らは「片わ」な「仮の」存在なのであって、「私」という「主体」とは言えないのだ。そして、そのことと相即して、これも誰もが気づくことだが、初期角田作品における父親の希薄さがある。「真夏の花」の「私」には父がいず、「地上八階の海」（九九年）の「私」も同様である。「まどろむ夜のＵＦＯ」の「私」には、田舎に父がいるようだが、それは母親以上に希薄な存在だ。弟の「タカシ」が、東京らしきところの「私」のアパートに来ると電話で告げるのも、そこに食料などの小包を送ってくれるのも、母親である（「母」という主題系は、『八日目の蝉』で拡大顕在化するが、ここでは問わない）。「私」たちのセカンドネームは明かされない。つまり、論理や主体をつかさどるはずの父親（そして、「私」を歴史的に位置づける家系を担保しているはずの、「父の名」としてのセカンドネーム）が、「片わ」であったり、不在なのである。ちなみに、最初に直木賞候補になった「空中庭園」では、「父の名」が「京橋家」として、すでに回復されている。

以上のことは、初期角田作品において、一般的な意味での「歴史」が不在となる理由でもある。歴史は、それを担うためには人間や土地などの固有名を必須とするが、初期角田においては、そのことが相当程度に回避されているからだ。多くの場合、東京が舞台の様子の初期作品ではあるが、明確な指示はない。「地上八階の海」には、その舞台が東京の、おそらくは蒲田あたりであることの漠然とした指示はある。しかし、それを明確化する記述は慎重に避けられている。「真夏の花」の「私」の旅行先は、タイである様子なのだが最後まで明言されないのだ。

これと相即するように、初期角田においては、商品のブランド名も慎重に避けられる傾向がある。それは、ブランドものに対する「無印良品」という、もう一つの九〇年代的ブランドでさえないだろう（無印良品は一九九〇年に西友から独立した）。主に九〇年代に書かれた初期角田の作品は、「無印良品」的なものではない。たとえば、「もう一つの扉」（九三年）において、突然失踪していった「私」のルームメイト「アサコ」は典型的なブランド女なのだが、残されたそのおびただしいブランドものは、「アサコ」の恋人らしき男によって、屑《ジャンク》のように叩き売られるのである。初期角田においては、商品は屑であるがゆえに、ブランド名がない。それは初期角田の登場人物たちが生きる圏域が、ロウアークラス（下流）のフリーターや無職であるからというだけではないだろう。「歴史」がなく「主体」が不在なのである。

しかし、注意しておかなければならないのは、初期作品の角田的登場人物たちが、ロウアークラス

――それも、概してミドルクラス出自の――ではあっても、決してアンダークラスではないことに規定されて、絶対的に「主体」が不在な方向に踏み出すことはしないということだ。それが、角田的「気分」の誕生する場であり、その「気分」に耐えることが、ある種の――「主体的」な――倫理性を帯びることもあるだろう。「不機嫌」に耐える志賀直哉が、倫理的な作家と見なされていたことに似て、である。しかし、二〇〇〇年代の角田は、風俗小説への転換によって、その「気分」を乗り越えようと試みることになる。それは同時に、「主体」や「歴史」を回復することとしても意識されるはずである。

3

「群像」に一挙掲載されることで「純文学」としておおやけにされた長篇『エコノミカル・パレス』（〇二年）は、以上のような意味で、風俗小説への転換を印づけているだろう。冒頭から、コンビニで買うジャンクな商品が列挙される（同様の場面は作中何度も繰り返される）。そこで固有なブランドは「加ト吉」のお好み焼きのみである。話者「私」には、父親も「父の名」も不在である。このような初期角田的主題群の存在にもかかわらず、この作品には、それまでの「私小説」的作品には見られなかったような、具体的な地名や固有名が頻出し始めているのである。

1DKのアパートで同棲しているフリーの売れないライター兼アルバイターの「私」と無職の「ヤスオ」の周囲は、まっとうな名前（正名）に満ちている。「私」のアルバイト先のレストランの店主は「中村勇男」で、同僚は「浜野さん」である。「私」たちの住むアパートの前の公園にいるホームレスのなかにさえ、「小松さん」という「本名」を持つ者がいる。東京三菱銀行もあれば東急ストアも西友もある。「私」の実家は山梨県に近い東京都内だし、「私」はアパートのある阿佐ヶ谷から渋谷にも行く。彼女と「ヤスオ」は、かつて「シンガポールからマレーシアへ、タイへ、ラオスへ」とバックパッカーとして旅したことがあるらしい。だからこそ、彼女は「名前というのは非常に大事なものに違いない」と、消費者金融アイフルのATM「お自動さん」を前につぶやくのだ。

しかも、「私」の前には、「気分」では応接しきれない、奇妙な「主体」たちが立ちあらわれる。まず、「私」と「ヤスオ」が東南アジアを旅行していた時に知り合った「唐松さん」が、恋人の「アータン」を伴ってアパートに転がり込んでくる。これがトンデモなカップルなのだが、しかし、彼らは「アータン」の実家に寄生することで、まっとうな(?)家庭を作ろうと帰っていく。続いて、「私」は「立花光輝」という大学生と知り合う。「私」は、今の自分の荒んだ「気分」を打破しようと、積極的に「立花光輝」に近づいていった。彼は大学にいることの意味が見つけられず料理人を志望しているが、「私」は、「立花」の料理学校入学のために金銭的な援助を思いつき、無理に仕事を増やし、そのことに恋心を満たし生きがいを感じもする。しかし結局、金銭の援助など全くの勘違いだと拒絶されることになる。せいぜい「片わ」で「仮」でしかない存在の、正名に対する敗北。事実、「私」の周囲は正名に満ちていたのだった。「中村勇男」や「立花光輝」といった正名の記し方や配置が、いささか——あるいは意図的に——マンガ的であるとしても、である。その正名に対する敗北を認めることによって、「主体」も「歴史」も回復することができる。もちろん、それは私小説から風俗小説への転換として、可能だと考えられているだろう。

『八日目の蝉』や『ツリーハウス』が可能になったのは、このような移行を経ることによってである。ここでは、さしあたり後者に即して、簡単に論じよう。

『ツリーハウス』は、一般的には、アンダークラス出自の男女の、一九三〇年代末からほぼ現代にいたる三代記と言えよう。地理的にも植民地時代の満州から戦後日本の新宿へとシフトする。登場人物も地名も、ほぼ漢字表記を旨とする正名が与えられており、登場人物を翻弄する歴史的な事象も、満鉄映画、ソ連参戦と引き揚げ、戦後焼け跡のマーケット、高度成長期、「六八年」学生運動、オウム真理教事件などなど、おおむねよく知られたものばかりである。ディテールの記述には幾つか瑕疵が散見されるが、風俗小説として読めば大過はないだろう[*1]。

しかし、かつての「草の巣」に見られたディアスポラ的「逃走」、さまざまな人間が勝手に出入りする「家」という繰り返されてきた擬似ファミリーロマンス的主題等々、初期角田の主題系は、ここでも一応は維持されている。いや、それ以上に、初期角田の作品が現代小説たらざるをえないことにも規定されて、ロウアークラス以下の人間を描きえなかったのに対して、歴史小説に分類されるだろう『ツリーハウス』では、戦前アンダークラスの典型たる貧農の次男三男・次女三女を描くことが可能となった。それが、自由になった文学的想像力として肯定されているだろうし、初期の主題の深化とも見なされているだろう。

――しかし、文学とは想像力の自由の問題なのか。むしろ、それは不自由の別名ではないのか。かつて「大正モダニズム」は、「大逆」事件以後の不自由を、アイロニカルにではあれ自由と錯視する

＊1　たとえば、満州に行っていた主人公が、戦後、新宿で再会した満州時代の知り合いの男は、かつて「高校を出たとき、満銀と日銀と選択肢はふたつあった」と誇るのが口癖だったと言われているが、旧制高校の時代に、高校を出てそのまま就職するのは稀有だったはずである。

ところに成立した。中村光夫によって私小説の濫觴と指弾された田山花袋にしても、大正期には、「大逆」事件のドラマティックな歴史小説化を目論んでいたのである。中村光夫の「蒲団」批判は、むしろ、その能天気と言うべき想像力の放恣に向けられていたと捉え直されるべきだろう。「『敗北』の文学」とは、不自由であることを知りながら、それを自由と錯視する疚しい小ブルジョワ的理性に向けられたものであった。そして逆に、私小説が純文学のイデアル・ティプスのごとく見なされた理由は、その「狭隘さ」が不自由の同義であるかのように受け止められたからではなかったのか。このような二重の錯誤のなかでは、私小説から風俗小説へというシェーマは不断に回帰する。角田光代もまた、それを反復した現代の一人ではないか。もちろん、きわめて良心的に、である。

しかし、自同化したそのシェーマを切断する事件も、時として生起する。関東大震災（一九二三年）に遭遇した谷崎潤一郎が、それを機に関西へと移住し、「大正モダニズム」の「気分」から脱していったことは知られているだろう。村上春樹が阪神淡路大震災に震憾されたことも知られているが、果たして、その文学に転換があったと言えるのか、どうか。角田光代が——角田に限らないが——このたびの東日本大震災に接して、どのような変貌を遂げるのか。それは、まだ誰にも分からない。

アヴァンギャルドと社会主義リアリズムの狭間で

蔵原惟人の可能性

敗戦直後の一九四六年一月に、平野謙、荒正人、埴谷雄高らによって刊行され、戦後派文学を主導する雑誌となった「近代文学」創刊号は、蔵原惟人を招いて座談会「文学と現実」を行なった。そこで、同人の本多秋五は、戦時下において蔵原を「神のごときもの」と畏敬していたと発言している。戦前、プロレタリア文学の指導的批評家としてであり、戦時下の非転向コミュニストとしてである。「近代文学」二号は、続いて、小林秀雄を招聘して座談会「コメディ・リテレール」を行なった。本多秋五の言によれば、戦後派文学は、「蔵原惟人と小林秀雄を重ねてアウフヘーベンする」（『物語戦後文学史』）ところに、その出発のモティベーションがあった。

小林秀雄はもちろんのこと、本多秋五その他の「近代文学」同人たちも、その死に際しては、文芸雑誌をはじめとして多くの新聞・雑誌に数知れぬ追悼記事が掲載された。しかし、一九九一年の蔵原惟人の死には、それらのメディアの大半が黙殺を以て応えたのである。このような「不遇」の理由は幾つも指摘できるが、蔵原が担った、いわゆる社会主義リアリズム理論が、スターリン批判

（一九五六年）以降の時代において、まったく検討するに値しないものと見なされていったことが背景の一つにあることは疑えない。スターリン批判以降、スターリンが弾圧したロシア・アヴァンギャルドの再評価が盛んとなるのと反比例するかのように、社会主義リアリズムは、歴史の屑籠のなかに葬り去られていった。

しかし、蔵原惟人はロシア・アヴァンギャルドと無縁であったろうか。一九二七年に雑誌「キネマ旬報」に発表された「最近のソビエト映画界」（『蔵原惟人評論集』第二巻）という文章によれば、蔵原はエイゼンシュテインの「戦艦ポチョムキン」をソ連邦で実見し、それを紹介している。蔵原は一九二四年にソ連邦に渡り（翌年帰国）、その地で、当時の日本では上演不許可であったその映画を見ているのだ。帰国後の蔵原はソ連邦のマルクス主義芸術理論の翻訳・紹介にたずさわると同時に、盛んに批評活動を展開、一九二八年には全日本無産者芸術連盟（ナップ）創立に参加、機関紙「戦旗」創刊号に「プロレタリア・レアリズムへの道」を発表して、プロレタリア文学の指導的理論家として登場していくのである。

しばしば指摘されることだが、小林多喜二の『蟹工船』（一九二九年）にしろ、徳永直の『太陽のない街』（同年）にしろ、プロレタリア文学の代表作と評せられる小説は、社会主義リアリズムにのっとった作品であるというよりは、日本では新感覚派と総称されるアヴァンギャルドの文体を横領して、そのプロレタリア的な素材をスキャンダラスにアピールしえたと言える。小林にしろ徳永にしろ、その後は、そうした文体を放棄し、いわゆるリアリズムへと向かうことになる。

ソ連邦の文化政策がアヴァンギャルド芸術の弾圧を開始したのはいつの頃からで、それがいつ完成したのかについては、近年、再検討が行なわれつつあるが、一九三〇年頃からスターリンの文学への介入が始まり、それと前後して、社会主義リアリズム派が優勢になったと言ってよいだろう。一九三四年にはソ連作家同盟が設立され、社会主義リアリズムが基本的創作方法として承認される。

高名な演出家で、日本の築地小劇場にも影響を与えていたメイエルホリドがフォルマリストとして告発されたのは、さらに遅れて一九三七年となる（処刑は一九四〇年）。つまり、ソ連邦においても、三〇年代中葉までは、アヴァンギャルドとリアリズムは共存し、論争していたのである。

このようにプロレタリア文学や蔵原惟人とソ連邦の動向を並行して見ると、蔵原が最初のロシア留学から帰国してプロレタリア文学の指導的立場にあった頃のリアリズム論は、決してアヴァンギャルドに不寛容であったわけではないと見なすべきである。ロシア語に堪能で、ソ連邦の動向にも精通していた蔵原の批評活動は、おおむね、ソ連共産党文化官僚の意向に沿っていたものと見なせるが、それがアヴァンギャルドを積極的かつ強力に断罪するスターリン主義的なものとなったのは、一九三〇年にコミンテルン（ソ連共産党）の仕事にたずさわる目的で密航し、日本共産党中央指導部検挙の報を受けて急遽帰国した三一年以降の活動からであるだろう。

一九二〇年代後期の、横光利一らとの高名な「形式主義文学論争」についても、確かに、それはフォルマリズムを批判する社会主義リアリズムの立場からするものだが、決して単なる断罪ではなく、むしろ友好的説得という側面があったと考えるべきである。だからこそ、片岡鉄兵から今東光にいたる多くの日本の文学的アヴァンギャルドたちは共産党のシンパサイザーとなっていくのである。川端康成でさえ、共産党の運動に多少のシンパシーを抱いていた時期があることは知られているし、『太陽のない街』を絶賛したことさえある。すでに指摘したように、『蟹工船』や『太陽のない街』といった作品はアヴァンギャルド的な表現を横領したものであった。ましてや、演劇や映画の領域においては、政治的前衛と芸術的前衛は混交していた。そのことは、ソ連邦で「戦艦ポチョムキン」を見て帰国していた蔵原にとっては、自明のことだったのではあるまいか。

プロレタリア文学が「私小説」によって代表さ

れる日本の「封建主義的」文学を切断したという のは、小林秀雄の「私小説論」(一九三五年)で流布されて以来、多くの賛同者を得てきた説である。それは、「大正的なもの」(白樺派、大正デモクラシー、大正教養主義など)からの切断が、マルクス主義や小林秀雄や保田與重郎などによってなされたという歴史観として、今なおリアリティーを持っている。同様のことは、批評家としては蔵原の後発者である宮本顕治が『「敗北」の文学』(一九二九年)で、芥川龍之介批判として言っていたことである。

現在では、そのことに対する実証的な反論も提出されつつある。小林にしろ保田にしろ、あるいはマルクス主義者の中野重治にしろ、「大正的なもの」との切断は、それほど明瞭ではないのではないかということだ。そのことについて逐一検討している余裕はない。ただ、ここで指摘しておきたいのは、日本におけるアヴァンギャルド芸術運動自体が、たとえばロシア・フォルマリズムのような切断的強度を相対的に欠き、むしろ「大正的なもの」であったという一面にほかならない。五十殿利治が美術運動に即して言っているように、それは白樺派の胎内から生まれてきたのであるし(『大正期新興美術運動の研究』)、武者小路実篤の「アヴァンギャルドな」生き方が当時の若い世代の人気を博していた。

日本のプロテスタンティズムの源流の一つである「熊本バンド」出身のリベラルな父親を持ち、府立一中(現・日比谷高校)で小林秀雄の一年上級であった蔵原も、ある意味では小林と同様な課題を懐胎していたことは、想像に難くない。しかも、蔵原はロシア・アヴァンギャルドについて誰よりも知悉していた。日本のアヴァンギャルドをロシアのそれと重ね合わせて見た時(逆ではない)、蔵原が、それを白樺派的なものとして社会主義リアリズムによって棄却しようとしたとしても不思議はないだろう。それが全面化するのが一九三〇年の二度目の訪ソ以降だとしても、アヴァンギャルドを否定する「野蛮な情熱」(宮本顕治)は『蟹工船』や『太陽のない街』を前にした時にも存在していたと考えられる。

言うまでもなく、アヴァンギャルド芸術はリアリズム的表象が不可能だという時代的・社会的危機の認識を背景にしている。では、社会主義リアリズムはどうして可能であり、スターリンはアヴァンギャルドを弾圧したのか。ロシア革命が成功してユートピアが実現したから、表象の危機は去ったと強弁するためである。近年の研究は、スターリン下の芸術がユートピアを描いたものであることを強調している。だとすれば、ソ連邦はともかく、ロシア以外の資本制下でも社会主義リアリズムを標榜することは可能であろうか？　蔵原の日本における社会主義リアリズム論は、本質的に、このような矛盾を抱えていた。

しかし、蔵原が日本のアヴァンギャルドに白樺派的なものを見出していたこと自体は正しいだろう。そのことは、形式主義文学論争における横光らへの批判のなかにも読み取れる。その正しさとスターリン的誤謬のディレンマのなかに、蔵原惟人の今日的な意義と問題もある。スターリン的ユートピアが、容易に白樺派的なユートピア主義に裏返ることがあるとしても、である。

今日、『蟹工船』に代表されるプロレタリア文学の一部が再評価されているとすれば、「貧困」や「奴隷労働」が描かれているからというよりも、その「白樺派的」側面にあるのではないだろうか。読者は社会主義リアリズムに照らして『蟹工船』を読んでいるわけでもあるまい。それは現代の若い世代が、政治的前衛についても芸術的前衛についてもまったく無関心でありながら（それ自体としては、それほど間違ったことではない）、平気で「アヴァンギャルド」という言葉を使っていることと無関係ではないだろう。それは、小林多喜二を今なお文化的な「神」とする日本共産党が前衛党ではなく、「アヴァンギャルドな」政党になったということなのであろうか。しかし、それは蔵原惟人が肯定する事態ではないに違いない。それほどには、蔵原理論は今なお顧みられるべきである。

『敗北』の文学」の結論

追悼 宮本顕治

高校生の頃、その芥川龍之介論「『敗北』の文学」を読んで感心した以外に、私は宮本顕治をリスペクトしたことがない。ただ、一九二九年の雑誌「改造」懸賞論文第一席を取得した「『敗北』の文学」が、同第二席であった小林秀雄「様々なる意匠」よりも劣り、一席になったのはプロレタリア文学が猛威をふるっていた当時の趨勢の帰趨だという、今なお言われる評価には、ずっと疑問を持っている。盗作問題もささやかれているとはいえ、「『敗北』の文学」は、今なお読むに堪えるものだと思っている。

私は、吉本隆明が「転向論」（五八年）で宮本顕治神話を破壊して以降の世代に属するから、「ミヤケン」と言えば馬鹿の代名詞のようなものだった。にもかかわらず、吉本が宮本顕治に対置した中野重治はといえば、小説『甲乙丙丁』での執拗な宮本批判にもかかわらず、一生、宮本に対する負い目につきまとわれていた。ミヤケンには何かスゴイところがあるんではないかと思う所以である。単に、宮本顕治の戦時下非転向に対する転向者の心理だけでは説明がつくまい。

戦後の日本共産党史を一瞥しただけで知られる

ことだが、宮本顕治はずっと党内知識人の希望の星であった様子である。野間宏の小説『真空地帯』の評価をめぐって、五〇年代に宮本と激烈な論争を繰り広げた大西巨人でさえ、そう思ってい た一時期があるようだ。現在、ジャーナリズムで活躍している高野孟、宮崎学らも属していた七〇年代の「新日和見主義」（新ヒヨ）グループ——そこには、やはり今やジャーナリズムで著名な経済学者やドゥルージアンも所属していた——は、ミヤケンに期待して裏切られたグループであったと言ってよい。その他、宮本顕治を希望と仰ぎながら党外に放逐された文学者、アカデミシャンは数知れない。戦後日本の知識人界とは、宮本顕治によって共産党から除名された者たちで成り立っていた（いる？）と言っても誇張ではないほどである。

宮本顕治にスゴイところがあるとすれば、文芸評論家出自でありながら、「文化人」を徹底的に排除することによって「党」を作っていったというところにある。宮本にとって、政治に文化は不要なのだ。事実、六〇年安保後に大西巨人や中野重治をはじめ、ジャーナリズムにおいて通用する有力知識人党員を排除して以来、共産党内にはマトモな知識人は一人もいなくなった。後の新ヒヨは、党から放逐されることで知識人界に参入しえたのだ。今日、共産党系と目されるのは小森陽一と井上ひさしくらいであろう（彼らは果たしてマトモか？）。そして、そのこととひきかえに、共産党は日本社会の片隅に政治政党としての地歩を確立しえたのである。

文化へゲモニーを放棄することで政治政党たりうるということ、このことが共産党にとってよいことだったかどうかは知らないが、これは確かに冷徹な政治家の仕事であり、「『敗北』の文学」の一つの結論だったのかも知れない。

中上健次とともに

追悼　荒岱介

荒岱介の政治指導者としての評価には毀誉褒貶があり、私は判断を下す立場にない。しかし、「一九六八年」の時代に、第二次ブントの圏域の周辺（の周辺）でノンセクトとしてウロチョロしていた私のような者にも、荒は、一種、強烈なアウラを発していた。長身をトレンチコートで包み、それを風に靡かせながら激烈なアジテーションを行なう姿には、誰もが瞠目した。しかも、荒は獄中でヘーゲルの大論理学を読破し、それが独自の「過渡期世界論」として結実したのだという。さらに、彼は戦後派文学の代表的な批評家である荒正人の甥に当たり、自身も小説を発表していて、クロウト筋からも高い評価を得ているというのだ。

私が荒と直接に面識を得たのは、二〇〇〇年代に入ってからに過ぎない。その頃の荒は、すでにエコロジー的転回を経た以後で、すっかりオッサンのように見え、私は、昔のアウラを探すのに苦労したものだが、著作から覗うに、そのロマンティシズムは生涯のものだったのだろう。

荒のアウラを直接に浴び、それに惹かれつつも反発することで自らを形成していった者に、中上健次がいる。「十九歳の地図」（七三年）を発表する前後だったと思う、雑談の折に中上が昔話として、「荒岱介って知ってるだろう。あいつ俺に、お前ガストン・バシュラールって知ってるかって、聞くんだよ」と眩いたことがあった。その時のニュアンスは、「荒ってエラそうなことを言う奴だ」といったものだった。その時それ以上は、その話をしなかったが、しかし、荒にそう言われた当時、中上はいまだバシュラールを読んでいなかったのではないか。そして、荒に言われた悔しさから、中上はバシュラールを耽読したのではないだろうか。それについての信憑はある。

中上が荒の活動拠点だった早稲田大学に出入りするようになったのは、幾つかの資料や証言から勘案するに、一九六六年晩秋からであり、荒と親しく接触する機会があったのは、六七年秋くらいまでであろう。ところで、日本で最初にバシュラールが翻訳紹介されたのは『ロートレアモンの世界』(六五年)だが、六六年の『蝋燭の焔』以降、バシュラールはようやくその相貌をわれわれの前にあらわし始めた。荒自身が記すところによれば、「日向翔」という彼の高名なパーティーネームは、そのバシュラールの本に因んでいる。確かに、「日向翔」とは火に向かって翔び込んでいく蛾のイメージであり、アナグラムになっている。ようやく日本に紹介され始めたバシュラールを早々に読んで心服したわけだ。それほどの「文学青年」である荒に、やはり小説家志望の中上が嫉妬にも似たライバル心を燃やしても不思議ではないし、当然にも、バシュラールに読みふけったであろう。

事実、今や誰もが知っているように、中上作品には火や水といった(バシュラール的?)主題系が横溢している。ところが、奇妙なことなのだが、ある時期まで、中上は、自身のバシュラール的主題系に無自覚だったのだ。私が中上における水の主題系を指摘した中上論(「ナルシスの『言葉』」七九年、『メタクリティーク』所収)を書いた時、中上は私に、「気づかなかった」と告げた。私見では、中上作品における水や火の主題系はバシュラール的(荒岱介的!)なロマンティシズムのパロディー的な「否認」だが、その否認ゆえに中上は自作の主題系に「気づかなかった」のであり、そうすることによって「ライバル」荒岱介を否認しようとしたのである。

同様に、荒も中上という存在に「気づかなかった」。私が荒と最初に電話で話したのは、『中上健次発言集成』の月報にエッセイを寄せてもらおうと思った一九九五年頃だが、その時、荒は、「中上という作家は知らない。立松和平ならよく知っているが」と言った（荒が後年の著作で中上をずっと記憶していたかのように書くのは、政治指導者らしい虚勢だろう）。

この二人の忘却とすれ違いは何だろう。荒を否認することで作家となっていった中上を知ることがあれば、荒の政治指導者としての生涯も、また違ったものとなったのではないかと、惜しまれてならない。

第Ⅳ部

感覚の政治学《ポリティクス》

百年の孤独を生きる、現代の「危険な才能」

つかこうへい／神代辰巳／中上健次とショーケン

1

先ごろ（二〇一〇年七月一〇日）亡くなった劇作家（演出家、小説家）のつかこうへいは、萩原健一にインタビューしたことがある。文芸誌「すばる」（八六年一月号）に、つかによるインタヴューシリーズ「現代文学の無視できない10人」の第一回として登場した萩原は、冒頭「国を捨てようと思ったことがあるんですよ」と切り出して、そのテンションの高い独特の語りを全開させている。

つかがそのインタヴューで、なぜ萩原をいの一番に指名したのかは、さだかにされていない。インタヴューは、つかの発言が極力抑制されており、萩原の今なお健在な、過剰な語り口が読者に印象深く響いてくるように構成されている。ただ、その冒頭には、つかのイントロダクションとして、「いま日本で一番危険な才能はこの人であると思われる。（…）お会いして萩原氏の感受性の質の高さに圧倒された。氏が自らをもてあまし、何に怒り、何を哀しんでいるのかわからない。が、氏の存在が時代とあらがっていることは確かだ」と記されている。

確かに、つかの芝居に登場する、三浦洋一や風間杜夫によって演じられた二枚目の喜劇役者たちは、萩原が映画やテレビで演じるキャラクターと、どこか似ているところがある。しかし、それだけではないだろう。そのインタヴューには、つかが萩原の何に共感していたか、ひいては、萩原健一とは誰かということのヒントが隠されているように思われる。

つかこうへいは戯曲『戦争で死ねなかったお父さんのために』（七二年）や『熱海殺人事件』（七三年）で登場して以来、唐十郎や鈴木忠志らによって代表される六〇年代アンダーグラウンド演劇とは明確に一線を画する新たな演劇運動の担い手として、現代にいたる、その後の小劇場運動を決定づけた。三浦洋一や平田満から小西真奈美、黒木メイサまで、つかの指導を受けた俳優は数知れない。つか自身は鈴木忠志の薫陶を受けている。しかし、前世代から決定的に切断されたつかの新しさは、今なお十分に認識されているとは言いがたいだろう。

つかこうへいという特異なペンネームは、一般には、「いつか公平」のアナグラムだと言われている（扇田昭彦『日本の現代演劇』）。在日韓国人二世として金峰雄《キムボンウン》として生まれたつかは、子供の頃から差別と抑圧を受けていて、そのため「いつか公平」な世の中を願い、そのペンネームをつけたという解釈である。その芝居や小説に表現されているスラップスティックな暴力も、自らがこうむった差別と抑圧を告発するものだ、というわけである。

つかの芝居や小説が「在日」ならではのものだというのは、そのとおりだろう。そのような視点は、つかが小説『蒲田行進曲』での直木賞受賞（八一年下期）をきっかけに、在日韓国人であることをカミングアウトして以来、一般に採用された。それ以前には、つかの作品は、軽薄な表層的ドタバタ劇として否定的に捉える者も多く、アンダーグラウンド演劇が持つ「深さ」からの後退として、旧世代・同世代からは苦々しい思いで受け取られていたのである。つかのカミングアウトによってもたらされた「いつか公平」という視点は、そのようなつかへの否定的な受け取り方を、ジャーナリズムが飼いならすために格好のものではあっただろう。扇田によれば、「いつか公平」説について、つか自身は肯定しておらず、ただ、そう解釈してもよいというくらいの考えだったという。

確かに、つかの芝居を「在日」という問題から把握することは必須であり、それこそが、つかを前世代と切断する。そのことは、つかのカミングアウト以前から一部の者には漠然と認識されてはいた。しかし、「つかこうへい」は事実として「いつか公平」ではない。その名前の由来は、つか自身が言うように、「激動の1960年代を駆け抜けた中核派の活動家・奥浩平氏の名前がペンネームの由来」(集英社文庫版『飛龍伝――神林美智子の生涯』あとがき)なのである。このことを無視しては、なぜつかが萩原健一に惹かれたのかも理解できないだろう。

奥浩平は、つかの言葉にもあるように、一九六三年に横浜市立大学に入学し、中核派に属して六〇年安保以後・全共闘以前の諸闘争を闘ったが、六五年に睡眠薬を多量に服用して自殺を遂げた。死因としては、恋人が中核派と敵対的な党派の活動家だったことへの苦悩があるとされるが、不明である。死後、遺稿が『青春の墓標』(六五年)として出版され、六〇年代には多くの読者を得ていた。ところで、つかもまた、慶応大学在学中は、中核派のシンパサイザーの一人として、熱心に活動していた時期がある(筆者のリサーチによる)。一九四八年生まれで、奥とは五歳年少のつかが、『青春の墓標』をとおして奥にシンパシーを抱いたのも不思議ではない。

しかし、新左翼運動における奥浩平とつかとの時代の決定的な切断は、一九七〇年におとずれた。それは、在日韓国人であるつかにとって、とりわけ決定的なものだったはずである。つかの劇作家としての修業時代である。七〇年七月七日に東京・日比谷野外音楽堂で開催された盧溝橋事件三三周年記念集会において、華僑青年闘争委員会は日本の新左翼に内在する「民族差別」を告発した（いわゆる「華青闘告発」）。日本の新左翼は「世界革命」を掲げ、「日本帝国主義打倒」を謳っていた。しかし、日本帝国主義を打倒すれば、おのずから世界革命への道筋が拓けるというその論理自体が、自民族中心主義に汚染されたものであり、在日等への民族差別を内包していると告発されたのである。とりわけ、その矢面に立ったのが、つかがシンパシーを抱いていたこともある中核派であった。

以後、中核派も含めて、全ての新左翼運動は、「在日」、「部落」、「障害者」、「フェミニズム」などのマイノリティー運動（いわゆる「反差別」闘争）へとシフトしていった。いや、新左翼には限らない。その功罪はここでは問わないが、政治一般の概念が、大文字の「革命」から差別やエコロジー問題へと、大きくシフトしたのである。それらは、今や世界的な政治課題となっている。

つかの登場は、この世界的なシフトと連動していたと言える。ここで詳述はできないが（詳しくは拙著『革命的な、あまりに革命的な――「1968年の革命」史論』所収の第七章「アンダーグラウンド演劇のアポリア」参照）、『初級革命講座〈飛龍伝〉』（七三年）に登場する「大山金太郎」なる人物が、当時有名な韓国人プロレスラー「大木金太郎（金一《キムイル》）」をただちに想起させることを思えば十分であろう。六〇年代アングラ演劇が六〇年代新左翼運動と連動していたのに反して、『初級革命講座〈飛龍伝〉』は、新左翼的なものへの批判であり裏切りだと非難されていたが、間違いである。それは、むしろ七〇年の華青闘告発的なものだったのだ。六〇年代アングラの「肉体」が、麿赤児や白石加代子に象徴されるように、異形で「特権的」なものとして表象されていたとすれば、つかの芝居における身体は、同じもの・似ているもののあいだにおける見えない「差異」を表現する。それは、日本人と「在日」における差異である。もちろん、つかはそのことを誰にもわからぬような悪意として表現したと言える。大衆社会の進展のなかで、大衆的であることとは、そのようなスタンスしかありえないからだ。

つかを前にして「国を捨てようと思ったことがある」と始める萩原には、明確に、華青闘告発的な暗黙の問いかけへの応接が意識されている。もとより、その言葉は、神代辰巳監督の映画『もどり川』(八三年)でアナキスト大杉栄を有力な一モデルとして造形された虚構の歌人・苑田岳葉を演じたばかりの萩原にしてみれば、大杉の著作『日本脱出』を意識してのことだったのかも知れない。あるいは、つかも、「学生運動がまっ盛りでしょう、僕なんかわけがわからないで、そういう思想をふきこまれて洗脳されて、いろいろなところへまわらされてたのよ」と言う萩原に共感しているところもあるだろう。自伝『ショーケン』によれば、萩原は六〇年代後期のデモにも参加しているようである。

しかし、それだけではあるまい。萩原はグループサウンズの人気グループとなったテンプターズのヴォーカルでデビューする以前の高校時代は、東京・北区十条にある朝鮮高校の悪友たちとの交友圏のなかで活動していた。「ショーケン」というニックネームも、朝鮮高校の友人「ダイケン」(大きいケン)にちなんだ小さいケンという意味であるという。それは、確かにつか的な「差異」なのだ。朝鮮人であろうと日本人であろうと、二人は同一の「ケン」であり——「大」と「小」は入れ替わり可能だろう——差異はそのなかにしかない。そのニックネームを決して手放さなかったことは、萩原が、その交友圏を積極的に肯定し続けていることの証にほかならない。それは、六〇年代の学生が七〇年の華青闘告発によって覚醒させられたことが、萩原においては、ごくごく自然に身についていたということではないか。

華青闘告発以降の学生運動の課題の一つに、「朝鮮高校防衛」があった。当時、朝鮮高校の生徒と国士舘大や拓殖大の学生とのあいだには、小さな乱闘事件が頻発していた。生真面目な日本の学生活動家は、半ば「どうせ『不良』同士の喧嘩なのに」と思いながらも、それが朝鮮高校への民族差別だという理由から、ヘルメットに竹ざおで「武装」し、ウンザリしながら日暮里駅あたりまで出かけていったものである。

つかにとって、萩原は、かつての「同志」である日本人の学生活動家などよりも、はるかに信頼するに足る存在であり、その「感受性の質の高さ」は畏怖すべきものであったと思われる。そのことは、同インタヴューでも、萩原の「韓国人の友達によく助けてもらいましたよ」の一語から、端的に感知されたであろう。つか自身も一九九四年には東京北区からの要請により「北区つかこうへい劇団」を立ち上げることになるのである。そのようなトポスによる共鳴が、つかと萩原のあいだに、すでに存在していたはずである。

2

萩原健一は中上健次に似ている。そのことは、中上健次を畏敬する映画監督にして作家の青山真治が、自作の映画『月の砂漠』(〇三年)で、印象深い脇役で萩原に出演を依頼した時に、意識的か無意識的かは問わず、気づかれていたことだろう。「社長」役の萩原は、その映画で、企業家・ビジネスマンを演じる青山と同世代の役者たちに対する、中上的年長者の位置に配されているかのようである。青山は『月の砂漠』の前年に、中上が残したフィルムをもとに、ドキュメンタリー『路地へ――中上健次の残したフィルム』を撮ったばかりであった。

中上にも『物語ソウル』(八四年)をはじめ、韓国・朝鮮への共感がまぎれもなく指摘されるが、萩原との類似はそれだけではない。中上健次が、母親の連れ子として異父兄姉妹のあいだで育ったことは、そのエッセイや小説からも知られているが、萩原も、ほぼ同様の環境であったことは、刊行されている萩原の自伝的著作で明らかにされている。そして、中上の作家としての感受性が否応もなく、その「家系」に規定されているのと同様に、つかこうへいも賞賛する萩原のそれも、また、その家族や環境に負っているところが大きい。それは、本人も認めるところだろう。

あるいは、故郷・和歌山県新宮から受験を口実(?)に上京した中上が、新宿のジャズ喫茶等に入り浸り、当時のカウンターカルチャーを貪欲に吸収していったことは知られているが、一九五〇年、埼玉県与野(現・さいたま市)に生まれた萩原が、東京・北区の朝鮮高校との交友圏を経由して、芸能界デビューした前後から、同時代の音楽や映画、芝居などを浴びるように受け入れていったことも、二人が同時代人であることの証明だろう。本書(『日本映画［監督・俳優］論』)冒頭で萩原から明かされているように、中上の死後、中上夫人(作家・紀和鏡)から萩原に中上の小説作品を原作にした映画を監督してくれるよう要請があったというが、残念ながら実現にいたらなかったとはいえ、これは、彼女の慧眼以外の何ものでもない。

被差別部落の出身者であった中上健次が新宮やその近辺のそれを「路地」と呼び、そこに始まって広義に「路地」と呼びうる日本やアジアや世界の各地を旅し始めるのは、七〇年代後期以降となる。

最初のアメリカ合衆国への旅行は一九七七年（ニューヨークに一ヶ月滞在）、紀伊半島の被差別部落をルポルタージュした『紀州――木の国・根の国物語』は七八年、韓国の作家・尹興吉《ユンフンギル》との対談による共著『東洋に位置する』は八一年である。中上の「路地」が、中上作品の核心であることは言うまでもない。

これに対して、六〇年代にすでにロックスターとしての地位を確立していた萩原は、先に触れたデビュー以前の朝鮮高校を含むサブカル文化圏等を描くとしても、六〇年代後期には、すでにアメリカやイギリスのカウンターカルチャーに接する旅を開始している。もちろん、それは当時の芸能界が捏造するスターの地位に安住することを潔しとしない萩原の意思が、おのずとそうさせたわけである。冒頭で触れた国境を越える旨の発言は、中上健次との類縁性としても捉えられるだろう。

ところで、中上と深い因縁で結ばれた映画監督で、萩原が師と仰ぎ自ら進んで何度もその映画に主演した者に、七〇年代の日本映画を代表する神代辰巳がいる。萩原は、仕事先の地方の映画館でたまたま神代の日活ロマンポルノ作品（傑作として名高い『一条さゆり・濡れた欲情』〔七二年〕だったという）を見て震憾され、『青春の蹉跌』（七四年）を皮切りに五本の映画に主演している。中上は『赫い髪の女』に原作「赫髪」を提供している（脚本・荒井晴彦）ほか、短編集『水の女』の新潮文庫版解説を神代に仰いでいるが、そこで神代が言う「男達が女を漁るように、女達も男を漁る。五分五分のせめぎあいである」という言葉は、中上の遺作となった長編『軽蔑』で転用され、ヒロインのストリッパーは「男と女、五分と五分」とリフレインのように繰り返すのである。

中上作品を映画化した神代映画に萩原が出演したことは、残念ながらなかった。しかし、萩原が出演した神代作品で、中上と親近性を持つ、傑作と言うに値する作品は、存在する。『アフリカの光』

（七五年）が、それである。

これは、丸山健二の同名の佳作短編を映画化したものである。脚本は中島丈博、助監督には翌七六年に中上の短編「蛇淫」を『青春の殺人者』として映画化した長谷川和彦が就いている。長谷川は、神代辰巳の『青春の蹉跌』や、大正期アナキスト青年を描いた『宵待草』（七四年）にも脚本を提供していて、神代のいわゆる「一般映画」における「青春もの」の色調を決定するのに貢献するところがあった様子がある。

この『アフリカの光』も、萩原と田中邦衛のホモセクシュアルな雰囲気を漂わせたコンビが、アメリカン・ニューシネマの代表作として名高い『真夜中のカーボーイ』（六九年）のジョン・ヴォイトとダスティン・ホフマンのコンビを思わせるところなど、「青春もの」と捉えられないこともない。ちなみに言えば、『真夜中のカーボーイ』の影響は、萩原と水谷豊とのコンビによる伝説のテレビ・ドラマ『傷だらけの天使』（七四〜七五年）にも指摘される。萩原が製作に積極的にコミットし、深作欣二、恩地日出夫、工藤栄一、神代らが監督し、主に市川森一がシナリオを担当した『傷だらけの天使』が、七〇年代から今にいたるテレビや映画に大きな影響を及ぼしていることは有名だろう。

しかし、『アフリカの光』は、『真夜中のカーボーイ』とは似て非なる映画となっている。そもそも、後者においては、ジョン・ヴォイト（ジョー）は富と名声を得ようとニューヨークに出てくるのだし、二人がダスティン・ホフマン（ラッツォ）の憧れの地であるフロリダに向かうのも、一種のアメリカン・ドリームがそのかすイメージに突き動かされてのことだった。前者の、北国の漁港に流れ着いた萩原と田中の二人の季節労働者は、映画では町の住民から差別や迫害を受けているように描かれている。二人は、「アフリカ行きの船に乗りたい」という思いに囚われてはいるが、それはアメリカン・ドリームのような「欲望」ではなく、いかなる意味でも実現不可能な名づけえぬ「衝動（欲動）」の仮の名である。

映画においては、冬の漁港の海岸にアフリカからの（？）光が輝き、時としてサバンナを犀《サイ》が走るカットが挿入されもするが、二人が漁業組合にアフリカ行きのマグロ船への乗船を希望しに行っても拒絶が繰り返されるばかりで、二人とアフリカを媒介するものは何もない。そもそも、彼ら二人がなぜアフリカに行きたいのか、まったく理由がわからないのである。繰り返して言えば、それは理由を告げられぬ過剰な「衝動（欲動）」だからである。映画『アフリカの光』が『真夜中のカーボーイ』と異なっているのは、それが欲望の映画ではなく、欲動の映画だからにほかならない。そして、イメージを媒介に達成される欲望は青春映画になりうるが、無媒介な欲動は決して青春映画になりえないのである。

それゆえ、映画は退屈なスラップスティック・コメディの様相を呈する。そこでは、萩原の身体は、転げまわり殴られ抱き合い、水に漬けられ火をつけられ、破滅へと突き進んでいるが、実際には何も起きないのだ。スクリーンでの萩原は、ほとんど受動的である。停滞し退屈な過剰さが映画を支配する。何も起こっていないがゆえに過剰なのである。それは、退屈なアクション映画だとも言えよう。

映画のクライマックスともいうべき、萩原が町の漁師たちに漁船上ですさまじいリンチを受け、マストにイエス・キリストのごとく吊るされて、漁師から「オカマのカモメ」と揶揄される場面にしても、そこで萩原は自らを「オカマのマリリン」と言い換えて肯《うべな》うだけだ。彼は、病を得てすでに故郷に帰っている友人（田中邦衛）に、漁師たちには必ず復讐する旨の手紙を書き、萩原に心を寄せる女（高橋洋子）に音読させる。しかし、復讐は実行されず、萩原は汽車に乗って漁港を去るだけだ。そして、その三百日あまりの後、どういうわけか、萩原のアフリカ行きが可能になったと、スクリーンの字幕は告げて、映画は終わる。繰り返して言えば、映画のなかでは何も起きない。

丸山健二の原作においても、そこには何も起きていない。その小説作品は、映画における萩原に該当する話者「私」の沈着な語りで綴られている。「私」と友人のホモセクシャルな関係などは暗示さえされていない。そして、その分だけ逆に、アフリカ行きが、「私」の「欲望」として位置づけられているように思われる。「私」が汽車で漁港を去る場面――《私は眠ろうとして眼を閉じた。そしてまもなく汽笛に驚いて眼がさめた。窓の外には夜の海が見えた。夜でもあったし、曇ってもいたから、もちろんアフリカの海など見えるはずがなかった。しかし私には、水平線のあたりに、小さな金色の光が見えるように思えてならなかった。》。これは、映画とほとんど同じなのだが、アフリカが「私」の内的なイメージとして語られる時、それは映画におけるものとは異なった「欲望」の対象と化す。《私が友人なしで南の海へ向う漁船に乗りこめるようになるまでには、それからおよそ三百日あまりもの日数が必要だった》と、続いて――最後に――小説の「私」は語る。映画の最後のスクリーンの文字が、同様のことを三人称として語っていることは言うまでもない。「欲望」と「欲動」の微妙な差異が、映画と原作を分けているのである。

映画『アフリカの光』は、神代作品の系譜のなかでは、初期の日活ロマンポルノの秀作『恋人たちは濡れた』(七三年)のリメイク(!)として位置づけられうるだろう。そこにおいても、海辺の町を舞台にして二人の男が登場して、セックスという無意味なアクションを展開する。『恋人たちは濡れた』が、神代にとって愛着のある特権的な作品であったことは、それが『噛む女』(八八年)と『棒の哀しみ』(九四年)という二つもの自作に引用されていたことでも明らかだろう。

しかしそれは、神代の自覚的なモティベーションであった「男と女、五分と五分」という、欲望を描いた映画である傾きが強い作品ではある。本人は、むしろジム・ジャームッシュの『ストレンジャー・ザン・パラダイス』（八四年）に十年先駆する作品と自負していたようであるにもかかわらず、である。しかし、リメイクとして反復された映画『アフリカの光』は、「男と女、五分と五分」のモティベーションが後景に退いて、欲動が前景化している。そのことゆえに、それは神代作品のなかでは、時として異質な「失敗作」と捉えられることもある。だがそれは、神代の作品群のなかでも異質であるがゆえに、過剰なものなのであり、萩原が主演することで可能だったものである。優れた俳優と優れた監督との幸福な（！）出会いというべきだろう。

3

萩原は、欲動を演じられる数少ない俳優である。それは、誰もが感得している萩原の、あの過剰さが可能にしているものだろう。一般に萩原は欲望の過剰さが指摘される俳優だが、それは欲動という過剰さにほかならない。そして、中上健次もまた、欲望を描く作家ではなく、欲動の作家であった。中上においても欲動は、「男と女、五分と五分」という欲望を超えてしまう、過剰として表現される。「五分と五分」を合わせれば「全体」が表現されるが、欲動とは、その全体ではない過剰にほかならない。そのような欲動に、中上は、長編『地の果て 至上の時』（八三年。以下、『地の果て』と略）で「大逆」事件という問題に取り組まざるをえなかった時に、突き当たった。

知られているように、「大逆」事件とは、一九一〇年、明治期の著名な思想家・幸徳秋水や管野スガらアナキスト・グループが爆裂弾による明治天皇暗殺を企てたとして逮捕され、翌年には一二名が死刑に処せられた事件である（最初の判決では死刑二四名、有期刑二名だったが減刑された）。おおむね、政府によるでっち上げの冤罪であった。「大逆」事件が、その後の歴史に深刻な傷跡を残していることは、その事件に触発された文学作品が当時から数多く書かれていることによっても知られる。神代辰巳の『宵待草』は、大正期を象徴するアナキズムに親和的な文人・画家の竹久夢二に着想されたからであろう、やや甘美でロマンティックな青春映画だが、映画でも言われているように、明確に「大逆」事件に規定された時代を描いている。なお、一九一〇年には、日本による韓国の併合も行なわれている。つかこうへいや萩原健一の、すでに述べた在日韓国・朝鮮人にかかわる問題も、基本はここに淵源する。ここでは詳述しないが、この二つの出来事は深く通底している（拙著『「帝国」の文学』などを参観願いたい）。

中上健次が「大逆」事件に関心を持ったのは、直接には、幸徳らに連座した大石誠之助ら「新宮グループ」の存在からだと思われる。医者であった大石誠之助（死刑）や僧侶の高木顕明（無期にて獄死）らは、貧困に苦しむ被差別部落民に対して献身的に救済活動を行なっている人望家でもあった。大石や高木の伝承されている事跡は、『地の果て』をはじめとする中上作品に印象深く描かれている。彼らは、もちろん冤罪をこうむったのである。

しかし、中上の「大逆」事件への関心は、故郷・新宮の冤罪者たちのことにとどまらない。竹原秋幸を主人公とする中上の「岬」（七五年）、『枯木灘』（七七年）、『地の果て』三部作は、秋幸が抱く実父・浜村龍造に対する「父殺し」、つまり「大逆」という欲望イメージによって物語が展開していく。しかし奇怪なことに、『地の果て』では途中で浜村龍造は勝手に自殺してしまい、「大逆」＝「父殺し」の欲望は宙に舞ってしまう。代わって登場するのが、大石誠之助の血縁で新宮の政財界のボスである。かれは、「大逆」事件の被告の近親者であるにもかかわらず、地方都市の「天皇」のごとくに君臨しているのだ。秋幸は実父に代わって、この男の殺害をイメージするのだが、果たさない。秋幸は衝動的に町に火をつけて去っていくのである。

ここにおいて、「大逆」が欲望ではなく「欲動（衝動）」として遂行され、しかもそれは、イメージの成就ではなく、その失敗であり欲望の残余としてしかありえないことが表現されている。そして、そのことゆえに『地の果て』の文体は錯綜しながらも躍動性を欠き、文学的には失敗作と評されることも多いのだが、それは、萩原健一が演じた映画『アフリカの光』における「失敗」と等しいだろう。それは、失敗であるにしても、積極的な「失敗」である。『青春の蹉跌』の萩原が繰り返すリフレイン「エンヤトット、エンヤトット」というように、である（このリフレインは、本書でも明かされているように、萩原のアイディアになるという）。

ところで、一九一〇年の「大逆」事件をなぞりながら、中上作品の著名な主人公・秋幸は誰に似ているだろうか。「秋幸」という名前が幸徳秋水のアナグラムだという説があるが、中上がそのことを企図したか否かは問わず、しかし、秋幸は幸徳秋水には似ていない。幸徳が冤罪であることは、事件当時から言われていた。秋幸が似ているのは、大多数が冤罪であった被告たちのなかで、実際に「大逆」を目論んだ数少ない一人であり、唯一の女性である管野スガだろう。管野は、中上が最後に描いた『軽蔑』のヒロインのように、「男と女、五分と五分」を主張する女性であった。しかし同時に、死刑判決を受けた後に獄中で書かれた遺稿が、「死出の道艸《みちくさ》」と名づけられていたことからも知られるように、「大逆」の遂行失敗以降も、「大逆」を過剰な「死の欲動」（フロイト）として、懲りずに肯定した女性である。「道艸」とは、その過剰さの別名にほかならない。

萩原健一が、管野スガを描いた長編小説『遠い声』（七〇年）の著者・瀬戸内寂聴に師事していることは有名である。萩原は、その過剰な「欲望」が対社会的な失策を招いた時、瀬戸内の庵を訪ね、そこで浄化されることで再出発を遂げたかのように報じられている。萩原が、瀬戸内のある種の過剰さに共感していることは確かだろう。

瀬戸内には管野スガをはじめ金子文子（関東大震災後に発覚した皇太子暗殺計画・朴烈事件の共同被告）や伊藤野枝といった女性アナキストを小説化した作品がある。伊藤野枝を描いた『美は乱調にあり』（六六年）という長編のタイトルは、瀬戸内自身のキャラクターを言い当てているとして有名だが、もともと伊藤のパートナー大杉栄のエッセイにある言葉から採られている。それは、大杉が親炙していたベルクソンの言う「エラン・ヴィタール（躍動する生）」の、大杉なりの横領だろう。萩原が演じた映画『もどり川』の主人公も、「美は乱調にあり」と叫んでいた。それもまた、アナーキーな欲望の過剰である。

大杉栄の欲望のアナキズムは、ポストモダン的な現代日本の文学・思想にまでインスピレーションを与えているかも知れない。大杉が現代の少年の脳内に蘇る中森明夫の小説『アナーキー・イン・ザ・JP』（二〇一〇年）は言うまでもない。マルクス主義が失効して以降のカウンターカルチャーが手放しえないのは、「革命なき」アナキズムである。しかし、これまで観てきたことに即して言えば、管野スガには、やや違った事態があるように感じられる。

瀬戸内の『遠い声』で、管野の生涯は、明治期日本で「恋と革命」に生きた先駆的な女性の悲劇として描かれている。それは、差別され自立しようとしながらも男に依存してしまう女の、欲望なのだ。それゆえ、管野の最後も、フロイトが時に誤って「死の欲動」とした「ニルヴァーナ原則」のごとき仏教的な無と悦惚の境地として描かれてしまう。処刑台において、『遠い声』の管野は、次のようなイメージを語っている――《秋水が私にささやく。首に冷たいものがまきつく。細い蛇のような感触。軀が宙に飛ぶ。虹が廻る。無数の虹が交錯して渦を巻く。秋水と飛ぶ。ふたり抱きあって、強く。更に高く虹を負って飛ぶ。》。幸徳秋水は管野より一日早く処刑された。ここで管野に訪れているのは、恋人だった幸徳のイメージである。二人の愛情は死によって成就しているわけだ。それは、ロマンティックなアナキストにふさわしいもののように見えるが、「恋と革命」のうちで「恋」はあるにしろ、ここに「革命」はない。

このように管野スガを描いたところに、戦後の天皇制は寛容でありうる。瀬戸内が文化勲章を受章したのも故なしとしない。しかし、管野を描く瀬戸内に萩原が惹かれるのは、少し違ったところのはずだ。なるほど、萩原が瀬戸内に惹かれるのは、管野にも似て懲りない人間であるところだろう。瀬戸内の懲りないところは欲望の反復にあり、管野がそれを欲動として肯定しているという違いがあるとしても、である。管野も瀬戸内も萩原も、恋愛にせよ仕事にせよ、決して失敗に懲りることはない。そして、懲りることなく――欲望ではなく――欲動（衝動）を、「エンヤトット、エンヤトット」と「もう一度」繰り返すことこそ、管野スガが、つかこうへいが、神代辰巳が、中上健次が行なったことではなかっただろうか。管野において、欲動は「革命」の別名である。『アフリカの光』における萩原の女性化（オカマのマリリン）したキリストは、それが管野スガに限りなく接近していることを証している。

萩原健一の「危険な才能」は、この欲動の系譜に属している。「大逆」事件から百年を経た現在、ここにあげた人間のなかで、生存者は萩原ただ一人である。

映画であること、革命家であること

太陽肛門スパパーン『映画「ラザロ」オリジナルサウンドトラック』解説

映画に音楽が付随するのが自明でないことは、しばしば忘れられがちだとはいえ、誰もが知っている。いや、音楽は映画の敵でさえあるかもしれない。映画音楽は、映画が映画であることを、見る者に、しばしば忘れさせてしまうからだ。

ところが井土紀州は、私見によれば、映画音楽に強くこだわりウエイトを置く映画監督であるように思う。『百年の絶唱』（九八年）然り、一部分を覗いただけで、ちゃんと見ていないのだが、『LEFT ALONE』（〇五年）もそうだったように記憶する。そして、『ラザロ』三部作（〇七年）もまた然りである。私は、音楽に関しては、単なる俗な歌謡曲愛好家に過ぎないが（しかも、Jポップなるものは受けつけない）、『百年の絶唱』の最後に流れる和田アキ子の「どしゃぶりの雨の中で」の鮮烈な印象は忘れがたい。和田アキ子を好きであったことがほとんどない私だが、全編に雨が降りそそいでいる『百年の絶唱』のなかで聞いた和田アキ子だけは素晴らしいと思った。井土紀州は、音楽によって映画が映画でなくなることを恐れず、むしろ、映画を音楽によって崩壊の淵にまで追い込むことで、映画たらしめようとする映画監督であるように思う。

その井土が、和田アキ子もその音楽的才能を絶賛したという太陽肛門スパパーン＝花咲政之輔に出会ったのは、二〇〇三年のことだったのではないかと思う。いささか自らを誇れば、二人が遭遇する機会を提供したのは私である。以来、井土は花咲を『ＬＥＦＴ　ＡＬＯＮＥ』の主要な登場人物の一人として登場させたばかりでなく、その音楽監督にも登用した。いや、それればかりでなく、井土組の若いスタッフは太陽肛門スパパーンにも混じりあい、あまつさえ、花咲らが二〇〇一年以来執拗かつ徹底的に行なっている、早稲田大学地下部室撤去反対闘争にも積極的に参加することになるのである。『ラザロ』は、『ＬＥＦＴ　ＡＬＯＮＥ』に続く、井土＝花咲のコンビが製作した映画の第二弾である。

ところで、先にも述べたように、私は映画音楽については概略それほど親しむところがない人間だし、そもそも、音楽は歌謡曲以外からっきしなのだが、試写会で見た『ラザロ』第二部「複製の廃墟」（僭越ながら、拙著のタイトルを提供した）の最後で、花咲がハスキーな高音で歌う「私を裏切った人たちの群れと歩く」が突然流れてきた時には、本当に震撼させられた。これは、『百年の絶唱』での和田アキ子以上の体験であった。似たような体験としては、いかにも通俗的で恥ずかしいが、アキ・カウリスマキの映画『ラヴィ・ド・ボエーム』（九二年）の最後で、「雪の降る町を」（元来は高英男が唄っていた）を聞いた時があるくらいだが、これも、「私を裏切った人たちの群れと歩く」のもたらした驚きには遠く及ばない。これは近年の日本歌謡曲の傑作であると瞬時に信じたし、その気持ちは今なお変わらない。

興奮した私は、この歌を是非シングルカットして発売するようにと、花咲に進言した。もちろん花咲が歌うのでもいいが、誰か別の歌手が歌ってもいい。太陽肛門のライヴを見た者なら知っているだろうが、そこでは三〇人になんなんとするメンバーがブリーフ一つで歌い踊り演奏している。花咲は「ベストテン第一世代」を自認しているが、まさかTVの歌番組にブリーフ一丁で出るわけにもいかないだろうし、そうでなくても、花咲や太陽肛門のメンバーは普段から銭形金太郎のようなかっこうをしているのである。彼らにタキシードを着せるわけにもいくまいが、絶対にヒットは間違いないだろう、と。

だが考えてみれば、歌う歌手がいないのである。その時に思いついた歌手の名は森進一とつんくだが、やはりミスマッチであることはまぬかれないと思うようになった。森進一がこの歌を歌えるような存在であったのは、「襟裳岬」で吉田拓郎と遭遇する以前であろう。森進一の頽落は、すでに七一年の「おふくろさん」（作詞・川内康範、作曲猪俣公章）で方向づけられていたが、七四年の「襟裳岬」は決定的である。日本の「六八年」を「下層」大衆レベルで支えた森進一は、元日大全共闘シンパで、フォークソング的に頽落することで延命した拓郎と遭遇することにより、決定的にダメになってしまった。もちろん、森進一が「女のためいき」や「命かれても」といった初期演歌にとどまっていればよかったというのではない。確かに、七〇年代の森は誰かと遭遇する必要があった。しかし、それは拓郎とは似て非なる存在であるべきだったのである。森や拓郎よりはるかに若い世代で、「西の日大」である近畿大学（現在の私の勤務校だが）出身のつんくにも、ほぼ同様のことが言える。つんくに必要なのは、自らが体験することのなかった「六八年」の革命的無意識の、顕在化である。だとすれば、森進一は七〇年代に花咲と出会うべきだったのだし（もちろん、できない相談のわけだが）、つんくは、今からでも遅くはないから、花咲の歌を歌うべきだろう。だが、それを可能にする契機が決定的に欠けているのだ。

その契機とは「革命」である。言うまでもないが、「私を裏切った人たちの群れと歩く」とは、現代における革命家を歌ったものにほかならない。現代の革命家のあり方とは、まさに「私を裏切った人たちの群れと歩く」こと以外の何ものでもないからである。革命家でありミュージシャンであるという存在は、花咲以外に考えられるだろうか。付言しておけば、この歌の歌詞がまたすばらしい。Jポップの一部には、「現代詩」に類似したものが幾つか見受けられるようだが（よく言われる、椎名林檎など）、「私を裏切った人たちの群れと歩く」は日本の「六八年」に随伴した現代詩の最良の革命的水準を維持して、現代によみがえらせていると言える。曲と詩の「抒情性」は弱さではなく、革命が必要とする「大衆性」のガイドラインをあらわしている。

井土紀州の映画は、『百年の絶唱』以来、現代における革命の可能性を主題化している。とりわけ『ラザロ』は、「下層」大衆のなかから革命家が、ミューズのように立ち上がろうとする「不可能な」一瞬をとらえようとしていると言えよう。花咲と太陽肛門は、その不可能性を見事に、革命家の側から切り替えしている。毀誉褒貶があることは承知しているが、花咲が六八年以降の世代が産んだ最も優れた革命家の一人であることを私は疑わないし、同時に、革命的なミュージシャンであることも確かであると思う。このCD冒頭の「私を裏切った人たちの群れと歩く」以下に収められた多様な作品は、現代における革命の錯綜した入り口を象徴しているように聴いたが、それは、映画では中ほどに置かれた作品を、あえて冒頭に置くことで、一本のスジが通されているということであろうか。ポストモダン的な「多様性」の肯定に対する、革命的な批判が必要なことを何よりも主張しているのが、花咲だからである。

（太陽肛門スパパーン『映画「ラザロ」オリジナルサウンドトラック』いぬん堂、二〇〇七年）

退けられた「中国人」の表象

大島渚監督『アジアの曙』

別段、映画好きというわけでもないのに、『白昼の通り魔』（六六）以来、大島渚の映画の大方は、ほぼリアルタイムで接してきた。それ以前の作品も、レトロスペクティヴや何やらの機会に、概略、見たと思う。近年では、ヴィデオやDVDで再見した作品もある。大島は、やはり「気になる」映画作家であり続けてきたと言えるだろう。にもかかわらず、大島に感ずる違和感は、当初から払拭できない。端的かつ比喩的に言えば、大島は、やはり、「六〇年安保（あるいは、それ以前）」の映画作家であり、「六八年」の人ではないのだと思う。これは単に、大島の年齢あるいは世代から推して、そう言うのではない。大島の『天草四郎時貞』（六二）は決して悪くはないが、鈴木清順の『関東無宿』（六三）と較べれば、そこには「六〇年安保」と「六八年」の差異が歴然としてある。二枚目＝大川橋蔵の顔を黒く汚すことで侵犯的な前者は、なぜか五月人形の鍾馗《しょうき》様のような後者の小林旭の荒唐無稽に、はるかに及ばない。「六八年」とは、後者を発見することだったのである。

『アジアの曙』は一九六四年から六五年にかけて、全一三回にわたってTBSで放映されたテレビ映画で、今回初めて見ることができた。しかし、大島に対する違和感は拡大するばかりだった。これは、「敵中横断三百里」(三〇)などで知られる児童文学者・山中峯太郎(もとは陸軍将校、東條英機とも近かった)が、孫文らに就いて反袁世凱の第二革命にコミットした時代を回想して戦後著した自伝『実録アジアの曙』(六二)を原作に、佐々木守、田村孟、石堂淑朗が脚本、大島が監督した創造社製作の作品だが、主人公を「山中」ならぬ「中山」としていることに端的に表現されているように、原作を大幅に改編してドラマ化されている。これは、物語内容からして(そして、手法としても)、山中原作よりは、むしろ『日本の夜と霧』(六〇)に酷似している作品なのだ。しかも、後述するように、私見としては、原作にも劣るのではないかと考えられる。

スターリン批判と前後する一九五〇年代半ばから、マルクス主義への対抗的な思想を探る試みとして、アジア主義やナショナリズムの検証と再評価の機運が高まり、六〇年安保の後、その波は児童文学の世界にも及んだ。再評価に当たった当時気鋭の児童文学(研究)者は、かつて「少国民」として、日本とアジアを股にかける山中などの冒険小説に胸躍らせた世代である。そのような機運に乗じて、忘れられていた作家であった山中峯太郎にも、「文藝春秋」で自伝的回想を書く機会が与えられることになった(尾崎秀樹『夢いまだ成らず——評伝山中峯太郎』)。

大島ら、創造社のメンバーも同様に少国民世代であった。知られているように、大島らは『日本の夜と霧』が封切りわずか四日で上映中止になったことに抗議して、六一年に創造社を創設した。つまり、当時、『日本の夜と霧』は、ほとんど見ることができなかったのである。大島が『実録アジアの曙』をTVドラマ化した理由は、創造社経営の経済的な問題もあるだろうが、それ以上に、『日本の夜と霧』をリメイクして大衆化するという意図があったと思われる。山中の原作に対して、大島ら創造社のメンバーは、思想的な反発よりも少国民世代的な共感の方が上回っていたと思われる。しかも、辛亥革命に続く第二革命への挺身と挫折を記す山中の自伝は、十分に――「恋と革命」のディスカッションドラマたる――『日本の夜と霧』になりうると考えられたのだろう。

原作は大幅に改竄されている。実際の「山中」にあって、その結婚は、東條英機の引き合わせによるものだが、映画では運命的な恋愛結婚である。「山中」の妻は、彼が中国に渡っている間、東京にいるが、映画の妻（小山明子）は、夫「中山」（御木本伸介）を追って中国に渡る。物語は、二人を中心にした恋と革命と活劇のメロドラマとして、展開される。この構図は、唐十郎の「状況劇場」に代表される六〇年代アンダーグラウンド演劇が、「女神」（状況劇場では李礼仙）を戴いた、ホモソーシャルな「男祭り」であることと相即的だろう。ただ、小山明子には、幸か不幸か、女神的な肉感性に欠けているが――（その意味で、私の友人が言うように、小山明子は日本のイングリッド・バーグマンである）。

もちろん、映画作家としての大島渚の侵犯的な野蛮さは、十分に発揮されている。『天草四郎時貞』で悪評紛々であった、大島的な真っ黒な画面は、『アジアの曙』でもふんだんに現れる。たかだか十数インチの当時のTVブラウン管で、このような真っ黒な画面を、これでもかと見せられるのは、苦痛以外の何ものでもなかったろうが、これこそ、大島の「革命的な」異化効果であろう。

にもかかわらず、大島の革命性は、その暗闇のなかで閉じられていると思う。周知のように、大島は「他者」に向かって開かれた映画作家であり、とりわけ「アジア」に応接するに先駆的な存在だと言われてきた。その際、まず、『日本春歌考』（六七）、『絞死刑』（六八）、『帰って来たヨッパライ』（同）があげられるのが常である。

しかし、本当にそうなのか。『アジアの曙』は、主に中国大陸を舞台にし、中国人として設定された登場人物が大多数ながら、中国語がほとんど聞こえない作品なのである。中国人たちも、ほとんど皆、流暢な日本語を喋っているのだ。「中山」が彼らとコミュニケーションに齟齬をきたすことは、ほとんどない。山中峯太郎の原作は、自伝としては決してよくできたものではないが、その面白さは、あまり中国語がうまくない主人公と中国人たちとの言語的な齟齬が、全篇を覆っているところにある。

これは、どういうことか。登場人物に中国語を喋らせ、字幕を付すという操作が、当時の狭いTV画面では不可能に近かったと言えるかも知れない。しかし、それだけではないだろう。『アジアの曙』で大島は、「中国人」という表象を、ほぼ端的にしりぞけようとしているのである。たとえば、「中山」の陸軍士官学校以来の同志・李烈鈞(佐藤慶)は、原作では口髭をたくわえ、日本人に変装する際にも決して、それを剃ろうとはしない中国的アイデンティティーの持ち主だが、大島作品では、初めから終わりまで髭はない。ただ一人(?)髭をたくわえているのは、毛沢東を思わせる農村コンミューン主義者の林虎(観世栄夫)のみである。

それゆえ、「中山」が挺身する中国第二革命は、日本的(陸士的)心性の拡大版として描かれる。驚くべきなのは、全篇のクライマックスである袁世凱派との戦闘場面では、陸士留学組中国人革命家のみならず、日本語を解さぬはずの下級兵士までが、鉄砲を撃ちながら朗らかなまでに絶望的に、日本のお座敷歌「ステテコシャンシャン」を合唱することである。『日本春歌考』で一つの達成を見る大島的一主題だが、言うまでもなく、一九二〇年代青年将校運動の「社交」の場は料亭や待合であり、そこでは「春が来たかよ、士官学校のお庭にさ」と歌う、ホモソーシャルな「男祭り」が催されていたのである。

もちろん、「中山」は、最後には陸士的革命戦争戦略を反省し、滔々と毛沢東的(=林虎的)革命戦略を開陳して、『アジアの曙』は終わる。しかし、その自己批判は、圧倒的な前者の展開のなかでは、空疎に響く。それは、たとえば『新宿泥棒日記』(六九)における、創造社メンバーの酒宴のシーンにおいて、無反省に反復されていくのではないだろうか。

「いざ、生きめやも」とはなにか

宮崎駿監督『風立ちぬ』

エピグラフとして堀辰雄の小説『風立ちぬ』に引かれ、宮崎駿の映画『風立ちぬ』のエピグラフとしても同様に引かれているポール・ヴァレリー『海辺の墓地』の一詩句 Le vent se lève, il faut tenter de vivre の堀による作中翻訳「風立ちぬ、いざ生きめやも」が誤訳であることはすでに指摘され（丸谷才一・大野晋『日本語で一番大事なもの』一九八七年、参照）、つとに知られてきた。なお、小説『風立ちぬ』のエピグラフではフランス語のみが引かれ、堀の日本語訳は作中に繰り返し記されているが、それがヴァレリーからの翻訳であるという注記はない。映画『風立ちぬ』では、フランス語の下に、堀辰雄訳として、その日本語が記されている。

筑摩書房版『ヴァレリー全集』の鈴木信太郎訳では「風　吹き起る……／生きねばならぬ」となっている。しかし、堀訳は「生きようか、いや断じて生きない、死のう」という意である。堀は「生きねばならぬ」の意で訳したのではあろう。「かげろふの日記」や「曠野」など日本の王朝文学を下敷きにした作品を書いた、堀の日本語古典の素養が疑われるゆえんである。

言うまでもなく、宮崎駿は堀の誤訳を知っている。それは、映画で一度、主人公に正しい訳を主人公に言わせていることから明らかだが、にもかかわらず、作品の主線は堀辰雄の誤訳を踏襲している。これは、どういうことだろうか。宮崎は、「いざ生きめやも」を「生きなければならない」の意味だと強弁しようというのだろうか。

宮崎駿の漫画を原作に、ゼロ戦の設計者として知られる堀越二郎を主人公のモデルとしながらも、小説『風立ちぬ』を重ね合わせるこの作品に対しては、そのジブリアニメの技術《スキル》の高さを賞賛し、そのメッセージ性に賛意を表する者から、逆に、技術者である主人公の戦争責任への無葛藤を糾問する者まで、いや、その幅のみならず多くの賛否が活字やネットを問わず記されてきている。もはや、論点は出尽くしているのかも知れない。しかし、「生きねば。」をキャッチコピーとしながらも、「風立ちぬ、いざ生きめやも」をエピグラフに掲げるという映画の両義性について論じたものは、寡聞にして目にしていない。私見によれば、この両義性こそが、この映画を「国民的」な表現として受容させている核のようなものなのである。

誰もが気づくように、この映画は、いわゆる3・11以降の「日本国民」に、先ずは宛てられている。冒頭、主人公・堀越とヒロイン・菜穂子が邂逅するきっかけとなる関東大震災や、ラストの一九四五年の廃墟が、3・11の東北地方において反復されていることについては、誰もが否応なく意識させられるほかない。そして、その廃墟を踏まえて、「生きねば。」というメッセージが伝達されようとしていることも、これまた否が応でも受け取らざるをえない。それは、一見すると否定しがたいメッセージである。

突っ込みどころは幾らでもある。堀越というゼロ戦設計技師の懐胎している技術論が、ただ美しく高性能の飛行機を作ることだけだとは、単に、科学技術への能天気な惑溺ではないか。少なくとも、3・11以降の映画であるならば、技術についてのハイデッガー的な懐疑くらいは踏まえて描かれるべきであろう。小林秀雄やスターリンでもあるまいし（宮崎駿は共産党のシンパサイザーだが）、技術が政治的に中立ではないことなど、今では常識のはずである。菜穂子という結核患者の美学化も、アナクロニズム以外の何ものでもあるまい。このような従属的な女性の表象は、いくら何でも、フェミニズムを通過した時代に許されるものではないだろう。等々。

このようなあたり前のことは誰にも分かるはずだが、にもかかわらず、そのことを知悉しているはずの者たちでさえ、この映画を、あれこれ下らぬ理屈をつけて賞賛してしまうのは、なぜか。繰り返すまでもなく、それは「生きねば。」というメッセージの圧倒的な力によるだろう。このメッセージの力の上では、この映画のいかにも見やすい欠陥は隠蔽されるのである。3・11以降の言論は「戒厳令」下にあると高橋源一郎は言ったが、映画『風立ちぬ』を賞賛する高橋の評自体が戒厳令下のものでなかったという保証は、どこにもない。

いや、そうではない。それらの欠陥は、むしろ美的に「昇華」されてしまう、と言ったほうがいいだろう。言説の戒厳令とは、そういうものだ。主人公の技術バカぶりは、ピュアな美しさとして表象される。菜穂子の従順な「女性性」についても同様である。しかも、それはややフェミニスト的な医師――自立した「職業婦人」！――として描かれている主人公の妹によって、すでに肯定されていた存在なのだ。[*1]

だが、以上は事の半面に過ぎない。すでに述べたように、この映画の「生きねば。」というメッセージの裏面には、「いざ生きめやも」という――「生きようか、いや断じて生きない、死のう」という――もう一つのメッセージが込められているのである。繰り返して言うが、宮崎駿は、そのことに自覚的である。端的に言えば、3・11以降に誰もが払拭しえない終末論にほかならない。

関東大震災と一九四五年の敗戦という、この映画に描かれた二つの終末論的光景は、歴史的かつ遡及的に見れば、その後、「復興」をとげたということになっている。しかし、「三度目の正直」

と言うべきかどうかは不明だが、3・11に「復興」はない。そのことも、実は誰もが知っていることではないだろうか。

『風の谷のナウシカ』（一九八四年）に明白なように、宮崎駿は核戦争後の終末論的世界に美学的に惹かれていた。それは、宮崎の親炙する宮澤賢治（「グスコーブドリの伝記」参照）と同様だろう。あるいは、原発のシンボルである「太陽の塔」を制作した岡本太郎とも似ている。3・11以降の反原発運動において、岡本太郎と宮澤賢治が、一種の国民的シンボルとなったことは、皮肉と言うべきか、当然と言うべきか。岡本太郎は原子力の美的かつ爆発的なエネルギーに惹かれていたし、宮澤賢治は、もちろん原子力については知らなかったものの、岡本と同様の感性を持っていた。宮崎駿もまた、廃墟へと亢進する科学技術の「力」に惑溺している。映画の堀越二郎が技術の美学的な信奉者であるように見えたとしても、それは、単純にそうであるわけではないだろう。それが、「いざ生きめやも」というメッセージにほかならない。

「生きねば。」と「いざ生きめやも」の両義性――それを、宮崎が親炙するらしいエコロジカルなスピリチュアリズムと言うことも可能だが、ここでは詳論できない。ただ、誰もがいかがわしいと思いながらも、映画『風立ちぬ』が国民的な映画として流通してしまう時、それは、ほとんどスピリチュアルだと言うことはできるだろう。宮澤賢治や岡本太郎が、国民的な芸術家であるように、である。

＊1　ところで、どうして映画『風立ちぬ』のヒロインは「菜穂子」なのか。小説『風立ちぬ』のヒロインは「節子」である。「菜穂子」は堀辰雄の別の作品名でありヒロイン名である。「節子」では何か都合の悪いことがあったのだろうか。ここでは、単に、「菜穂子」のほうが美的な感触がするという理解にとどめておく。

万国博覧会と癌（cancer）

大阪から愛知への芸術＝資本主義の変容

1　近代における芸術の位置

資本主義による「脱魔術化」の過程と相即して成立した近代国民国家が、宗教に代わる統合の役割を広義の「芸術」に求めたことは今や常識となっている。しかし同時に、近代芸術が個的な趣味判断の領域にあるということにされた時、それは、即自的には、資本や国家から「自立的」であるという暗黙の了解が支配し、資本や国家に対抗的なジャンルであるとさえ信じられることが可能であった。近代において芸術が置かれたこの両義性は、一九四五年の敗戦後においても、それほど意識されないですんだと言える。文学者や芸術家の戦争協力への批判として、戦後、文学を中心に行なわれたさまざまな「戦争責任」論議は、その意味で、芸術の自立性を前提としてなされたものであり、それがア・プリオリに資本と国家に加担せざるをえないという側面に対する問いは希薄であったと言ってよい。

その意味で、「一九六八年」と踵を接して開催された七〇年大阪万博（日本万国博覧会）は、近代芸術が置かれた両義性を鋭く意識させた最初の——そして最後の？——国家的イヴェントであった。この時、多くの芸術家たちは否応なく、近代初頭とは比べものにならぬほど高度化した資本と向かい合うことを余儀なくされた。大阪万博は、今なお岡本太郎の「太陽の塔」を象徴として記憶されているが、そこには岡本をはじめとして、資本や国家に対抗的であると自負していたはずの多くのアーティストがコミットし、そのことに対する賛否が論議されたのである。

しかし、その後、資本や国民国家と芸術の関係がカルチュラルスタディーズなどによって分析されるようになったにもかかわらず（あるいは、だからこそ）、そのことを問題化する言説は影を潜めるようになった。二〇〇五年愛知万博（日本国際博覧会、「愛・地球博」）に際して、大阪万博の時のような万博批判の言説は、ほとんど聞かれなかったと言ってよい。また、大阪万博以降の三十数年は、資本と国家によって芸術が積極的に包摂されていく過程でもあった。今や、国家や資本の助成なしには、芸術活動はほぼ不可能となりつつある。もはや、芸術の自立性を信じているアーティストなど皆無だろう。つまり、近代芸術が置かれた両義性は、自立性という神話を破壊されることによってバランスを失い、シニカルに国家と資本に寄り添うことしかできなくなっているのである。本稿は、大阪万博と愛知万博をケーススタディとして、「芸術」が必然的におちいっているシニシズムの歴史性を問おうとする試みである。

芸術の政治性への問いかけ

日本の「一九六八年」を担った学生をはじめとする直接の当事者たちにおいて、七〇年大阪万博に対する問題意識は、相対的に希薄であったと言ってよい。このことは、確認しておかなければならない。しかし、一九二〇年代に文学を中心に社会主義リアリズム論が導入されて以降、「政治」(それは、共産党を意味した)に対する芸術の自立性をいかに確保するかという問題にばかり腐心してきた日本的環境にあって(それは戦時下の戦争協力においてもあまり変わらなかった)、大阪万博はほとんど初めて、芸術を規定する政治概念の転換をトータルに迫った。言うまでもなく、それは資本や国家を含意する政治性の登場である。多くのアーティストは、自分たちの芸術が資本と国家に包摂されているという、実は近代国家の出発から自明であった事実に驚愕した。その認識の転換も、「すべてのことは政治的である」というテーゼを掲げた「六八年」に隣接するものであったはずである。[*1]

周知のように、「人類の進歩と調和」を謳って七〇年の三月から九月にかけて開催された大阪万博(EXPO'70)は、一九六四年の東京オリンピック以来の、日本の政財界が総力をあげて取り組んだ国家的な事業であり、日本を含む七七ヶ国と四つの国際機関が参加、結果として六〇〇〇万人をこえる入場者を呼び込む大成功のイヴェントとなった。これに対する批判や反対運動、対抗運動がマイナーながら存在した。日宣美(日本宣伝美術会)粉砕闘争(六七年)や青デ(青山デザイン専門学校)闘争(六九年)を闘った革デ同(革命的デザイナー同盟、安藤紀男ら)、若い建築家の集団である「建築家'70行動委員会」などが一九六八年頃から具体的に声を上げはじめる。彼らは、丹下健三(総合プロデューサー)や岡本太郎(テーマ館プロデューサー)の主導のもとで、左派的=同志的関係にあると思われていた磯崎新や粟津潔など先輩の建築家やデザイナーが万博に取り込まれ加担していく状況のなか、「六八年」問題としての万博批判を開始した。革デ同が武蔵野美術大学の若いデザイナーの集まりであったのに対して、多摩美術大学・多摩芸術学園の若い学生アーティストの集団には美共闘があり、これは今なお現代美術史において言及されるムーヴメントだが、彼らも反万博を謳った。

ベ平連(ベトナムに平和を! 市民連合)のなかからは、関西ベ平連グループの提起で「ハンパク協会」(反戦のための万国博協会)が立ち上げられ、六九年八月七日から一一日のあいだ大阪城公園で「ハンパク」フェスティヴァルが開催されている。ベ平連には大阪万博と関係の深い「文化人」が多数存在していた。ベ平連がアメリカの新聞に意見広告を出した時に「殺すな!」のロゴマークを作成した岡本太郎は言うに及ばず、桑原武夫や小松左京、開高健などである。このような「矛盾」が、ベ平連内部にどのような議論を惹起していたかは、寡聞にして知らない。ハンパク協会は「代表」の哲学者・山田宗睦によれば、反万博というよりは「さまざまの反戦集団にその意志と機会を提供する」(「ハンパクの思想と行動 無名人の意志をつなぐ可能性」、『資料・ベ平連運動』中巻)ところにウエイトを

*1 大阪万博において、この事態に驚愕したのが、主に、画家、建築家、写真家、商業デザイナーといったひとびとであり、文学者たちが、そのことに相対的に鈍感であったことには理由がある。資本制近代は、出版資本主義の発達とともに、文学を相対的に市場原理に適うジャンルとなした。自立的小商品生産者=所有者として、小説家は市場に登場した。市場原理が保証してくれるかに見える「自由と平等」が、文学者に国家と資本の強制から「自立」しているかのような幻想を与えていたのである。それに対して、当初から相対的に保護主義的にしか存在しえない芸術領域に属する者は、資本と国家に敏感たらざるをえなかったと言える。

置いており、反万博派からの批判も出たようである。その他、名古屋のアンダーグラウンド系芸術家・集団ゼロ次元が中心となった「万博破壊共闘派」が全国的に展開したパフォーマンス、「赤軍派」のヘルメットをかぶって「太陽の塔」を占拠した通称「目玉男」、その下を全裸で疾走した「ダダカン」こと糸井貫二などが記憶されている。万博会場内に働く労働者の労働条件をめぐる運動なども存在した。日本共産党も、これら広義の新左翼系反万博論に対しては「トロツキストの挑発」と批判を向けながら、国家と独占資本による反人民的万博に反対するという論調を展開した。日本基督教団によるキリスト館設置に反対するキリスト者の運動もあった。

これらに使嗾されるようにして、ジャーナリズム上でも万博批判の論調が、さまざまに登場する。針生一郎、多木浩二、宮内嘉久、中平卓馬、北沢方邦、ヨシダ・ヨシエらがラディカルな部分を代表した。彼らは「デザイン批評」、「プロヴォーク」、「映画評論」、「日本読書新聞」などのリトルマガジンや書評紙、「現代の眼」、「展望」、「朝日ジャーナル」などの左派・リベラル系論壇誌で論陣を張った。やや穏健なべ平連に近いところでは、山田宗睦のほかに柴田翔、鶴見良行などの論もあった。彼らのエッセイは日刊紙や一般週刊誌にも掲載されている。針生、多木、宮内の主な反万博の論考は、他の資料的文献とともに針生編『われわれにとって万博とはなにか』（六九年）として一冊にまとめられた。針生らの批判は、大阪万博が来るべき「七〇年安保」の高揚を抑圧・隠蔽する役割を果たすであろうことを問題化し、資本と国家にアーティストが包摂されている事態を指摘することで共通している。「図式的」と断りながらも、多木は次のように万博を規定している。

それはブルジョワ・イデオロギーによる文化の再編と強化をもくろんだものであり、その意図のもとに、知的エリートを体制の側に組みこみ、テクノロジーやコミュニケーションに対する支配を確立してしまうことである。さらに、それは大衆文化状況というひろい日常的な裾野のなかから、突出してきた象徴であり、これを国家権力によって、オーソライズすることで日常性とよばれる疎外の形態を定着してしまうものでもある。また七〇年安保という時期にあわせて、それはカムフラージュとして作用させられる戦略的意図をもつ……等々である。

（「万博反対論」、『われわれにとって万博とはなにか』）

このような「図式的」かつストレートな主張は、当時の針生や宮内にも共通するものだが、多木や針生も含めて、今日の批評がこのような言葉を、少なくとも表立って発しえなくなっていることも言うまでもない。それは、「スペクタクル社会」（ギー・ドゥボール）とも言い換えうる状況が——多少の現状認識の誤差があるとはいえ——一層広範に累進・進捗していくのが「六八年」以降の過程であるにもかかわらず、そうだというところにこそ、今日の問題があるということにほかならない。

特異なところでは、江藤淳、高階秀爾、遠山一行、古山高麗雄が編集同人となって講談社から当時発売されていた雑誌「季刊藝術」がある。その第四巻二号（七〇年四月）は「万博とは何か？」と題する特集を組み、賛否多様な論考・対談を掲載しているが、編集同人・江藤のルポルタージュ「五色の文字と蝶の翅　万博ぶらりぶらり」が示しているように、全体的に否定的な傾向で編集されていると言ってよい。「保守派」の論客として著名であった江藤にしてから、万博という資本主義的祝祭の喧騒にはうんざりしていたのである。

左派ジャーナリズムの中の亀裂

左派の建築家やデザイナーが万博にコミットする一方で、幾人かの「批評家」が突出した万博批判を展開したことは、左派ジャーナリズムのなかに深い亀裂をもたらしたと言える。雑誌「プロヴォーク」（六八年創刊）は中平卓馬、多木浩二、岡田隆彦、高梨豊の四同人（二号より森山大道も参加）によって創刊された。「プロヴォカトゥール」＝「挑発者」という言葉は、戦前の左翼のあいだでは、左翼反対派や転向者に対する最大の侮蔑を意味しているが、「プロヴォーク」同人の写真家・美術評論家たち（多木も当時は「写真家」を名のっていた）は、それを横領することで、あえて挑発者を自認したのである。そのラディカルな同人制リトルマガジンは、七〇年に三号をもって終刊する。その理由は定かではないが、そこに万博評価の問題が大きく介在していたことは疑いない。

岡田隆彦は前掲「季刊藝術」万博特集に寄せた「移行する物神　ＥＸＰＯ'70に生命化されるもの」という一文で、多木浩二と針生一郎の文章を引いて、彼らの論理的短絡を批判している。岡田の立場は、「すべてが巨大な資本の枠内で馴致され、なにごとも体制の秩序に組みこまれてしまうのが、わたしたちの現実であり、それを万国博がアナロガスにあらわしているという意味で、万国博は現状の縮図であると考えるのは正しい。しかし、だからといって、たとえば芸術という人間にとって根源的な営為に関し、それにたずさわる才能が、（政治上の特殊な事象としてのみとらえられた）万国博に加わることを道義的に非難したりするとなると、おかしなことになってくる」というところに表現されている。ここで岡田の文章に即してコメントしておけば、反万博を主張することが体制や資本に対する批判に直結しうると考えるのは確かに短絡だが、だからと言って、万博加担が「芸術という人間にとって根源的な営為」であることにおいては、もはや合理化できないというところに、「六八年」という この時代の問題があった。

岡田や多木とともに「プロヴォーク」の同人であった中平卓馬は、「この時代の最もナイーヴで最もラジカルな芸術家たちがそっくりそのまま、一人一人の主張をまげることなく、例えば、七〇年万国博という馬鹿祭りに買い上げられる」(「同時代的であるとはなにか?」六九年)状況を批判しながらも、一方では、「万博粉砕という言葉にぼくはモラルとしてまったく同感である。しかしそれはただ一言、〝資本主義を打倒して、世界革命を!〟と叫ぶのと全く同様なひびきをもつ。要するにそれらの言葉には、言葉を支えるリアリティが希薄なのだ」(「物質的基盤を失った言語」六八年)と、岡田以上に切実に、反万博を主張することのディレンマを表明していた(中平の批評的足跡については『見続ける涯に火が… 批評集成1965-1977』参照)。だからこそ中平は、「アレ・ブレ・ボケ」の芸術写真から即物的な「植物図鑑」へ転じ、そして篠山紀信の商業写真を発見していくのである。もちろん、そのような試行が成功裡に完結することはない。一九七七年に中平の身に生起した記憶障害・言語障害が、万博をめぐるディレンマとどのような関係にあったかは問わずとも、である。

マルクスが言ったように、「鉄鎖以外の何ものも持たぬ自由な」プロレタリアを創造し、後述するトヨティズム(「カンバン方式」としても知られるトヨタ生産方式)のごときポストモダン的な、労働の「実質的包摂」(労働者の能力の開花!)にまでいたる資本の解放的な脱コード化作用は、いわゆる「前衛的」な芸術運動とパラレルな関係にある。それは、「六八年」の運動の基底を支える側面でもあった。トヨティズムは、フォーディズムのもたらす「労働疎外」を資本の側から克服する「人間的な」生産方式として、「六八年」をへた一部リベラル(たとえばレギュラシオン学派)から賞揚されさえすることにもなる。多木浩二が大阪万博に見た「疎外」は、資本の側から克服されるべく日程に上るのである。日本共産党の大阪万博批判が、そこにおける「前衛的」なアーティスト——それは「トロツキスト」と、ほぼ同義である——の取り込みに向けられていたのも故なしとしない。逆に言えば、「六八年」における共産党的＝スターリン主義的なものへの嫌悪は、解放的な脱コード化を拒む不自由に対して、だったのである。

針生一郎らの万博批判の主要な舞台の一つであった雑誌「デザイン批評」は、それ以上に、大阪万博にかかわる者の発表の舞台でもある時期があった。同誌は一九六六年一一月に粟津潔、針生一郎、川添登、泉眞也、原広司を編集委員として出発したが、一九七〇年一一月の一二号をもって終刊する。粟津のその時の編集後記「第一次デザイン批評休刊に寄せて」には、「編集委員諸氏との間にも、矛盾と分岐が起こって、遂には、私が『居残り左平次』のように第10号以降は、これをひとりで引継いできた」とある。粟津自体は万博に中心的なデザイナーとして参加したが、「デザイン批評」は、当初は万博にコミットすることになる者と批判派が混在しており、後期においては、むしろ万博に批判的な者に誌面を提供したのである。

大阪万博にコミットする粟津が万博批判派に誠実に応接していたことは、先にあげた万博批判の書『われわれにとって万博とはなにか』に収められた針生、多木、宮内という反万博派との座談会「参加者の論理と批判者の論理」や、針生との対談「幻像の中で」（前掲「季刊藝術」）における応接ぶりを見ても知られる。「デザイン批評」創刊編集委員のうち、川添登はメタボリズムの提唱者として黒川紀章とともに大阪万博に深くコミットしたことが知られているが、泉眞也もまた、大阪万博「動く歩道」などの会場計画の設計主任を務めたのをはじめ、その後も多くの博覧会に参画し、愛知万博では総合プロデューサーの一人となった人物である（他の総合プロデューサーは木村尚三郎と菊竹清訓）。「デザイン批評」への川添の執筆は六号（六八年七月）、泉の執筆は七号（六八年一〇月）で途絶えている。総合プロデューサー丹下健三のもとで大阪万博のお祭り広場などにかかわった磯崎新が、粟津潔とともに（以上に）、万博と「六八年」とのディレンマに真摯に苦悩したことは知られている。それは、今なお磯崎を捉えて放さないトラウマのようなものだと言ってよいだろう。その苦悩ぶりは前掲座談会「参加者の論理と批判者の論理」で、粟津潔らによっても伝えられている。磯崎のもとには「建築家'70行動委員会」の若い建築家たちが、たびたび抗議に訪れていたようである。一九七一年に刊行された磯崎の最初の著作『空間へ』の最後に付された書き下ろしの「年代記的ノート」には、次のように記されている。

> 日本万国博に関していえば、ほんとにしんどかったという他ない。こんな反語的表現しかできない程に、ぼくは五年間にわたって、渦中におかれた。（…）にもかかわらず、万国博協会が発行した文書に計画を説明するために匿名でかいたもの以外まったくない。あまりに深みにはまりこみ、批評が不能だったせいもある。
> いま戦争遂行者に加担したような、膨大な量の疲労感と、割り切れない、かみきることのできないにがさを味わっている。

しかし事実としては、かつて文学者やアーティストの戦争責任が問われたようには、「万博責任」が問われることはなかった。その理由は、先述したように、大阪万博を契機に、芸術の自立性、国家や資本への対抗性という概念が失効していくからである。建築が資本とアプリオリに共犯的な領域であり、自立性が問いにくいという事情もあるだろう。おそらく、この磯崎の一文から、椹木野衣の愛知万博を前にした大阪万博論『戦争と万博』(〇五年)も発想されているが、その後の磯崎は万博＝総力戦というアナロジーからはややずれたところで、万博問題を考えていったように思われる。

一九六八年五月、第一四回ミラノ・トリエンナーレに「ヒロシマの焼土のうえに、これまた廃墟と化した未来都市の構築物をモンタージュした」(『空間へ』)大パネルを含む「電気的迷宮」を出品した磯崎は、その地で、トリエンナーレが美術系学生たちによって完全に占拠されるという事件にまきこまれていた。主催者側(それもまた、左派のアーティストや建築家であるのだが)に属していた磯崎は、逆に占拠する側の立場になってもおかしくないと思うのだが、「突然に被占拠側に立たされたという事情の意味のほうがいまもっと強く私におしかぶさっている」(『空間へ』)ことを深く刻み込む。この体験をたずさえて、磯崎は、大学のバリケードが林立する日本の「六八年」へと帰還し(磯崎は廃墟であり迷路であるような大学バリケードを建築家として彷徨している)、なおかつ、大阪万博の仕事にたずさわるという両義性を演じることになる。そのディレンマをいかにして生きるかという「六八年」的模索は、近年の『建築における「日本的なもの」』(〇三年)においても、ますます色濃くなっているとさえ言えるだろう。

その試みは端的に言って、資本主義や国家という制度のなかにおいて、それを用い加担さえしながら、それをいかにして脱構築するかというところにあるようである。『空間へ』に続いて書かれた、ポストモダニズム宣言とも言うべき『建築の解体』(七五年)における「解体」は、ほとんど「脱構築《ディコンストラクション》」(時に解体＝構築とも訳される)と同義であったが、近年の「日本的なもの」を論じる磯崎は、伊勢神宮や桂離宮といった「天皇制」に親近する日本建築それ自体の脱構築性に対して、東大寺南大門を再建した中世の勧進僧・重源の脱構築的戦略に可能性を見ているように思われる（『建築における「日本的なもの」』）。重源の南大門は、二〇〇六年に磯崎を製作総指揮者として発表された、二〇一六年福岡オリンピック構想と重ねあわされているのだろうが、同時に、六四年東京オリンピックや大阪万博的なものに対する、磯崎的な脱構築の試みでもあったと考えられる。周知のように、福岡オリンピック構想は日本オリンピック委員会の決選投票で石原慎太郎の東京オリンピック構想に敗れた。

安保と万博

しかし、繰り返すが日本の「六八年」は万博をそれほど問題視していたわけではなかった。そのことを示すのが、「デザイン批評」六号（六八年七月）の小特集「安保と万博」のなかに掲載された、針生一郎による中核派全学連の指導的な活動家・青木忠へのインタヴューである（このインタヴューも、後に『われわれにとって万博とはなにか』に再録）。そこで青木は、大阪万博が「七〇年安保」の高揚を逸らすために仕組まれた政治的イヴェントであるという、当時反万博派が共有していた認識を捉え、「七〇年安保闘争の爆発は間違いなくおこるし、そういうなかで、政府の考えた意図も完全に打ち砕かれるんじゃないか」という見解を冒頭から述べている。これに対して針生が、万博に参加しているリベラル左派の建築家やデザイナーを念頭に置いてであろう、「万博も見るけど、デモにも参加するしというような機運を、どうやったら作ることができるか、というようなことを考えているデザイナーもいる」（もちろん針生は、そのような考えに否定的なわけだが）と言うのだが、青木は、「むしろ、デモに出る人間が多くて、万国博なんかはツマンナイっていう雰囲気が全国的に出来るんじゃないか」と答えている。

実際、新左翼諸党派の万博への関心は希薄であったし、それは「六八年」の活動家の過半を占めるノンセクトにとっても、それほど変わらなかったのである。当時の闘争課題は、まず、安保、沖縄、三里塚、大学問題であり、六九年頃になって入管闘争が浮上してくるという文脈である。万博を問題化する者は、建築家、デザイナー、演劇、映画、写真などの芸術領域にたずさわる一部の活動家か、あるいは関西べ平連やキリスト者のように地域的か立場的に、それに敏感であらざるをえないひとたちであって、彼らの提起が広範な闘争課題となったということは、事実としてない。青木忠の発言は、そのような当時の心性一般を表現していると言ってよいであろう。また、青木のインタヴューの後の針生が、「万国博の問題について、青木君たちが、関係はないし、さしたる関心もないし、おそらく万国博は成功しないだろうという態度を貫いているのは、それはその通りだろう」(「組織と主体――デザイナーの役割」、「デザイン批評」六号)とコメントしているのも、反万博の急先鋒であった針生が、実は、「七〇年安保」の前では万博問題は小事に過ぎないという前提に立っていることを示している。

しかし、針生も青木も信じて疑わない「七〇年安保」なるものは、あらかじめ存在しなかったのである。そもそも六〇年安保闘争の高揚も、安保の是非それ自体を問うたところにはなく、「民主か独裁か」(竹内好)という国論を二分する問いに象徴されるような、ド、レ、フ、ュ、ス事件的高揚であった(このことについては、拙著『吉本隆明の時代』を参照)。一九六〇年も六〇年安保ではなかったのである。「七〇年安保」――それは改定安保の自動延長である――なる問題設定は、六〇年安保の高揚の再現を夢見る旧世代の懐古趣味の枠を出るものではなかった。「六八年」を「七〇年安保」と捉えることは、それを一国主義化することでしかなく、その世界性を問うことができない。

それゆえ、「七〇年安保」に擬せられた日本の「六八年」は、万博と、ほとんどすれ違いを演じてしまう。一九六九年一月一八日、一九日の安田講堂「決戦」以降も、新左翼諸党派は、同年四月二八日の沖縄闘争を皮切りに、さまざまな機動戦的戦術を展開し、それは万博が行なわれている一九七〇年も続いていた。機動戦は、学生や市民・青年労働者の大衆的大デモンストレーションを背景にした「武装」闘争として行なわれた。それは「デモのほうが万博より面白い」という心性に支えられていただろう。大阪万博のイデオロギーであった資本の開発主義的解放性を、「六八年」の解放性がのりこえていると、当事者学生たちには楽天的に信じられていたと言ってよい。

しかし、にもかかわらず万博も六千数百万人を動員して大成功を収めたのである。そして、デモに参加した人間と万博入場者とは、ごくごく少数重なり合うところがあったにしても、基本的には無縁であったと言える。万博六〇〇〇万人を支えたのは、農協をはじめ地方から団体旅行でやってくる人間であり、大阪近郊の中産階級の家族であった。「万博も見るけど、デモにも参加するしというような機運」はなかったと言える。[*2]

2 多文化主義イデオロギー

このようなすれ違いもあって、その終了後、大阪万博の問題が一般に問われることは少なくなっていった。事実、その後に日本で行なわれた幾つもの地域博覧会も、おおむね大阪万博と同様の開発主義的なコンセプトのもとで開催されたのである。それが再び問われることになったのは、二〇〇五年の愛知万博問題を契機にしてだったと言ってよいだろう。後述するように、一九九六年に死去していた岡本太郎再評価の気運が、それと絡まりあっていく。

「人類の進歩と調和」を謳い、アジア最初の万国博であることを誇った大阪万博が、東京オリンピックと並んで、誰の目にも日本近代の「大きな物語」という相貌を示していたのに対して、すでにポストモダニズムの洗礼を受けた時代に開催された愛知万博（愛・地球博）は、そうした相貌を誇示することがはばかられた。「自然の叡智」というエコロジカルな愛知万博のテーマ自体が、「六八年」以降のポストモダン的万博であることを主張しているだろう。にもかかわらず、愛知万博は万博であるかぎり「大きな物語」としての母斑を払拭することができず、しかし、ポストモダン的であることによって、大阪万博が針生一郎らからこうむったようなストレートな批判をまぬかれるのである。愛知万博への地域住民からする批判はあった。それは、主に、万博開催地の自然破壊に対する反対運動からするものであった。しかし、「トヨタ万博」とも呼ばれたにもかかわらず、愛知万博に対しては、資本主義や国家とアーティストとの関係を問う声は、ほとんど聞こえてこなかったのである。愛知万博にも、「前衛的」と呼ばれるアーティストたちが多数参加していたにもかかわらず、である。

万国博の歴史の批判的文化研究である『博覧会の政治学』（九二年）の著者でもある吉見俊哉は、そこで、一九世紀以来の博覧会の歴史が「帝国主義やコロニアルなまなざし、大衆的な消費への欲望喚起と不可分なかかわり」（『万博幻想』〇五年）を持つことを批判的に論じていた。大阪万博も、まさにそのようなイヴェントであったとされる。その吉見は、愛知万博が「大阪万博とは決定的に異なる歴史の地平」にあると言いながらも、「しかしながら、それでもなお愛知万博が、全体として大阪万博の地平を脱していないことも事実である」（同）と、奇妙にアンビヴァレントな指摘を行なっている。しかも、この奇妙さを象徴するかのように、吉見自身が博覧会協会の企画調整委員として愛知万博にコミットすることになるのである。

もちろん、その「矛盾」に吉見は自覚的である。トヨタを中心とする愛知財界が当初企図した開発主義的な愛知万博に対して、会場の一部となる「海上の森」の自然を守ろうとする地域住民運動が対立していた。『博覧会の政治学』を著して万博イデオロギーの批判を行なっていた吉見のところに、そうした運動にたずさわる住民が訪ねてくる。愛知万博は当初から「環境」をテーマに掲げていた。大阪万博においても、「環境」は重要なキーワードであったが、そこにエコロジカルな含意は希薄であった。愛知万博においては、当初から、少なくともタテマエとしてはエコロジカルな意味での「環

＊2　日本の「六八年」に、すでにあげたような革デ同、青デ闘争、美共闘のような多少の志向があったとはいえ、シネマテーク・フランセーズのアンリ・ラングロワ解雇撤回闘争、ゴダールやトリュフォーの名とともに知られるカンヌ映画祭闘争、磯崎も接したミラノ・トリエンナーレ占拠闘争のような、いわゆる芸術運動と国家や資本との関係を問題化する側面が相対的に希薄であったことは事実である。反万博がいま一つ高揚しなかったのも、そのことと相即しているのかも知れない。このような傾向を目して、ヨーロッパにおける「スチューデント・パワーが文化の領域に強い発言を持出しているのは、それだけ現代芸術が社会の中に食い込んでいる事実から必然的に派生している」と賞揚（？）し、日本の反万博を「古い左翼の公式主義」と批判するという傍観者的態度も存在しえた（東野芳明「唐十郎とぼくの38日」、「SD」六九年三月号）。なお、やや例外的なものとして、映画監督・鈴木清順の作品を川喜多和子のシネクラブ研究会に日活が貸し出し拒否（鈴木を解雇）したことに発する「鈴木清順問題」がある。この事件をきっかけに鈴木清順問題共闘会議が結成され、多くの映画人、映画評論家のみならず、大学映研もコミットした。

境」が主題化されていたが、それが積極的に含意されてくるように思われたのである。そのことを、吉見は「トヨタを支柱とする愛知財界は、九〇年代末のある時点から、海上の森の自然を守ろうと真剣に取り組んできた人々と同じ方向を、後者とはまったく別の意図から目指し始めていたのではないだろうか」と推定している。それは、おそらくは「環境」から、さらに「地球」や「自然」といった言葉を、愛知万博が用い始めたことをメルクマールにしているだろう。

トヨティズムと呼ばれるポストフォーディズム的生産方式は、「六八年」に対する受動的反革命として誕生したポストモダン的なものである（パオロ・ヴィルノ『マルチチュードの文法』参照）。それは単なる開発主義ではなく、「人間的」な転回が、そのなかにインプットされているとさえ言えるだろう。それは、フォーディズム的「人間疎外」に対して、クリエイティヴ・クラスとして労働者を偽装する。もちろん、そのことにも吉見は自覚的であるように見えるのだが、ともかく、トヨタの「変化」によって、愛知万博が「トヨタ博」、「市民博」、「環境博」の三層構造を持つにいたったことを踏まえて、吉見は、あえて愛知万博にコミットしはじめるのである。「反対派の取り込み」であることを承知の上で、である。「取り込まれる側からするならば、発言の自由が保証されるなら、申し出を断ることは、文字通り戦わずしての逃走となってしまう」（同）からだ、と言う。ポストモダンをアンソニー・ギデンズの「再帰的近代化」と捉える吉見としては、当然の選択と言える。「第三の道」ということなのであろう。言うまでもなく、自然を守れという住民運動は「市民運動」として展開された。

このような「市民」主義的対話路線は、万博開催の二ヶ月前、一月に集中的に行なわれた名古屋市内各公園に住まうホームレスとその住居の強制撤去によって保証されている。愛知万博は、吉見の言うような「反対派の取り込み」だけではなく、積極的に市民参加を謳い、多くの市民ヴォランティア、NGO、NPOも参加したが、彼らとの対話は、ホームレスなど、資本には包摂されえない少数者との「係争」(ランシエール)を回避したところで可能になった市民主義にほかならない。逆に言えば、「市民」は資本に包摂され、共通の土俵にあるがゆえに、資本との対話が可能なのである。それが、資本の包摂しうるリミットである。

このホームレス問題が、「トヨタ万博」=「市民万博」における決定に重要な「外部」であることは、現在においてこそ鮮明になっていると言える。二〇〇五年の時点においては、トヨタを頂点とする愛知・中京地区の経済は全国的に見ても圧倒的な好況の様相を呈していた。外国人労働者を含む多くのロウアークラス、アンダークラスの労働人口は、派遣や臨時・下請けというかたちによって資本に包摂されており、ホームレスのような顕在的な相対的過剰人口は、ごくごく少数派にとどまっているように見えた。トヨティズムは、「ジャストイン・ジャストタイム」を標榜する消費者へのフレキシブルな対応を旨とするため、調整弁としての非正規労働者や下請けを多数必要とする生産システムだが、それが好況時には目立たなかっただけである。このような背景のなかでホームレス強制退去がなされたゆえに、それに対する反対は存在したとはいえ、多数の「市民」はトヨタ万博に吸収されえた。ホームレスとは万博の「反対派の取り込み」にも包摂されえない少数派のことにほかならないが、それを、二〇〇五年の愛知・中京地区では、強引に隠蔽することが可能だったと言えようか。しかし、二〇〇八年のリーマン・ショックに端を発する世界不況=円高のなかで、トヨタをはじめとする輸出に依存する製造業から膨大に失業者・ホームレスが湧出している現在、そこで万博が行なわれたとしたら、それは「市民万博」を僭称できるだろうか。

泉眞也と福井昌平

愛知万博の、吉見が言うような意味での「環境博」＝「市民博」へのシフトには官僚たちの方針も介在したのは当然だが、それは情報としては顕在化していない。ここでは泉眞也と福井昌平という二人の民間出身のプロデューサーについて若干検討してみよう。彼らの役割は、愛知万博の「電通博」とも称せられた側面と関係しているだろう。トヨタ万博は電通という巨大広告代理店によって、「環境万博」とも「市民万博」とも演出された。これは周知のことである。泉の著書『空間創造楽』（九二年）の版元は電通であり、福井が電通嘱託社員であったことからも知られるように、彼らは電通と深いかかわりを持っている。彼らは、「ミスター万博」と呼ばれた堺屋太一（元通産官僚でもある）が、愛知万博を開発主義的に展開すべく「最高顧問」として招聘され、瞬時に降板した二〇〇一年以降の過程を積極的に担った人物である。

すでに触れておいたように、泉は「デザイン批評」の創刊編集人の一人だが、一九六四年のニューヨーク博覧会を見聞しており、七〇年大阪万博を皮切りに、日本のみならずアジア地域の多くの博覧会にたずさわった。愛知万博では当初からコミットし、催事についての総合プロデューサーを務めた。「万博おじさん」を自称し、「万博のことは泉さんに聴け！」と言われるような存在である。つまり、堺屋とともに泉は大阪万博から愛知万博にいたる継承性を担保しうる立場にある。福井は泉の下で、二〇〇一年からチーフプロデューサーを務め、愛知万博が「市民万博」となることに腐心した。「愛・地球博」というネーミングは、主に福井（と泉）のアイディアになるようだ。この名称を小泉純一郎首相（当時）が賞賛したことによって、泉と福井は、愛知万博の成功を確信したという。

以上の情報は、福井編集の大部な豪華冊子『万博を創る』(二〇〇五年)、福井が泉へのオマージュとして編集した対話集『泉眞也の万有万物博覧会』(二〇〇五年)などによる。前者は、「財団法人2005年日本国際博覧会協会」が発行元、定価はない。協会会長・豊田章一郎と事務総長・中村利雄の対談を巻頭に、関係者多数が文章を寄せている。そこに掲載されている福井の文章「持続可能な地球社会への『夢』と『意志』を織りあげて、新しい万博を創る!」には、二〇〇一年以降の開発主義からの転換にいかに腐心したかが語られている。後者は、中日新聞社から刊行された一般書籍で、愛知万博に関係した福井をはじめとする一八人の人間と泉との対談(座談会)をまとめたもの。巻頭には豊田章一郎の推薦文が置かれている。後に触れるように、福井は「六八年」においては一部では知られた新左翼の活動家であった。

泉眞也が開発主義的な万国博への加担から「環境万博」へと無理なく(?)シフトしえた理由は、ポランニー兄弟=栗本慎一郎との出会いにあるようだ。『泉眞也の万有万物博覧会』の末尾に付された泉による短い文章「おわりに」には、「青春の日『反体制・反権力』に進まず、『実存主義』の考え方に寄り添って生きてきた。私の七十五年の生涯の中で、ポランニー兄弟との出会いほど感動的だったことはない」と言い、栗本慎一郎の『経済人類学』(七九年)をあげ、「経済の原点は、異質な文化の相互尊重、時にはその裏返しの構造としての忌避にある」としている。自身がたずさわる大阪万博以前に書かれた「びわこ博見聞録」(「SD」六八年一二月号)は、ニューヨーク万博などを参照しながら、明確にその開発主義を肯定するレポートとなっている。その後、泉がかかわった多くの博覧会も開発主義以外の何ものでもなかった。それがエコロジーや多文化主義的相対主義へと転向したのは、他にもさまざまな契機があったとしても、ポランニーの(栗本慎一郎の?)経済人類学に典拠を求めたことは嘘ではなかろう。日本のマルクス経済学は、「六八年」以降の行き詰まりを克服する契機をカール・ポランニーの『大転換』に求め、エコロジーへと転じる者もいた。栗本自身も宇野経済学（岩田弘の世界資本主義論）から出発したが、玉野井芳郎はそのエコロジー的転回を果たした代表的な存在である。

しかし、カール・ポランニーの『大転換』が持つ意味は、単に、エコロジーや多文化主義へと、読者を使嗾するところにはない。その著書が八九／九一年の冷戦体制崩壊以降に顕在化した重要性は、ソ連邦崩壊以降における「歴史の終焉」イデオロギーへの批判を、そこから読み取りうるということなのである。いわゆる「歴史の終焉」とは、ソ連邦の崩壊や中国の資本主義化によって敷衍された、資本主義を人類史の目的＝終焉とする認識と不可分だが、その時『大転換』から読み取るべきなのは、逆に、資本主義の歴史的規定性なのである。それを文化相対主義へと還元し万博イデオロギーの担保とすることは、「実存主義」的であるかどうかは問わず、確かに、「『反体制・反権力』に進ま」なかった者の資本主義的ご都合主義とは言えるだろう。言うまでもなく、資本「主義」とは、ご都合主義的であることを旨としており、エコロジーも資本に包摂される（トヨタのエコ・カーからグリーン・ニューディールまで）。それは、カール・ポランニーに反して資本主義の永遠性を賞揚することなのである。愛知万博が「環境万博」であると同時に「トヨタ万博」であることは、ここで矛盾なく肯定されている。

泉眞也の資本主義を肯定する姿勢は、「デザイン批評」時代から一貫しているようである。泉は、その創刊号にインダストリアル・デザイナーと資本・権力との政治的なありかたを論じた「グッド・バイ　グッド・デザイン」という一文を寄稿しているが、それが企業や当時の通産省の要求するデザイナー像でしかないことを批判する文章「泉眞也氏への反論」が、五号（六八年）に投稿・掲載されている。執筆者は吉本直貴という若いインダストリアル・デザイナー、後に「吉本キューブ」という多面体玩具を発明したことで知られる人物であろうか。泉の文章は、吉本直貴が言うように——この文だけではなく——かなり「粗雑な文章」（吉本）だが、「体制側に立つ工業生産品のデザインについての明確な発言と、反体制に基く発言とが、明解な形でまず提出され、そこからこの両者を止揚した形での進歩が、是非とも必要」（泉）だとして、両者の立場を抽出し、「止揚」を図ろうとするもののようである。吉本直貴の批判は、それが結局、資本と権力の代弁にしかなっていないということだが、おおむね首肯できる。泉は冒頭で、「グッド・バイ グッド・デザイン」と言う時の批判されるべきグッド・デザインの代表として「通産省選定の、いわゆるGマーク」をあげている。ところが、文章の最後では、「公共の努力」として「通産省のGマーク運動は貴重である」と言う混乱ぶりである。吉本直貴によれば、彼が会社の友人と泉のその文章について話していたら、友人は「泉眞也というひとは、反体制側の立場にたつひとだ、と言っていた」という。かつては、そう思われていたのであろう。吉本直貴の文章は、それが書かれた当時の風潮に沿って、反体制の立場を主張する人物が実は体制的であることを暴くという、存在と当為の矛盾を突いたものとも読めるが、それをこえて、泉の資本の論理への加担を指摘しているところに、「万博おじさん」へと変貌していったインダストリアル・デザイナーの帰趨を暗示させる。

「六八年」の福井昌平は「立花薫」と名のり、三上治、神津陽とともに吉本隆明に深く傾倒する新左翼政治党派・共産主義者同盟（ブント）叛旗派の中心的な活動家として知られた。叛旗派は七〇年六月に第二次ブントから分派・結成された小党派である。当時、叛旗派内ブント同盟員は中央大学系の三上と神津のみであったため、急遽、電機通信大学社学同（ブントの学生組織）の立花＝福井をブントに昇格させることで叛旗派フラクションを成立させ、政治局を構成したという（フラクション＝細胞は三人以上で成立するものとされた）。以来、立花＝福井は、すでに左派ジャーナリズムに執筆の場を持ち、単著さえある三上、神津に次ぐナンバー・スリーの地位を占めた（神津『蒼氓の叛旗』は七〇年、三上『戦闘への指示向線』は七二年）。しかし、叛旗派は最高指導者・三上の脱退（七五年）によって混乱、七六年一二月には解散宣言を発することになる。

三上の脱退は私生活上における個人的な理由とも言われたが、脱退直後の三上は七五年六月、同調する中央委員一人をともない、個人による政治講演会を開催する。その講演会には吉本隆明が招聘され、「情況の根源から」と題して講演した。吉本と三上は六〇年安保以降、親密な付き合いがあった。叛旗派の政治集会では吉本がしばしば講演を行なっており、他の叛旗派メンバーとも吉本は接触していた。

神津、立花ら残存叛旗派は三上講演会に押しかけて、抗議行動を展開した（あるいは、吉本の講演を傍聴しに行った）。三上に対する叛旗派の野次・罵倒はあったが、吉本の講演はおおむね静聴された。吉本の側からする、この事件の報告と見解は、吉本の個人誌「試行」四六号（七六年九月）の「情況への発言」に記されている（『完本 情況への発言』二〇一一年、所収）。この三上講演会を契機に、神津陽を中心とする反三上の多数派と、吉本（三上）に親近する立花＝福井の少数派が対立し、七六年末の叛旗派解散へといたった。立花＝福井グループは七七年七月にリトルマガジン「最後の場所」を創刊する。「最後の場所」は、三号（七九年）までは立花＝福井を含めた編集同人制、その後、立花＝福井は離脱したと見られるが、五号（八三年）まで継続した。三号の編集「後記」によれば、創刊号は一〇〇〇部を売り切り、予約購読者一五〇人とあるから、取次を通さない（と思われる）リトルマガジンとしては健闘していたと言うべきだろう。もちろん、吉本隆明がポスト「六八年」において、どのように解釈されていくのかという、元活動家を中心とした読者の期待値が大きかったと思われる。その雑誌の表紙デザインは、「試行」のそれを模したものであった。

前掲の福井編集の愛知万博関連書籍その他を参照するに、福井が業界入りし愛知万博チーフプロデューサーにいたるキャリアを開始したのは、「七〇年代半ば」と自身で記しているものもあるが、叛旗派解体が七六年末なのだから、その直後からと見なせよう。「最後の場所」が自然消滅した（?）翌年の一九八四年に電通嘱託社員（九二年まで）、八五年に株式会社コミュニケーション・デザイニング創業、九一年にはコミュニケーション・デザイニング研究所を設立し、国鉄民営化によるJRのネーミングとデザインの開発プロジェクトを皮切りに企業のCIにたずさわる。同時に、大阪ガス「ガス科学館」リニューアルなどをへて名古屋デザイン博や大阪・花の万博などの基本構想策定に参画した。泉眞也との接点が、どこからかは不明だが、かなり初期からと推定できる。泉眞也が総合プロデューサーを務めた大阪花博は一九九〇年開催である。

「最後の場所」の立花薫からCIプランナー福井昌平への転換は、どのようになされたのか。そこには、「六八年」が受動的（かつ、反革命的）に回収されていく時の吉本隆明の思想が重要な役割を果たしているように思われる。

叛旗派の「転向」の論理

三上治の叛旗派離脱から叛旗派解体へといたるプロセスにおいて、重要な参照先となったのが、吉本隆明の『最後の親鸞』であった。三上離脱の七五年には、それはいまだ単行本化されていなかったが、すでに主要部分は雑誌「春秋」の連載掲載を終えており、最高指導者の政治責任の放棄を指弾される三上も、それを参照し離脱の正当化を行なっていた。事実、単行本化された七六年一一月を待つかのようにして叛旗派は解体したのである。立花＝福井たちの雑誌「最後の場所」が『最後の親鸞』を下敷きにしたネーミング（CI！）であることは見やすい。端的に言って、すでに闘争のモティベーションを喪失していた叛旗派は吉本隆明をどう解釈するかによって三分解したのだが、その時、とりわけ参照されたのが『最後の親鸞』だったと言える。『最後の親鸞』は、「宗派人（党派人）としての親鸞の、自己放棄」の契機を論じようとしているものだが、そのモティーフが、党派解体を余儀なくされていた叛旗派の活動家たちを捉えたと言える。とりわけ、立花＝福井グループにおいては、そうであったようだ。[*3]

立花＝福井らの「宗派人（党派人）としての（…）自己放棄」は、一種リバタリアン的なものであったようである。吉本には、六〇年安保の学生イデオローグの、旧左翼的な倫理にとらわれないリバタリアン的心性を評価した「戦後世代の政治思想」（六〇年）などが、すでに存在していた。これは、立花薫のものではないが、「最後の場所」創刊号巻頭に置かれた（マニフェスト的なものであろう）文章には、「最後の場所」という雑誌を、解体する組織の残存資金を簒奪して刊行しようとしたという記述が読まれる（菅原則夫「ある雑感　共産主義者同盟の死」）。それによれば、組織の金を裁判費用に使おうが雑誌の資金に使おうが遊興に使おうが「それは同位に置かれる」からだという。「そこまで一端《ママ》倫理を解体しなければならない」のだと、その文章は言うのである。

もちろん、このような論理が、即、資本主義の論理として通用しはしない。資本主義自体が何らかの「倫理」を擬制しなければならないからである。そして、立花＝福井グループは、その担保を吉本隆明に求め続けた。それは、彼らに先駆けて叛旗派を個人的に離脱した三上治よりはるかに切実なものだったと思われる。三上の離脱には私生活上の理由が主張されているが、立花＝福井らが求めていたのは、より普遍的なものだったからである。

「最後の場所」三号（七九年）には、吉本隆明が「都市に関するノート」（後に『初源への言葉』八〇年、などに収録）という文章を寄稿しているが、それは立花＝福井らの問いに答えるものであっただろう。三号の編集「後記」には、「今号で、わたしたちは吉本さんに執筆をお願いした。無邪気な願望が実現されたことについてどう言っていいかわからない」と感謝の言葉が記されている。この時代に、吉本が「最後の場所」のようなリトルマガジンに寄稿するというのも、やや異例だが、そうであるならば、「都市に関するノート」には立花＝福井たちへのメッセージが込められていると考えるべきであろう。それは『最後の親鸞』にポスト「六八年」の指針を見出した者たちへの回答でもあったはずである。

吉本隆明が「都市」について書き始めた文章を、どれをもって嚆矢とするかは確定しがたいが、と

＊3　叛旗派解体以降の多数派を担った神津グループには、「自己放棄」というモティーフは少なかったようである。神津グループは、党派解体以降も、三里塚闘争の被告団裁判闘争などの問題を抱えており、「叛旗互助会」というかたちで活動を持続させた。それゆえ、三上に加担する吉本とは距離を取ることになる。神津の『吉本隆明論――〈戦後〉思想の超克』（八〇年）は、そのためもあろう、吉本批判の色彩が色濃いし、同書には、吉本の三上加担に関して、吉本と電話でやりあったという記述も見られる。

りあえず一九六九年の「都市はなぜ都市であるか」だとしてみれば、それは、吉本の下町下層のフラヌール的感性がよく発揮されたエッセイと言うことができよう。そこには、大阪万博を主導したモダニズム建築家への呪詛とも言える言葉も読み取れる。ところが、その一〇年後の「都市に関するノート」では、下町下層的感性がたどる日本の都市自体が、あたかも――「超西欧的」な?――万国博覧会であるかのように変貌していることに驚嘆し、賞揚することになるのである。

現在わが国の大都市は世界史の無意識のもっとも振幅のある自己表現、その階層的な展示場になっている。そこでは資本主義の自己停滞の世界史的な表現である産業と金融の高度な管制室化の進行がみられるとともに「古典的」なスラム街の露路の棟割りの線や、板塀に沿って自然の草花が世襲された手入れ法でゆきとどいたたんねんな鉢植えをつくっているのを、観賞することができる。

いまだに『空虚としての主題』(八二年)や『マス・イメージ論』(八四年)は書かれておらず、「超資本主義」者に転向する以前の文章である。それゆえ、「資本主義の自己停滞」という言葉も読まれるわけだが、ここには、すでに「自然の叡智」を謳った愛知万博のイデオロギー的基礎が、きわめてヘーゲル主義的に表現されていると言える。「世界史の無意識」が「自然の叡智」に重ねあわされることによって、立花＝福井らの求めた「倫理」は、そのなかで保証されるだろう。吉本のこのエッセイを得たことで、立花＝福井の「宗派人(党派人)としての(…)自己放棄」は最終的に完結した。『最後の親鸞』では「非知」とのみ、おそらくはバタイユから横領された概念で抽象的に語られていた「自己放棄」の境地が、再び「叡智」として甦ったように見える。それは、『泉眞也の万有万物博覧会』のなかのある対談で泉が、おそらくは愛知万博に当初コミットしていた中沢新一から示唆を得て、マルセル・グリオールの『青い狐――ドゴン族の宇宙哲学』を念頭に置きつつ語っている、ドゴン族のエコロジカルな宇宙哲学にまで接することも可能な非知＝叡智とさえ言えよう。これによって、立花＝福井は安んじて万博プロデューサーとしての道を歩むことができたのではないだろうか。あらかじめすでに、資本主義は――吉本にあっても、立花＝福井にあっても――リバタリアニズムとして肯定されていたから、その距離はもう一歩だったのだ。

3　岡本太郎の脱構築戦略

一九五〇年代以来の協働者であるところの丹下健三設計による、大阪万博・お祭り広場の大屋根を突き破って立てられた「太陽の塔」に象徴される、岡本太郎が大阪万博にコミットした企図は、大阪万博以前に書かれた次のような岡本の言葉によって、おおむね、言いあらわされる。

建築と芸術の本質的な協力は、建築、いわば枠の明快で堅牢な合理性、その冷たさに対して、もっと熱っぽい、人間的なもの、非合理的な神秘性、戦慄的な情感をぶつけることだ。また建築ののっぴきならない目的に対して、芸術の無目的性をつきつける。これらの対立が二つの極となって緊張し、張りあう。その危機をはらんだかねあいに、たくましい人間の全体性が生み出されるということである。

（「建築と絵画」、『黒い太陽』五九年）

今日、この岡本のナイーヴな言葉を全面的に肯うか否かは問わず、しかしこの主張に沿って「太陽の塔」の万博批判的な意義を高く評価する者が少なからずあり（塚原史『人間はなぜ非人間的になれるのか』、椹木野衣『黒い太陽と赤いカニ』など）、戦後アヴァンギャルド芸術運動における岡本の再評価の機運も勃興している。また、沖縄や東北、そして「縄文」といった「日本」を発見した、その生命主義と民族学的慧眼も再評価の対象となっている（赤坂憲雄『岡本太郎の見た日本』など）。大阪万博であれほど疲弊しシニシズムにおちいった磯崎新でさえ――彼は丹下健三の下、お祭り広場の大屋根の提案者だったが――「太陽の塔」がそこに出現した時、「勝負あった、と思った」と回想している（『建築における「日本的なもの」』）。それに取り付けられた稚拙で不気味に笑う「黒いマスク」をとおして、開発主義的な大阪万博は「おぞましいまでに通俗のきわみ」である「日本的なもの」へと下降を余儀なくされていくからである、という。

磯崎の評価をもっとも切実かつ条理を尽くしたものとして、しかし、これらの再評価は、ポストモダニズムを経由したところの、事後的に捏造された記憶ではないのか。冒頭で述べたように、近代芸術の歴史が、その「自立性」を疑問に付される過程だとして、その時、その芸術的価値は、芸術作品についての解釈のヘゲモニー闘争のなかで決定されるほかはなくなる。ロラン・バルトは写真について、それに付されたキャプションがなければ、その意味は理解できないと言ったが、同様のことは、他の芸術ジャンルでも大なり小なり生起しているわけである。これを「太陽の塔」に即して言えば、岡本が言うモティベーションに沿って、それを評価しうるようになるためには、実は、何らかの歴史的迂回が必要だったということにほかならない。岡本が近代的合理性に対する非合理的なものの侵犯を志向しているとして、それ自体は、「六八年」当時の通俗的なスローガンでもあったわけだが、アンダーグラウンド演劇に、そのような表現を見る者はいたとしても、万博会場にそれが実現されているると見なす者は誰もいなかったのである。実際、塚原史は、当時は「太陽の塔」に批判的だったと言い、磯崎の評価も事後的なものである。「太陽の塔」は、資本と国家の祝祭に埋没し吸収されていると捉えるのが一般的であったのだ。

江藤淳「太陽の塔は醜悪」

江藤淳は前掲大阪万博ルポルタージュ「五色の文字と蝶の翅」で、「太陽の塔」が「グロテスクで、醜悪で、にごっている」のは、それが「企業館」に似ているからだと言う。「企業館」は、「日本の経済侵略がどれほど貪欲かつ恥知らずなものになり得るかという暗示をあたえる」が、それは「太陽の塔」も同じであり、『企業館』が企業という法人格の自己顕示をおこなっているのに対して、これが作者の自己拡張欲を示しているというちがいがあるだけである」というのだ。おそらく、江藤淳のこの感性は、「万博などつまらない」、「デモのほうが面白い」と言った「六八年」のそれに近いところがある。それは、多くの岡本太郎再評価が事後的なものであり、江藤の感想が当時のものだというだけではない。また、江藤が保守派のイデオローグだったというだけで、それが「六八年」と無縁だと考えるのも間違っている。むしろ、江藤は磯崎と同じものを、やや角度を変えて見ていたとさえ言えよう。

江藤は同じ文章で、万博会場近くで見たある光景を目して、「昨年は青年たちが政治運動を通じて歴史に『参加』しようとした年であった。今年は若い娘たちが万博を通じて歴史に『参加』する年であろうか」と言い、それは「戦争というものができない時代の、戦争というものができない国に生れたとまどいを、そういうかたちで表現しているのだろう」と、シニカルに記している。これは、万博にコミットして「戦争遂行者に加担したような、膨大な量の疲労感と、割り切れない、かみきることのできないにがさ」を感じたという、リアルタイムの磯崎と近いものではないだろうか。江藤のこの万博批判のルポルタージュと通底する『成熟と喪失』も、広義には「六八年」的な書物とは言いうる。

江藤がそこで紹介するところによれば、宮沢喜一（通産大臣・当時）は、江藤に、万博が「終ったらあの会場はもとの原野に戻すのがいいですな」と語ったという。それは、当時の国家・資本の側からしても、その痕跡さえ抹消されるべき恥の記憶であったのだ。しかし、いかなる理由によってか、万博跡地には太陽の塔だけが残った。それは、岡本が主観的に目論んだような、開発主義テクノロジーに対する芸術や「人間」の勝利の記憶としてではあるまい。恥の記憶さえ吸収して前進する、資本の勝利のモニュメントとして、であったはずである。そのことを象徴するかのように、万博以降の岡本太郎は、「爆発おじさん」として、資本主義のなかで、その芸術家としてのイメージを消費され尽くしていくことになるのである。

「太陽の塔」を中心とした岡本太郎の仕事が、再評価・再解釈されていくのは、改めて言えば、一九九六年の岡本の死後、二〇〇五年の愛知万博が間近に迫ってきた時と並行している。一九九八年には東京・青山の住居兼アトリエ跡に岡本太郎記念館が建設され、九九年には川崎市に岡本太郎美術館がオープンした。二〇〇三年にメキシコで発見された巨大壁画「明日の神話」が二〇〇五年に復元され、岡本太郎ブームが本格的に起こる。幾つかの岡本太郎展が開催され、テレビや雑誌でも特集が組まれた。岡本を再評価する書籍も前掲書をはじめ多数刊行された。これらは、愛知万博がポストモダンの時代にふさわしいものに再定義される過程と並行していたと見なすべきだろう。その時、岡本太郎のキャリアは、それにふさわしいアウラをもって立ちあらわれてくるだろう。

それはまず、戦前のパリ留学時代(一九三〇〜四〇年)における抽象主義やシュールレアリスム運動の渦中にいた画家としてのキャリアであり、マルセル・モースの弟子であったという民族学者のキャリアである。また、ジョルジュ・バタイユやピエール・クロソウスキーの盟友としてコレージュ・ド・ソシオロジーやコントル・アタック、そしてアセファルにまで参加していたという秘められたキャリアであり、戦後の日本にあっては、花田清輝との劇的な邂逅をつうじて「夜の会」などアヴァンギャルド芸術運動を担ったというキャリアである。それに、岡本太郎が一平・かの子という奇妙な芸術家夫婦のあいだに生まれた「アンファン・テリブル」であったという神話も加わるだろう。これらのことは、岡本の生前に知られていなかったわけではないが、その歴史的な意味は、岡本の戦後における「ドン・キホーテ的な」(東野芳明)振る舞いに周囲が幻惑されていたということもあり、また、時代的な制約もあって、十分に照明が当てられていたとは言いがたかった。そのことを、ここで逐一検討する余裕はないが、幾つかのポイントを見ておくことにしよう。

一九三六年、横光利一がベルリン・オリンピック観戦を名目に洋行した時、横光は岡本太郎の紹介で、トリスタン・ツァラをはじめパリの地の著名な前衛芸術家たちのパーティーに出席している。このことは横光の『欧州紀行』(一九三七年)に記されているが、そこで興味深いのは、彼らが日本では人民戦線はどうなっているのかと問うのに対して、横光は前衛芸術運動が政治とは無関係だと思っていて、この問いに驚愕するという場面である。周知のように、新感覚派の旗手として出発した横光は、「形式主義文学論争」におけるプロレタリア文学との論争に見られるように、少なくとも即自的には、前衛芸術運動が左派の政治的前衛とは対立する——「自立」する——と見なしていたのである。それゆえ、「人民戦線問題」をトラウマのように抱えながら、洋行以降の横光は『旅愁』の「日本回帰」へと転回していくことになる。

日本における前衛芸術運動の政治性は、主にアナキズムに親和的な芸術家によって担われていたが、大正期のアナボル論争におけるマルクス主義の「勝利」以降、政治性を括弧に入れた芸術的な「自立」に就いた。それは、横光においても同様である。そのことは、岡本太郎もしばしば回想している、瀧口修造の例一つを見ても知られる。今日なお回想されるエピソードは、瀧口が政治的な左派でも何でもないにもかかわらず、治安維持法容疑で逮捕（一九四一年）されたという事件である。これは、戦時下政治権力の不当性の例としてしばしば回想されることだが、むしろ、前衛芸術運動の日本的受容の非政治的楽天性を示している。

岡本太郎と花田清輝

このような傾向は戦後も続いていく。戦後においても、政治的前衛と芸術的前衛の問題がリアルに問われたことは、花田清輝のような例外的な事例以外には、ほとんどなかったと言える。政治的前衛は社会主義リアリズムを主張していたし、芸術的前衛は頽廃したブルジョワ芸術とされていたから、芸術的前衛を標榜する者は、芸術的「自立」に居直るか、「異端」を気取っていれば足りた。その意味で、岡本太郎のパリにおける前衛芸術運動との邂逅は検討されるべき事例であったにもかかわらず、その検討が遅れるのである。

しかし、現在では多少神話化されている岡本と花田の戦後における協働は、果たして、それほど有意義なものだったのだろうか。先の岡本の文章一つからも知られるように、バタイユ経由と思われる岡本太郎の爆発主義は典型的な疎外論であり、「禁忌と侵犯」の図式に収まるものである。ところが、花田清輝はといえば、その論理の特徴が、疎外論を徹底的に斥けるところにあった。花田が高見順や荒正人を相手にして一九五〇年代半ばに行なった「モラリスト論争」は、疚しい良心を糧にして転向を正当化するロマンティックな人間主義に対する徹底した批判であったと言いうる。前衛党がすでに疎外された党であるとして、転向は人間性の回復を意味することになり、疚しさのなかで肯定される。岡本太郎の爆発主義には、「モラリスト」＝転向文学者のような疚しさは見られないとはいえ、それは爆発が可能であると信ずる楽天的な人間主義的ロマンティシズム以外ではあるまい。だとすれば、いかに「対極主義」（岡本）や「楕円の思想」（花田）を標榜していたとはいえ、その協働はいかにして可能なのだろうか。花田にとって、それは批判の対象以外の何ものでもないだろうからである。対極主義は爆発によって止揚されるが、楕円の思想は、「対立物を対立のまま統一する」として、対立が維持される（この「楕円の思想」が、それ自体でロマン主義的なイロニーか否かは問われるべきだが）。

ミシェル・フーコーは、そのバタイユ論「侵犯行為への序言」を、バタイユの思想が「禁忌と侵犯」の図式に収まる限り、それは論じるに足りないというところから始めていた。「聖なるものにもはやいかなる積極的な意味も認めていない世界における冒瀆行為、おおよそのところそれが侵犯と呼びうる」（西谷修訳）と、バタイユの侵犯行為を再定義することによってである。後に触れるデリダのバタイユ論「限定経済学から一般経済学へ」（『エクリチュールと差異』所収）も、その意味では、フーコーと同じところから出発しているだろう。では、岡本には論じるに足るところがあるのだろうか。

東野芳明が、戦後アヴァンギャルド芸術運動における岡本太郎をドン・キホーテに、花田清輝をサンチョ・パンサに譬えている（「太郎パーティーの一夜」）のは、おそらくは東野の意図をこえて、正鵠を射ているところがあるだろう。東野の比喩は岡本の爆発主義が一般的な意味でドン・キホーテ的なものに見えるところから、「同伴者」花田という意味で発想されているに過ぎないが、花田清輝にはドン・キホーテのロマン主義に対するリアリスト的批判者としてのサンチョ・パンサを評価する「サンチョ・パンザの旗」(『自明の理』)という初期のエッセイがあった。その意味で、花田清輝の岡本太郎との関係は、通俗バタイユ主義的疎外論に対する批判者の関係なのである。

花田が岡本について書いた幾つかのエッセイを読んでも、あるいは両者の対談を見ても、花田が岡本の爆発主義や人間主義に同調しているところは一切ない。たとえば、花田が『鳥獣戯話』で動物を書いていた頃の対談「鳥の話」(六一年)は、鳥だふくろうだ猿だ猫だという「こんにゃく問答」(花田には同名のエッセイがある)のような対話のなかで、岡本の人間主義が徐々に融解されていく。先の引用からも自明だが、岡本の爆発主義では「人間の全体性」(前掲「建築と絵画」)が回復されることが目指されているが、それがサンチョ・パンサ=花田の介入によって別の方向へと逸らされていくのだ。もとより、そのような介入を可能にしたのは、戦後派知識人=「モラリスト」とは異なる、疚しい良心とは無縁な岡本の楽天性であるのだが――。

「太陽の塔」のみならず、岡本太郎の作品の多くにオセアニア芸術のフォルムや色彩の横領が見られることは明らかだろう。それは、シュールレアリスム他の二〇世紀前衛芸術運動がアフリカやメキシコなどの「未開社会」の芸術を横領したことと同じであり(もちろん、シノワズリもジャポニスムも)、「オリエンタリズム」として今日では一般に否定的に語られることのヴァリエーションである(逆に言えば、善悪など問わず、そのような横領なしに芸術は不可能である)。縄文や東北、沖縄の発見ということについても、ほぼ同様である(しかし、岡本の民族学的な発見を再評価する者が、決して「オリエンタリズム」という批判の一語を発しようとしないのはどうした理由だろうか）。

岡本太郎がオセアニア芸術に惹かれた理由は幾つか考えられよう。岡本の民族学の師マルセル・モースはオセアニアの「クラ交易」や「マナ」の意味を論じたが、まず、その影響が考えられる。モースの弟子としての岡本はパリ大学でオセアニアを研究対象としていた。しかし、それだけではないように思われる。磯崎新は岡本の「日本的なもの」の発見を目して、それが米軍の実質占領下にあった日本のナショナリズムの表現としてあったことを指摘している（前掲『建築における「日本的なもの」』）。岡本の『日本の伝統』は一九五六年、『日本再発見 芸術風土記』は一九五八年、『沖縄文化論』は一九六一年に刊行されている。敗戦日本の「独立」を刻すサンフランシスコ講和条約は一九五二年に発効していたが、その後の情勢はむしろ、安保条約下の対米従属を問題化する機運が醸成されていたのである。その問題は、六〇年安保から一九七二年の沖縄「返還」まで持続していたと言ってよい。その意味で磯崎の指摘は正しい。しかし、それを一般的な戦後ナショナリズムの問題に還元してしまうことは、大阪「万国博」に岡本が縄文的というよりはオセアニア芸術的な「太陽の塔」を以てコミットしたことの意味を取り逃がしてしまうように思われる。

岡本太郎の「師団長の肖像」

近年発見された岡本の作品に「師団長の肖像」（一九四二年）と題された作品がある（世田谷美術館発行『世田谷時代1946-1954の岡本太郎』第一巻に収録）。これは、パリ時代から晩年の、アヴァンギャルドと総称しうる岡本作品群のなかでもまったく異質なリアリズム絵画で、「戦争絵画」と言ってもかまわない作品であろう（他には、デッサン以外にリアリズムの岡本作品は残されていない）。

油彩「師団長の肖像」を描く岡本太郎

黒い背景に、軍服姿の軍刀を持って坐った「師団長」が描かれている。一九四〇年にパリから帰国した岡本は、パリ時代の作品を二科展に出品したり滞欧作品展を開くなど日本画壇での活動を開始していたが、一九四二年一月に召集を受け、二等兵として上海に向かうことになる。以後、岡本は中国各地を転戦、湖南省で敗戦を迎え、一年近くの俘虜生活を送った後、一九四六年に日本に帰国する。「師団長の肖像」は岡本が師団長から慫慂されて描いた絵であるようだ。師団長を前に肖像画を描く岡本二等兵を写した写真も残されている（『世田谷時代』第一巻に収録）。

「師団長の肖像」の背後から見えてくるのは、いわゆる大東亜共栄圏の盟主としての「日本」であり、岡本はそこに行かなかったが、研究対象であったオセアニアの地もそこに含まれているということが必然的に浮かび上がってくるだろう。「太陽の塔」には、期せずして、そのこ

写真提供：岡本太郎記念現代芸術振興財団

丹下健三「大東亜建設記念造営計画」（「建築雑誌」1942年12月号）

とが回帰しているのではないだろうか。磯崎新が「太陽の塔」に感じたという不気味さも、そのことと無縁ではないだろうし、江藤淳が指摘した侵略主義的企業館との相似性についても同様である。だからこそ、時の通産大臣・宮沢喜一は、それを「原野」に戻して隠蔽すべきだと言ったのではないだろうか。その意味では、大阪万博は確かに「戦争」だったのかも知れない。そのことは、岡本自身が記す反戦・反権力的な思想とは関係がない。それは、芸術が資本の世俗的な——「聖なる」ではない——「祭り」として表現された時に、記憶のかたちを取って滲み出る、資本主義の核心のシミのようなものである。

しかし、宮沢喜一の希望とは異なり、「太陽の塔」は大阪万博の記憶を象徴するものとして残されることになった。それは、大東亜共栄圏として表現された「日本」の生命の持続の記憶であり、「大東亜建設記念造営計画（大東亜建

太陽の塔とお祭り広場

写真提供：共同通信

設忠霊神域計画)」(一九四二年)で建築家としてデビューした丹下健三の大屋根を突き破って屹立したものだった。「大東亜建設記念造営計画」は、「全アジアをひとつの覆いのもとにとりまとめるためのモニュメント計画」(磯崎『建築における「日本的なもの」』)で、富士山麓が候補地であった。つまり、大阪万博は富士山のかわりに「太陽の塔」が配置されているわけである。それは果たしてパロディーだろうか、同調だろうか。この時に改めて呼び出されるのが、岡本太郎の師であり、反ファシズム運動を――ファシズムと親近的な論理を以て――展開したバタイユである。

バタイユ以来の系譜

バタイユ・グループと岡本太郎の関係は、今ではよく知られたエピソードであり、その具体的詳細は不明とはいえ、今や研究も多く出現している。しかし、「六八年」の時点では、バタイユのみならず、クロソウスキー、ロジェ・カイヨワの邦訳も幾つか存在していたが、そのトータルなイメージは、いまだ与えられてはいなかった。バタイユのヘーゲル理解の核心を形成し、岡本太郎も熱心に聴講したというアレクサンドル・コジェーヴのヘーゲル『精神現象学』講義についても、ほとんど知られていなかったと言ってよい。「デザイン批評」六号(六九年)における岡本太郎と針生一郎との対談「万博の思想」において、針生が事新しく「バタイユ以来の系譜が岡本さんのなかにありますか?」と問うているほどである。岡本は「これは始めて《ママ》いうよ」とバタイユらの「秘密組織」(アセファルのことであろう)に加わっていたことを告白している。バタイユと岡本の関係に着目していた針生にしてから情報が不足しており、その大枠さえ了解していないことが、この対談からもうかがえる。

しかし、愛知万博を前にした岡本太郎再評価が「バタイユ以来の系譜」に即してなされたことは、まぎれもない事実である。言うまでもなく、いわゆる「ポスト構造主義」におけるバタイユの再評価と連動していよう。塚原史は「太陽の塔」の頭頂部の黄金の顔が首の部分で切断されていることに着目して、それは死と再生のための祝祭である万博の観客に捧げられた、「供犠に付されるために白く塗られた母なる太陽の身体」(『人間はなぜ非人間的になれるのか』)だとする。もちろん、これはバタイユの「無頭人《アセファル》」のイメージを踏まえているだろう。あるいは、やはりバタイユ・グループと岡本との関係に着目する椹木野衣は「万博は人類の祭りであり、それゆえの無償の消尽行為であるべきだ」(『黒い太陽と赤いカニ』)と岡本の万博観をまとめ、そうであればこそ、岡本太郎は、他の多くのアーティストとは異なって、万博にコミットすることに疚しさを持たなかったのだと言う。だからこそ、椹木は岡本の万博=戦争責任を問うことなく、ジャパネスクな「殺すな!」のべ平連用ロゴ(岡本太郎デザイン)を二〇〇三年以降のイラク反戦の場面に安んじて転用できたのである。

　これらの再評価は、万博という「祭り」や「太陽の塔」の「供犠」を、民俗学的な「聖なるもの」というイメージで捉えている。

　このような視点からは、大阪万博の後に、そこで展示された世界の民族学的資料を基にして、万博跡地に国立民族学博物館(民博)が設立(一九七四年)されたことへの批判的アプローチは期待できない。民博は、この開設に尽力し初代館長となった梅棹忠夫によれば、パリ万博やシカゴ万博の後に、そこで蒐集された民族学的資料を基にして民族学博物館や人類学博物館が設置されたことに倣うものであった(梅棹『民族学博物館』)。そのプロジェクトには、岡本太郎の要請のもと、大阪万博のプロデュースにたずさわったトータルメディア研究所が当たった。その思想的背景に、マルセル・モースのもとで学んだ岡本の強い意向があった(小野一『メディアの創造 その経営とプロデュース』参照)。岡本もまた、パリ万博に倣って、万博と民博をセットと考えていたのである。言うまでもないが、そこには、江藤淳さえ感知した侵略主義的万国博のイデオロギーが、そっくり民博に移行しているという視点が、まったく欠けているのである。

万博への批判を行なっていた者たちにおいても、その問題性を民博にまでつなげてトータルに論じた者は見当たらない。すでに民博が設立されてしまい、その研究施設としての利便性が否定されるべくもなくなった今日にあっては、問題を蒸し返す者もいない。岡本の再評価を民族学のレベルで担った『岡本太郎の見た日本』の赤坂憲雄は、この問題について知悉しながらも、曖昧に判断を留保する姿勢を貫いているばかりである。

実際、「六八年」として括りうる一九七〇年前後においては、万博＝民博イデオロギーとしての「人類学的思考」(山口昌男)は、むしろ、革命的なものとして受容されつつあったのである。山口昌男が責任編集して一九六九年に刊行された「現代人の思想」シリーズの論集『未開と文明』には、レヴィ＝ストロースの高名な論文「人類学の創始者ルソー」の翻訳が収められていた。この論文が、津村喬によって、当時の入管闘争の思想的参照先となったことは歴史的な事実である。津村は、レヴィ＝ストロースがそこでルソーのなかに見出した「未開人」＝「他者」への視線を、在日という「他者」の問題へと転用した。このような人類学的思考は、山口昌男によって「中心と周縁」理論としてまとめられ、一時期、大量に流布されることになる。そのような知的環境のなかで、万博＝民博イデオロギーは、ほとんど問われることがなかったと言える。[*4] しかし、そうだからといって、そのことが今日なお問われなくてもよいというものではない。

これら近年の岡本再評価を踏まえて岡本・針生対談で着目すべきは、岡本の「バタイユの理想とするのは癌細胞のような破壊をしたいということ」だという発言である。このイメージは、デリダが「限定経済学から一般経済学へ」で描出した、バタイユによるヘーゲル哲学（労働概念による限定経済学）の脱構築戦略をうまく捉える比喩である。デリダによれば、「バタイユの場合、一方ではヘーゲルに対していわば無留保の共犯性が働いており、ヘーゲルの言説の赴くところいずこへなりとともに赴き、哲学形式内では一切の異議をさしはさむことなく、この言説をその帰結にいたるまで『くそまじめにとらえよう』としているのだが、それと同時に、ある種の爆笑が、ヘーゲルの言説を超え、その意味を破壊し、要するに、言説それ自体を解体せしめるような《体験》の先端を示している」（三好郁朗訳、傍点原文）。岡本太郎の「癌」の比喩は、今日においてバタイユの「蕩尽」や「祝祭」といったタームで岡本を再評価する者以上に、バタイユをよく捉えてはいたのだろう（ここでは、スーザン・ソンタグ的な「隠喩としての病」という視点については、あえて採らないでおく）。

そこで岡本は、癌を犯罪者にも比しているが、それも禁忌を突破し侵犯する者と捉えるよりも、宿主に無際限に「共犯」的であること――探偵と共犯的な犯人？――によって、それを破壊する癌遺伝子的な犯罪者のイメージが考えられるべきだろう。岡本の評論集『黒い太陽』の冒頭に置かれた同名の詩は、「ある日／太陽は　真赤な／巨大なカニである」と始められているが、癌（cancer）とは蟹の謂にほかならない。[*5]

「太陽の塔」に象徴される岡本太郎の万博へのコミットの目論見は、最大限に見積もって資本主義

（限定経済）に対する脱構築戦略と見なすことができよう。その戦略性への信頼ゆえに、岡本は資本に加担することに疚しさを持たなかったと考えるべきである。それは、癌のように資本主義を破壊しようとするものと信じられている。このイメージは、確かに「ある種の爆笑＝爆発」（癌腫瘍も爆発する）であるが、「供犠」や「蕩尽」のような疎外論的侵犯行為のイメージよりも、はるかにアクチュアルではある。このように考えることは、岡本太郎再評価のリミットをなすはずであり、それは大阪万博から愛知万博へと万国博自体が脱構築されていった歴史に寄り添う読解でもあるだろう。その場合、「太陽の塔」を万博の企業館とそっくりだと言った江藤淳の指摘のほうが、岡本の脱構築戦略をよく捉えているだろう。

＊4　ジャック・デリダが『グラマトロジーについて』のなかで、ルソーとともに、レヴィ＝ストロースの「他者」概念を徹底的に批判していることは知られている。また、七〇年代半ばにいたって、蓮實重彥も、おそらくはデリダのレヴィ＝ストロース批判を念頭に置いて、山口昌男の「中心と周縁」論が、所詮は中心に奉仕する周縁概念でしかないことを指摘した。津村喬のレヴィ＝ストロース援用は、レヴィ＝ストロースの人類学を「帝国主義の娘」とする認識を手放さず、万博＝民博イデオロギーに回収される人類学的思考から一線を画そうとしていることは指摘しておくべきだろう。

＊5　岡本太郎の協力者・花田清輝にあっても、「蟹」のテーマは重要であり、その蟹もまた、癌のごとく増殖する（「ものぐさ太郎」、『もう一つの修羅』一九六一年）。しかし、それは全体的に爆発するのではなく、間歇的な多数の「穴」として増殖するのである（拙著『花田清輝――砂のペルソナ』参照）。

しかし、資本主義自体が癌のようなものだとしたらどうだろうか。資本主義を癌と捉えたのは、カール・ポランニーである。しかも、ポランニーが資本主義の「外部」の、癌ならざる経済体制を実体として信じえたのとは逆に、今や、資本主義が人類の目的＝終焉であるかのごとく、世界を覆っている。ポランニーの経済人類学が、愛知万博を支える多文化主義的イデオロギーの基礎に示唆を与えたことは、すでに述べた。しかし、ポランニーによってマルクス経済学（限定経済学）からの転換を果たした栗本慎一郎が、むしろバタイユを参照する傾向があったように、一般経済学は資本主義それ自体の脱構築性（つまり、資本主義をのりこえる資本主義の普遍性）に求められることが多かったのである。それを吉本隆明は「超資本主義」と呼んでみたのかも知れない。

事実として確認しておくべきなのは、「太陽の塔」によっても資本主義は何ら破壊されなかったという一事である。岡本太郎が、「太陽の塔」を建設するにあたって膨大な資金——それは、たかだか八〇〇〇万円くらいだった——を消費・蕩尽したからといって、資本主義がビクともしなかったことは、誰でも知っている。大阪万博は最後の開発主義的万国博だったかも知れないが、愛知万博によって脱構築的に延命させられていった。それは、資本主義が祝祭や蕩尽によって死と再生を繰り返す民俗学的なシステムではなく、それ自体として癌のごとき脱構築的なシステムであることを告げている。つまり、岡本太郎の「太陽の塔」が万博の脱構築を目論んでいたとして、それは資本主義の脱構築性のなかで、まったく機能しなかったのである。むしろ、それは資本主義的保護主義のもとで生成発展してきた美術史の一駒に過ぎないのではないか。

資本主義は、それ自体としてヘーゲル的な自己完結したシステムであるかのように見える。そして、その限定性を過剰に推し進めれば、それは内破してくれるように思われる。しかし、もっとも初期的な資本主義的生産様式にあっても、資本は自ら生産することのできぬ外部である「労働力」を内部化（商品化）することによってしか成立しえなかった。つまり、資本主義は不断に「外部」に依存することで限定的に自己を形式化する脱構築的なシステムなのである。それは、ドゥルーズ／ガタリ的に言えば資本の脱コード化と再コード化の相即こそが、資本のもたらす「自由」と「鉄鎖」であるということである。

「六八年」の学生が大阪万博に無関心だったとすれば、それは、資本主義というシステムを単に「拒否」していたからだろう。もちろん、対案などない。そして、その「拒否」が、資本主義のもたらした「自由」によって可能にされたに過ぎないことも自明である。それゆえ、「拒否」は決してトータルな拒否とはなりえない。それは永続化しえず、「六八年」が暫定的に掲げた諸要求を吸収することで、資本主義は脱構築的に延命していくだろう。たとえば、トヨティズムとしてであり、資本と無関係に人間は生存できないという恫喝だけは発しつつ、である。もちろん、これは芸術に対しても言われ続けたことであった。だとすれば問題は、別段、資本や国家権力に対して、相対的に良心的に批判的であることではないし、それに依存していることに疚しさを抱くことでもない。いかに理不尽に、それを「拒否」するかということでしかないだろう。「六八年」が万博に対して無関心であった以上に、である。

岡本太郎の「爆発主義」的な反資本主義的——好意的に見積もって脱構築的——方向に対して、ここで想起されるべきは、赤瀬川原平の「模型千円札」（一九六三年）だろう。繰り返し指摘してきたように、資本制下の近代国民国家において保護主義の下に置かれてきた芸術ジャンルたる美術は、それが資本や国家に対抗的たるためには、自らの芸術概念をも否定する方向に向かわざるをえなかった。

そのことを端的に表現しているのが、赤瀬川らがやや拙劣に掲げた「反芸術」であり、「模型千円札」である。しかし、大阪万博に先行して生起していた赤瀬川らの試みが、万博問題と重ね合わせて論じられた形跡は不可解にも見られない。赤瀬川の「模型千円札」は、真の意味で「六八年」的な事件だった。それが大阪万博の問題と突き合わされていたら、資本主義の「拒否」という「六八年」の課題は、より鮮明化されたはずなのにもかかわらず、である。このことと、現在の赤瀬川＝尾辻克彦の変貌ぶりとは、とりあえず別である。

「太陽の塔」を廃炉せよ

1

3・11の東日本大震災・福島第一原発事故のしばらく前から不審不快に思っていたことの一つに、岡本太郎ブームがある。

本年（二〇一一年）は岡本の「生誕一〇〇年」ということらしく、その前からさまざまな催しが敢行されていた。東京・青山の岡本太郎記念館、川崎市岡本太郎美術館をはじめ、各地で回顧展があり、アンソロジー、単行本、新書など少なからぬ岡本太郎関連本が出版されていた（いる）。NHKドラマ「TAROの塔」が二月二六日以来、四回にわたって放送され、好評だったという。いわゆる研究分野でも、再評価のもくろみが進んでいるようである。一九五〇年代日本の「前衛」芸術運動をカルチュラルスタディーズ的な視点から再評価するものである。コスモポリタン的なキャリアと大衆性を持ったキャラクター岡本太郎のブームは、「国民的」なものと言ってよいだろう。

このような機運は、いつ頃から醸成されたものなのか。私見では、二〇〇五年の愛知万博（愛・地球博）を契機に、その前後の「万博ブーム」がターニングポイントをなしているように思う。愛知万博の開催が決まったのは、一九九七年である。岡本は、その前年に亡くなっている。当時数多く刊行された万博本は、カルチュラルスタディーズの影響のもと、国際万博の歴史を欧米帝国主義の侵略主義的歴史との関連で批判的に位置づけたものが主流だった。大阪万博（一九七〇年）を記述する場合でも、例外ではなかった。それは高度経済成長の真っ只中で企画され開催されたからである。

しかし、それは来るべき愛知万博を——あるいは、万博一般を——ひそかに免罪する意図を持っていたとも言える。愛知万博は、従来の万博が帝国主義の先兵であったことの反省に立って、地域主義・エコロジー主義・市民主義を標榜していたからである（もちろん、「トヨタ万博」とも呼ばれたが）。従って、従来の万博を断罪していた者が、愛知万博に積極的にコミットすることになるのも、また、奇異ではない。彼らには、愛知万博に際して名古屋城公園等のホームレスを追い出したことなど、眼中にない。このようなカルスタ史観は、実は、過去の万博のなかに肯定的な側面を見出そうという欲求を隠し持っていたと言える。そこで見出されたのが、岡本太郎であり、「太陽の塔」だったということだろう。万博本と前後して、岡本太郎の再評価をもくろむ本も次々と出版されていく。昨今のさまざまな「ブーム」のなかでは例外的に長期にわたる。「国民的」と言うゆえんである。

大阪万博に際しては、美術家、建築家をはじめ多くの者からの批判があり、それなりの議論があった（針生一郎編『われわれにとって万博とはなにか』参照）。その基本的な論点は、芸術家（とりわけ、政治的にも芸術的にも「前衛」を自称する）が政府・巨大資本に「買収」されているのではないか、ということであった。岡本太郎は、その批判の矢面になった。テーマプロデューサーだった立場上、当然である。

しかし、そのような議論は、愛知万博においては、一切と言っていいほどなされることがなかった。大阪万博と岡本太郎を批判した論者のなかには、まだ存命の者もいないではなかったが、彼らから愛知万博批判があったとは、寡聞にして知らない。若手の美術関係者からの批判も少なかったように思う。仄聞するところ、名古屋近辺の「前衛」芸術家たちは、トリクルダウン式に何らかの「利権」に与《あずか》っており、批判は封じられていたようだ。

「太陽の塔」は、そのとてつもなさ(?)から、万博批判の含意を持つものとさえされる。今や、このような見方が主流なのであろうか。再評価以前は、反大阪万博の「左派」も「右派」(江藤淳など「右派」にも反対派は多かった)も、「太陽の塔」は概して、万博を象徴する醜悪なものと見なされていたのである(岡本太郎と資本主義の問題について、詳しくは本書所収「万国博覧会と癌(cancer)——大阪から愛知への芸術=資本主義の変容」参照)。

岡本太郎への批判が消滅した理由には、一九六〇年代では批判の対象だったはずの「産学協同」の問題がある。文系・理系を問わず、今日の「学問」は「産学協同」を積極的に肯定しないではやっていけない。それは、「原子力ムラ」や「御用学者」だけの問題ではない。ジャーナリズムとて同様のことは、福島原発事故で公然化した、電力会社の巨大広告費問題で明らかだろう。芸術の領域が今や助成金漬けであることは誰でも知っている。大阪万博は、その嚆矢だったわけだが、今や「産学協同」を誰も正面から批判できないのである。そのためには、岡本太郎を「国民化」することで、「産学協同」のコンセンサスを得なければならないわけだ。

2

本年(二〇一二年)四月下旬、京王井の頭線・渋谷駅前に公開されていた岡本の巨大壁画「明日の神話」に、芸術家集団Chim↑Pom(チンポム)が「落書き」で介入するという事件が起こって話題となった。「明日の神話」は、一九五四年に起きた第五福竜丸事件を題材にしたもので、「落書き」は、それに福島原発事故を描いた板を付け加

Chim↑Pom「LEVEL 7 feat.『明日の神話』」2011年

えたのである。第五福竜丸事件は、それを契機に日本で反核運動が誕生したことで知られている。「明日の神話」は、一九六〇年代後半、「太陽の塔」と並行してメキシコで製作された。岡本が「反核」の意志を持っていたということは確かであろう。それゆえ、Chim↑Pomのゲリラ的な介入については、多くは好意的とも言える反応があった。岡本が「生きていても、別に怒らなかった」だろう、これは「核と人類をテーマにした『明日の神話』がいま、その存在感を増している」(岡本太郎記念館館長・平野暁臣)証拠だ、という次第である。

「明日への神話」が反核絵画だとして、しかし、「太陽の塔」は原発翼賛・推進のモニュメントなのである。岡本太郎は、少なくとも私見の範囲では、『黒い太陽』(一九五九年)や『私の現代芸術』(一九六三年)以来、原爆の悲惨さを告発する一方、原子力の「猛烈なエネルギーの爆発。夢幻のような美しさ」を賞賛していた。大阪万博の初日には敦賀原発一号機から電気が送られて会場に灯をともし、それは、「万博に原子力の灯を」というキャッチフレーズとともに「人類の進歩と調和」をうたった。そのシンボルとして、「太陽の塔」があったことは誰もが知っていることではなかっただろうか。

岡本太郎は、当時の過半の「進歩的」芸術家と同様に、反核であり、原子力（もちろん、原発を意味する）の平和利用派だったというに過ぎない。大江健三郎でさえ、一九七〇年刊の『核時代の想像力』では原子力の平和利用に積極的に賛意を表しているのである。文学者や芸術家の認識とは、その程度のものだ。その程度のものであることを、彼らは隠蔽してはならないはずである。

岡﨑乾二郎も別のコンテクストから導出しているように、[*1]「太陽の塔」が「太陽＝核エネルギーを体現していた」ことは間違いないだろう（岡﨑「芸術の条件」第一回、『美術手帖』二〇一一年二月号）。事実、大阪万博以降は、政府・電力会社・学界による、原子力の平和利用がいかに正しいかのプロパガンダの歴史だった。

Chim↑Pomの介入は、まったく的外れだったわけである。彼らがやるべきことは、「太陽の塔」が批判のターゲットだと分からせるよう介入することであった。ところが、Chim↑Pomがやったことは、岡本が反原発の思想の持ち主だったという偽の「神話」（まさに、「明日の神話」である）を流布することに貢献しただけである。そして、そのことは岡本が「国民的」な芸術家であるとするジャーナリズム、アカデミズムのプロパガンダと一体となって、かつての「国民的」なコンセンサスであった「原子力の平和利用」という思想の歴史性を隠蔽する。「国民」は昔から――潜在的には――反原発だった、なぜなら「国民的」芸術家・岡本太郎がそうだったからだ、というわけである。

世論調査によれば、現在、「国民」の八割が反原発なり脱原発、減原発を望んでいるという。しかしそれは、岡本太郎を批判しえない（むしろ、礼賛する）「国民」意識でもある。それは岡本批判の議論を封殺する。だが、本書（『脱原発「異論」』）討議のなかで言われているように、今日の反原発運動において求められているのは「議論」である。

福島原発事故以降、膨大に流れたツイッターやブログでたまたま接したもののうちで、もっとも愕然とした言葉は、「今度の反原発運動は、左翼がいなければ成功する」というものだった。討議でも話題となっている、六・一一における、統一戦線義勇軍の街宣車登壇をめぐる「ヘイトスピーチに反対する会・有志」の問題へのコメントである。書いたのは、若い反貧困系の活動家のようである。この発言が恐ろしいのは、そこに何がしかのリアリティーが感じられるからだ。おそらく、このような意見こそが、「ヘイトスピーチに反対する会・有志」にも増して、「議論」を封じるのであり、反原発を「国民化」するのである。そして、「議論」を排して国民化した運動は必ず愚昧化する。原発は一国民国家の問題ではないし、先進資本主義国だけの問題でもない。今や第三世界の問題である。

3

「原子力の平和利用」という発想は、旧ソ連の「平和共存」政策のなかでリアリティーをもって一般化されていた。「平和共存」は、核兵器による米ソ冷戦体制のもと、アメリカの〝Atoms for Peace〟戦略（五四年）に対抗して、ソ連が打ち出したものと言える。米ソ核戦略のなかで世界戦争が不可能になった冷戦体制下では、生産力によってソ連（をはじめ「平和」勢力）がアメリカを凌駕することこそアメリカの世界支配を打ち破る、という思考にほかならない。もちろん、そんなことは起きなかった。しかし、「平和共存」をヌルくも馬鹿馬鹿しいものと考えてはならない。それは、間違いなく革命戦略だったのであり、だからこそ、多くの者がその戦略に沿って「原子力の平和利用」を推進すれば、「平和」が成就できると考えたのである。いや、「原子力の平和利用」は、「平和共存」革命戦略の最大の武器だったのだ。何せレーニンは、「電力＋ソヴェト」を共産主義の定義としたのである。レーニンは原子力について、ほとんど知らなかったろうが、スターリンもフルシチョフも、それが革命戦略上の重要な武器であることは熟知していたはずである。繰り返して言えば、原子力こそ冷戦体制下の革命戦略を可能にした当のものにほかならない。

第五福竜丸事件で日本に反核運動が誕生する以前から、日本でも多くの者が「原子力の平和利用」を唱えていた。「第二の青春」で知られる戦後派文学の批評家・荒正人は、広島・長崎への原爆投下の翌年である一九四六年に、早くも「原子力エネルギイ（火）」を発表して、それを、プロメテウスの火、電力に次ぐ「第三の火」と賞賛した。これは、ほぼ同様の主張をいち早く公表した物理学者・武谷三男に一年ほど先んずる。彼らの主張は、原爆（アメリカの）は悪いが、原子力の平和利用（つまり、原発）を推進すれば、人類は未曾有のユートピア的段階に突入するだろう、ということである。それが「平和共存」という革命路線であった。

言うまでもなく、原子力を使用するのが、「平和」勢力であるか「反動」勢力であるかは、その内実からは、ほとんど区別できない。どちらも同じように原発を作っているだけだからである。だとすれば、ソ連はアメリカの原発を模倣し、同じように生産力を高めているだけのように見える。では、そのように単に資本主義を模倣しているのみの社会主義国の路線が、なぜ革命的なのか。おそらく、多くの「左派」＝「進歩派」は、そこに、今日言うところのディコンストラクション戦略を認めていた、と言うべきだろう。とりわけ、岡本太郎において、である。

岡本太郎が戦前のパリ留学時代に兄事したジョルジュ・バタイユとヘーゲルとの関係について、ジャック・デリダは、『呪われた部分』を論じて、次のように言っている。よく知られた一節である。

《バタイユの場合、一方ではヘーゲルに対していわば無留保の共犯性が働いており、ヘーゲルの言説の赴くところいずこへなりとともに赴き、哲学形式内では一切の異議をさしはさむことなく、この言説をその帰結に至るまで「くそまじめにとらえよう」としているのだが、それと同時に、ある種の爆笑が、ヘーゲルの言説を超え、その意味を破壊し、要するに、言説それ自体を解体せしめるような〈体験〉の先端を示している（以下略）》（「限定経済学から一般経済学へ」三好郁朗訳、傍点原文）

　ここで「ヘーゲル」と言われているところを「資本主義」と置き換えてもよい。バタイユ自身のヘーゲルへの対抗戦略も、そのことを含意していた。そして、大阪万博における岡本太郎の企図も、このバタイユ的ディコンストラクション戦略に沿ったものと言えるだろう。少なくとも、最大に好意的に考えればそう解すべきである。岡本太郎は「太陽の塔」を製作するに際して、ディコンストラクション戦略を忠実に実行した。

　岡本は、「一切の異議をさしはさむことなく」資本主義を模倣し、その「帰結」に至るまでを「くそまじめにとらえよう」とした。大阪万博へのコミットと「太陽の塔」製作は、少なくとも、岡本の意図においては、資本の蕩尽であったからである（しかし、一芸術家が先進資本主義国の資本を蕩尽できるものだろうか）。その果てに「爆笑」＝「爆発」が、資本主義を「破壊」し「解体せしめる」ような「〈体験〉」が、来るはずであった。それは、岡本にとっては、生涯にわたって執着した生命主義的なユートピアを意味したであろう。現在、岡本を再評価する者は、ここまでのレベルを見ている。

　そして、そのようなディコンストラクションを可能にしてくれるのが、原子力のはずだったわけである。革命戦略である「平和共存」路線の亜種として、岡本太郎のディコンストラクション戦略は、生命の象徴たる「獲得された」太陽＝原子力に依拠することで、リアリティーを持っていたと言えよう。原子力とは資本主義の内部にありながら、それ自身を「解体」せしめるような契機なのだ。このことは、反核意識とまったく矛盾しない。いや、矛盾は意識されなかった。事実、「平和共存」とは、一義的には反核運動を意味した。

それが端的に間違いであったことは、歴史的に証明されている。原子力は、そのようなものではなかった。少なくとも、スリーマイル(一九七九年)以降、チェルノブイリ(八六年)以降、冷戦体制崩壊(八九/九一年)以降、福島原発事故(二〇一一年)以降は、そうであると断ぜざるをえない。岡本を「国民的」芸術家として遇すること
の基本的な誤謬は、ここにある。

大阪万博のあった一九七〇年において、反原発闘争は、いまだ「土地を守れ」という「保守的な」地域住民闘争の段階にあり、反原発の「科学的」な根拠については、まったく一般化していなかった。少なくとも、その時点の岡本に反原発の論理を求めるのは酷ではある。それは、大江健三郎に対してでも同様だろう。問題は、一九七〇年の時点の彼らに、今日の反原発の論理を読み込んでしまう、われわれの側にある。一部のアンダーグラウンド系芸術家集団や若手建築家、大阪べ平連などが担った大阪万博反対闘争で、原発が主題化された痕跡は見出しがたい。新左翼諸党派も万博という課題には冷淡だった。彼らの課題は「七〇年安保」だったからである。私見の及ぶ範囲で記憶を想起すれば、「反原発」が左派ジャーナリズム(それも一部)のコンセンサスになるのは、原子力情報資料室ができる一九七四年以降である。

4

バタイユ=岡本太郎的な資本主義のディコンストラクションという問題系は、その後も持続している。「ポストモダン」とか「歴史の終焉」といった言葉とともに、である。周知のように、バタイユのヘーゲル理解は、アレクサンドル・コジェーヴのヘーゲル講義(『ヘーゲル読解入門』)で得られた。パリ時代の岡本も、その講義を聴講した。彼らは、そこからヘーゲル哲学の、つまり、資本主義のディコンストラクションという課題を導出したわけである。それは、つまるところ、ソ連の「平和共存」戦略に沿うものだったと言える。岡本はソ連派共産党員ではなく共産主義者でもないが、その近傍にあった。岡本は、戦後のバタイユ

よりも、はるかにコミュニズムの近傍にあったと言える。そして、そのことが今日の「進歩派」であるカルスタ派からの再評価を受けやすい理由である。

付言しておけば、「平和共存」戦略は、フルシチョフにプライオリティーがあるのではなく、レーニンにもスターリンにも存在していたものであり、フルシチョフはスターリン批判（五六年）以降に、それをソフィスティケートし、前景化したに過ぎない。それは、ソ連の根本的な世界革命戦略である（本稿では論じられないが、毛沢東・中国においてさえ「平和共存」戦略は、いわゆる「ピンポン外交」などとして、存在した）。

コジェーヴが、スラヴォイ・ジジェクの言うように「ソ連のスパイ」であったかどうか、確定的なことは知らない。しかし、その著作やキャリアを見れば、コジェーヴがソ連のスパイだというのは、ありそうなことのような気もする。そして、もう一つ。ジジェクの伝でいけば、コジェーヴは「アメリカのスパイ」でもあったのではないか。そのヘーゲル読解によれば、資本主義は、それ自体でディコンストラクティヴなシステムであり、資本主義の果てにはポストヒストリカルな「動物化するポストモダン」（東浩紀）が現出するはずだからである。その社会をソ連と呼ぶか、アメリカと呼ぶか、はたまた日本と呼ぶかは恣意的である。ディストピアと見るかユートピアと見るかも恣意的である。つまり、それは「平和共存」のイデオロギーにもなれば、アメリカ的ポストモダンのイデオロギーにもなる。それは同じことなのだ。「アメリカのスパイ」と「ソ連のスパイ」との違いとは何か。それは、後者においては、原子力の平和利用が資本主義をこえる共産主義革命をもたらすという信憑を持っている、というに過ぎない。確かに、共産主義革命は起きなかったかもしれないが、一種の革命は起こったのである。そして、それはソ連において、原子力の平和利用がもたらしたものではあった。チェルノブイリ原発事故がソ連を崩壊せしめた。その後の事態が、コジェーヴの孫弟子によって「歴史の終焉」と名づけられたことは、誰もが知っていることだろう。それによれば、もはや冷戦構造は崩壊し、資本主義が勝利して、対立のない恒久平和が実現したはずであった。無論、その後も原発は作られ、盛んに稼働している。バタイユ＝岡本のディコンストラクション戦略は、このような形で「成就」した。「スパイ」コジェーヴのもくろみは、確かに成功したのである。

われわれが「太陽の塔」を、いまだに国民的シンボルとしているもう一つの理由も、ここにある。それは、「一九六八年の革命」に対する受動的反革命が「成功」した象徴として、である（岡本太郎の主観的な意図としては「太陽の塔」は「六八年」に呼応するものだったのだが）。日本を含めて、世界的に見ても、反原発運動が思想的なバックグラウンドを得るためには、「六八年」を待たねばならなかった。

「六八年」への受動的反革命を「革命」と錯視する時、それは「反原発」の象徴という含意さえ受け入れるだろう。「太陽の塔」は、遠くチェルノブイリの「爆発」までも指し示してしている。ポストヒストリカルな「(反)革命」が、原子力の平和利用によって達成されたことは事実だからである。チェルノブイリは日本を含め世界的な反原発運動を惹起したが、にもかかわらず原発は電力供給のために必要だというプロパガンダがなされ、その後も盛んに稼働・新増設しつづけた。両者の立場からの論争は、ともに、安全性の相対的な多寡をめぐるものであるがゆえに、相対的なまま両立していくのである。われわれは、この相対性をいまだに克服しえないでいる。それゆえ、より正確に言えば、「太陽の塔」の存在は、原子力の平和利用（減原発、維持・推進）と、反原発とを、ともに飲み込む国民的なコンセンサスの象徴となる。[*2] それは、天皇が同様の存在であるという以上に、ポジティヴな象徴であろう。

もちろん、現在のアラブ革命やギリシア＝EUの危機、アメリカの「没落」を見るまでもなく、「歴史の終焉」が到来したなどとは、誰も信じてはいない。にもかかわらず、福島原発事故以降の

「国民的」な反原発運動は、それが「国民的」である限りにおいて、今ある歴史を「否認」し、「終焉」の枠にとどまっているように思われる。「歴史の終焉」を指し示した岡本太郎についての「ブーム」は、そのことの徴候ではないか。

ラッパーが「廃炉せよ」と叫ぶのはいい。しかし、それは同時に、「『太陽の塔』を廃炉せよ」でなければならない。福島原発の廃炉は技術的にも絶望的に難しいということだ。しかし、「太陽の塔」については、技術的にそれほど困難なことではないはずである。

〔後注＊1〕本文では触れえなかったが、岡﨑乾二郎も前掲論文で言うように、太陽の塔と同様に、広島の——観光地となった——原爆ドームもまた、原発の象徴として存在してきた。ドームが原発であるというのは、戦後冷戦体制における「平和」戦略のツールが、アメリカにとってもソ連にとっても、原発（原子力の平和利用）だったからであり、ドームはそのシンボルだったからである。

〔後注＊2〕『目白雑録5 小さいもの、大きいこと』の金井美恵子も注記しているように、安倍晋三首相は、二〇一三年六月五日の「成長戦略第三弾スピーチ」（内外情勢調査会）において、「大阪万博『太陽の塔』で世界の度肝を抜いた」岡本太郎を引用して、「今こそ、日本人も、日本企業も、あらん限りの力で『爆発』すべき時です」、「『民間活力の爆発』。これが、私の成長戦略のキーワードです」と述べた。言うまでもなく、これは「原発は爆発だ！」ということを含意しており、太陽の塔を反原発のシンボルと見なす錯視より、はるかに透徹している。あるいは逆に、太陽の塔を反原発のシンボルと見なす錯視は、当然にも、アベノミクスに吸収されていくほかない。アベノミクスの帰趨がどうなろうとも、である。

あとがき

誰しも大なり小なりそうなのかも知れないが、いつも私は、この時代から遅れている。そこに直接間接に遭遇したにもかかわらず、である。「一九六八年」にあって、私が、その意義を認識し、行動したわけではない。冷戦体制の崩壊した一九八九／九一年、しかり。その他、諸々である。現代においても、そうだろう。もちろん、事後的に、そのことを捉え得たということでもない。ましてや、私が直接には知らない時代については、そうである。都合のよい「時代精神」など、いつの時代にも存在しない。

本書は、狭く見積もって、前著『革命的な、あまりに革命的な』、『1968年』、『吉本隆明の時代』において主題化した「六八年」（と、その前後の時代）や、二〇一一年の福島原発事故に接して急き立てられながら書いた『反原発の思想史』をうけた思考を書き記したものではある。とりわけ、巻頭に置いた長文の新稿「天皇制の隠語《ジャーゴン》」と「暴力の『起源』」は、明確に、その意図を持っている。この時代に追いつこうという不可能な志向をはらみながらも、その不可能ゆえに、ある種の迂回を敢行しているこれらの文章は、ひとによっては、いかにもアナクロニックに見えるかも知れない。しかし、少なくとも私にとっては、「共産主義の理念」を語ることが困難な現代においてこそ、現代資本主義への批判を差し向けることが必須となっており、そのためには、さしあたり一九三〇年代の「日本資本主義論争」へと遡及しなければならなかった。日本資本主義論争が問題にしたのは、さらに遡って、幕末・明治でさえある。

もはや、日本資本主義が「（半）封建的」であるなどと誰も言わない現代において、なぜ、日本資本主義論争をつうじて、「天皇制」について論じられなければならないのか。問題は、むしろ、現政権や民間の「右翼化」であり「ファシズム化」ではないか、という考えがあることは承知している。その他、世界に目を移せば、天皇制とはとりあえず無縁な、さまざまな事件が勃発し、思考を急き立てている。天皇は、少なくとも今の皇室については、それらの趨勢に対する、日本における最後の防波堤であるかのようではないか、と言うリベラル派さえ存在する。かつて、天皇制の隠語としてあった封建制は、今や、リベラル・デモクラットを指す隠語とさえ化するのかも知れない。しかし、本書の目論見は、そのように天皇制の含意が転換するかも知れない時をも予料しながら書かれているはずである。

*

本書に収めた各文章は、その執筆に際して多くの知人・友人からの資料提供や討論などの支援を受けた。それらがなかったら、それらの文章は書くことができなかっただろう。彼ら／彼女らとの討論が、私を含めて多少なりとも、さまざまな「実践」へと誘うものであった（ある）ことを願う。私もまた、そうありたい。以下、最低限の謝辞を記させていただく。

第Ⅰ部に収めた「天皇制の隠語――日本資本主義論争と文学」は、本書を編むに当たって、版元の航思社・大村智氏の熱心な慫慂もあり書き下ろされた。執筆中に、私の若い友人たちが刊行している詩と批評のリトルマガジン「子午線」への掲載を求められ、1章と2章までを同誌二号に掲載することができたが、必要な資料提供や批判を同誌の同人諸氏から得ることができた。また、未発表の3章、4章を含む全文草稿を、近畿大学国際人文科学研究所四谷コミュニティーカレッジ（今は存在しない）の私のゼミのゼミ生諸氏に読んでもらい、幾多の資料提供と批判を受けることができた。

やはり、第Ⅰ部収録の「暴力の『起源』――村上一郎と市民社会派マルクス主義」は、論文「天皇制の隠語」の、やや長い余滴でもあるが、初出情報にもあるように、二〇一四年二月一日に京都大学で行なわれた京大人文科学研究所・同研究所共同研究班「ヨーロッパ現代思想と政治」主催「ポスト68年の思想と政治」への提出原稿である。したがって、本書が事実上の初出となる。しかし、時間の都合もあり、口頭発表時は梗概の粗い紹介にとどまった。したがって、本稿の執筆過程では、村上一郎を長いあいだ深く研究している若い友人・金原正宏氏との討論があり、多大かつ有益な教示を受けた。また、シンポジウムでの発表後、主催者の一人・王寺賢太氏の好意により、村上一郎の生涯の友人でもあった水田洋氏を紹介され、水田氏からは貴重な助言を得ることができた。本文中に記した山口直孝氏にも、再度、御礼申し上げる。

第Ⅳ部所収の「万国博覧会と癌（cancer）」は、執筆時に、雑誌「悍」編集人・前田年昭氏と畏友・山本均氏からの資料提供を受け、また、有益な批判を得ることができた。同文章は、福島原発事故以前に書かれたということもあり、大阪万博／太陽の塔と原発との関連について思考が及んでいないが（私の限界である）、ロジックとしては、今一歩のところまで追い込んでいるはずである。福島原発事故後に書かれた本書所収「『太陽の塔』を廃炉せよ」と併せて読まれたい。なお、山本氏からは、本書所収の他の多くの文章についても、貴重な資料提供と批判を幾たびも受けている。その他、あまりにも多数であることと、名前を記すことがご迷惑になる場合もあることからここには記しえないが、多くの知友や初出担当編集者諸氏から、多大な刺激と便宜を受けた。

付記しておけば、本書所収の各文章においては、引用や固有名はおおむね新字・新仮名遣いを用いている。一部の旧字・旧仮名は、私の恣意と「慣習」に拠るほか、他意はない。また、出典表示も、煩雑ないわゆる研究論文スタイルを用いず、必要と思われる情報にとどめた。ただし、記した情報から、原本には簡単にたどりつけるはずである。なお、本書所収のタイトルのなかには、初出時とは若干異なるものもある。また、既発表の文章については、誤記・誤植を訂正したほか、論旨・文脈をそこなわない範囲で加筆訂正を行なった。以上は、私のわがまま以上のものではないが、本書の性格に合致しているとも考える。

最後に、航思社の大村智氏には、何と御礼を言ってよいのか。現在では無謀と言ってよい出版社の立ち上げに際して、私に評論集を出すことを慫慂されて以来（これ自体が無謀である）、怠惰ゆえ言を左右にして、いっこうに腰を上げようとしない私を、ここまで引っ張ってくれたのが、果たして、版元として良いことだったのかどうかはともかく、その出版人としての稀有かつ真摯な姿勢には、ただただついていくほかはなかった。本書が、大村氏の努力の何分の一かでも報いるものとなっていることを祈る。

絓 秀実

二〇一四年三月一一日

【後注】この「あとがき」を書き終え送付した翌三月一二日、長年畏敬し、時折親しく接することを許されてきた、大西巨人氏が逝去された。逝去の次の日、ご遺体に対面して、最後のおわかれすることができた。生前から、ご自身の葬儀を拒否し、また、他人への追悼文を書くことも（ほとんど）なく、通例の追悼文で送られることも否定してこられただけに、では、私にいかなる喪の作業が可能なのか、宙に吊られたままである。本書第Ⅰ部、とりわけ「暴力の『起源』」で若干触れてあるように、その文章を書きながら、たえず私の念頭にあったのは、大西氏の仕事に存在している「不穏な気配」であった。

初出一覧

第Ⅰ部　天皇制の隠語

天皇制の隠語……1・2章：『子午線』2号（2013年11月）、3・4章：書き下ろし
暴力の「起源」……シンポジウム「ポスト68年の思想と政治――〈階級闘争〉から〈社会運動〉へ？」口頭発表原稿（2014年2月1日）

第Ⅱ部　市民社会の変奏

幻想・文化・政治……『at プラス』12号（2012年5月）
資本の自由／労働の亡霊……長原豊編『政治経済学の政治哲学的復権』法政大学出版局（2011年3月）
市民社会とイソノミア……『at プラス』16号（2013年5月）
「プレカリアート」の食……『at』12号（2008年7月）
世界資本主義下のベーシック・インカム……『at』14号（2009年1月）

第Ⅲ部　文学の争異

フィクションの「真実」はどこにあるか……『早稲田文学』03号（2010年2月）
陳腐な「悪」について……『週刊読書人』2012年10月12日号
下流文学論序説……『ユリイカ』2006年2月号
フォルマリズムは政治を回避できるか……『メタポゾン』9号（2013年6月）

断固とした詩的決断主義を宣言したロマン的イロニーの書……
……福田和也『日本の家郷』洋泉社ＭＣ新書（２００９年１月）
女たちの欲望と「大逆」……『新潮』２０１０年９月号
「沢山」からゼロへのフェティシズム的転回……『ユリイカ』２００４年２月号
「私小説から風俗小説へ」とは何か？……『ユリイカ』２０１１年５月号
アヴァンギャルドと社会主義リアリズムの狭間で…『en-taxi』25号（２００９年３月）
「『敗北』の文学」の結論……『en-taxi』19号（２００７年秋）
中上健次とともに……『週刊読書人』２０１１年５月20日号

第Ⅳ部　感覚の政治学

百年の孤独を生きる、現代の「危険な才能」……
萩原健一・絓秀実『日本映画［監督・俳優］論』ワニブックス新書（２０１０年10月）
映画とあること、革命家であること……
……太陽肛門スパパーン『映画「ラザロ」オリジナルサウンドトラック』（２００７年８月）
退けられた「中国人」の表象……『映画芸術』４４３号（２０１３年春）
「いざ、生きめやも」とはなにか……『映画芸術』４４５号（２０１３年秋）
万国博覧会と癌（cancer）……『悍』２号（２００９年４月）
「太陽の塔」を廃炉せよ……市田良彦・
王寺賢太・小泉義之・絓秀実・長原豊『脱原発「異論」』作品社（２０１１年11月）

カバー、表紙写真：北島敬三

カバー　根室半島 2009

表　紙　新宿御苑（大喪の礼）1989

絓　秀実
（すが・ひでみ）
文芸評論家・近畿大学国際人文科学研究所教員。1949年新潟県生まれ。2002年より現職。
著書に、『反原発の思想史』『1968年』（以上、筑摩書房）、『革命的な、あまりに革命的な』『JUNKの逆襲』（以上、作品社）、『詩的モダニティの舞台』（論創社）、『「帝国」の文学』（以文社）など。編書に『津村喬精選評論集』（論創社）、『ネオリベ化する公共圏』（明石書店）など。

天皇制《てんのうせい》の隠語《ジャーゴン》

著　者　絓　秀実
発行者　大村　智
発行所　株式会社 航思社
〒113-0033 東京都文京区本郷1-25-28-201
TEL. 03（6801）6383 ／ FAX. 03（3818）1905
http://www.koshisha.co.jp
振替口座　00100-9-504724
装　丁　前田晃伸
印刷・製本　シナノ書籍印刷株式会社

2014年4月28日　初版第1刷発行

ISBN978-4-906738-07-6　C0095

存在論的政治　反乱・主体化・階級闘争

市田良彦

四六判 上製 572頁　本体4200円（2014年2月刊）

21世紀の革命的唯物論のために　ネグリ、ランシエール、フーコーなど現代思想の最前線で、9.11、リーマンショック、世界各地の反乱、3.11などが生起するただなかで、生の最深部、〈下部構造〉からつむがれる政治哲学。『闘争の思考』以後20年にわたる闘争の軌跡。（フランスの雑誌『マルチチュード』掲載の主要論文も所収）

2011　危うく夢見た一年

スラヴォイ・ジジェク 著

長原 豊 訳

四六判 並製 272頁　本体2200円（2013年5月刊）

何がこの年に起きたのか？　今なお余燼くすぶるアラブの春やウォール街占拠運動、ロンドン、ギリシャの民衆蜂起、イランの宗教原理主義の先鋭化、ノルウェイの連続射殺事件、そして日本での福島原発事故と首相官邸前行動……はたして革命の前兆なのか、それとも保守反動の台頭なのか？

アルチュセールの教え　（革命のアルケオロジー１）

ジャック・ランシエール 著

市田良彦・伊吹浩一・箱田徹・松本潤一郎・山家歩 訳

四六判 仮フランス装 328頁　本体2800円（2013年7月刊）

大衆反乱へ！　哲学と政治におけるアルチュセール主義は煽動か、独善か、裏切りか —— 68年とその後の闘争をめぐり、師のマルクス主義哲学者を本書で徹底批判して訣別。「分け前なき者」の側に立脚し存在の平等と真の解放をめざす思想へ。思想はいかに闘争のなかで紡がれねばならないか。

風景の死滅　（革命のアルケオロジー２）

松田政男

四六判 上製 344頁　本体3200円（2013年11月刊）

国家を撃て！　永山則夫、ファノン、ゲバラ、国際義勇軍、赤軍派、『東京战争戦後秘話』、若松孝二、大杉栄……何処にでもある場所としての〈風景〉、あらゆる細部に遍在する権力装置としての〈風景〉にいかに抗い、いかに超えうるか。21世紀における対抗言説を先取りした「風景論」が、40年の時を超えて今甦る —— 死滅せざる権力を撃ち抜くために。